JN435557

청소년기관운영론

김제원

KNOWLEDGE COMMUNITY 공동체

Preface

청소년은 우리 사회의 미래를 책임질 중요한 구성원이며, 그들의 성장과 발전은 우리 모두에게 중요한 과제입니다. 청소년들이 긍정적이고 건강한 사회적 역할을 해 나갈 수 있도록 돕는 것이야말로 오늘날의 청소년기관의 역할과 사명이라 할 수 있습니다.

저는 27년 동안 청소년수련시설 현장에서 수많은 청소년과 함께하며, 그들의 열정과 가능성, 그리고 이를 이끌어 내기 위한 지도자와 기관의 역할에 대해 깊이 생각해 왔습니다. 청소년들의 변화와 성장을 가장 가까운 자리에서 지켜보면서, 청소년기관의 운영이 얼마나 체계적이고 전문적이어야 하는지 절감하게 되었습니다. 그리고 그간의 경험과 전문지식을 바탕으로 청소년기관의 발전에 기여하고자, 이제 대학에서 미래 청소년지도자들을 교육하고 있으며, 그 일환으로 청소년기관 운영론을 집필하게 되었습니다.

이 교재는 청소년기관 종사자 및 예비 청소년지도자들이 기관을 이해하고, 효과적으로 운영할 수 있도록 돕기 위한 실질적인 지침서입니다. 제1장부터 제14장까지 각 장에서는 청소년기관 운영에 필수적인 요소들을 정리하였습니다. 청소년기관의 정의와 분류부터 시작해, 청소년지도자의 역할과 책임, 조직과 환경의 중요성, 서비스 질 관리, 재무와 정보 관리까지 모든 측면에서 다루고자 했습니다.

또한 청소년 리더십 교육과 지도 방법, 마케팅과 홍보, 프로그램 개발, 공문서 작성 및 관리, 업무관리시스템의 구축과 운영까지, 청소년기관 운영에 필요한 모든 주제를 폭넓게 포함하고 있습니다.

특히 이 교재는 현장 경험을 바탕으로 한 실용적이고 구체적인 내용들을 담고 있습니다. 청소년기관의 행정 업무는 물론, 지도자의 마음가짐과 기술에 이르기까지 모든 부분에서 청소년기관이 갖추어야 할 기본적인 지식과 기술을 소개하며, 실제 사례와 사례연구를 통해 더욱 구체적이고 실질적인 도움을 제공하고자 했습니다. 이 교재가 청소년기관 종사자 및 지도자들에게 필수적인 지침서가 되어, 청소년을 위한 보다 나은 환경을 조성하고 그들이 건강하게 성장할 수 있는 든든한 토대가 되기를 바랍니다.

청소년지도자들이 이 책을 통해 청소년기관 운영에 대한 자신감과 전문성을 갖추고, 청소년과 함께하는 과정에서 뜻깊은 성취감을 느끼기를 기대합니다. 또한 이 책이 청소년기관 종사자들에게는 자신들의 역할과 책임을 다시금 돌아보게 하고, 청소년들에게 보다 의미 있는 변화를 가져올 수 있는 동력이 되기를 바랍니다.

2024년 12월

저자

Contents

■ 머리말 / 3

CHAPTER 01 청소년기관의 이해 _ 9

1. 청소년기관의 개념과 유형 ······ 11
2. 공공기관 및 법인의 이해 ······ 16
3. 청소년기관 행정업무 ······ 31

CHAPTER 02 청소년기관의 분류와 기능 _ 35

1. 청소년활동시설 ······ 37
2. 청소년 보호 · 복지 시설 ······ 50
3. 기타 청소년기관 ······ 54

CHAPTER 03 청소년지도자 _ 67

1. 청소년지도자의 정의 및 유형 ······ 69
2. 청소년지도사 ······ 70
3. 청소년상담사 ······ 75
4. 청소년수련시설 운영대표자 ······ 81

CHAPTER 04 청소년기관 조직과 환경 _ 85

1. 청소년기관 조직의 이해 ··· 87
2. 청소년기관 조직의 원리 ··· 91
3. 청소년기관의 조직구조 ··· 96
4. 청소년기관 조직의 환경관리 ··· 117

CHAPTER 05 청소년기관 서비스의 질 관리 _ 135

1. 서비스의 개념과 특성 ··· 137
2. 서비스 질의 개념과 특성 ··· 140
3. 서비스 질과 고객만족도 ··· 150
4. 서비스 질 관리방안 ··· 154

CHAPTER 06 재무관리 _ 163

1. 예 산 ··· 165
2. 예산편성 방법 ··· 167
3. 회계와 감사 ··· 174

CHAPTER 07 정보관리 _ 177

1. 청소년기관과 정보관리시스템 ··· 179
2. 정보관리시스템의 발전 ··· 181
3. 정보관리시스템의 구축 ··· 182

CHAPTER 08 청소년기관과 리더십 _ 187

1. 리더십의 정의 ··· 189
2. 리더십의 필요성 ··· 190
3. 청소년기관 리더십의 내용요소 ··· 192
4. 리더십 유형 ··· 194

CHAPTER 09 청소년 지도방법 _ 211

1. 청소년 지도의 개념 ······ 213
2. 청소년 지도의 원리 ······ 214
3. 청소년 지도방법의 기초 이론 ······ 217
4. 청소년 지도의 유형 ······ 230

CHAPTER 10 청소년기관 마케팅과 홍보 _ 239

1. 청소년기관의 마케팅과 그 과정 ······ 241
2. 마케팅믹스 ······ 249
3. 홍 보 ······ 262

CHAPTER 11 청소년기관 프로그램 _ 273

1. 청소년기관 프로그램 개발의 기초 ······ 275
2. 청소년 프로그램 개발의 원리와 접근방법 ······ 284
3. 청소년 프로그램 개발모형 ······ 293

CHAPTER 12 공문서 작성 및 관리 _ 313

1. 공문서의 작성 및 처리 ······ 315
2. 문서의 성립과 효력 발생 ······ 318
3. 문서작성의 일반원칙 ······ 321
4. 문서의 작성 기준 ······ 322
5. 문서의 구성 체계 ······ 327
6. 문서의 기안 ······ 335
7. 문서의 시행 ······ 338
8. 문서의 접수 및 처리 ······ 343

CHAPTER 13 업무관리시스템의 구축 · 운영 _ 351

1. 업무관리시스템의 구축 ······ 353
2. 개인정보 관리 ······ 358

CHAPTER 14 청소년기관 관리자의 자세와 지식 및 기술 _ 365

1. 청소년기관 관리자의 자세 ······ 367
2. 청소년기관 관리자의 지식 ······ 370
3. 청소년기관 관리자의 계층별 요구기술 ······ 374

■ 참고문헌 / 376

01 CHAPTER

청소년기관의 이해

1. 청소년기관의 개념과 유형
2. 공공기관 및 법인의 이해
3. 청소년기관 행정업무

CHAPTER 01

청소년기관의 이해

청소년기관은 일반적으로 청소년육성을 목적으로 설치되어 그 관련 업무를 수행하는 모든 형태의 조직체를 의미한다. 청소년기관의 보다 효율적이고 효과적인 운영을 위해서는 무엇보다 청소년기관에 대한 올바른 인식과 이해가 선행되어야 한다. 이 장에서는 청소년기관의 개념과 유형, 그리고 공공기관 및 법인에 대하여 살펴본다.

1. 청소년기관의 개념과 유형

1) 청소년기관의 개념

청소년기관이란 일반적으로 청소년육성을 목적으로 설치되어 그 관련 업무를 수행하는 모든 형태의 조직체를 의미한다.

청소년육성이란 청소년활동을 지원하고 청소년의 복지를 증진하며 근로 청소년을 보호하는 한편, 사회 여건과 환경을 청소년에게 유익하도록 개선하고 청소년을 보호하여 청소년에 대한 교육을 보완함으로써 청소년의 균형 있는 성장을 돕는 것을 말한다(청소년기본법 제3조 제2호).

청소년기관은 청소년시설(청소년기본법 제3조 제6호)과 청소년단체(청소년기본법 제3조 제8호)를 포함하는 개념이다. 「청소년 기본법」에 의한 "청소년시설"이란 청소년활동 · 청소년복지 및 청소년보호에 제공되는 시설을 말한다. "청소년단체"란 청소년육성을 주된 목적으로 설립된 법인이나 대통령령으로 정하는 단체를 말한다고 정의하고 있다.

청소년활동시설은 「청소년활동 진흥법」 제10조에서 청소년활동시설의 종류를 청소년수련시설과 청소년이용시설로 구분하고 있는데, 국가와 지방자치단체, 법인, 단체, 개인 등의 민간에서 활동 시설의 설치와 운영이 가능하지만, 민간의 경우에는 시·군·구청장의 허가를 받아야 한다.

청소년복지시설은 「청소년복지 지원법」 제31조에서 청소년복지시설의 종류를 청소년쉼터, 청소년자립지원관, 청소년치료재활센터, 청소년회복지원시설로 구분하고 있다.

청소년이용시설은 「청소년활동 진흥법」 제10조에 따르면 청소년수련시설이 아닌 시설이지만, 설치 목적의 범위 내에서 청소년활동 실시와 청소년의 건전한 이용 등을 위하여 제공할 수 있는 시설을 의미한다(여성가족부, 2024). 청소년복지기관은 「청소년복지 지원법」 제29조 제1항 '청소년상담복지센터' 및 같은 법 시행령 제14조 '청소년상담복지센터의 설치 등'에 따라 지방자치단체에서 청소년에 대한 상담과 긴급구조 및 자활, 의료지원 등의 통합적인 서비스를 수행하기 위하여 설치 및 운영하는 시설이다(박일희, 2018).

청소년보호시설은 「청소년 보호법」 제35조에서 청소년유해환경으로부터 청소년을 보호하고 피해 청소년의 치료와 재활을 지원하기 위하여 '청소년보호·재활센터'를 설치·운영하도록 명시하고 있다.

2) 청소년기관의 유형

청소년기관의 유형은 청소년활동시설, 청소년복지시설, 청소년보호시설, 기타 시설로 구분할 수 있다.

(1) 청소년활동시설

청소년활동시설은 청소년활동 지원기관, 청소년기관 협의회, 청소년교류활동 지원기관, 청소년수련시설, 국립청소년시설, 청소년이용시설로 구분할 수 있다.

청소년활동 지원기관으로는 준정부기관인 한국청소년활동진흥원, 광역자치단체가 설치 및 운영하는 지방청소년활동진흥센터, 기초자치단체가 설치 및 운영하는 시 · 군 · 구 청소년활동진흥센터가 있다.

청소년기관 협의회로는 한국청소년수련시설협회와 지방청소년수련시설협회, 한국청소년단체협의회가 있다.

청소년교류활동 지원기관은 「청소년활동 진흥법」 제58조에 의해 설립된 청소년교류센터가 있다.

청소년수련시설은 「청소년활동 진흥법」 제10조에 따라 청소년수련관, 청소년수련원, 청소년문화의집, 청소년특화시설, 청소년야영장, 유스호스텔이 포함된다.

국립청소년시설은 국립평창청소년수련원, 국립중앙청소년수련원, 국립청소년우주센터, 국립청소년해양센터, 국립청소년농생명센터, 국립청소년미래환경센터, 국립청소년생태센터가 있다.

청소년이용시설은 문화시설, 체육시설, 과학관, 평생교육시설, 자연휴양림, 사회복지관, 수목원, 그리고 어린이회관 · 시민회관 · 공원 · 광장 · 둔치, 그 밖에 이와 유사한 공용시설로서 청소년들이 이용하기에 적합한 시설과 그 밖에 다른 법령에 따라 청소년활동과 관련되어 설치된 시설이다.

〈표 1-1〉 청소년활동시설

<table>
<tr><th>대분류</th><th>중분류</th><th colspan="3">소분류</th></tr>
<tr><td rowspan="3">청소년 활동시설</td><td>청소년활동 지원</td><td>준정부 : 한국청소년활동진흥원</td><td>광역자치단체 : 지방청소년활동진흥센터</td><td>기초자치단체 : 시 · 군 · 구 청소년활동진흥센터</td></tr>
<tr><td>청소년기관 협의회</td><td>한국청소년수련시설협회
(지방청소년수련시설협회)</td><td colspan="2">한국청소년단체협의회</td></tr>
<tr><td>청소년 교류활동 지원</td><td colspan="3">청소년교류센터(청소년활동 진흥법 제58조)</td></tr>
</table>

	청소년 수련시설	청소년수련시설	국립청소년시설
		청소년수련관 청소년수련원 청소년문화의집 청소년특화시설 청소년야영장 유스호스텔	국립평창청소년수련원 국립중앙청소년수련원 국립청소년우주센터 국립청소년해양센터 국립청소년농생명센터 국립청소년미래환경센터 국립청소년생태센터
	청소년 이용시설	문화시설, 체육시설, 과학관, 평생교육시설, 자연휴양림, 수목원, 사회복지관, 어린이회관, 시민회관, 공원, 광장, 둔치 등	

(2) 청소년복지시설

「청소년복지 지원법」 제31조에 따라 청소년복지시설로는 청소년자립지원관, 청소년쉼터, 청소년치료재활센터, 청소년회복지원시설이 설치 · 운영되고 있다. 청소년복지기관의 유형으로는 「청소년복지 지원법」에 규정된 청소년상담복지센터 및 청소년쉼터와 이주배경청소년지원센터 등이 있다.

〈표 1-2〉 청소년복지시설

대분류	중분류	소분류		
청소년 복지시설	청소년복지 지원기관	준정부 : 한국청소년상담복지개발원	광역자치단체 : 시 · 도 청소년상담복지센터	기초자치단체 : 시 · 군 · 구 청소년상담복지센터
	청소년 복지시설	청소년쉼터 – 일시쉼터 : 24시간 이내 일시보호, 최장 7일까지 연장 가능 – 단기쉼터 : 3개월 이내 단기보호, 최장 9개월까지 연장 가능 – 중장기쉼터 : 3년 이내 중장기보호, 필요시 1년 단위 연장 가능(최장 4년)		
		청소년자립지원관 : 일정 기간 청소년쉼터의 지원을 받았는데도 가정, 학교, 사회로 복귀하여 생활할 수 없는 청소년에게 자립하여 생활할 수 있는 능력과 여건을 갖추도록 지원하는 시설		
		청소년치료재활센터 : 학습, 정서, 행동상의 장애가 있는 청소년을 대상으로 정상적인 성장과 생활을 할 수 있도록 해당 청소년에게 적합한 치료, 교육 및 재활을 종합적으로 지원하는 거주형 시설		

		청소년회복지원시설 : 소년법에 따른 감호 위탁 처분을 받은 청소년에 대하여 보호자를 대신하여 그 청소년을 보호할 수 있는 자가 상담, 주거, 학업, 자립 등 서비스를 제공하는 시설
	이주배경 청소년	이주배경청소년지원센터(청소년복지 지원법 제18조)

(3) 청소년보호시설

청소년보호시설로는 유해환경으로부터 청소년을 보호하고 피해 청소년의 치료와 재활을 지원하는 청소년보호 · 재활센터가 있다. 「청소년 보호법」 제35조에서는 청소년유해환경으로부터 청소년을 보호하고 피해 청소년의 치료와 재활을 지원하기 위하여 청소년보호 · 재활센터를 설치 · 운영하도록 명시하고 있다.

〈표 1-3〉 **청소년보호시설**

대분류	중분류	소분류
청소년 보호시설	유해환경 피해 청소년	청소년보호 · 재활센터(청소년 보호법 제35조)

(4) 기타 청소년지원시설

기타 청소년지원시설로는 청소년정책 분석과 평가 기관, 청소년방과후활동지원센터, 한국청소년활동진흥원 내 청소년안전센터, 한국청소년상담복지개발원이 운영하는 청소년희망센터, 「학교 밖 청소년 지원에 관한 법률」에 규정된 학교 밖 청소년 지원센터 등이 있다.

〈표 1-4〉 기타 청소년시설

대분류	중분류	소분류
기타 시설	분석평가	청소년 정책 분석, 평가 전문기관(기본법 제14조 제5항)
	방과후 활동지원	청소년방과후활동지원센터(기본법 제48조의2)
	청소년 활동안전	한국청소년활동진흥원 내 청소년활동안전센터(청소년활동 진흥법 제18조의3)
	청소년 희망센터	한국청소년상담복지개발원 운영 : 청소년권리보호 전담기구로 2011년 개소. 청소년 권리 과제발굴 및 모니터링, 청소년 권리체험교실 강사 양성, 권리 침해 예방 대응 매뉴얼 개발, 유관기관 연계 강화 역할 수행
	학교 밖 청소년지원	학교 밖 청소년 지원센터(꿈드림센터)(학교 밖 청소년 지원에 관한 법률 제12조)

2. 공공기관 및 법인의 이해

1) 공공기관의 설립과 절차

(1) 공공기관의 개념

일반적으로 조직은 공공조직과 민간조직으로 구분할 수 있다. 공공조직과 민간조직을 구분하는 가장 중요한 기준은 조직의 소유권 또는 지배구조가 국가나 지방자치단체인가? 민간인가?라는 점이다. 즉, 공공조직이란 국가나 지방자치단체와 실제적, 잠재적으로 이해관계를 가지고 있는 조직이라 할 수 있다. 공공조직 중 일부는 정부 부처 내에 존재하며 일부는 정부 부처와 법적으로 아무런 관계를 가지지 않고 독립적으로 존재한다. 이에 따라 공공조직은 실제적으로 국가에 의해 설립되고 정부조직에 속하여 운영되는 행정기관 및 책임운영기관과, 국가의 법에 따라 설립되나 정부 이외의 특정 집단에 속하는 공공기관으로 구성된다(배용수, 2009).

(2) 공공기관의 정의

「공공기관의 운영에 관한 법률」에 따른 공공기관의 정의는 다음과 같다(성승제 외, 2008).

제4조(공공기관) ① 기획재정부장관은 국가 · 지방자치단체가 아닌 법인 · 단체 또는 기관(이하 "기관"이라 한다)으로서 다음 각 호의 어느 하나에 해당하는 기관을 공공기관으로 지정할 수 있다. 〈개정 2008. 2. 29., 2020. 3. 31., 2020. 6. 9.〉

1. 다른 법률에 따라 직접 설립되고 정부가 출연한 기관
2. 정부지원액(법령에 따라 직접 정부의 업무를 위탁받거나 독점적 사업권을 부여받은 기관의 경우에는 그 위탁업무나 독점적 사업으로 인한 수입액을 포함한다. 이하 같다)이 총수입액의 2분의 1을 초과하는 기관
3. 정부가 100분의 50 이상의 지분을 가지고 있거나 100분의 30 이상의 지분을 가지고 임원 임명권한 행사 등을 통하여 해당 기관의 정책 결정에 사실상 지배력을 확보하고 있는 기관
4. 정부와 제1호부터 제3호까지의 어느 하나에 해당하는 기관이 합하여 100분의 50 이상의 지분을 가지고 있거나 100분의 30 이상의 지분을 가지고 임원 임명권한 행사 등을 통하여 해당 기관의 정책 결정에 사실상 지배력을 확보하고 있는 기관
5. 제1호부터 제4호까지의 어느 하나에 해당하는 기관이 단독으로 또는 두개 이상의 기관이 합하여 100분의 50 이상의 지분을 가지고 있거나 100분의 30 이상의 지분을 가지고 임원 임명권한 행사 등을 통하여 해당 기관의 정책 결정에 사실상 지배력을 확보하고 있는 기관
6. 제1호부터 제4호까지의 어느 하나에 해당하는 기관이 설립하고, 정부 또는 설립 기관이 출연한 기관

② 제1항에도 불구하고 기획재정부장관은 다음 각 호의 어느 하나에 해당하는 기관을 공공기관으로 지정할 수 없다. 〈개정 2007. 12. 14., 2008. 2. 29., 2020. 6. 9.〉

1. 구성원 상호 간의 상호부조 · 복리증진 · 권익향상 또는 영업질서 유지 등을 목적으로 설립된 기관
2. 지방자치단체가 설립하고, 그 운영에 관여하는 기관
3. 「방송법」에 따른 한국방송공사와 「한국교육방송공사법」에 따른 한국교육방송공사

③ 제1항 제2호의 규정에 따른 정부지원액과 총수입액의 산정 기준 · 방법 및 같은 항 제3호부터 제5호까지의 규정에 따른 사실상 지배력 확보의 기준에 관하여 필요한 사항은 대통령령으로 정한다. 〈개정 2020. 6. 9.〉

(3) 공공기관의 지정과 설립

① 공공기관의 설립 절차

주무기관의 장이 공공기관을 설립하기 위해서는 공공기관 설립을 위한 관련 법률에 대한 입법 절차를 행하게 되며, 별도로 그 법률안을 입법예고하기 전에 기획재정부장관에게 그 기관 신설의 타당성에 대하여 심사를 요청해야 한다(성승제 외, 2008).

② 공공기관의 지정

공공기관의 지정 절차는 「공공기관의 운영에 관한 법률」 제6조에 명시되어 있다.

제6조(공공기관 등의 지정 절차) ① 기획재정부장관은 매 회계연도 개시 후 1개월 이내에 공공기관을 새로 지정하거나, 지정을 해제하거나, 구분을 변경하여 지정한다. 다만, 회계연도 중이라도 다음 각 호의 구분에 따라 공공기관을 새로 지정하거나, 지정을 해제하거나, 구분을 변경하여 지정할 수 있다. 〈개정 2009. 12. 29.〉

1. 제4조 제1항 각 호의 요건에 해당하는 기관이 신설된 경우 : 신규 지정
2. 공공기관으로 지정된 기관이 민영화, 기관의 통합 · 폐지 · 분할 또는 관련 법령의 개정 · 폐지 등에 따라 이 법의 적용을 받을 필요가 없게 되거나 그 지정을 변경할 필요가 발생한 경우 : 지정 해제 또는 구분 변경 지정

② 기획재정부장관은 제1항의 규정에 따라 공기업 · 준정부기관과 기타공공기관을 새로 지정하거나 지정해제 또는 변경지정하는 때에는 관계 법령에 따라 그 공기업 · 준정부기관과 기타공공기관의 업무를 관장하는 행정기관(이하 "주무기관"이라 한다)의 장과 협의한 후, 제8조의 규정에 따른 공공기관운영위원회의 심의 · 의결을 거쳐야 한다. 〈개정 2008. 2. 29.〉

③ 기획재정부장관은 제1항 및 제2항의 규정에 따라 공기업 · 준정부기관과 기타공공기관을 새로 지정하거나 지정해제 또는 변경지정할 경우 이를 고시하여야 한다. 이 경우 필요하다고 인정하는 때에는 기존의 공기업 · 준정부기관과 기타공공기관을 함께 고시할 수 있다. 〈개정 2008. 2. 29.〉

④ 공기업 · 준정부기관과 기타공공기관의 지정(변경지정을 포함한다) · 지정해제와 고시 절차 등에 관하여 필요한 사항은 대통령령으로 정한다.

2) 법인의 설립과 절차

(1) 법인의 종류

① 영리성에 의한 구분

가. 영리법인

영리법인은 경제적 이익을 목적으로 설립되고 이익의 극대화를 위해 노력하게 된다. 또한 법인의 이익을 구성원이나 사원 개개인에게 배분할 수 있다. 영리법인은 사단법인체로서 상법상의 회사인 합명회사, 합자회사, 주식회사, 유한회사 등이 해당되며 영리를 목적으로 한 재단법인의 설립은 허용되지 않는다.

나. 비영리법인

비영리법인은 학술, 종교, 자선, 기예, 사교 기타 영리가 아닌 사업을 목적으로 하는 사단법인 또는 재단법인으로 규정하고 있다(민법 제32조). 원칙적으로 구성원의 경제적 이익을 추구하거나 수익사업, 공익저해 사업에 참여할 수 없다.

② 구성요소에 의한 구분

가. 사단법인

사단법인은 목적을 위해 결합한 사람의 집단에 대해 법인격을 부여한 것으로서 재산을 본체로 하는 재단법인과는 구분이 된다. 사단법인은 사원총회(주주총회)의 최고 의사결정에 의해 자율적으로 활동하게 되고 통상 정관을 작성하여 주무관청의 허가를 받아 주된 사무소 소재지에 등기를 마침으로써 성립이 된다.

나. 재단법인

재단법인은 일정한 목적으로 출연된 재산을 기초로 하여 설립된 법인을 말한다. 재단법인도 정관을 작성하여 주무관청의 허가를 받아 주된 사무소 소재지에 등기를 마침으로써 성립되지만 재산 출연자의 의사를 존중하기 위해 정관 변경에 많은 제약을 두고 있다(민법 제46조). 인적 단체가 아니므로 사원총회(주주총회)가 없으며 이사회를 구성하게 되어있고 영리를 목적으로 한 법인의 설립도 허용되지 않는다.

③ 설립 근거에 의한 구분

가. 민법법인

민법법인은 「민법」 제32조에 따라 설립된 사단법인과 재단법인을 의미하며 '비영리법인'으로 통칭하고 시민단체의 대부분이 이에 해당된다. 민법법인은 민법과 각 부처의 규칙이 정하는 바에 따라 설립허가와 감독이 이루어진다.

나. 공익법인

재단법인이나 사단법인으로서 사회 일반의 이익에 이바지하기 위하여 학자금·장학금 또는 연구비의 보조나 지급, 학술, 자선에 관한 사업을 목적으로 하는 법인을 의미한다(공익법인 설립·운영에 관한 법률 제2조).

다. 특수법인

각종 개별법에 의해 설립된 법인으로 학교법인, 사회복지법인, 의료법인, 각종 조합 및 연합회 등이 해당된다(이남우, 2011).

(2) 비영리법인의 설립 절차

① 사단법인의 설립 절차

가. 법령의 검토

「민법」은 사단 또는 재단법인이 주무관청으로부터 허가를 얻어 이를 법인으로 설립할 수 있도록 하는 기본법이다. 그리고 개별법으로 사회일반에 이바지하기 위하여 공익법인을 설립하고자 하는 경우에는 「공익법인의 설립·운영에 관한 법률」을, 「국민기초생활 보장법」 등에 의한 보호·선도 또는 복지에 관한 사업 등을 목적으로 하는 사회복지법인을 설립하고자 하는 경우에는 「사회복지사업법」을, 학교법인을 설립하려는 경우에는 「사립학교법」 등의 적용을 받으며 위 법률에서 규정하는 것을 제외하고는 「민법」의 적용을 받는다. 또한 중앙행정기관의 각 소관 비영리법인의 설립 및 감독에 관한 규칙(부령 또는 총리령)에서 규정한 설립허가에 관한 사항을 확인하도록 한다. 이 규칙은 "민법의 규정에 의하여 중앙행정기관의 각 부 장관이 주무관청이 되는 비영리법인의 설립 및 감독에 관하여 필요한 사항을 규정함"을 목적으로 한다. 만약 여성가족부 소관의 비영리법인 설립에 관한 서류나 절차를 알고 싶으면 법제처 국가법령정보센터 홈페이지에 접속하여 "여성가족부 소관 비영리법인의 설립 및 감독에 관한 규칙"을 검색하면 관련 내용을 찾을 수 있다.

나. 관할 주무관청의 확인

「민법」 제32조 및 「공익법」 제4조 규정에 따르면 비영리법인의 설립은 허가주의를 채택하고 있고, 허가권자는 주무관청으로 규정하고 있다. 주무관청을 확인하기 위해서는 「정부조직법」과 각 부 · 처 · 청의 직제 및 직제 시행규칙 등을 살펴 업무소관을 검토한 후 「행정 권한의 위임 및 위탁에 관한 규정」 등을 검토하여 그 업무의 위임 여부를 따져 주무관청을 확인한다. 만약 법인의 활동영역이 특정 지방자치단체의 관할 구역 내에 있으면 해당 시 · 도지사 또는 시장 · 군수 · 구청장이 주무관청이 된다.

다. 법인 설립자의 구성

사단법인을 설립하는 경우 적어도 2인 이상의 설립자가 필요하므로 2인 이상으로 구성된 설립발기인이 정관을 작성하여 그 정관에 기명날인하고 법인의 기관구성 등을 확정하여야 한다. 따라서 비영리 사단법인을 설립하기 위해서는 먼저 사업 목적이 동일한 사람들을 모집해야 한다.

라. 사단법인의 정관 작성

㉠ 정관의 의의

"정관"이란 사단법인의 구성 · 운영 등의 사항을 정한 근본규칙으로 서면에 기재되고, 설립자의 기명날인이 있는 서면을 말한다. 법인은 정관에 기재된 내용에 따라 법인을 구성 · 운영하여야 하며, 법인 설립 허가를 신청할 시 정관을 주무관청에 제출해야 한다.

㉡ 정관 기재사항

비영리 사단법인의 정관은 법인의 설립목적, 명칭, 사무소의 소재지, 자산에 관한 규정, 이사의 임면에 관한 규정, 사원자격의 득실에 관한 규정, 존립 시기나 해산 사유를 정하는 때에는 그 시기 또는 사유를 모두 기재해야 하고, 그중 하나라도 빠지면 정관으로서 효력이 생기지 아니한다(민법 제40조).

마. 기관구성

㉠ 기관구성의 의의

법인이 사회활동을 하기 위해서는 그 활동을 대신할 사람들이 필요하다. 사람들로 구성되는 기관이 법인의 의사를 결정하고 내부적으로 법인의 사무를 처리하며, 외부적으로는 법인을 대표하는 사람들을 법인의 기관이라 한다. 비영리 사단법인은 기관으로 반드시 이사, 사원총회를 구성해야 하나 감사는 선임할 수 있고 선임하지 않을 수도 있다. 이사, 사원총회 및 감사의 선임은 정관에 기재된 방법에 따라야 하고 이들의 선임은 창립총회에서 확정된다.

㉡ 사원총회

사원총회란 단체를 구성하기 위해 단체를 구성하는 일에 대한 경과를 보고하고, 임원선임, 정관의 채택 등과 같은 의사결정을 위한 모임이다. 사원총회는 사단법인의 최고 의사결정기구인 필수기관으로 정관의 규정으로 폐지할 수 없으므로 그 구성원인 사원은 평등한 지위에서 법인의 운영에 관한 의사결정권을 가진다. 사원총회는 통상총회와 임시총회가 있다. 통상총회는 1년에 1회 이상 정관이 정한 시기에 소집되는 총회를 말하며(민법 제69조) 소집시기를 정하지 않은 경우에는 이사가 정하면 된다. 임시총회는 "감사가 필요하다고 인정하는 경우"(민법 제67조 제4호), "이사가 필요하다고 하는 경우"(민법 제70조 제1호), "총 사원 5분의 1 이상이 회의의 목적 사항을 제시하여 청구하는 경우"(민법 제70조 제2항) 등에 소집된다.

㉢ 임원선임

비영리 사단법인의 임원은 이사와 감사를 말한다. 임원은 법인의 재산을 관리하고 설립취지에 따라 계획된 비영리사업 수행에 최선을 다하는 사람으로 비영리사업을 객관적이고 공정하게 수행할 수 있는 사람을 선임한다.

㉣ 이사

이사와 감사는 이사회에서 선출한다. 이사는 사단법인에 반드시 두어야 하는 필수기관인 반면 감사는 사단법인의 의사에 따라 둘 수도 있고 두지 않을 수도 있는 기관이다. 이사는 대외적으로 법인을 대표하고, 대내적으로는 법인의 업무를 집행하는 기관이다(민법 제58조 제1항 및 제59조 제1항). 이사가 대표하는 사무는 법인의 모든 사무로 제한이 없으며, 이사가 여러 명인 경우에는 각자가 법인을 대표할 수 있다. 또한 이사가 여러 명인 경우 정관에 따른 규정이 없으면 법인의 사무집행은 이사의 과반수로 결정된다(민법 제58조).

㉤ 이사회

법인의 사무집행을 결정하기 위하여 이사 전원으로 구성된 의결기관이 이사회이다. 이사가 여러 명이 있는 경우, 정관에 다른 규정이 없으면 법인의 사무집행은 이사 과반수의 의결로 결정할 수 있다. 이사회는 사단법인의 필수기관은 아니므로 이사회를 구성하지 않을 수도 있다.

㉥ 감사

법인은 이사에 대한 감독기관으로 정관 또는 사원총회의 결의로 감사를 둘 수 있다(민법 제66조). 감사는 법인 내부의 사무집행에 대한 감독권한을 가지고 있으나 법인을 대표하는 기관이 아니므로 감사의 성명, 주소는 등기사항이 아니다.

바. 사단법인 설립허가 신청

㉠ 신청 서류

설립허가신청서, 발기인의 인적사항(성명, 주민등록번호, 주소, 약력), 정관, 재산목록(재산총괄표, 기본재산, 보통재산 목록), 당해연도 사업계획서 및 수지예산서, 기부승낙서(재산출연증서), 출연재산에 관한 등기소 · 금융기관 등의 증명서, 창립(발기인) 총회 회의록, 임원취임예정자의 성명 · 주민등록번호 · 주소 및 약력이 기재된 서류, 임원취임승낙서, 사무실 사용승낙서 및 증명서, 수혜자 한정 사유서(해당사항 있을 경우)

㉡ 주무관청 법인허가 주요 검토 사항

- 법인설립의 필요성
- 법인의 목적과 사업의 실현 가능성 : 목적사업, 공익의 유지 · 증진, 재원의 확보
- 법인 명칭의 유사성

사. 설립허가

주무관청은 일정 기간 내에 설립신청 사항을 심사하여 허가를 하거나 허가를 하지 않는 등의 처분을 내린다. 허가 또는 불허가 처분은 서면으로 설립허가 신청인에게 통지된다.

아. 재산의 이전 및 설립등기(민법 제49조 제1항)

설립허가를 받은 법인은 즉시 재산을 법인에 이전하고 그 이전을 증명하는 등기소 또는 금융회사 등의 증명서를 주무관청에 제출하여야 하고 법인설립허가가 있는 때로부터 3주 이내에 법인의 주된 사무소 소재지를 관할하는 법원에 설립등기를 해야 한다(이남우, 2011).

② 재단법인의 설립 절차

가. 법령의 검토

「민법」은 사단 또는 재단법인이 주무관청으로부터 허가를 얻어 이를 법인으로 설립할 수 있도록 하는 기본법이다. 그리고 개별법으로 사회일반에 이바지하기 위하여 공익법인을 설립하고자 하는 경우에는 「공익법인의 설립 · 운영에 관한 법률」을, 「국민기초생활 보장법」 등에 의한 보호 · 선도 또는 복지에 관한 사업 등을 목적으로 하는 사회복지법인을 설립하고자 하는 경우에는 「사회복지사업법」을, 학교법인을 설립하려는 경우에는 「사립학교법」 등의 적용을 받으며 위 법률에서 규정하는 것을 제외하고는 「민법」의 적용을 받는다. 또한 중앙행정기관의 각 소관 비영리법인의 설립 및 감독에 관한 규칙(부령 또는 총리령)에서 규정한 설립허가에 관한 사항을 확인하도록 한다. 이 규칙은 "민법의 규정에 의하여 중앙행정기관 각부 장관이 주무관청이 되는 비영리법인의 설립 및 감독에 관하여 필요한 사항을 규정

함"을 목적으로 한다. 만약 여성가족부 소관의 비영리법인 설립에 관한 서류나 절차를 알고 싶으면 법제처 국가법령정보센터 홈페이지에 접속하여 여성가족부 소관 비영리법인의 설립 및 감독에 관한 규칙"을 검색하면 관련 내용을 찾을 수 있다.

나. 관할 주무관청의 확인

「민법」 제32조 및 「공익법」 제4조 규정에 의하면 비영리법인의 설립은 허가주의를 채택하고 있고, 허가권자는 주무관청으로 규정하고 있다. 주무관청을 확인하기 위해서는 「정부조직법」과 각 부·처·청의 직제 및 직제 시행규칙 등을 살펴 업무소관을 검토한 후 「행정권한의 위임 및 위탁에 관한 규정」 등을 검토하여 그 업무의 위임 여부를 따져 주무관청을 확인한다. 만약 법인의 활동영역이 특정 지방자치단체의 관할 구역 내에 있으면 해당 시·도지사 또는 시장·군수·구청장이 주무관청이 된다.

다. 재산의 출연

비영리 재단법인을 설립하려는 설립자는 법인에 재산을 출연하여야 하고, 그 재산의 종류는 제한이 없다. 재단법인의 출연재산에 대한 규모는 해당 법인의 목적을 수행할 수 있는 정도인지 여부가 그 기준으로 되어 있다.

라. 재단법인 정관의 작성

재단법인의 정관은 법인의 설립목적, 명칭, 사무소의 소재지, 자산에 관한 규정, 이사의 임면에 관한 규정을 모두 기재해야 하고, 그중 하나라도 빠지면 정관으로서 효력이 생기지 아니한다(민법 제43조).

마. 기관구성

㉠ 기관구성의 의의

법인이 사회적 활동을 하기 위해서는 그 활동을 대신할 사람이 필요하다. 사람들로 구성되는 기관이 법인의 의사를 결정하고 내부적으로 법인의 사무를 처리하며, 외부적으로는 법인을 대표하는 사람들을 법인의 기관이라 한다. 재단법인은 사단법인과는 달리 사원이나 사원총회가 없고 이사가 의사결정과 대외 대표의 일을 한다. 재단법인은 기관으로 이사를 반드시 두어야 하고, 감사는 둘 수도 두지 않을 수도 있다.

㉡ 창립총회

창립총회란 단체를 구성하기 위해 단체를 구성하는 일에 대한 경과를 보고하고, 임원선임, 정관의 채택 등과 같은 의사결정을 위한 모임이다. 재단법인은 설립자(재산 출연자)가 다수의 경우 창립총회에서 정관을 만들거나 임원선임에 대한 재산 출연자들의 의사를 결정하며, 재산 출연자가 1인일 경우에는 창립총회를 개최하지 않아도 된다.

㉢ 임원선임

재단법인의 임원은 이사와 감사를 말한다. 임원은 법인의 재산을 관리하고 설립취지에 따라 계획된 비영리사업 수행에 최선을 다하는 사람으로 비영리사업을 객관적이고 공정하게 수행할 수 있는 사람을 선임한다.

㉣ 이사

이사와 감사는 이사회에서 선출한다. 이사는 재단법인에 있어서 반드시 두어야 하는 필수기관인 반면 감사는 재단법인의 의사에 따라 둘 수도 있고 두지 않을 수도 있는 기관이다. 이사는 대외적으로 법인을 대표하고, 대내적으로는 법인의 업무를 집행하는 기관이다(민법 제58조 제1항 및 제59조 제1항). 이사가 대표하는 사무는 법인의 모든 사무로 제한이 없으며, 이사가 여러 명인 경우에는 정관에 다른 규정이 없으면 법인의 사무집행은 이사의 과반수로 경정된다(민법 제58조).

㉤ 이사회

법인의 사무집행을 결정하기 위하여 이사 전원으로 구성된 의결기관이 이사회다. 이사가 여러 명이 있는 경우, 정관에 다른 규정이 없으면 법인의 사무집행은 이사의 과반수의 의결로 결정할 수 있다. 이사회는 사단법인의 필수기관은 아니므로 이사회를 구성하지 않을 수도 있다.

㉥ 감사

재단법인은 이사에 대한 감독기관으로 정관에 감사를 둘 수 있다(민법 제66조). 감사는 법인 내부의 사무 집행에 대한 감독 권한을 가지고 있으나 법인을 대표하는 기관이 아니므로 감사의 성명, 주소는 등기 사항이 아니다.

바. 재단법인 설립허가 신청

㉠ 신청 서류

설립허가신청서, 정관, 재산목록(재산총괄표, 기본재산, 보통재산 목록), 당해연도 사업계획서 및 수지예산서, 기부승낙서(재산출연증서), 출연재산에 관한 등기소·금융기관 등의 증명서, 임원취임예정자의 성명·주민등록번호·주소 및 약력이 기재된 서류, 임원취임승낙서, 사무실 사용승낙서 및 증명서, 수혜자 한정 사유서(해당사항 있을 경우)

㉡ 주무관청 법인허가 주요 검토 사항

- 법인설립의 필요성
- 법인의 목적과 사업의 실현 가능성(목적사업, 공익의 유지·증진, 재원의 확보)
- 법인 명칭의 유사성

사. 설립허가

주무관청은 법인설립허가 신청을 받은 때에는 특별한 사유가 없는 한 20일 이내에 이를 심사하여 허가 또는 불허가의 처분을 하고 이를 서면으로 신청인에게 통지한다. 이 경우 허가를 하는 때에 법인설립허가증을 교부하고 법인설립허가대장에 필요한 사항을 기재한다.

아. 재단법인 설립등기(민법 제49조 제1항)

재단법인 설립허가증을 받은 신청인은 법인설립허가가 있는 때부터 3주 이내에 법인의 주된 사무소 소재지를 관할하는 법원에 설립등기를 해야 한다(이남우, 2011).

3) 법인 정관의 내용 및 변경

(1) 정관의 내용

① 목적

법인의 설립목적을 수행하기 위한 사업을 "목적사업"이라 한다. 법인의 사업 목적을 구체적으로 기재한다. 비영리 사단법인은 그 설립목적의 취지에 따른 목적사업을 수행한다. 이 목적사업은 법인 설립허가를 신청할 때 제출한 사업계획서 등에 기재된 목적사업을 말한다. 비영리 사단법인은 영리를 추구하지 않는 목적사업을 운영해야 한다. 다만, 비영리사업의 목적 달성을 위하여 그 고유의 설립목적에 벗어나지 않는 범위 내에서 목적사업의 경비를 마련하기 위한 수익사업을 영위할 수 있다.

② 명칭

설립할 법인의 명칭을 정해야 한다. "명칭"이란 '사람이나 사물 따위를 부르는 이름'으로 「상법」상의 법인(기업)의 경우 "상호"라고 하고, 민법법인의 경우 이를 명칭이라 부른다. 명칭은 사단법인의 경우 사단법인 앞이나 뒤에 "사단법인○○○"라고 붙여서 부르는 것을 말한다. 법인의 명칭은 사업목적을 나타낼 수 있는 명칭을 정해야 하고 설립할 법인의 명칭이 기존의 법인 명칭과 중복되지 않는지 확인해야 한다. 동일 명칭의 확인을 위해서 대법원 인터넷등기소에 접속하여 확인할 수 있다.

③ 사무소의 소재지

법인의 사무소가 두 개 이상인 때에는 모두 기재하고 주된 사무소를 정해야 한다.

④ 자산에 관한 규정

자산의 종류 · 구성 · 관리 · 운용방법 · 회비 등에 관한 사항을 기재한다.

⑤ 이사의 임면에 관한 규정

이사 임면의 방법을 정하여 기재하되, 그 방법에는 제한이 없다. 총회의 의결에 의하지 않는 선임 방법을 정하거나 구성원이 아닌 사람을 이사로 임명할 것을 기재해도 상관없다.

⑥ 사원자격의 득실에 관한 규정

사원의 입사 · 퇴사 및 제명 등에 관한 것을 기재한다(단, 재단법인은 해당되지 않음).

⑦ 존립 시기 및 해산 사유

법인의 존립 시기 또는 해산 사유를 기재한다(이남우, 2011).

(2) 정관의 변경

① 사단법인의 정관변경

가. 정관변경의 의의

법인이 동일성을 유지하면서 그 조직을 변경하는 경우를 정관변경이라 한다. 사단법인이 정관을 변경하고자 할 때에는 주무관청의 허가를 받아야 효력을 가진다(민법 제42조 제2항). 비영리 사단법인은 총 사원 3분의 2 이상의 동의가 있는 경우에 한하여 정관을 변경할 수 있다. 다만, 그 정수에 관하여 정관에 다른 규정이 있는 때에는 그 규정에 따른다(민법 제42조 제1항).

나. 정관변경 절차

정관변경은 사원총회의 전권사항이며 정관을 변경하고자 하는 법인은 주무관청에 정관변경 허가 신청서 및 그 외 서류들을 제출해야 한다. 정관변경은 주무관청의 허가서를 받은 날로부터 3주 이내에 변경등기를 해야 한다(민법 제52조 및 제53조).

다. 정관변경 서식

변경사유서 1부, 개정될 정관(신 · 구조문 대비표) 1부, 정관의 변경에 관한 총회 또는 이사회 회의록 1부, 기본재산의 처분에 따른 정관변경의 경우에는 처분의 사유, 처분재산의 목록, 처분의 방법 등을 기재한 서류 1부

② 재단법인 정관변경

가. 정관변경의 의의

법인이 정관을 변경하고자 할 때에는 주무관청의 허가를 받아야 효력을 가진다(민법 제45조 제3항). 허가받은 변경 사항이 등기해야 할 사항인 경우에는 그 변경 사항을 등기해야 제3자에게 주장할 수 있다(민법 제49조 제2항 및 민법 제52조).

나. 정관변경 절차

재단법인의 경우 원칙적으로 정관변경을 할 수 없고, 그 변경방법을 정관에 정한 때에 한하여 변경할 수 있다(민법 제45조 제1항). 재단법인의 목적달성 또는 그 재산의 보전을 위하여 적당한 때에는 위 규정에도 불구하고 명칭 또는 사무소의 소재지를 변경할 수 있고(민법 제45조 제2항) 재단법인이 목적을 달성할 수 없는 때에는 설립자나 이사는 주무관청의 허가를 얻어 설립의 취지를 참작하여 그 목적 기타정관의 규정을 변경할 수 있다(민법 제46조 제1항). 재단법인 기본재산의 처분은 정관의 변경을 초래하므로 정관의 변경이 이루어지지 아니하면 재단의 기본재산에 관한 처분행위는 그 효력이 발생할 수 없고, 정관의 변경은 주무관청의 허가를 얻지 아니하면 그 효력이 없다. 정관변경은 주무관청의 허가서를 받은 날로부터 3주 이내에 변경등기를 해야만 효력을 발생한다(민법 제52조 및 제53조).

다. 정관변경 서식

변경사유서 1부, 개정될 정관(신 · 구조문 대비표) 1부, 정관의 변경에 관한 총회 또는 이사회 회의록 1부, 기본재산의 처분에 따른 정관변경의 경우에는 처분의 사유, 처분재산의 목록, 처분의 방법 등을 기재한 서류 1부(이남우, 2011)

3. 청소년기관 행정업무

1) 행정의 개념

(1) 광의의 개념

행정(administration)이란 사전적 의미로는 법 아래에서 국가 목적을 실현하기 위해 행하는 능동적이고 적극적인 활동을 뜻한다. 하나의 집단활동으로서 공동 목표를 달성하기 위한 사람들의 협동적 행위를 의미한다고 할 수 있다.

(2) 협의의 개념

좁은 의미에서 행정이란 공행정(public administration)을 의미한다. 공행정은 공공(public)에 한정된 관리적 노력이나 활동을 의미한다. 초기의 학자들은 '공공'이라는 개념을 '정부'와 같은 뜻으로 이해했다.

(3) 현대적 행정의 개념

현대에 들어서면서 행정의 역할과 기능이 점차 확대됨에 따라 공공이라는 개념은 정부가 추구해야 할 가치로 이해되기 시작했다. 따라서 행정이란 공공 가치를 달성하기 위해 정부가 행하는 정책 및 관리 활동으로 정의할 수 있다(박경효, 2016).

(4) 행정업무의 개념

과거에는 행정의 개념이 담고 있는 의미와는 달리 업무의 기록 · 활용 · 보존이라는 범위로 좁게 인식되었다. 따라서 업무의 개념도 사무공간 안에서 이루어지는 서류의 생산 · 유통 · 보존 등 서류에 관한 작업을 한정하여 파악하였다. 그러나 현재는 정보화 사회가 되어 정보의 가치가 중요해지면서 '업무'의 개념에 행정 목적을 달성하기 위한 정보의 수집 · 가공 · 저장 · 활용 등 일련의 정보처리 과정이 포함되었다. 또한 정부의 공공이익을 위한 정책 목적을 달성하기 위한 일련의 업무 과정까지 포함하는 범위로 업무의 개념이 확대되었다(행정안전부, 2023).

2) 행정업무의 종류

(1) 업무의 목적에 의한 분류

① 본래 업무

본래 업무란 조직의 목적 달성을 위하여 직접적으로 수행하고 있는 사무를 말한다. 「청소년활동 진흥법」 제10조 제1호에 따른 청소년수련관의 경우 '다양한 청소년수련거리를 실시할 수 있는 각종 시설 및 설비를 갖춘 종합수련시설'이라고 할 때 다양한 수련거리 제공이라는 청소년수련관의 목적 달성에 직접적으로 기여할 수 있도록 기능별로 조직된 고유업무를 말한다. 또한 청소년수련활동이 청소년의 균형 있는 성장에 기여할 수 있도록 그 내용과 수준을 향상시키기 위하여 한국청소년활동진흥원과 청소년활동진흥센터에서 추진하는 청소년수련활동인증제 등을 예로 들 수 있다.

② 지원 업무

업무란 조직의 본래 목적을 달성하기 위하여 행하는 사무에 비하여 지원 업무란 개개의 목적영역에 공통으로 존재하며, 조직 목적을 달성하기 위하여 간접적으로 수행하는 업무로서 본래 업무를 수행하는 데 필요한 수단적 성질을 갖는다. 예를 들면, 청소년수련관에서 청소년을 대상으로 한 다양한 청소년수련활동 프로그램 운영에 필요한 가종 문서의 작성과 수발, 비용의 지출 등을 말한다.

(2) 업무의 성격에 따른 분류

① 판단 업무

판단 업무란 전문적 지식과 경험이 필요한 업무로서 주로 관리자가 담당한다. 예를 들면, 기획, 조정, 심사, 평가, 의사결정 등의 업무이다.

② 작업 업무

작업 업무란 전문적인 지식과 능력이 요구되지 않는 업무로서 숙련을 요하는 것부터 전혀 숙련되지 않더라도 단순하게 처리할 수 있는 업무 등 매우 다양하다.

예를 들면, 계산, 통계표 작성, 단순·반복적인 기안, 문서 접수 및 발송, 운반·정리 등을 말한다.

(3) 기타 업무의 종류

앞서 살펴본 업무 외에도 발생 빈도에 따른 일상 업무와 예외 업무, 위임 여부에 따른 고유 업무와 위임 업무 등으로 나눌 수 있다.

3) 행정업무 운영의 정의

(1) 고전적 행정업무 운영의 개념

고전적 의미의 운영은 사람, 장비, 시설, 자금 등을 잘 활용하고 조정하여 설정된 목표를 능률적으로 달성할 수 있도록 계획(plan)하고 실행(do)하고 통제(see)하는 관리를 말한다. 즉, 행정의 목적 달성을 위한 하나의 수단이다.

(2) 현대적 행정업무 운영의 개념

현대적 의미로 운영의 개념은 기관의 자원을 활용하여 조직 내부의 생산 목표(output)를 관리하는 고전적 개념에 더하여 수요자의 만족도를 증가시키는 서비스의 품질관리 및 성과관리를 포함하는 총체적인 관리 활동을 의미한다(행정안전부, 2023).

4) 효율적 행정업무 운영방안

(1) 업무의 간소화

불필요한 업무를 없애고 최소한의 노력으로 최대한의 업무성과를 낼 수 있도록 하며 업무수행 과정의 속도를 높일 수 있도록 보고·결재 단계의 축소, 전자결재의 활성화, 불필요한 보고서의 생산 지양 등을 추구한다.

(2) 업무의 표준화

업무 담당자가 바뀌어도 원활하게 업무를 처리하고 일상업무의 대응 속도를 높일 수 있게 업무의 인계 · 인수를 철저히 하고, 전자결재 활성화, 업무의 자동화를 지향한다.

(3) 업무의 과학화

정보통신기술의 발달에 발맞춰 행정업무를 신속하고 정확하게 처리할 수 있도록 전자결재 시스템, 지식 행정 시스템, 협업 시스템 등을 활용하여 행정지식을 공유하고 활용하여 조직 내 의사소통을 증진한다.

02 CHAPTER

청소년기관의 분류와 기능

1. 청소년활동시설
2. 청소년 보호 · 복지 시설
3. 기타 청소년기관

CHAPTER 02

청소년기관의 분류와 기능

청소년기관이 청소년시설 및 단체 등을 의미한다는 맥락에서, 청소년기관은 지역에서 청소년들이 일상적으로 이용 가능한 시설 등을 의미한다. 여기서는 청소년관련법에 명시되어 있는 청소년활동시설, 청소년 보호·복지 시설, 기타 청소년기관을 살펴보기로 한다.

1. 청소년활동시설

청소년활동시설의 법적 개념을 살펴보면 「청소년활동 진흥법」 제2조 제2호에서 "수련활동, 교류활동, 문화활동 등 청소년활동에 제공되는 제10조 규정에 의한 시설을 말한다"라고 규정하고 있다. 「청소년활동 진흥법」 제10조 규정은 청소년활동시설의 종류를 규정하는 것으로 청소년수련시설과 청소년이용시설로 구분하고 있으며, 청소년활동시설은 청소년수련거리 또는 청소년활동을 실시하거나 건전한 이용 등에 제공될 수 있는 시설과 설비를 갖추고 있는 공간을 규정하고 있다.

청소년활동시설과 관련한 법적 개념을 정리하면 청소년들의 균형 있는 성장을 위해 필요한 수련활동·교류활동·문화활동 등의 다양한 체험활동이 전개될 수 있도록 시설과 설비를 갖추고 청소년활동 서비스를 제공하는 시설 또는 청소년활동과 건전한 이용에 제공될 수 있는 시설을 의미한다고 볼 수 있다.

즉, 청소년의 균형 있는 수련활동에 필요한 여러 시설과 설비 및 프로그램 등을 갖추고 청소년지도자의 지도 아래에 조직적이고 체계적인 수련활동을 실시하는 시설을 말한다. 청소년수련시설은 기능이나 입지적 여건 및 수련활동 등에 따라 다양한 유형으로 구분된다. '청소년문화의집'은 간단한 수련활동을 실시할 수 있는 설비와 시설을 갖춘 문화 · 예술 · 정보 중심의 수련시설을 의미한다. 「청소년활동 진흥법」의 관련 규정에 따르면 지방자치단체는 시 · 군 · 구에 '청소년수련관'을 1개소 이상 설치 · 운영해야 하며, 읍 · 면 · 동에는 '청소년문화의집'을 1개소씩 설치하여야 할 의무를 지닌다(여성가족부, 2023). 또한 「건축법」 시행령 제3조의 제4호에 따라 '청소년문화의집'은 '청소년특화시설', '청소년수련관'과 더불어 대부분 작은 규모의 시설로 건립되는 대표적인 생활 시설로서 지역 청소년들이 매우 밀접하게 사용할 수 있는 장점이 있다(장호현, 2011).

1) 청소년수련시설

(1) 청소년수련시설 현황

청소년수련시설은 수련활동에 필요한 여러 시설, 설비, 프로그램 등을 갖추고 청소년지도자의 지도하에 체계적이고 조직적인 수련활동을 실시하는 시설을 말한다. 청소년수련시설은 기능이나 수련활동 및 입지적 여건 등에 따라 여러 가지 유형으로 구분된다.

이전에는 생활권 수련시설(청소년수련관, 청소년문화의집), 자연권 수련시설(청소년수련원, 청소년야영장), 그리고 유스호스텔로 구분되어 왔으나, 2005년부터는 청소년수련관, 청소년수련원, 청소년문화의집, 청소년특화시설, 청소년야영장, 유스호스텔로 구분한다.

청소년수련시설을 시설과 역할에 따라 구분하면, '청소년수련관'은 다양한 수련활동을 실시할 수 있는 각종 시설 및 설비를 갖춘 종합수련시설을 의미한다. '청소년수련원'은 숙박기능을 갖춘 생활관과 다양한 수련활동을 실시할 수 있는 각종 시설과 설비를 갖춘 종합수련시설을 말한다. '청소년문화의집'은 간단한 수련활동을 실시할 수 있는 시설 및 설비를 갖춘 정보 · 문화 · 예술 중심의 수련시설을, '청소년특화시설'은 청소년의 직업체험 · 문화예술 · 과학정보 · 환경 등 특정 목적의 청소년활동을 전문적으로 실시할 수 있는 시설과 설비를 갖춘 수련시설을 의미한다. '청소년야영장'은 야영에 적합한 시설 및 설비를 갖추고 수련활동 또는 야영 편의를 제공하는 수련시설을, '유스호스텔'은 청소년 숙박체제에 적합한 시설 · 설비와 부대 · 편의시설을 갖추고 숙식편의 제공, 여행 청소년의 활동지원 등을 주된 기능으로 하는 시설을 말한다. 1992년 이전에는 수련시설이 150여 개에 불과하였지만 매년 지속적으로 증가하여 2024년 기준 857개의 시설이 설치 · 운영되고 있다.

〈표 2-1〉 **청소년수련시설 현황** (단위 : 개소)

구 분	총 계	수련관	문화의집	수련원	야영장	유스호스텔	특화시설
계	857	202	349	153	34	105	14
직영	395	51	126	101	25	88	4
위탁	462	151	223	52	9	17	10

출처 : 한국청소년수련시설협회(2024).

〈표 2-2〉 **시 · 도별 청소년수련시설 현황** (단위 : 개소)

구 분	총 계	수련관	문화의집	수련원	야영장	유스호스텔	특화시설
계	857	202	349	153	34	105	14
서울	75	33	27	3	0	4	8
부산	26	9	11	3	1	2	0
대구	22	5	10	3	0	2	2
인천	23	9	9	2	0	3	0
광주	19	5	12	1	0	0	1
대전	15	4	9	2	0	0	0
울산	14	4	7	1	2	0	0
세종	5	2	3	0	0	0	0
경기	180	39	85	32	9	14	1
강원	77	16	35	13	3	9	1
충북	49	8	16	19	1	5	0
충남	46	11	15	12	2	6	0

전북	57	11	22	13	3	7	1
전남	62	9	25	13	6	9	0
경북	61	16	19	12	1	13	0
경남	76	18	19	20	4	15	0
제주	50	3	25	4	2	16	0

주 : 국립청소년시설(7개) : 국립중앙청소년수련원(충청남도 천안시), 국립평창청소년수련원(강원도 평창군), 국립청소년우주센터(전라남도 고흥군), 국립청소년해양센터(경상북도 영덕군), 국립청소년농생명센터(전라북도 김제시), 국립청소년미래환경센터(경상북도 봉화군), 국립청소년생태센터(부산광역시).
출처 : 한국청소년수련시설협회(2024).

(2) 청소년수련시설의 설치

① 중앙정부의 수련시설 설치

「청소년활동 진흥법」에서는 국가 및 지방자치단체가 전국의 청소년이 이용할 수 있는 국립청소년수련시설을 설치 · 운영하도록 명시하고 있다. 이러한 역할을 담당할 시설로 '국립중앙청소년수련원', '국립평창청소년수련원' 및 '국립청소년우주센터', '국립청소년농생명센터', '국립청소년해양센터', '국립청소년미래환경센터'를 건립하였고, 2024년 7월에는 '국립청소년생태센터'를 개원하였다.

국립중앙청소년수련원은 청소년수련 프로그램의 개발 · 보급 및 시범운영, 청소년지도자의 양성 및 연수, 국내 · 외 청소년교류 및 수련시설 간의 네트워크 정보 제공 등의 기능을 수행하기 위하여 설립된 국립수련시설이다. 충청남도 천안시 목천면 독립기념관 내(동곡)에 부지 540,641㎡, 연면적 35,401㎡ 내외 규모로 약 640억 원의 예산을 투입하여 2001년 6월에 준공되었다.

국립평창청소년수련원은 자연권 청소년수련활동의 시범적 운영 및 총괄 · 지원을 위한 자연권 수련시설로서, 수련시설에 대한 지원과 청소년수련활동 운영의 새로운 방향을 제시하는 기능을 수행하고 있다. 강원도 평창군 용평면 백옥포리에 부지 483,818㎡, 연면적 22,348㎡ 규모에 약 240억 원의 예산을 투입하여 1998년 10월에 준공되었다.

국립청소년우주센터는 우주분야에 대해 전문화 · 특성화된 수련시설로서 청소년 우주체험활동의장을 해외에서 국내로 전환하여 우리나라 청소년들에게 우주체험 활동의 기회를 제공하려는 목적으로 건립된 국립수련시설이다. 전라남도 고흥군 동일면 덕흥리에 부지 320,757㎡, 연면적 13,711㎡ 규모의 우주체험관, 우주생활관 등을 약 495억 원의 예산을 투입하여 2010년 7월에 준공하였다.

국립청소년농생명센터는 농업생명체험에 대해 전문화·특성화된 수련시설로서 생명과학·농업기술·생태환경의 특화된 체험을 제공하려는 목적으로 건립된 국립수련시설이다. 전라북도 김제시 부량면 용성리에 부지 38,806㎡ 연면적 11,893㎡ 규모의 농·생명 실험시설 등을 약 220억 원의 예산을 투입하여 2013년 7월에 준공하였다.

국립청소년해양센터는 해양환경체험에 대해 전문화·특성화된 수련시설로서 해양자원 개발 및 기술발전에 대한 비전을 제시하려는 목적으로 건립된 국립수련시설이다. 경상북도 영덕군 영덕읍 창포리에 부지 50,169㎡, 연면적 13,664㎡ 규모의 해양환경체험시설 등을 약 372억 원의 민간 자본을 투입하여 2013년 7월에 준공하였다.

국립청소년미래환경센터는 인류 보편적 환경 문제에 대해 전문화·특성화된 수련시설로서 지구 온난화 등 환경문제에 대응한 에너지, 환경, 산림 등의 지속가능한 발전교육의 장을 제공하려는 목적으로 건립된 국립수련시설이다. 경상북도 봉화군 춘양면에 부지 106,222㎡, 연면적 8,572㎡ 규모의 온실체험관, 환경실험실 등을 약 261억 원의 예산을 투입하여 2021년 7월에 준공하였다.

국립청소년생태센터는 천연기념물(철새 도래지)로 지정된 부산 을숙도의 아름다운 자연환경 속에서 청소년들이 동식물의 생태를 쉽게 관찰하고 체험할 수 있는 환경과 프로그램을 제공함으로써, 생태적 감수성과 자연 친화성을 길러 청소년 시기에 필요한 기량과 품성을 함양할 수 있도록 지원하는 청소년 체험시설이다.

② 지방자치단체의 수련시설 설치

수련시설의 설치·운영사업에 대한 중앙정부의 재정지원이 확대된 이후 각 지방자치단체에 의해 많은 생활권 시설들이 설치·운영되고 있다. 1990년부터 지방양여금이 청소년시설 건립에 사용되면서 지방자치단체의 청소년수련시설 설치사업에 중요한 재원으로 활용되었으며, 2005년부터 2019년까지 국가균형발전특별회계에 의한 지원으로 건립되었다.

지방자치단체가 건립하는 청소년수련시설은 주로 생활권수련시설로 행정구역별로 1개소씩 건립하는 것을 목표로 하고 있다. 「청소년활동 진흥법」에 따르면 지방자치단체는 시 · 군 · 구에 청소년수련관을 1개소 이상 설치 · 운영해야 하며, 읍 · 면 · 동에는 청소년문화의집을 1개소씩 설치하여야 할 의무를 지닌다.

2019년까지 여성가족부에서는 지방자치단체의 수련시설 신규건립과 더불어 기존 시설의 기능보강을 지원하여, 2017년도에는 51개소 신규건립, 79개소 기능보강, 2018년도에는 49개소 신규건립, 74개소 기능보강, 2019년에는 42개소 신규건립, 70개소 기능보강을 지원하였다. 2020년부터는 지방재정분권 실현을 목적으로 수련시설 건립 및 기능보강 사업 예산은 지방자치단체로 이양되어 지방자치단체의 실정에 맞게 추진해 나가고 있다.

③ 수련시설 설립 사전검토

「청소년활동 진흥법」에 따르면 국립 및 지방자치단체가 수련시설을 설치하려고 할 경우, 입지조건이나 내부구조, 설계사항 등 건립의 타당성에 관한 내용을 포함한 기본계획을 수립하여 수련시설 건립심의위원회의 심의를 받은 후 시행하여야 한다. 수련시설건립심의위원회의 위원은 5인 이상 10인 이내로 구성하며, 위원 중 청소년 및 청소년 전문가의 참여비율을 각각 5분의 1 이상으로 해야 한다.

(3) 수련시설 운영지원

정부에서는 2006년도부터 정책적으로 수련시설의 안전관리 강화를 위해 주요 구조부의 균열, 내구성 저하 등의 위험 사항, 석축, 옹벽, 담장 및 부대시설의 안정성, 전기, 기계, 소방 및 냉 · 난방 시설의 유지관리 상태, 기타 관리 주체의 안전의식 및 재난 관리 체계 구축 여부 등의 안전관리 실태를 점검함으로써 안전사고를 미연에 방지하도록 하였으며, 시설 운영 전반에 대한 평가를 통해 시설운영의 질적 수준 향상을 제고하였다.

특히 2014년 7월부터는 개정된 「청소년활동 진흥법」 시행에 따라 수련시설에 대한 감독 기관의 종합 안전점검 및 종합평가 실시가 의무화(청소년활동 진흥법 제18조의3, 제19조의2)되었다. 그리고 국토안전관리원, 한국소방안전원, 한국전기안전공사, 한국가스안전공사 등 안전관련 전문기관과 연계한 분야별 종합 안전점검과 한국청소년정책연구원을 통하여 시설운영 전반 사항에 대하여 시설 종류별 2년 주기로 종합평가를 실시하고 있다.

2021년에는 생활권 청소년수련시설(청소년수련관, 청소년문화의집, 청소년특화시설)을 대상으로 종합 안전 · 위생점검 및 종합평가를 실시하였고, 2022년에는 자연권 청소년수련시설(청소년수련원, 유스호스텔, 청소년야영장)을 대상으로 종합 안전 · 위생점검 및 종합평가를 실시하였다.

또한 청소년수련시설에 대한 안전관리 규정이 강화되어 시설 붕괴 우려 등 안전 확보가 현저히 미흡한 경우 특별자치도지사 · 시장 · 군수 · 구청장이 시설의 운영 중지를 명령할 수 있으며, 2년 주기로 실시되는 청소년수련시설 종합평가에서 가장 낮은 등급을 연속하여 3회 이상 받은 경우 허가 또는 등록을 취소할 수 있도록 함에 따라 관리 · 감독 주체의 안전관리와 수련시설 운영주체의 안전관리 의무가 강화 · 유지되고 있다.

(4) 청소년수련시설의 시설 기준

청소년수련시설의 입지는 청소년의 건전한 정서 함양에 적합한 장소로서 수련시설별로 다른 입지 조건을 갖추어야 한다.

① 청소년수련관, 청소년문화의집, 청소년특화시설 : 일상생활권, 도심지 근교 및 그 밖의 지역 중 청소년수련활동 실시에 적합한 곳으로서 청소년이 이용하기에 편리한 지역이어야 한다.

② 청소년수련원, 청소년야영장 : 자연경관이 수려한 지역, 국립 · 도립 · 군립공원, 그 밖의 지역 중 자연과 더불어 행하는 청소년수련활동 실시에 적합한 곳으로서 청소년이 이용하기에 편리한 지역이어야 한다.

③ 유스호스텔 : 명승고적지, 역사유적지 부근 및 그 밖의 지역 중 청소년이 여행활동 시 이용하기에 편리한 지역이어야 한다.

또한 청소년수련시설의 구조는 시설 및 기구 · 설비 등은 청소년이 이용하기에 편리한 구조로 하여야 하며 장애인을 위한 배려를 하여야 한다. 또한 수용정원에 적합한 면적과 구조로 하여야 한다.

설치기준은 주변 환경을 자연친화적으로 보존·활용하여야 하며, 시설의 종류별로 개별기준에 정한 시설·설비를 설치하되, 그 설치기준은 개별기준에서 정한 것을 제외하고는 단위시설·설비기준에 따른다. 「청소년활동 진흥법」 제33조 제2항 각 호의 영업을 하기 위한 시설을 설치하는 경우에는 이 기준에서 정한 것 외에 해당 법령에서 정한 기준에 따라야 한다. 폐교시설 등 기존시설을 활용한 수련시설의 경우에는 「시설물의 안전 및 유지관리에 관한 특별법」 제28조에 따라 등록한 안전진단전문기관으로 하여금 안전점검을 실시하도록 하고, 안전점검을 실시한 결과 시설물의 재해 및 재난예방과 안전성 확보 등을 위하여 필요하다고 인정되는 경우에는 같은 법 제2조 제6호의 정밀안전진단을 실시하여야 한다.

청소년수련관, 청소년수련원, 청소년야영장, 청소년특화시설 및 유스호스텔은 전용시설로 설치하여야 한다. 다만, 청소년수련활동과 연계할 수 있는 다음의 시설과는 복합시설로 설치할 수 있다.

- 「문화예술진흥법」 제2조 제3호의 문화시설
- 「체육시설의 설치·이용에 관한 법률」 제2조 제1호의 체육시설
- 「식품위생법 시행령」 제21조 제8호 가목 및 나목의 휴게음식점영업 및 일반음식점영업을 위한 근린생활시설 중 청소년수련시설 이용자에게만 음식을 제공하는 시설

관리시설은 관리실·사무실·안내시설 등 시설물의 관리·운영에 필요한 시설·설비를 수련시설의 종류에 따라 설치하여야 한다.

기타시설은 수련시설의 종류 및 기능의 범위에서 입지여건·특성·자연환경 등에 따라 해당 수련시설의 개별기준에서 정하지 않았더라도 다른 종류의 수련시설의 개별기준에서 정한 시설·설비 등을 설치할 수 있다.

동일 건물 또는 해당 시설에 「청소년 보호법」 제2조 제5호에 따른 청소년유해업소가 있어서는 안 되며, 설치예정지역으로부터 직선거리 50미터 이내에는 유흥주점 등 청소년이 이용하기에 적합하지 않은 시설이 있어서는 안 된다.

(5) 청소년수련시설별 활동장 시설 기준

청소년수련시설별 활동장 시설 기준은 다음과 같다.

① 청소년수련관

구 분	기 준
1) 면적	연건축면적이 1,500제곱미터 이상이어야 한다.
2) 실내집회장	150명 이상을 수용할 수 있어야 한다.
3) 체육활동장	연면적 150제곱미터 이상의 실내체육시설을 설치하여야 한다.
4) 자치활동실	2개소 이상 설치하여야 한다.
5) 특성화수련활동장	2개 이상의 시설을 선택하여 설치하여야 한다.
6) 상담실	1개소 이상 설치하여야 한다.
7) 휴게실	1개소 이상 설치하여야 한다.
8) 위생시설	수용정원에 적합한 화장실, 세면장 등을 설치하여야 한다.
9) 지도자실	1개소 이상 설치하여야 한다.
10) 기타설비	방송설비를 갖추어야 한다.
11) 수용정원	2)~5)에 해당하는 시설(실내시설에 한정한다)을 일시에 사용할 수 있는 적정인원을 말한다.

② 청소년문화의집

구 분	기 준
1) 활동시설	실내집회장 및 특성화수련활동장, 자치활동실, 강의실에 해당하는 시설 중 두 종류 이상을 갖추어야 한다.
2) 휴게시설	휴게실을 별도로 설치하거나 실내공간 또는 마당을 청소년의 휴식 및 대화 장소로 제공할 수 있는 구조로 배치하여야 한다.
3) 위생시설	수용정원에 적합한 화장실 · 세면장 등을 설치하여야 한다.
4) 기타시설	물품보관시설을 갖추어야 한다.
5) 수용정원	실내집회장에 해당하는 시설(실내시설에 한정한다)을 일시에 사용할 수 있는 적정인원을 말한다.

③ 청소년수련원

구 분	기 준
1) 생활관	가) 100명 이상이 숙박할 수 있어야 한다. 나) 각각의 숙박실은 10명 이하의 규모로 하여야 한다.
2) 식당	생활관 숙박정원의 100분의 30 이상의 인원에게 일시에 급식할 수 있어야 한다.
3) 실내집회장	생활관 숙박정원의 100분의 50 이상을 수용할 수 있어야 한다.
4) 야외집회장	생활관 숙박정원의 100분의 60 이상을 수용할 수 있어야 한다.
5) 체육활동장	연면적 100제곱미터 이상의 실내체육시설 또는 연면적 1,500제곱미터 이상의 실외체육시설을 설치하여야 한다.
6) 수련의숲	연면적 1,000제곱미터 이상이어야 한다.
7) 강의실	1개소 이상 설치하여야 한다.
8) 특성화수련활동장	1개 이상의 시설을 선택하여 설치하여야 한다.
9) 지도자실	1개소 이상 설치하여야 한다.
10) 휴게실	1개소 이상 설치하여야 한다.
11) 비상설비	가) 비상조명설비 또는 기구를 갖추어야 한다. 나) 비상급수설비를 갖추어야 한다.
12) 기타시설	방송설비, 양호실, 물품보관시설을 갖추어야 한다.
13) 숙박정원	생활관에서 일시에 숙박할 수 있는 적정인원을 말한다.

※ 비고 : 폐교시설을 이용하여 설치하는 청소년수련원은 1)부터 3)까지 및 5)에 해당하는 시설에 대하여는 기준규모 이하로 할 수 있으며, 6)에 해당하는 시설의 설치를 생략할 수 있다.

④ 청소년야영장

구 분	기 준
1) 야영지	100명 이상이 야영할 수 있어야 한다.
2) 야외집회장	수용정원의 100분의 40 이상을 수용할 수 있어야 한다.
3) 대피시설	가) 폭우 · 폭설 등 급작스런 재해에 대비하여 대피시설을 설치하여야 한다. 다만, 다른 용도의 시설이 있어 이를 대피시설로 사용할 수 있는 경우에는 별도의 대피시설을 설치하지 않을 수 있다. 나) 대피시설의 구조는 비바람을 막을 수 있는 구조로 하여야 한다.

4) 체육활동장	연면적 1,000제곱미터 이상의 실외체육시설을 설치하여야 한다.
5) 비상설비	가) 비상시 야영지에서 대피시설까지 원활하게 이동할 수 있도록 비상조명 설비 또는 기구를 갖추어야 한다. 나) 야영지에서 대피시설 또는 관리사무소에 연락할 수 있는 통신수단을 확보하여야 한다.
6) 야영정원	야영지에서 일시에 야영할 수 있는 적정인원을 말한다.

※ 비고
1) 국가 · 지방자치단체 또는 공공단체 등이 도시공원 · 자연공원 또는 관광지 등에 설치하는 청소년야영장으로서 관련법령에 따른 조성계획에 따라 설치하는 경우에는 위 기준에도 불구하고 그 계획에 따른다.
2) 생활관을 설치하는 경우에는 숙박정원을 100명 미만으로 하여야 한다.
3) 폐교시설을 이용하여 설치하는 청소년야영장은 1), 2) 및 4)에 해당하는 시설에 대하여는 기준 규모 이하로 할 수 있다.

⑤ 청소년특화시설

구 분	기 준
1) 활동시설	직업체험, 문화예술, 과학정보, 환경 등의 특화된 분야의 활동을 행할 수 있는 전문 자료실, 동아리방, 연구실, 체험실 등의 시설을 갖추어야 한다.
2) 휴게실	1개소 이상 설치하여야 한다.
3) 지도자실	1개소 이상 설치하여야 한다.
4) 냉 · 난방시설	냉 · 난방설비를 갖추어야 한다.
5) 비상시설	가) 비상조명설비 또는 기구를 갖추어야 한다. 나) 비상급수설비를 설치하여야 한다.
6) 기타시설	방송설비 및 물품보관시설을 갖추어야 한다.
7) 수용정원	활동시설(실내시설에 한정한다)에서 일시에 수용할 수 있는 적정인원을 말한다.

⑥ 유스호스텔

구 분	기 준
1) 숙박실	가) 각각의 숙박실은 10명 이하의 규모로 하되, 2인실 이하의 숙박정원의 합계는 전체 숙박정원의 100분의 40을 초과할 수 없다. 나) 청소년을 동반한 가족 등에게 제공하기 위한 가족실을 둘 수 있다. 이 경우 그 숙박정원의 합계는 전체 숙박정원의 100분의 30을 초과할 수 없다.
2) 대화 · 정보실	여행 · 문화정보 등을 제공하고 만남의 공간으로 활용될 수 있도록 조성한다.
3) 자가취사장	숙박정원 50인당 1조 이상의 취사설비를 갖추어야 한다. 다만, 그 합계가 5조를 초과하는 경우에는 5조로 할 수 있다.
4) 휴게실	1개소 이상 설치하여야 한다.
5) 지도자실	1개소 이상 설치하여야 한다.
6) 난방시설	난방설비를 갖추어야 한다.
7) 비상설비	가) 비상조명설비 또는 기구를 갖추어야 한다. 나) 비상급수설비를 설치하여야 한다.
8) 기타시설	방송설비 및 물품보관시설을 갖추어야 한다.
9) 숙박정원	숙박실에서 일시에 숙박할 수 있는 적정인원을 말한다.

2) 청소년이용시설

(1) 청소년이용시설 개념과 유형

청소년이용시설은 청소년수련시설이 아닌 시설이지만, 설치 목적의 범위 내에서 청소년 활동 실시와 청소년의 건전한 이용 등을 위하여 제공할 수 있는 시설을 의미한다.

청소년이용시설로는 ①「문화예술진흥법」 제2조 제1항 제3호의 규정에 의한 문화시설, ②「과학관의 설립 · 운영 및 육성에 관한 법률」 제2조 제1호의 규정에 의한 과학관, ③「체육시설의 설치 · 이용에 관한 법률」 제2조 제1호의 규정에 의한 체육시설, ④「평생교육법」 제2조 제3호의 규정에 의한 평생교육시설, ⑤「산림문화 · 휴양에 관한 법률」 제13조, 제14조 및 제19조의 규정에 의한 자연휴양림, ⑥「수목원 · 정원의 조성 및 진흥에 관한 법률」 제2조 제1호의 규정에 의한 수목원, ⑦「사회복지사업법」 제34조 제4항의 규정에 의한 사회복지관, ⑧ 시민회관·어린이회관·공원·광장·고수부지와 그 밖의 이와 유사한 공공시설로서 수련활동 또는 청소년 여가선용을 위한 이용에 적합한 시설 등이 해당된다.

시장·군수·구청장은 청소년이용시설 중 청소년지도사를 배치한 시설에 대해서는 청소년이용 권장시설로 지정하여 다른 청소년이용시설에 우선하여 지원할 수 있다.

(2) 청소년이용시설 현황

① 문화시설

문화예술시설로는 청소년들의 정서함양을 위해 국가가 건립한 국립중앙극장, 국립중앙박물관, 국립현대미술관, 국립국악원, 국립민속박물관, 국립중앙도서관 등이 있으며, 각 지역별로 박물관, 미술관, 도서관, 문예회관, 지방문화원 등의 시설이 있다. 문화공간은 공연시설(공연장, 영화상영관, 야외음악당 등), 전시시설(박물관, 미술관, 화랑, 조각공원), 도서시설(도서관, 문고), 지역문화 복지시설(복지회관, 문화체육센터), 문화보급전수시설(지방문화원, 국악원, 전수회관) 등으로 분류된다.

② 과학관

과학관 중 대표적인 이용시설로는 국립중앙과학관과 국립과천과학관이 있다. 국립중앙과학관은 자연사관, 인류관, 과학기술관, 미래기술관, 생물탐구관 등으로 구성된 전시관을 통해 국민들에게 과학기술문화 체험 기회를 제공하고 있으며, 이 밖에 천체관측소, 야외전시장 등을 갖추고 있다. 국립과천과학관은 과학탐구관, 자연사관, 한국과학문명관, 첨단기술관 등의 전시관을 갖추고 있다.

③ 체육시설

우리나라의 체육시설은 정부의 지속적인 투자로 양과 질적인 측면에서 괄목할 만한 성장을 이루어 왔다. 정부는 국민의 건전한 여가선용과 생활체육활동을 증진하기 위하여 국민이 집 주변에서 쉽게 접근할 수 있는 생활체육시설과 전문선수의 육성을 위한 전문체육시설의 건설을 지원해 왔으며, 각종 국제경기대회 등의 개최를 계기로 국제수준의 체육시설을 확충하고 있다. 대표적 공공체육시설의 종류로는 생활체육공원, 국민체육센터, 마을단위 생활체육시설 등이 있다.

2. 청소년 보호 · 복지 시설

1) 청소년보호시설

「청소년 보호법」 제35조에서는 청소년유해환경으로부터 청소년을 보호하고 피해 청소년의 치료와 재활을 지원하기 위하여 '청소년보호 · 재활센터'를 설치 · 운영하도록 명시하고 있다.

청소년보호시설은 「청소년 보호법」에 의해 2003년 9월부터 운영된 청소년보호종합지원센터(The Youth Center)가 있다. 청소년보호종합지원센터에서는 가정과 학교에서 학대와 폭력을 받는 청소년 및 가출청소년, 성범죄 피해 청소년, 임금체불 등 근로현장에서 보호를 받지 못한 청소년, 약물남용 청소년 등 위기에 처한 청소년에 대한 통합적인 원스톱(One-Stop) 서비스를 제공하고 있다. 또한 보다 효과적이고 효율적으로 피해 청소년 지원을 위하여 지역별로 활동하는 NGO와 경찰, 행정당국 간의 네트워크 구축사업을 전개하였으며, 2004년에는 가출청소년과 성매매 구조 청소년 등 위기청소년들의 긴급구조와 일시보호를 위한 드롭인센터(Drop-in center)를 개설하였다. 2005년부터는 서울지역에서만 부분적으로 운영하던 청소년종합지원센터를 부산, 광주, 경기, 경남 등으로 확대 운영함으로써 지역단위에서도 위기청소년 지원사업 추진을 위한 기반을 마련하였다. 이후 2011년 「청소년 보호법」이 전면개정되면서 청소년유해환경으로부터 청소년을 보호하고 피해 청소년의 치료와 재활을 지원하기 위하여 '청소년보호 · 재활센터'를 설치 · 운영할 수 있다는 조항으로 변경되었다.

개정된 「청소년 보호법」에서는 위기청소년에 대한 보호뿐만 아니라, 청소년 유해매체 및 환경에 대한 보호와 인터넷 게임 중독 등에 대한 보호에 대해 명시하고 있다. 이에 근거하여 여성가족부는 인터넷 · 스마트폰 과의존 청소년에 대해 상시적으로 전문화 · 효과적 치유 프로그램을 제공하기 위한 인터넷 · 스마트폰 과의존 상설치유기관인 국립청소년인터넷드림마을을 2014년 8월에 설립하여 운영하고 있다. 국립청소년인터넷드림마을에서는 인터넷 · 스마트폰 과의존 정도에 따라 1주, 2주, 3주, 4주 과정으로 차별화된 맞춤형 치유 프로그램을 운영(2021년 323명, 2022년 273명)하고 있으며, 개인 · 집단상담, 가족상담 및 대안활동, 관계증진활동 등을 통해 참가 청소년들의 인터넷 · 스마트폰 과의존을 해소하고 올바른 이용습관을 길러주기 위한 다양한 프로그램을 진행하고 있다.

또한 학습 · 정서행동상의 장애를 가진 청소년에 대한 보호 · 상담 및 치료 · 재활을 지원하는 기숙형 청소년치료재활시설인 국립중앙청소년치료재활센터를 2012년 10월 경기도 용인에 설립하고, 대구광역시 달성군에 국립대구청소년치료재활센터 1개소를 2021년 11월 추가 건립 및 개원하여 2022년부터 정식 운영 중이다.

청소년치료재활센터의 장기과정(디딤과정)은 16주간이며 전문상담, 심리치료, 대안교육, 진로탐색 및 대인관계 기술 등 사회적응을 위한 전문적인 프로그램 등을 지원한다.

「청소년 보호법」에 명시된 '청소년보호 · 재활센터' 외에 「아동 · 청소년의 성보호에 관한 법률」에 포함된 보호시설로는 「성매매방지 및 피해자 보호 등에 관한 법률」에 규정된 '청소년지원시설'과 「청소년복지 지원법」에 규정된 '청소년상담복지센터' 및 '청소년쉼터' 등이 있다. 그리고 상담시설로는 「성매매방지 및 피해자 보호 등에 관한 법률」에 규정된 '성매매피해상담소' 및 「청소년복지 지원법」에 명시된 '청소년상담복지센터', 「학교 밖 청소년 지원에 관한 법률」에 규정된 '학교 밖 청소년 지원센터' 등이 있다.

2) 청소년복지시설

「청소년복지 지원법」 제31조에서는 청소년복지시설의 종류를 청소년쉼터, 청소년자립지원관, 청소년치료재활센터, 청소년회복지원시설로 구분하고 있다.

(1) 청소년쉼터

「청소년복지 지원법」에서는 가정 밖 청소년에 대해여 일정 기간 보호하면서 상담 · 주거 · 학업 · 자립 등을 지원하여 가정 · 학교 · 사회로 복귀하여 생활할 수 있도록 국가 또는 지방자치단체가 청소년쉼터를 설치 · 운영하도록 명시하고 있다.

청소년쉼터의 주요 기능으로는 가정 밖 청소년의 일시보호 및 숙식 제공, 가정 밖 청소년의 상담 · 선도 · 수련활동, 가정 밖 청소년의 학업 및 직업훈련 지원활동, 청소년의 가출 예방을 위한 거리상담 지원활동, 그 밖에 청소년복지지원에 관한 활동 등이 있다.

청소년쉼터는 9~24세의 청소년들을 입소대상으로 하고 있으며, 보호기간은 쉼터유형에 따라 일시 7일 이내, 단기 3개월(최장 9개월) 이내, 중장기 3년(필요시 1년 연장) 이내를 원칙으로 하고 있다.

1992년 최초로 서울 YMCA에 청소년쉼터를 설치 · 지원하였으며, 1996년 이후 광역시를 중심으로 늘어나기 시작하였다. 2022년 기준 국가에서는 전국 총 138개소 쉼터의 운영을 지원 중이며, 가정 밖 청소년의 조기 발굴 · 긴급구조 및 초기개입으로 신속한 가정 및 사회복귀를 돕는 거리상담 전문인력 및 야간 시간대 청소년의 연계 의뢰 및 자해 등 응급 상황에 신속히 대처하기 위한 야간보호 상담원을 배치 · 지원하고 있다.

(2) 청소년자립지원관

청소년자립지원관은 일정 기간 청소년쉼터 또는 회복지원시설에서 생활하여 지원을 받았음에도 자립 역량이 갖추어지지 않은 청소년에게 자립하여 생활할 수 있는 능력과 여건을 갖추도록 지원하는 시설로서, 2012년도 「청소년복지 지원법」 전부개정에 따라 청소년복지시설의 한 유형으로 법적 근거가 마련되었다(청소년복지 지원법 제31조). 2018년부터 서울, 인천, 경기 총 4개소에 국비 및 지방비를 지원하였으며, 2022년 기준 서울, 부산, 대구, 인천, 경기, 충남에 총 11개소가 운영되고 있다.

(3) 청소년치료재활센터

최근 주의력결핍 과잉행동장애(ADHD), 학업스트레스로 인한 우울증 등 심리 · 정서적으로 어려움에 처한 청소년의 증가가 사회적인 문제로 대두되고 있다. 그러나 기존 청소년 시설에서는 보호, 치료, 교육, 자립 등에 대한 개별적이고 분절적인 서비스가 제공되고 있어 청소년의 성장 · 발달 과정에 맞는 보다 통합적이고 전문적인 치료 · 재활 서비스의 제공이 필요하게 되었다. 이에 정서적 · 행동적 문제로 어려움을 겪는 청소년에게 심리상담 및 치료, 보호, 자립지도, 교육 등 종합적 · 전문적 치유 서비스를 원스톱(one-stop)으로 제공하기 위해 거주형 치유기관인 국립중앙청소년디딤센터를 2012년 12월에 개원하였다.

국립중앙청소년디딤센터의 입교대상자는 ADHD, 우울증, 불안장애, 품행장애 등 정서적 · 행동적 장애를 가진 만 9~18세 청소년이고, 입 · 퇴교판정위원회 심사를 통해 입교 여부를 최종 결정하게 된다. 개원 이후 2022년까지 총 7,686명의 청소년이 장 · 단기 치료 · 재활 서비스를 지원받았으며(2020년 197명, 2021년 269명, 2022년 10월 217명), 이 중 상당수가 정서적 안정감이 향상되고 문제행동이 감소되어 일상생활로 복귀하여 건강하게 생활하고 있는 것으로 나타났다. 2022년 10월에는 알코올, 약물, 도박 등 중독문제 예방 · 치료를 위한 11박 12일 힐링캠프를 개최하여 중독문제에 대한 자기조절능력을 향상시키는 치유과정을 제공하였다.

2021년 11월 대구광역시 달성군에 '국립대구청소년디딤센터'를 추가 개원하여 2021년 시범운영을 시작으로 2022년부터 정식 운영하였다. 개원 이후 2022년 10월까지 총 91명의 청소년이 장 · 단기 치료 · 재활 서비스를 지원받았다(2021년 20명, 2022년 10월 71명). '국립대구청소년디딤센터'는 정서적 · 행동적 문제를 가진 청소년에 대한 보호 · 상담 및 치료 · 재활 지원뿐만 아니라 인터넷 · 스마트폰 과의존 청소년에 대한 치유를 지원하는 복합시설로서 운영 중이다.

또한 여성가족부는 지역 수요 및 접근성 등을 고려하여 호남권(익산) 및 광주에 국립청소년치료재활센터를 각 1개소 추가 건립을 계획하고 있다. 호남권(익산)은 설계공모를 추진 중이며, 광주는 건립기본계획을 수립 중이다.

(4) 청소년회복지원시설

청소년회복지원시설은 소년법 처분(제1호 '보호자 감호위탁')을 받은 청소년을 감호위탁 기간 동안 보호하면서 상담 · 주거 · 학업 · 자립 등을 지원하는 시설로서, 2016년 11월 「청소년복지 지원법」 개정에 따라 청소년복지시설의 한 유형으로 법적 근거가 마련되었다(청소년복지 지원법 제31조). 그동안은 소년법 처분(제1호 '보호자 감호위탁') 청소년을 위해 민간 차원(일명 '청소년회복센터')에서 시설이 운영되어 왔는데, 법적 근거의 마련을 통해 해당 청소년을 위한 체계적인 서비스 제공 여건이 마련되었고, 2019년에는 최초 국비 확보를 통해 종사자 대상 인건비와 운영비를 지원하게 되었으며 2022년 12월 말 기준으로 부산, 광주, 대전, 울산, 경기, 경남, 제주에 총 18개소의 시설 운영을 지원하고 있다.

청소년회복지원시설의 주요 기능은 처분 청소년에게 가정과 같은 환경을 제공하여 생활지원, 심리지원, 학업 · 진로 등 서비스 지원을 통해, 보호청소년들의 재범 방지 및 건강한 성장을 지원하는 것이며, 향후 시설 종사자의 역량 강화와 운영 서비스 매뉴얼 마련 등을 통해 위기청소년 보호 서비스 수준을 제고해 나갈 방침이다.

3. 기타 청소년기관

1) 청소년상담복지센터

청소년상담복지센터는 「청소년복지 지원법」 제29조에 따라 생활권 중심의 청소년 상담체제를 구축하고자 설치 · 운영되고 있다. 지역별 시 · 도 및 시 · 군 · 구 청소년상담복지센터의 기초자치단체 수 대비 설치 비율은 전국 93.1% 수준으로 나타났다. 시 · 군 · 구 청소년상담복지센터는 대부분 시 · 도 및 시 · 군 · 구의 지방비로 운영 재원을 지원받고 있으며 시 · 군 · 구 청소년상담복지센터는 지역 내 청소년들에게 물리적 접근이 쉽고, 문화적으로 적합한 상담 서비스를 통합적이고 효율적으로 제공하기 위해 설립되었으며, 찾아가는 상담과 지역사회 내 전문 인력 활용 등의 문제영역별 전문화되고 통합적인 상담 서비스를 제공하고 있다(여성가족부, 2019).

청소년상담복지센터는 2019년 한국청소년상담복지개발원을 중심으로 17개 시 · 도 및 214개 시 · 군 · 구에 설치되어 있으며 전국 231개 센터가 운영되고 있다. 관할 시 · 도 및 시 · 군 · 구에서 직접 운영하거나 시 · 도에서 설립된 재단법인에서 운영 또는 청소년 유관단체에 위탁 운영되고 있는 경우도 있다.

2) 한국청소년단체협의회

한국청소년단체협의회(The National Council of Youth Organizations in Korea)는 "국제연합헌장과 세계인권선언의 정신에 입각하여 국내·외 청소년단체의 상호연락과 제휴 및 협조를 도모함으로써 청소년활동의 발전에 기여함"을 목적으로 1965년 12월 8일 국내 15개 민간 청소년단체의 협의기구로 창립되었다. 청소년문제에 대한 공동연구, 정보교환, 청소년단체 간의 상호협력을 도모하고, 청소년 관련 정부부처, 유관 사회단체, 각급 학교 및 세계청소년기구와의 연계적인 협력체계를 구축하여 활동하고 있다.

한국청소년단체협의회는 1966년 8월 10일에 '세계청소년단체협의회(WAY : World Assembly of Youth)'에 가입하였으며, 1972년 8월 15일에는 '아시아청소년단체협의회(AYC : Asian Youth Council)'의 창설멤버가 되어 우리 청소년들이 세계 속으로 발돋움하는 데에 일익을 담당하는 등 청소년육성 운동을 확대·발전시키기 위해 노력해 왔다. 이러한 활동은 우리나라에서 「청소년육성법」과 「청소년헌장」 제정 등 청소년정책이 추진되는 데 크게 기여하였으며, 「청소년육성법」에 따라 1988년 11월 11일 사단법인으로서의 조직과 기능을 새롭게 정립하였다. 2005년에는 특수법인으로 전환하였으며, 「청소년 기본법」 제40조에 근거한 "국가발전에 이바지할 수 있는 바람직한 청소년육성과 국내·외 청소년단체 상호 간의 협력 및 교류와 지원"을 목적으로 하여 우리나라 청소년단체들의 협의체 역할 및 기능수행을 위한 활동을 하고 있다.

한국청소년단체협의회는 현재 9개의 지방청소년단체협의회를 포함하여 64개 청소년단체가 가입되어 있다. 회원단체 가입은 「청소년 기본법」에 준하여 "청소년육성을 주된 목적으로 설립된 법인 또는 청소년 활동, 청소년 복지 또는 청소년 보호를 주요 사업으로 하는 단체"가 신청하면 이사회 승인을 통해 이루어진다.

한국청소년단체협의회는 설립목적에 따라 다양한 사업을 수행하고 있는데, 청소년단체 활성화를 위해 회원단체가 행하는 사업과 활동에 대한 협조·지원, 지방청소년단체협의회에 대한 협조·지원, 청소년지도자의 연수와 권익증진, 청소년 관련 분야의 국제기구(WAY, AYC, UN Youth Unit, AUN 등) 활동 및 외국 청소년단체와의 교류(일본청년단협의회 등), 청소년육성을 위한 홍보 및 실천 운동, 청소년 관련 도서출판 및 정보지원, 청소년활동에 관한 조사 · 연구지원, 우수 청소년단체와 모범 청소년지도자 및 청소년의 포상, 국제청소년센터의 운영 및 관리, 기타 청소년 및 단체의 육성을 위하여 필요한 사업 등을 추진하고 있다. 이와 함께 청소년 관련 이슈를 분석하고 정책적 대안을 마련하고자 회원단체, 유관기관, 청소년 관련기관 · 단체 등과의 연대를 통해 대정부 · 대국회 활동을 전개하였고, 청소년정책 현안을 공유하고 개선방안을 논의하기 위해 청소년정책토론회 등 관련 활동에 진력하였다. 또한 청소년지도자의 전문 역량 강화를 위해 청소년단체 소속 지도자 등을 대상으로 관련 국내 · 외 연수를 진행하였다. 청소년 분야 정보 활성화를 위한 청소년포털사이트를 운영하고, 특히 청소년학과목의 기본 · 전문지식 습득과 청소년지도자의 교양 함양을 위해 2017년부터 한국청소년단체협의회 사이버 평생교육원을 개설 · 운영하고 있다. 연간 사업실적을 망라한 사업 활동 종합보고서 발간 등 홍보 · 출판활동도 추진하고 있다.

이 외에도 회원단체 협력활동 프로그램 공모사업을 진행하여 22개 회원단체를 선정하여 단체활동 활성화를 지원하였고, 다양한 지역의 청소년단체 현황을 파악하고 지역별 청소년조례 제 · 개정 지원 및 청소년단체활동 활성화 의견을 수렴하여 제7차 청소년정책 기본계획 수립에 반영하기 위해 '지방청소년단체협의회 네트워크 강화 및 활성화 지원' 사업을 추진하였고, 청소년정책 현장에서 헌신하고 있는 지도자들에 대한 격려와 청소년지도자들의 소통을 통한 화합과 교류의 장인 '제18회 전국청소년지도자대회'를 개최하였다. 또한 청소년단체 활동 활성화를 위한 연구 TF팀을 구성하여, 단체별 활성화방안 및 활동결과를 결과보고회를 통해 발표하기도 하였다.

나아가 '세계청소년단체협의회'와 '아시아청소년단체협의회' 등 청소년국제기구의 정회원국으로서 역할을 다하였고, 코로나19의 확산에도 불구하고 비대면 영상회의 등을 활용한 '2022 한 · 아세안 청소년서밋'을 통한 국제 교류 활동을 통해 청소년 및 청소년지도자들의 글로벌 역량 강화에도 힘쓰고 있다. 아울러 한국청소년단체협의회는 국내 · 외 청소년 교류의 가교 역할을 담당하는 유스호스텔인 '국제청소년센터'를 2000년에 개원하여 지속적으로 운영하고 있다. 센터에서는 매년 세계 각국의 청소년 및 지도자들이 참가하는 다양한 교류 사업을 개최하고 있고, 이 외에도 기업 및 기관의 교육연수 장소이자 지역주민을 위한 생활체육의 장으로 활용되는 등 청소년교류 및 지역사회의 활성화를 위한 역할을 수행하고 있다.

(1) 청소년단체 정의와 역할

「청소년 기본법」에 의하면 청소년단체는 청소년 육성을 주된 목적으로 설립된 법인이나 대통령령으로 정하는 단체로 정의하고 있으며, 「청소년 기본법 시행령」 제2조에서는 「청소년 기본법」 제3조 제8호에서 '대통령령으로 정하는 단체'란 법 제3조 제3호부터 제5호까지의 규정에 따른 청소년 활동, 청소년복지 또는 청소년 보호를 주요 사업으로 하는 단체로서 여성가족부장관이 인정하는 단체로 청소년 단체의 범위를 정의하고 있다.

청소년단체의 역할은 학교교육과 서로 보완할 수 있는 청소년 활동을 통한 청소년의 기량과 품성을 함양하고 청소년복지 증진을 통해 청소년의 삶의 질을 향상해야 하며, 유해환경으로부터 청소년을 보호하기 위한 청소년보호 업무를 수행하는 것이다(청소년 기본법 제6장 제28조). 또한 국가 및 지방자치단체는 청소년단체의 조직과 활동에 필요한 행정적인 지원을 할 수 있으며, 예산의 범위에서 그 운영 · 활동 등에 필요한 경비의 일부를 보조할 수 있고, 학교 및 「평생교육법」 제2조 제2호의 평생교육기관은 청소년단체의 청소년 활동에 필요한 지원과 협력을 할 수 있다(청소년 기본법 제6장 제29조). 전영훈(2012)은 청소년단체란 '건전한 단체 활동을 통하여 청소년 개개인의 인격 형성과 자아실현을 도모하고 국가 · 사회 발전에 참여 · 봉사할 수 있는 사람으로 육성하려는 조직적인 단체' 또는 '청소년의 조화로운 인격 형성에 기본 목적을 두고 청소년 육성 기능을 수행하는 법인 또는 민간단체'라고 정의하였다. 안준언(2010) 또한 청소년단체란 '청소년 개개인의 성장 발달에 도움을 줌으로써 사회의 발전에 기여하는 것을 목적으로 청소년을 바람직한 미래의 주역으로 육성하기 위해 유해한 환경으로부터 청소년을 보호하고 계몽하여 국가, 사회 발전에 참여하도록 도움을 주는 조직체'라고 정의하고 있으며, 강문규(1991) 역시 청소년단체는 '미래사회의 주체인 청소년의 인격 형성에 기본 목적을 두고, 사회 발전에 참여 · 봉사할 수 있는 청소년의 자율적 문화를 형성시켜 주는 활동을 하는 민간사회단체'라고 정의하였다.

이러한 내용을 종합해 보면 청소년단체는 단체 고유의 활동을 통해 학교교육을 보완하여 청소년기에 중요한 인격 형성에 도움을 주어 올바른 인성을 함양한 건강한 인격체로 성장할 수 있도록 하는 데 그 역할과 목적을 가지고 있으며, 청소년단체에 소속되어 참여하는 모든 활동을 청소년단체활동이라 할 수 있다.

(2) 청소년단체 현황

우리나라에서의 청소년단체활동의 시작은 1922년에 영국에서 도입된 보이스카우트로 알려져 있다(김규영, 1977). 1977년 당시는 조선 소년군과 소년 척후단이라는 명칭으로 활동하였으며, 1946년과 1953년에 걸스카우트와 대한적십자사 청소년적십자(RCY)가 도입되어 활동을 시작하였다(한국스카우트연맹, 한국걸스카우트연맹, RCY 홈페이지).

이렇게 시작된 청소년단체는 1960년대에 접어들면서 여러 청소년단체가 새롭게 만들어지기 시작하였고, 사회운동으로 시작되었던 청소년단체활동이 정부의 교육정책과 맞물려 전폭적인 지원과 관심을 받게 되었다(한국보이스카우트 60년사, 1984). 또한 1964년 파리에서 개최된 제13차 유네스코 총회의 권고에 따라 당시 활동하고 있던 15개 청소년단체가 합의하여 1965년 12월 8일에 한국청소년단체협의회를 창립하였고, 이후 1967년 6월 29일에 문교부에 사회단체로 등록하였다(이용교, 1996).

당시 한국청소년단체협의회 회원단체로는 국제경상학생연합회(AIESEC), 국제연합한국학생협회(UNSA), 대한기독교여자청년회연합회(YWCA), 대한기독교청년회연맹(YMCA), 대한적십자사(RCY), 농촌진흥청(4-H클럽), 대한소녀단(걸스카우트), 대한소년단(보이스카우트), 한국기독학생회(IVESF), 한국불교청년회 등 15개 청소년단체가 있었고(한국민족문화대백과사전 홈페이지), 이후 1987년 11월 28일 청소년육성법이 제정되어 1988년 체육부에 29개 회원단체가 사단법인으로 등록하였다. 그 후 1990년 5월 12일 청소년 헌장을 제정하여 선포하고, 1991년 12월 31일 청소년 기본법을 제정하였다. 이렇게 점차 자리를 잡아나가던 청소년단체는 1999년에 회원단체가

60개로 증가하였으며, 2019년 기준 64개 회원단체에 약 270여만 명의 청소년과 지도자가 활동하고 있다(여성가족부, 2018). 그러나 청소년백서에 나타난 회원 수는 해당 단체에서 제공되는 자료에 기반한 것으로 따로 검증절차를 거치지 않았기 때문에 단체의 정확한 회원의 숫자로 보기에는 어려움이 있다.

3) 한국청소년수련시설협회

한국청소년수련시설협회(The Korea Association of Youth Centers)는 전국의 800여 개 공공 및 민간 청소년수련시설(청소년수련관, 청소년수련원, 청소년문화의집, 청소년야영장, 청소년특화시설, 유스호스텔)의 발전을 위한 지원, 청소년수련시설 간 연계 협력을 위한 협의와 조정, 청소년수련시설 운영 활성화 정책제안 등을 위해 1989년 10월 1일 민간 청소년수련시설을 중심으로 창립하였다. 1994년 6월에 사단법인(문화체육관광부)으로 승인받았고, 2002년도에 공공 청소년수련시설을 포함하여 조직과 기능을 재정립하였으며, 한국청소년수련시설협회로 명칭을 정하여 2004년 2월에 공포된 「청소년활동 진흥법」 제40조에 의거하여 2005년 9월에 특수법인(국가청소년위원회)으로 재출범하였다.

한국청소년수련시설협회의 주요 기능으로는 청소년활동 기반 확대 및 운영 활성화를 위한 지원 기구로서의 역할을 수행하며, 지방청소년수련시설협회(14개소)와 시설유형별협의회(청소년수련관, 청소년문화의집, 청소년수련원, 유스호스텔)를 중심으로 구축되어 있다. 또한 시설협회의 회원인 청소년수련시설 설치·운영자 및 위탁운영단체가 실시하는 사업과 활동에 대한 협력 지원, 청소년지도자의 연수·권익증진 및 교류사업, 청소년수련활동의 활성화 및 수련시설의 안전에 관한 홍보 및 실천운동, 청소년수련활동에 대한 조사·연구·지원사업, 청소년수련시설, 청소년사업 및 활동에 대한 범국민적 인식 제고를 위한 적극적인 홍보활동, 청소년활동 참여 극대화를 위한 지역사회 및 학교 등과의 연계사업 개발·운영지원, 청소년활동을 통한 지역문화 기반 조성을 위해 다각적인 실천 방안 수립, 청소년과 함께하는 지역공동체 조성을 위한 지방협회 구성 및 지역단위 청소년활동 지원체제 구축 등도 수행하고 있다.

한국청소년수련시설협회는 다양한 청소년활동 욕구 수용을 위한 청소년수련시설 특성화 지원, 청소년활동 기반 확대를 위한 청소년수련시설 설치 및 운영 컨설팅, 청소년수련시설의 안전운영 여건 개선 및 안전관리 능력 향상, 청소년수련시설이 행하는 사업과 활동에 대한 협력 및 지원, 청소년지도자의 연수·권익증진 및 교류사업, 수련활동의 활성화 및 수련시설의 안전에 관한 간담회 개최 및 홍보, 수련활동에 대한 조사·연구·지원 사업과 국제교류사업, 청소년진로교육 프로그램 개발 및 전문지도자 양성사업, 청소년수련시설 운영 및 사업의 우수사례를 발굴해 시설 간의 벤치마킹의 기회를 제공하기 위한 우수사례 공모전, 청소년수련시설 운영자 및 지도자들의 역량강화를 위한 오픈 강좌 등 청소년수련시설의 질적 향상을 위한 사업 추진과 청소년수련시설의 정책 개발 및 추진 체제 구축 등 청소년활동 활성화를 위해 노력하고 있다.

또한 청소년수련시설의 주인인 청소년이 직접 자문·평가·참여하도록 하는 청소년운영위원회 활성화 지원 사업으로 우수 청소년운영위원회 선정 및 사례 발표, 전국 청소년운영위원회 대표단 구성·운영, 청소년운영위원회 청소년대표자 워크숍 등을 추진하고 있다.

한국청소년수련시설협회는 급변하는 사회 환경 변화, 안전성 강화를 요구하는 시대적 환경에 선제적·능동적으로 대응하기 위하여 변화와 혁신으로 청소년수련시설의 가치를 제고하고자 한다. 또한 청소년 활동의 전문화 및 활성화를 통하여 청소년들이 건강하게 성장해 국가 성장 동력이 됨은 물론, 그들과 함께 땀 흘려 헌신하는 청소년지도자들이 좀 더 좋은 환경에서 활동할 수 있도록 지원하고 있다.

4) 자원봉사센터

자원봉사는 개인의 자아실현과 사회적 가치관을 통한 사회통합으로 국가 경쟁력 제고에 기여하는 실천적 행동으로서 미래 우리 사회가 나아갈 하나의 대안이라 할 수 있다. 지역의 자원봉사센터는 자원봉사자를 모집하여 배치, 연결하는 본래의 기능은 물론 지역사회 발전을 도모하기 위한 다양한 자원봉사 프로그램 기획과 개발, 역량교육 및 훈련, 상담, 자원봉사자에 대한 인정 및 보상 그리고 자원봉사에 대한 정보와 자료 검색의 기능 및 정보교환의 장, 봉사 장려를 위한 홍보 등의 기능들 속에 그 기반을 두고 있다(이경훈, 2017).

맨서와 카스(Manser & Cass, 1976)에 따르면 자원봉사란 각 개인이 선택한 자원봉사 활동기관을 통하여 활동, 창조, 실험하고 새로운 목표를 달성하려고 노력하는 과정에 있어서 최대의 자유와 민주적 과정에서 독특한 역할을 수행하고 공익의 어떤 요소를 증진, 촉진하기 위하여 자발적, 사적 노력으로 나타나는 활동이라고 정의하였다(심정수, 2013 재인용).

자원봉사센터는 체계적으로 지역사회의 산발적인 자원봉사 창구를 통합하여 지역에서 필요로 하는 욕구에 대응함으로써 자원봉사자 모집, 수급 조정 이외에도 자원봉사 프로그램과 지역사회 내의 모든 계층을 대표하여 각각의 자원봉사 개별 단체와 유기적인 관계를 유지하고, 자원봉사활동의 중심적 역할과 정보교환의 장으로 지역사회에서 필요로 하는 자원봉사활동을 수행하기 위한 조직이다. 현재 우리나라에 설립된 자원봉사센터들은 각 부처조직의 목적에 맞게 설립되어 운영되고 있다(이경훈, 2017).

5) 한국청소년활동진흥원

한국청소년활동진흥원은 「청소년활동 진흥법」 제6조에 따라 설치되었으며, 정관 제3조에 따른 활동진흥원의 설립목적은 '청소년의 균형 있는 성장에 필요한 활동을 종합적으로 지원함으로써 궁극적으로 청소년의 삶의 질 향상에 기여함을 목적으로 한다'라고 명시되어 있다.

주요 기능으로는 청소년의 다양하고 창의적인 체험활동 활성화, 청소년 활동 프로그램의 개발 · 보급 · 평가 및 시범운영, 청소년육성에 필요한 정보 등의 종합적 관리 및 제공, 청소년 관련 제 기관 및 시설과의 상호 연계지원 · 지도 · 평가, 국가 · 지방자치단체가 설치하는 청소년수련시설의 위탁유지 · 관리 및 운영, 청소년 지도자의 양성 · 교육 및 교류 진흥, 국내외 청소년 교류활동의 진흥 및 지원, 청소년자원봉사활동 및 참여 · 권리증진활동의 활성화 지원, 청소년특별회의, 청소년수련활동인증제도, 청소년성취포상제도, 청소년 방과 후 활동의 운영 및 지원, 청소년프로그램 공모, 청소년 어울림마당 · 동아리 활동 및 청소년의 달 행사의 운영 및 지원, 수련시설 종합 안전 · 위생점검 지원 및 안전 관련 컨설팅 · 홍보, 숙박형 등 청소년수련활동 계획의 신고 지원에 대한 컨설팅 및 교육, 그 밖에 여성가족부장관이 지정하거나 활동진흥원의 목적을 수행하기 위하여 필요한 사업을 수행한다.

6) 한국청소년상담복지개발원

한국청소년상담복지개발원은 전국 600여 개의 청소년상담복지센터, 학교 밖 청소년 지원센터(청소년지원센터 꿈드림), 청소년복지시설(청소년쉼터, 청소년자립지원관, 청소년회복지원시설)을 총괄하는 중추 기관으로서 청소년의 건강한 성장과 행복한 꿈의 실현을 위해 다양한 상담복지사업을 수행하고 있는 여성가족부 산하 공공기관이다.

특히 학교 밖 청소년, 미디어 과의존 청소년 등 위기청소년 지원과 함께 청소년 정책연구 및 프로그램 개발, 상담복지 전문인력 양성 등 다양한 사업을 수행하고 있다.

설립배경 및 목적은 대한민국 청소년의 삶의 질 향상을 위한 사업개발 및 운영, 전국 청소년 상담복지기관 총괄 및 지원, 청소년 상담복지 전문인력의 양성 및 교육, 청소년 상담복지 프로그램 개발 및 보급, 전문상담을 통한 청소년 문제예방 및 해결을 들 수 있다.

「청소년복지 지원법」 제22조에 따른 주요 업무는 청소년 상담 및 복지와 관련된 정책의 연구, 청소년 상담 · 복지 사업의 개발 및 운영 · 지원, 청소년 상담기법의 개발 및 상담자료의 제작 · 보급, 청소년 상담 · 복지 인력의 양성 및 교육, 청소년 상담 · 복지 관련 기관 간의 연계 및 지원, 청소년상담복지센터, 청소년복지시설 및 「학교 밖 청소년 지원에 관한 법률」 제12조에 따른 학교 밖 청소년 지원센터에 대한 지도 및 지원, 청소년 가족에 대한 상담 · 교육, 통합정보시스템의 운영, 그 밖에 청소년상담원의 목적을 수행하기 위하여 필요한 부수사업을 수행하고 있다.

7) 이주배경청소년지원재단[1]

이주배경청소년지원재단(Migrant Youth Foundation)은 2006년 다양한 사회문화적 배경을 지닌 이주배경청소년들이 한국 사회에 성공적으로 정착하여 건강하게 성장할 수 있도록 지원하기 위해 설립된 비영리 재단법인이다. 「청소년복지 지원법」 제18조(이주배경청소년에 대한 지원)에 따라 다문화청소년, 북한배경청소년, 중도입국청소년, 외국인근로자 자녀 등 부모 혹은 본인이 이주의 경험을 지닌 9세에서 24세까지의 연령에 속하는 모든 청소년을 지원한다. 동법 제30조에 따라 이주배경청소년지원센터의 기능을 수행하는 기관으로서 전국의 유일한 전문기관이다.

재단은 이주배경청소년지원사업을 다음과 같이 체계적으로 수행하고 있다. ① 교육사업을 실시한다. 대표적으로 레인보우스쿨 사업을 수행한다. 레인보우스쿨은 이주배경청소년의 한국어능력 향상, 생활적응, 진로(진학) 탐색 및 설계를 돕고자 교육프로그램을 구성하고 수행할 수 있도록 매해 전국 30여 기관에 위탁운영을 지원하는 사업이다. 그 밖에 북한배경청소년을 대상으로 이들의 입국 초기 한국문화 이해를 돕기 위한 비교문화체험학습, 그리고 한국 사회에 적응해 나가는 북한배경청소년들에게 성, 인권, 건강, 진로를 주제로 교육프로그램을 실시하고 있다. ② 심리정서지원사업을 수행한다. 개인 및 집단상담, 대면/비대면 상담 등을 수행하며 이주배경청소년들의 심리정서적 어려움을 해소할 수 있도록 지원한다. 특히 언어 장벽으로 상담의 제한을 받게 되는 문제를 해결하기 위해 상담통역지원사를 양성하여 전국에 파견하고 있으며 2022년부터는 이주배경청소년의 심리적 어려움을 객관적으로 진단할 수 있도록 개발한 심리사회적응검사를 전국에 보급하여 활용하도록 하고 있다. ③ 사회통합을 위한 인식개선 사업을 수행한다. 대표적으로 이주배경 여부와 관계없이 모든 청소년이 함께 성장하는 교육환경을 조성하기 위해 청소년 다문화감수성 증진 프로그램(다가감) 사업을 실시한다. 매해 50여 개의 초·중학교, 유관기관에 다문화감수성 교육프로그램, 콘텐츠를 제공하고 전문강사를 지원하고 있다. ④ 전문인력을 양성한다. 청소년지도자를 꿈꾸는 대학생들(예비청

1 이주배경청소년지원재단 웹사이트(https://www.rainbowyouth.or.kr).

소년지도사)과 유관기관 실무자들을 대상으로 이주배경청소년의 개념과 실태 및 현황, 지원 내용, 현안, 정책 및 과제 등의 이해를 돕는 역량 증진 교육을 실시한다. 그리고 청소년지도사 다문화 역량강화 과정으로서 청소년수련시설 종사자 대상의 전문연수와 자격연수 과정에 강의내용을 편성하여 교육하고 있다. ⑤ 교육프로그램 및 콘텐츠, 매뉴얼 등을 개발하여 보급한다. 청소년다문화 감수성 초·중등 교육교재 및 매뉴얼, 진로한국어 교육자료, 대학진학가이드북, 상담매뉴얼, 성교육자료 등 이주배경청소년 지원을 돕는 다양한 교육자료를 개발·보급하여 전국 유관기관의 전문성 제고를 위해 지원하고 있다. ⑥ 기초연구 및 정책과제 발굴사업을 수행한다. 2021년 전국 4,078명의 이주배경청소년 대상 실태조사를 최초로 수행했다. 이러한 기초조사를 바탕으로 실태를 파악하여 이주배경청소년의 효율적인 지원방안을 모색하는 데 이바지한다. 또한 매해 3회에 걸쳐 '이주배경 924'라는 이슈브리프를 발간하고 이슈브리핑 영상을 제작하여 이주배경청소년 지원에 관한 최근 이슈를 파악, 정보를 제공하고 정책과제를 발굴하여 현안에 대한 능동적 대응체계를 구축해 나가고 있다. ⑦ 그 외에 외부자원을 활용하여 건강검진 및 의료비, 장학금을 지원한다. 2022년 한국의학연구소(KMI)와 협력하여 미등록, 난민이나 건강보험 미가입 대상자 등을 포함하는 이주배경청소년을 대상으로 하여 건강검진을 실시하고 의료비를 지원하고 있다. 또 사회복지공동모금회를 통해서 이주배경청소년 우수장학생을 선발하여 지원한다.

8) 농어촌청소년육성재단

농어촌청소년육성재단(Foundation for the Rural Youth)은 어려운 여건에 있는 농어촌 출신의 청소년을 대상으로 학업 및 기술 습득에 필요한 지원을 함으로써 미래사회의 주역이 될 인재양성 및 농어민자녀 복지증진에 이바지하기 위해 1994년에 문화체육부 청소년육성기금과 한국마사회의 특별적립금을 공동 출연하여 설립된 비영리 재단법인이다.

농어촌청소년을 위해 설립된 유일한 재단으로서 1994년부터 2022년까지 9만 명에게 농어촌청소년 국내외 장학사업, 청소년 해외연수, 진로·진학 관련 체험활동 및 문화예술활동 지원사업 등을 실시하였고, 농어촌청소년의 건전한 육성과 삶의 질 향상 및 농어촌사회 복지증진에 기여해 왔다. 아울러 전국 18개 기초자치단체 및 20여 개 청소년기관과의 협조체계 구축 및 공동사업을 추진하여 수혜 대상을 지속적으로 확대하고 있으며, 2014년에는 충청남도 아산시에 아산늘푸름수련원을 건립 및 개원하여 2022년까지 7,600여 명의 청소년 및 이용객에게 각종 체험과 청소년활동 기회를 제공하였다.

1994년 설립 이후 재단에서 선발한 1,300여 명의 농어촌 출신 대학생들에게 졸업 시까지 지속적으로 장학금을 지원하였고, 최근에는 제도교육 및 사회안전망의 사각지대에 있는 농어촌 청소년의 복지증진과 역량강화를 위해 학교 밖 청소년을 대상으로 장학생 선발 및 장학금을 지급하고 있다.

농어촌청소년만을 위한 국내 최대의 문예창작 공모전인 '문예제전'은 2001년부터 22년간 농어촌 청소년의 창작활동 지원 및 문예자질 향상을 통한 문화적 소양을 함양하기 위하여 실시하고 있다.

농어촌청소년의 각종 활동 참여지원을 통한 욕구충족과 균형성장 발달을 위하여 농어촌 읍·면 지역 학교 및 청소년 기관을 대상으로 '성큼성큼 꿈자람 프로젝트', DMZ 지역 탐방을 통해 평화공존 및 환경생태 보전의식을 고취하는 '평화생명탐방활동', 농어촌청소년 성장지원을 위한 정책 저변 확대 및 지역과 청소년이 함께 성장하는 지속가능한 활동 모델을 개발하기 위한 '성장 네트워크 지원사업'을 실시하고 있다.

농어촌청소년에게 다양한 진로탐색 및 체험활동을 제공하여 진학·진로 선택에 대한 정보습득 및 견문확대에 기여하기 위한 사업으로 중학생에게는 진로직업체험, 고등학생에게는 수도권 대학탐방과 대학생 멘토링활동 및 대학생과 진로 상담활동 기회를 제공하고 있다. 또한 기후환경 문제인식과 다양한 문화체험으로 견문확대, 해외청소년과 교류를 진행하였고, 글로벌네트워크 강화를 통해 국제사회의 일원으로서 성장계기 마련을 위해 '기후위기 적응 탐방활동'을 실시하고 있다. 특히 2022년에는 정책집담회, 토론회 등을 개최하고 농어촌청소년 지원에 대한 담론형성과 공론화를 통해 청소년정책 기본계획수립 정책제안을 진행하였다.

이 외에도 2024년 재단설립 30주년을 맞아 농어촌청소년의 목소리를 통해 청소년 요구사항과 성장지원 과제를 파악하고 현장의 문제점을 공유, 청소년이 주도적으로 발굴한 의제를 공론화하고 사회적 공감대를 확산하기 위하여 '원탁회의', '전문연구', '캠페인' 등 여러 가지 정책사업도 진행하고 있다.

03 CHAPTER

청소년지도자

1. 청소년지도자의 정의 및 유형
2. 청소년지도사
3. 청소년상담사
4. 청소년수련시설 운영대표자

CHAPTER 03

청소년지도자

1. 청소년지도자의 정의 및 유형

‘청소년지도자’라 함은 「청소년 기본법」에 의한 청소년지도사 및 청소년상담사와 청소년시설 · 청소년단체 · 청소년 관련 기관 등에서 청소년육성 및 지도업무에 종사하는 자를 총칭한다. ‘청소년지도사’란, 「청소년 기본법」 제21조에 근거하여, 청소년활동 등 청소년육성 업무 경력 및 기타 자격을 갖춘 자로서 검정에 합격하고, 소정의 연수 시간을 이수한 자에게 여성가족부장관이 부여하는 국가자격이다. ‘청소년상담사’란, 「청소년 기본법」 제22조에 근거하여, 청소년 상담관련 분야의 실무경력 및 기타자격을 갖춘 자로서 검정에 합격하고, 소정의 연수 시간을 이수한 자에게 여성가족부장관이 부여하는 국가자격이다. 국가 전문자격인 청소년지도사 자격증 소지자는 2023년까지 총 69,744명이 배출되었으며, 청소년상담사 자격증 소지자도 37,269명을 넘어서고 있다.

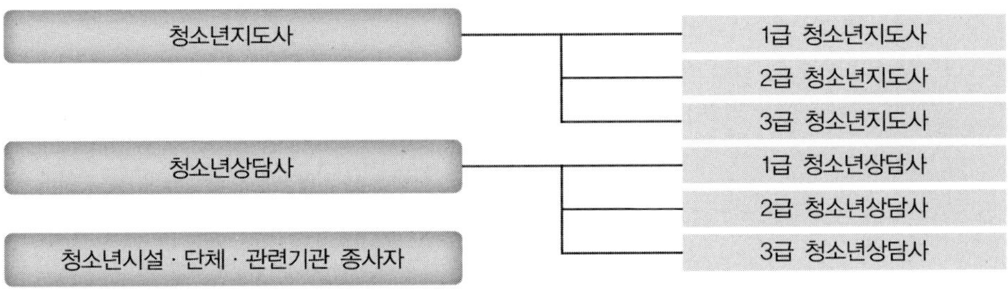

|그림 3-1| 청소년지도자의 분류

출처 : 여성가족부(2024).

2. 청소년지도사

1) 청소년지도사 응시자격

급격한 사회변화에 따라 심화되고 있는 청소년문제를 적극적으로 해결하고 체계적인 청소년 활동을 제공하기 위해서는 청소년수련활동에 대한 전문지식과 지도기법 및 자질을 갖춘 청소년 지도자의 양성이 필요하다. 청소년지도자의 체계적이고 전문적인 양성을 위해 「청소년 기본법」에서는 청소년지도사 양성 및 배치에 관한 내용을 규정하여 1993년부터 국가공인 청소년지도사를 양성해 오고 있다. 청소년지도사는 1, 2, 3급으로 구분되며, 청소년 관련 분야의 경력 · 기타 자격을 갖춘 자로서 자격 검정에 합격하고 소정의 연수를 마친 자에게 국가자격을 부여한다.

청소년지도사는 청소년활동(프로그램, 사업)을 전담하여 청소년의 수련활동, 지역 · 국가 간 교류활동, 동아리활동, 봉사활동, 예술활동 등을 지도한다. 청소년지도사의 등급별 자격검정에 응시할 수 있는 자격기준과 자격검정의 과목 및 방법은 다음과 같다.

〈표 3-1〉 **청소년지도사 등급별 자격검정 응시자격 기준**

등 급	응시자격 기준
1급	2급 청소년지도사 자격 취득 후 청소년활동 등 청소년육성업무에 종사한 경력이 3년 이상인 사람
2급	1. 대학 졸업(예정)자 또는 이와 같은 수준 이상의 학력이 있는 사람으로서 2급 청소년지도사 자격 검정에 필요한 과목 모두를 전공과목으로 이수한 사람 2. 2006년 12월 31일 이전에 대학을 졸업하였거나 이와 같은 수준 이상의 학력을 취득한 사람으로서 별표 1의2에 따른 과목을 이수한 사람 3. 대학원의 학위과정 수료(예정)자로서 2급 청소년지도사 자격검정에 필요한 과목 모두를 전공과목으로 이수한 사람 4. 2006년 12월 31일 이전에 대학원의 학위과정을 수료한 사람으로서 별표 1의2의 규정에 따른 과목 중 필수영역 과목을 이수한 사람 5. 대학 졸업 또는 이와 같은 수준 이상의 학력이 있다고 다른 법령에서 인정받은 후 청소년활동 등 청소년육성업무에 종사한 경력이 2년 이상인 사람 6. 전문대학 졸업 또는 이와 같은 수준 이상의 학력이 있다고 다른 법령에서 인정받은 후 청소년활동 등 청소년육성업무에 종사한 경력이 3년 이상인 사람

	7. 3급 청소년지도사 자격 취득 후 청소년활동 등 청소년육성업무에 종사한 경력이 2년 이상인 사람 8. 고등학교 졸업 또는 이와 같은 수준 이상의 학력을 인정받은 후 청소년활동 등 청소년 육성업무에 종사한 경력이 8년 이상인 사람
3급	1. 전문대학 졸업(예정)자 또는 이와 같은 수준 이상의 학력이 있는 자로서 3급 청소년지도사 자격검정에 필요한 과목 모두를 전공과목으로 이수한 사람 2. 2006년 12월 31일 이전에 전문대학을 졸업하였거나 이와 같은 수준 이상의 학력을 취득한 사람으로서 별표 1의2에 따른 과목을 이수한 사람 3. 전문대학 졸업 또는 이와 같은 수준 이상의 학력이 있다고 다른 법령에서 인정받은 후 청소년활동 등 청소년육성업무에 종사한 경력이 2년 이상인 사람 4. 고등학교 졸업 또는 이와 같은 수준 이상의 학력이 있다고 다른 법령에서 인정받은 후 청소년활동 등 청소년육성업무에 종사한 경력이 3년 이상인 사람

출처 : 「청소년 기본법 시행령」 [별표 1] 청소년지도사 자격검정의 등급별 응시자격 기준.

〈표 3-2〉 청소년지도사 자격검정의 과목 및 방법

구 분	검정과목	검정방법	
1급	청소년연구방법론, 청소년 인권과 참여, 청소년정책론, 청소년기관운영, 청소년지도자론	주 · 객관식 필기시험	
2급	청소년육성제도론, 청소년지도방법론, 청소년 심리 및 상담, 청소년문화, 청소년활동, 청소년복지, 청소년프로그램 개발과 평가, 청소년 문제와 보호	객관식 필기시험	면접 (3급 청소년지도사 자격증 소지자는 면접시험 면제)
3급	청소년육성제도론, 청소년활동, 청소년심리 및 상담, 청소년문화, 청소년지도방법론, 청소년 문제와 보호, 청소년프로그램 개발과 평가	객관식 필기시험	면접

주 : 청소년지도사 자격검정의 과목과 관련된 전공과목의 인정범위는 여성가족부장관이 별도로 정하여 고시함.
출처 : 「청소년 기본법 시행령」 [별표 2] 청소년지도사 자격검정의 과목 및 방법(제20조 제3항 관련).

2) 청소년지도사 양성체계

청소년지도사 양성은 여성가족부 주관으로 한국산업인력공단에 위탁하여 자격검정을 실시하고 자격검정에 합격한 자에게 한국청소년활동진흥원에서 연수를 실시한 후 청소년지도사 자격증을 교부하고 있다. 청소년지도사 자격검정 및 연수 체계도는 다음과 같다.

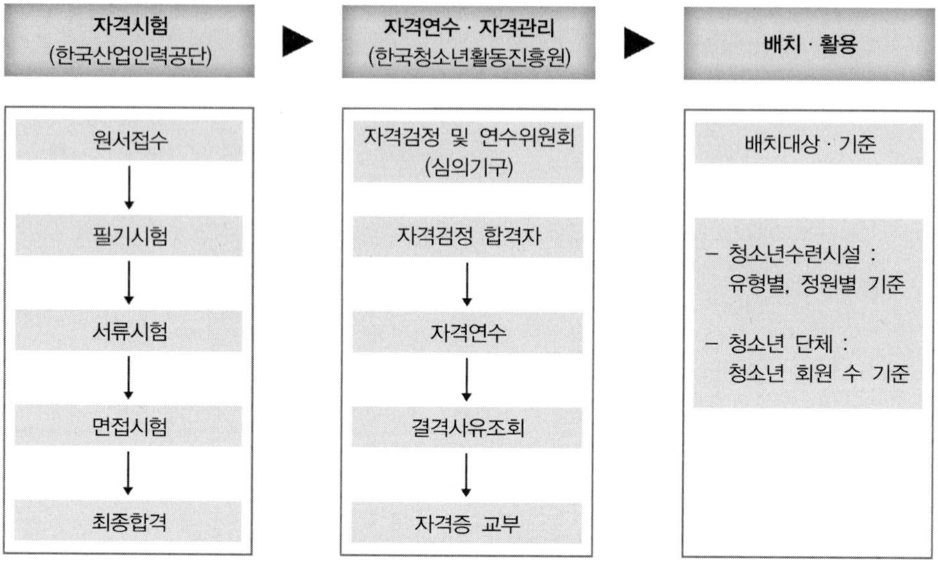

|그림 3-2| **청소년지도사 자격검정 및 연수 체계도**

출처 : 여성가족부(2024).

청소년지도사 자격검정의 합격 기준은 필기시험 매 과목 40점 이상, 전 과목 평균 60점 이상의 점수를 얻어야 한다. 또한 2008년 1월부터는 2급 자격기준 중 대학졸업(예정)자 또는 이와 동등 이상의 학력이 있는 자로서 2급 청소년지도사 자격검정에 필요한 과목 모두를 전공과목으로 이수한 자와, 3급 지도사의 경우 전문대학 졸업(예정)자 또는 이와 동등 이상의 학력이 있는 자로서 3급 청소년지도사 자격검정에 필요한 과목 모두를 전공과목으로 이수한 자는 해당 급수의 청소년지도사 자격검정에서 필기시험을 면제한다.

자격검정에 합격한 자를 대상으로 실시하는 연수는 30시간 이상으로 하며, 자질과 전문성을 함양할 수 있는 내용으로 구성된다.

3) 청소년지도사 양성실적

청소년지도사 양성계획에 따라 1993년부터 2022년까지 1급 청소년지도사 2,714명, 2급 청소년지도사 50,700명, 3급 청소년지도사 16,330명 등 총 69,744명의 국가공인 청소년지도사를 배출하였다. 2023년도의 경우 총 3,649명의 청소년지도사를 배출하였는데 이 중 여성이 2,601명으로 71.3%를 차지하고 있으며 1급은 241명, 2급은 2,834명, 3급은 574명이었다. 연도별 청소년지도사 양성 현황은 다음과 같다.

〈표 3-3〉 청소년지도사 양성 현황 (단위 : 명, %)

연도별	계	1급		2급		3급		남		여	
		인원	비율	인원	비율	인원	비율	인원	비율	인원	비율
계	69,744	2,714	3.9	50,700	72.7	16,330	23.4	20,364	29.2	49,380	70.8
2023	3,649	241	6.6	2,834	77.7	574	15.7	1,048	28.7	2,601	71.3
2022	3,579	322	8.6	2,778	73.9	659	17.5	1,097	29.2	2,662	70.8
2021	4,317	179	4.1	3,404	78.9	734	17.0	1,252	29.0	3,065	71.0
2020	4,245	107	2.5	3,294	77.6	844	19.9	1,172	27.6	3,073	72.4
2019	3,929	135	3.4	2,966	75.5	828	21.1	1,114	28.4	2,815	71.6
2018	3,872	64	1.7	3,024	78.1	784	20.2	1,092	28.2	2,780	71.8
2017	3,781	51	1.3	3,032	80.2	698	18.5	1,032	27.3	2,749	72.7
2016	4,096	76	1.9	3,346	81.7	674	16.5	1,137	27.8	2,959	72.2
2015	4,062	28	0.7	3,275	80.6	759	18.7	1,062	26.1	3,000	73.9
2014	106	–	–	62	58.5	44	41.5	25	23.6	81	76.4
2013	3,837	41	1.1	3,041	79.3	755	19.7	935	24.4	2,092	75.6
2012	3,262	8	0.2	2,502	76.7	752	23.1	620	19.0	2,642	81.0
2011	3,051	82	2.7	2,262	74.1	707	23.2	606	19.9	2,445	80.1
2010	3,295	53	1.6	2,374	72.0	868	26.3	634	19.2	2,661	80.8
2009	2,931	34	1.2	2,165	73.9	732	25.0	556	19.0	2,375	81.0
2008	2,744	27	1.0	2,086	76.0	631	23.0	463	16.9	2,281	83.1
2007	909	31	3.4	695	76.5	183	20.1	295	32.5	614	67.5
2006	1,248	90	7.2	792	63.5	366	29.3	505	40.5	743	59.5
2005	1,392	31	2.2	456	32.8	905	65.0	391	28.1	1,001	71.9
2004	1,317	74	5.6	663	50.3	580	44.0	440	33.4	877	66.6
2003	1,370	90	6.6	700	51.1	580	42.3	510	37.2	860	62.8
2002	1,429	117	8.2	837	58.6	475	33.2	577	40.4	852	59.6
2001	1,583	97	6.1	990	62.5	496	31.3	700	44.2	883	55.8
2000	988	113	11.4	585	59.2	290	29.4	464	47.0	524	53.0
1999	868	128	14.7	530	61.1	210	24.2	439	50.6	429	49.4
1998	593	120	20.2	280	47.2	193	32.5	302	50.9	291	49.1
1997	635	131	20.6	314	49.4	190	29.9	375	59.1	260	40.9
1996	341	47	13.8	193	56.6	101	29.6	195	57.2	146	42.8
1995	715	101	14.1	361	50.5	253	35.4	411	57.5	304	42.5
1994	708	96	13.6	375	53.0	237	33.5	444	62.7	264	37.3
1993	713	–	–	485	68.0	228	32.0	467	65.5	246	34.5

출처 : 여성가족부(2023).

4) 청소년지도사 배치기준

「청소년 기본법」에 따르면, 청소년시설과 단체에는 일정한 기준에 의하여 청소년지도사를 배치하여야 한다. 청소년시설별 청소년지도사 배치기준은 다음과 같다.

〈표 3-4〉 청소년시설의 청소년지도사 배치기준

배치대상		배치기준
청소년 수련시설	청소년수련관	1급 또는 2급 청소년지도사 각각 1명 이상을 포함하여 4명 이상의 청소년지도사를 두되, 수용인원이 500명을 초과하는 경우에는 500명을 초과하는 250명당 1급, 2급 또는 3급 청소년지도사 중 1명 이상을 추가로 둔다.
	청소년수련원	1) 1급 또는 2급 청소년지도사 1명 이상을 포함하여 2명 이상의 청소년지도사를 두되, 수용정원이 500명을 초과하는 경우에는 1급 청소년지도사 1명 이상과 500명을 초과하는 250명당 1급, 2급 또는 3급 청소년지도사 중 1명 이상을 추가로 둔다. 2) 지방자치단체에서 폐교시설을 이용하여 설치한 시설로서 특정 계절에만 운영하는 시설의 경우에는 청소년지도사를 두지 않을 수 있다.
	유스호스텔	청소년지도사를 1명 이상 두되, 숙박정원이 500명을 초과하는 경우에는 1급 또는 2급 청소년지도사 1명 이상을 추가로 둔다.
	청소년야영장	1) 청소년지도사를 1명 이상 둔다. 다만, 설치 · 운영자가 동일한 시 · 도 안에 다른 수련시설을 운영하면서 청소년야영장을 운영하는 경우로서 다른 수련시설에 청소년지도사를 둔 경우에는 그 청소년야영장에 청소년지도사를 별도로 두지 않을 수 있다. 2) 국가, 지방자치단체, 그 밖에 공공법인이 설치 · 운영하는 청소년야영장으로서 청소년수련거리의 실시 없이 이용 편의만 제공하는 경우에는 청소년지도사를 두지 않을 수 있다.
	청소년문화의집	청소년지도사를 1명 이상 둔다.
	청소년특화시설	1급 또는 2급 청소년지도사 1명 이상을 포함하여 2명 이상의 청소년지도사를 둔다.
청소년단체		청소년회원 수가 2천 명 이하인 경우에는 1급 청소년지도사 또는 2급 청소년지도사 1명 이상을 두되, 청소년회원 수가 2천 명을 초과하는 경우에는 그 초과하는 2천 명마다 1급 청소년지도사 또는 2급 청소년지도사 1명 이상을 추가로 두며, 청소년회원 수가 1만 명 이상인 경우에는 청소년지도사의 5분의 1 이상은 1급 청소년지도사로 두어야 한다.

출처 : 여성가족부(2024).

국가 및 지방자치단체는 청소년단체 또는 청소년시설에 배치된 청소년지도사에 대해 예산의 범위 안에서 그 활동비 전부 또는 일부를 보조할 수 있다.

5) 청소년지도사의 보수교육

청소청소년시설 및 청소년단체 등에서 청소년육성 업무에 종사하는 청소년지도사는 역량강화 및 자질 향상을 위하여 「청소년 기본법」 제24조의2에 근거하여 2013년부터 보수교육을 의무적으로 받고 있다. 2017년 1월, 「청소년 기본법 시행규칙」 제10조의2의 개정(2017. 1. 1. 시행)으로 교육시간이 20시간 이상에서 15시간 이상으로 완화되었으며 청소년정책 및 권리교육, 성평등교육, 청소년 활동과 안전, 청소년현장에 필요한 과목으로 운영하고 있다.

3. 청소년상담사

1) 청소년상담사 응시자격

청소년상담사 자격증은 상담관련 분야를 전공하고 상담실무 경력이나 기타 자격을 갖춘 자로서, 자격검정에 합격하고 100시간 이상의 연수를 마친 자에게 부여하는 국가자격증이다. 청소년상담사는 국가 차원의 청소년상담 관련 기관인 한국청소년상담복지개발원, 시 · 도 및 시 · 군 · 구 청소년상담복지 센터, 초 · 중 · 고 · 대학의 학생상담소, 청소년수련관, 사회복지관, 청소년쉼터, 청소년 관련 복지시설, 경찰청이나 법무부 등 청소년업무 지원부서, 사설 청소년상담실, 아동 · 청소년 대상 병원, 일반 청소년 관련 사업체, 근로 청소년 관련 사업체 등에서 청소년상담업무에 종사한다. 청소년상담사 자격검정 등급별 응시자격 기준과 자격 검정의 과목 및 방법은 다음과 같다.

〈표 3-5〉 청소년상담사 등급별 자격검정 응시자격 기준

등 급	응시자격 기준
1급	1. 대학원에서 청소년(지도)학 · 교육학 · 심리학 · 사회사업(복지)학 · 정신의학 · 아동(복지)학 · 상담학 분야 또는 그 밖에 여성가족부령으로 정하는 상담관련 분야(이하 "상담관련 분야"라 한다)의 박사학위를 취득한 사람 2. 대학원에서 상담관련 분야의 석사학위를 취득한 후 상담 실무경력이 4년 이상인 사람 3. 2급 청소년상담사로서 상담 실무경력이 3년 이상인 사람 4. 제1호 및 제2호에 규정된 사람과 같은 수준 이상의 자격이 있다고 여성가족부령으로 정하는 사람
2급	1. 대학원에서 상담관련 분야의 석사학위를 취득한 사람 2. 대학 또는 다른 법령에 따라 이와 동등한 학력을 인정받는 기관에서 상담관련 분야 학사학위를 취득한 후 상담 실무경력이 3년 이상인 사람 3. 3급 청소년상담사로서 상담 실무경력이 2년 이상인 사람 4. 제1호부터 제3호까지에 규정된 사람과 같은 수준 이상의 자격이 있다고 여성가족부령으로 정하는 사람
3급	1. 대학 및 「평생교육법」에 따른 학력이 인정되는 평생교육시설의 상담관련 분야의 학사학위를 취득한 사람 2. 전문대학 또는 다른 법령에 따라 이와 동등한 학력을 인정받는 기관에서 상담관련 분야 전문학사를 취득한 사람으로서 상담 실무경력이 2년 이상인 사람 3. 대학 또는 다른 법령에 따라 이와 동등한 학력을 인정받는 기관에서 학사학위를 취득한 후 상담 실무경력이 2년 이상인 사람 4. 전문대학 또는 다른 법령에 따라 이와 동등한 학력을 인정받는 기관에서 전문학사학위를 취득한 후 상담 실무경력이 4년 이상인 사람 5. 고등학교를 졸업하고 상담 실무경력이 5년 이상인 사람 6. 제1호부터 제4호까지 규정된 사람과 같은 수준 이상의 자격이 있다고 여성가족부령으로 정하는 사람

주 : 1) 상담 실무경력의 인정 범위와 내용은 여성가족부장관이 별도로 정하여 고시한다.
2) 고등학교, 대학, 전문대학 및 대학원은 별표 1의 비고 제4호와 같다.
3) 응시자격을 갖추었는지 여부는 자격검정 공고에서 정하는 서류제출 마감일을 기준으로 판단한다.
출처 : 「청소년 기본법 시행령」 제23조 제3항 [별표 3].

청소년상담사 자격검정은 필기시험과 면접시험으로 구성되어 있으며, 필기시험 과목은 1급 5과목, 2급과 3급은 각각 6과목이며, 합격기준은 매 과목 100점을 만점으로 하여 매 과목 40점 이상, 전 과목 평균 60점 이상이다. 필기시험 합격 후 면접시험을 볼 수 있다. 필기시험에 합격한 자에 한해 응시자격기준에 해당하는

지 여부를 확인하기 위하여 서류심사를 실시한다. 면접시험에 합격하고 서류심사를 통과한 자를 자격검정 최종 합격자로 본다. 청소년상담사 자격검정 과목과 방법은 다음과 같다.

〈표 3-6〉 청소년상담사 자격검정의 과목 및 방법

등 급	검정과목		검정방법	
	구 분	과 목		
1급	필수	상담사 교육 및 사례지도 청소년 관련 법과 행정 상담연구방법론의 실제	필기 시험	면접 시험
	선택	비행상담 · 성상담 · 약물상담 · 위기상담 중 2과목		
2급	필수	청소년 상담의 이론과 실제 상담연구방법론의 기초 심리측정 평가의 활용 이상심리	필기 시험	면접 시험
	선택	진로상담 · 집단상담 · 가족상담 · 학업상담 중 2과목		
3급	필수	발달심리 집단상담의 기초 심리측정 및 평가 상담이론 학습이론	필기 시험	면접 시험
	선택	청소년이해론 · 청소년수련활동론 중 1과목		

주 : "청소년 관련 법"이란 「청소년 기본법」, 「청소년복지 지원법」, 「청소년 보호법」, 「아동 · 청소년의 성 보호에 관한 법률」, 「청소년활동 진흥법」, 「학교폭력예방 및 대책에 관한 법률」, 「소년법」을 말하며, 그 밖의 법령을 포함하는 경우 여성가족부장관이 고시함.
출처 : 「청소년 기본법 시행령」 제23조 제3항 [별표 4].

2) 청소년상담사 양성체계

청소년상담사의 경우, 여성가족부의 주관으로 한국청소년상담복지개발원과 한국산업인력공단에 위탁하여 자격검정을 실시하고 자격검정에 합격한 자에 대하여는 실무능력 향상을 위해 100시간 이상 의무 연수를 실시하며, 청소년상담복지센터와 청소년쉼터 등 청소년복지시설에 배치 · 활용된다.

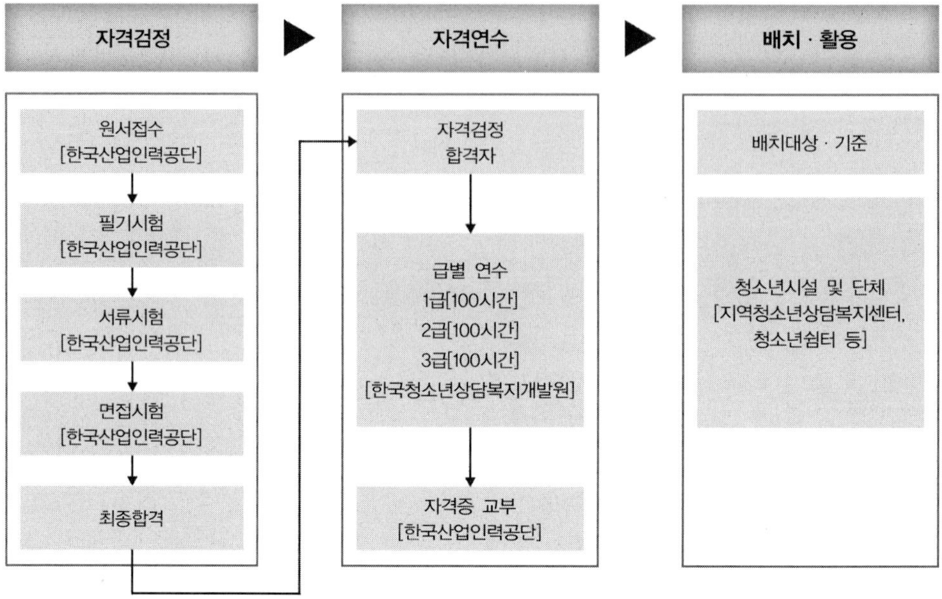

|그림 3-3| 청소년상담사 양성체계

출처 : 여성가족부(2024).

청소년상담사 자격연수 과목은 청소년 상담관련 이론과 실제적인 실무를 익힐 수 있도록 구성되어 있으며, 1급 · 2급 · 3급 모두 5과목으로 구성되어 있다. 자격연수 형태는 급별 책무에 맞는 질적 교육을 위하여 이론, 세미나, 실습 등으로 구성되어 있다.

〈표 3-7〉 청소년상담사 자격연수 과목

등 급	연수과목		
1급	• 청소년 상담 · 수퍼비전 • 청소년문제 세미나	• 청소년 상담프로그램 개발 • 청소년 관련 법과 정책	• 청소년 위기개입II
2급	• 청소년 상담과정과 기법 • 청소년 위기개입 I	• 지역사회상담 • 청소년 진로 · 학업상담	• 부모상담
3급	• 청소년 개인상담 • 청소년 상담 현장론	• 청소년집단상담 • 청소년 발달 문제	• 청소년매체상담

출처 : 「청소년상담사 자격검정 및 연수 등에 관한 고시」 제13조 제1항 [별표 5].

3) 청소년상담사 양성실적

청소년상담사 양성계획에 따라 2023년까지 총 22회의 청소년상담사 자격검정이 있었으며, 청소년상담사 1급 1,444명, 2급 14,373명, 3급 21,452명으로 총 37,269명의 청소년상담사를 양성하였다.

〈표 3-8〉 **청소년상담사 양성 현황** (단위 : 명)

연 도	1급		2급		3급		계
	남	여	남	여	남	여	
2003	8	99	22	271	37	247	684
2004	4	17	6	84	11	92	214
2005	5	16	21	150	19	132	343
2006	6	24	17	154	10	196	407
2007	0	1	11	166	17	279	474
2008	6	41	23	171	39	411	691
2009	3	12	20	219	56	461	771
2010	1	13	12	128	21	311	486
2011	1	18	16	282	27	391	735
2012	3	26	31	304	65	863	1,292
2013	3	9	17	208	94	896	1,227
2014	3	12	39	370	142	1,416	1,982
2015	9	43	48	516	135	1,396	2,147
2016	5	34	74	756	239	1,902	3,010
2017	10	78	98	944	193	1,401	2,724
2018	15	94	84	703	193	1,322	2,411
2019	17	70	155	1,438	223	1,400	3,303
2020	20	159	175	1,649	213	1,247	3,463
2021	9	75	150	1,408	351	1,956	3,949
2022	28	197	207	1,930	168	974	3,504
2023	24	226	148	1,148	290	1,616	3,452
합계	180	1,264	1,374	12,999	2,543	18,909	37,269

출처 : 한국청소년상담복지개발원(2024).

4) 청소년상담사 배치기준

「청소년 기본법」에 따르면, 배치대상 청소년시설에는 일정한 기준에 의하여 청소년상담사를 배치하여야 하며, 청소년상담사 배치기준은 다음과 같다.

〈표 3-9〉 **청소년상담사 배치기준**

배치대상 청소년시설	배치기준
「청소년복지 지원법」 제29조에 따라 특별시·광역시·도 및 특별자치도에 설치된 청소년상담복지센터	청소년상담사 3명 이상을 둔다.
「청소년복지 지원법」 제29조에 따라 시·군·구에 설치된 청소년상담복지센터	청소년상담사 1명 이상을 둔다.
「청소년복지 지원법」 제31조 제1호부터 제3호까지의 규정에 따른 청소년복지시설	청소년상담사 1명 이상을 둔다.

출처 : 「청소년 기본법 시행령」 제25조 제2항 [별표 5].

청소년지도사와 마찬가지로 국가 및 지방자치단체는 청소년시설 및 청소년단체에 배치된 청소년상담사에 대하여 예산의 범위 안에서 그 활동비의 전부 또는 일부를 보조할 수 있다(청소년 기본법 제23조).

5) 청소년상담사 보수교육

「청소년 기본법」 제24조의2에 따라 청소년시설, 청소년단체 및 학교 등에서 청소년 상담 업무에 종사하는 청소년상담사는 자질향상을 위하여 정기적으로 보수교육을 받아야 한다.

한국청소년상담복지개발원은 청소년상담사 국가자격제도를 통해 많은 청소년 상담 전문 인력을 배출하였다. 또한 청소년상담사를 대상으로 전문 영역별 보수교육을 통해 실제 청소년 상담업무에서 요구되는 역량을 개발할 수 있도록 지원함으로써 일선에서 청소년상담사의 전문성이 효율적으로 활용될 수 있는 체계를 마련하는 성과를 나타냈다. 그 밖에 지속적인 또래상담지도자 양성교육과 활성화 대회를 개최하여 또래상담자 네트워크의 안정적 운영을 꾀하였으며, 품성계발 및 부모교육 프로그램의 전국적 활성화를 위하여 교육자료 및 지침서를 개발함으로써 질적으로 향상된 프로그램이 운영될 수 있도록 지원하였다. 이 외에도 청소년의 인터넷 · 스마트폰에 대한 과의존을 예방 · 해소하기 위한 상담사의 전문성을 향상하고자 고품질의 양성교육을 지원하였고, 학교 밖 청소년 지도를 위한 꿈드림 프로그램 활용 교육을 지원함으로써 지역사회 내에서 위기상태에 놓인 청소년들에게 좀 더 질 높은 맞춤형 서비스를 제공하였다.

한국청소년상담복지개발원에서 실시하고 있는 전문상담사업은 전문상담의 시범적 운영을 통해 청소년의 다양하고 복합적인 문제해결에 대한 솔루션을 개발하고 있으며, 정보화 시대에 발맞추어 청소년들이 인터넷을 통해 손쉽게 상담을 받을 수 있는 사이버상담센터를 지속적으로 운영하고 있다. 청소년상담 · 복지체계 활성화 지원 사업에서는 청소년상담 중추기관으로서 지속적인 시 · 도 및 시 · 군 · 구 청소년상담복지센터 등 상담복지 전문기관 관계자 회의를 통해 상담복지 전문기관의 발전방향을 논의하고, 유기적 협력관계를 유지할 수 있도록 노력하고 있다.

〈표 3-10〉 2023년 한국청소년상담복지개발원 청소년상담사 자격연수 실적 (단위 : 명)

구 분	수료인원
청소년상담사 자격연수	3,452

출처 : 한국청소년상담복지개발원(2024).

4. 청소년수련시설 운영대표자

1) 청소년수련시설 운영대표자 역할과 중요성

청소년수련시설은 일정 부분 공공재이기 때문에 공공기관의 지위에 있지는 않더라도 지방자치단체가 운영권을 가지고 있으므로 준정부기관의 역할을 해야 함은 분명하다. 따라서 이 시설의 운영대표자는 공공재를 관리하는 준정부기관의 관리자 역할을 하여야 한다. 하지만 일반 준정부기관처럼 중간관리자의 역할만을 수행하기에는 청소년수련관이 처한 환경이 좋은 상황은 아니다.

운영보조금이나 사업보조금이 풍족해서 그 보조금의 범위에서 수련시설을 운영하고 사업을 실행할 수 있다면 준정부기관의 관리자로서의 역할로 충분할 수 있다. 하지만 결국 청소년활동 지원에 필요한 사업예산을 충당할 수 있는 수입의 범위 내에서 수익사업을 시행하여야 한다. 또한 그것은 공공의 이익을 침해하여서는 안 된다는 원칙을 지켜야 하기 때문에 사업프로그램을 운영함에 있어 수익을 남기는 것이 아니라 수익자부담원칙 정도의 수준에서 사업을 시행하여야 한다.

이와 같은 근거로 보면 청소년수련시설 운영대표자는 일반 기업가보다는 사회적 기업에서의 최고관리자(최고경영자)의 범주로 분류하는 것이 타당하다. 따라서 청소년수련관의 운영대표자는 공공재를 관리하는 준정부기관의 관리자의 역할과 사회적 기업에 준하는 기업가의 역할을 함께 해야 하는 존재로 정의한다. 이는 청소년수련시설이 준정부기관이자 사회적 기업에 해당된다고 보아야 함을 의미하기도 한다(김제원, 2018).

청소년수련시설 운영대표자는 청소년의 균형 있는 성장과 발달을 위해 시설 내에서 운영되는 각종 사업의 방향과 계획을 수립하며, 청소년 지도 활동을 담당하는 인적 자원의 선발과 배치, 교육훈련 등 인력 관리의 역할을 수행한다. 특히 인적 자원은 관리의 차원을 넘어 동기를 부여하고 비전을 제시하는 역할까지 포괄하고 있다. 이 외에도 시설 운영에 필요한 재원을 마련하고, 2년마다 진행되는 평가에 대비해야 하며, 시설 운영에 필요한 시설 관리와 사무 관리자의 역할을 수행한다.

시설 외적으로는 시설 운영의 대표로서 시설에서 제공되는 성과를 외부에 적극적으로 알리는 대변자의 역할을 수행하며, 지역사회에서 청소년 관련된 주요 이슈에 적극적으로 대처하기 위해 지역사회 자원들과 긍정적인 관계를 유지하고 협력하는 관계를 구축하는 역할을 수행한다. 또한 지역사회 자원이 청소년 분야에 적극적으로 도입될 수 있도록 하는 중요한 역할을 수행한다.

2) 청소년수련시설 운영대표자 역량

청소년수련시설 운영대표자의 역량은 성취와 행동 역량, 청소년 성장지원 역량, 인적 자원 관리 역량, 개인 효과성 역량, 인지 역량, 시설경영 역량 등으로 관리자 역량을 나누어 볼 수 있다.

성취와 행동 역량은 맡은 업무를 수행하면서 과업의 목표를 성취하고자 하는 관리자의 내재적인 특성으로, 관리자로서 더 좋은 업무 성과를 얻고자 하는 역량이다. 성취와 행동 역량의 역량요인은 성취지향성과 주도성, 정보수집, 사업관리, 관계 형성, 영향력 행사 등이 포함된다.

청소년 성장지원 역량은 타인의 요구를 충족하려는 의도로 다른 사람(특히 청소년)의 관심과 요구에 공감하고 이를 충족하려는 의도로서, 역량 요인은 청소년 이해, 청소년지향성, 청소년 성장 지원, 청소년 중심 계획 수립 및 운영, 청소년 지도의 전문성 지원 등이 여기에 포함될 수 있다.

인적 자원 관리 역량은 함께 일하는 구성원을 육성 · 지도하거나 팀워크와 협동심을 고취시키는 관리자의 역량이다. 이 역량은 시설 내 함께 일하는 직원들을 개발시키거나 함께 일하도록 동기를 부여하는 역량이다. 인적 자원 관리 역량의 역량요인은 직원 육성 및 개발, 시설 구성원의 이해, 팀워크 및 협력, 비전 제시, 팀 리더십, 갈등 관리, 의사소통 등으로 볼 수 있다.

개인 효과성 역량은 대인관계 또는 업무에 있어서 개인적인 성숙도에 관한 역량으로, 역량요인은 자기조절, 자기 확신, 조직 헌신(사명감), 유연성(융통성), 도덕성의 5개 요인으로 구성된다.

인지 역량은 주어진 상황, 과제, 문제점, 기회 또는 지식을 이해하고 파악하는 과정에서 발휘되는 역량으로, 인지 역량의 역량요인은 분석적 사고, 개념적 사고(종합적 사고), 전략적 사고, 전문성 개발 및 활용, 지속적 변화 추구 등이다.

시설경영 역량은 관리자가 근무하고 있는 시설을 더 우수하게 운영하는 과정에서 발휘되는 역량으로 재정 관리, 시설물 관리, 인사 및 조직 관리, 지역사회 협력, 정치적 기지, 평가 관리 등이 포함된다(이영수, 2016).

3) 청소년수련시설 운영대표자 자격

(1) 청소년수련시설의 운영대표자의 자격(청소년활동 진흥법 시행령 제8조)

1. 1급 청소년지도사 자격증 소지자
2. 2급 청소년지도사 자격증 취득 후 청소년육성업무에 3년 이상 종사한 사람

3. 3급 청소년지도사 자격증 취득 후 청소년육성업무에 5년 이상 종사한 사람
4. 「초 · 중등교육법」 제21조에 따른 정교사 자격증 소지자 중 청소년육성업무에 5년 이상 종사한 사람
5. 청소년육성업무에 8년 이상 종사한 사람
6. 7급 이상의 일반직공무원 또는 이에 상당하는 별정직공무원(고위공무원단에 속하는 일반직공무원 또는 별정직공무원을 포함한다)으로서 청소년육성업무에 3년 이상 종사한 사람
7. 제6호 외의 공무원 중 청소년육성업무에 5년 이상 종사한 사람

(2) 청소년수련시설 운영대표자의 청소년육성업무 종사경력(청소년활동 진흥법 시행규칙 제7조)

1. 수련시설에서 청소년지도업무에 종사한 경력
2. 청소년단체에서 청소년지도 · 연구업무에 종사한 경력
3. 국가 또는 지방자치단체의 청소년육성관련부서에서 근무한 경력
4. 「초 · 중등교육법」 제2조에 따른 각급 학교에서 청소년단체활동 지도교사로 종사한 경력

(3) 청소년수련시설 운영대표자의 결격사유(청소년활동 진흥법 제15조)

1. 미성년자 · 피성년후견인 또는 피한정후견인
2. 파산선고를 받고 복권되지 아니한 사람
3. 금고 이상의 형을 선고받고 그 집행이 끝나거나 집행을 받지 아니하기로 확정된 후 2년이 지나지 아니한 사람
4. 금고 이상의 형의 집행유예를 선고받고 그 유예기간 중에 있는 사람
5. 법원의 판결 또는 법률에 따라 자격이 상실되거나 정지된 사람
6. 제22조에 따라 허가 또는 등록이 취소된 수련시설의 대표자로서 허가 또는 등록이 취소된 날부터 2년이 지나지 아니한 사람

04 CHAPTER

청소년기관 조직과 환경

1. 청소년기관 조직의 이해
2. 청소년기관 조직의 원리
3. 청소년기관의 조직구조
4. 청소년기관 조직의 환경관리

CHAPTER 04

청소년기관 조직과 환경

1. 청소년기관 조직의 이해

1) 청소년기관 조직의 개념

청소년기관 조직은 개인적인 속성을 규정하고 형성하며, 이의 변화를 도모함으로써 각 개인의 복지를 보호·유지 또는 증진함을 주요 기능으로 하는 조직체이다. 인간의 성장을 유지 또는 향상하기 위해 사람의 행동, 속성 및 사회적 지위를 규정하거나 변경시키는 것을 주 기능으로 하는 조직을 말한다. 청소년기관 조직의 개념은 크게 광의적 개념과 협의적 개념으로 구분하여 설명되고 있다. 첫째, 협의적 청소년기관 행정조직은 청소년기관 조직의 목표 달성을 용이하게 하기 위해 관리자에 의해 수행되는 상호의존적인 과업과 기능 및 관련 활동 등의 체계적 개입과정을 말한다. 둘째, 광의적 청소년기관 조직은 행정과 조직의 모든 활동 과정에 다양하게 기여하는 조직 구성원들의 협동적·조정적 노력으로 보며, 청소년기관 행정은 정책을 청소년 육성으로 전환시키는 데 필요한 청소년기관 조직에서의 총체적인 활동이다. 또한 청소년기관 조직은 공동목표 달성이라는 점에서 일반조직과 공통점이 있지만, 일반조직과는 달리 공동목표가 삶의 질의 제고라고 명확하게 규정되어 있는 조직을 말한다. 예를 들면, 가정 밖 청소년을 지원하기 위한 정부 조직, 학교 밖 청소년 지원센터, 청소년상담복지센터, 청소년활동시설, 청소년쉼터 등이 해당한다.

청소년기관 조직의 개념은 학자들에 의해 다양하게 정의되고 있으며, 그 내용을 살펴보면 다음과 같다.

① 에치오니(Etzioni, 1958)는 '조직에 대해 일정한 환경하에서 특정한 목표를 추구하며 이를 성취하기 위한 일정한 구조를 지닌 사회적 단위'라고 정의하였다.
② 베버(Weber, 1968)는 '계속적이고 의도적인 특정한 종류의 활동 체제'라고 규정하였다.
③ 스키드모어(Skidmore, 1990)는 '사람, 과업, 자원을 가장 질서 있고 효율적으로 배열하는 활동으로서 공동의 목표를 향한 사람들의 활동 과정'이라고 규정하였다.
④ 바커(Barker, 1995)는 '결정된 목표를 성취하기 위해 제도화된 전략들을 동원하는 것'이라고 정의하였다.
⑤ 펄머(Fulmer, 1978)는 조직의 개념을 '조직은 다수의 인간이 공동의 목표를 달성하기 위하여 노력하는 과정에서 형성된 틀을 의미'한다고 정의하였다.
⑥ 이목훈(1998)은 '공동의 목표를 달성하기 위해서 환경과 상호작용을 하는 가운데 비교적 지속적인 구조를 기반으로 하여 의도적으로 조정된 활동을 수행하는 사회적 체제'로 규정하였다.

2) 청소년기관 조직의 특성

청소년기관 조직의 특성은 도덕적 가치, 구성원과 청소년의 상호작용, 환경 의존성, 목표의 모호성, 효과성과 효율성의 척도 부재, 기술의 불확실성, 전문가의 중요성 등을 설명할 수 있다.

(1) 청소년기관 조직의 목표와 기술이 불확실하다

청소년기관 조직은 청소년기관 행정의 특성과 밀접한 관계를 형성하고 있으나, 제공된 서비스의 효과성이나 효율성을 측정할 수 있는 척도가 모호하다는 특성을 가지고 있다.

(2) 청소년기관 조직은 도덕적 가치를 강조한다

청소년기관 행정의 대상은 도덕적 가치를 갖는 인간이므로 서비스 기술은 사회적 가치에 제약을 받고 도덕적으로 정당화될 수 있어야 한다. 즉, 서비스의 효과성은 제도적 측면이 아니라 인간적 가치의 측면에서 판단해야 하기 때문이다.

(3) 청소년기관 조직의 핵심활동은 기관의 직원과 서비스 이용자 간의 상호작용이다

청소년기관 서비스의 전달 과정은 청소년기관 조직의 직원과 청소년 관계에서 이루어지며, 직원과 청소년의 관계는 조직의 결과물을 형성하는 데 핵심적인 역할을 수행하고 있다.

(4) 청소년기관 조직이 사용하는 기술은 결정적이지 않다

청소년기관 조직의 대상은 인간이며, 복합적이고 다양한 상황을 다루는 인간이 사용하는 기술(skill)은 명료하지 못하고 불확실하며, 서비스 제공자의 판단과 기술에 의존하게 된다.

(5) 청소년기관 조직은 목표의 모호성이다

청소년기관 조직의 목표는 모호하고, 이해관계자 사이의 타협으로 형성될 수 있다. 즉, 청소년기관 조직은 민간 서비스와 공적 서비스를 혼합하여 제공하기 때문에 목표가 모호하고, 정부, 보호자, 서비스 이용자와 가족, 전문가, 다른 서비스 기관의 직원 등 이해관계자 사이에서 타협을 하게 된다.

(6) 청소년기관 조직은 효과성·효율성 척도의 부재이다

청소년기관 조직은 인간을 원료로 하므로 도덕적 모호성과 목표의 모호성이 있으며, 프로그램의 전체적 효과성이나 효율성을 평가하는 것이 어렵고 부정확하다.

(7) 청소년기관 조직은 전문가의 중요성을 강조한다

청소년기관 조직은 전문가에 의존하며, 청소년기관 조직의 업무 과정에서 조직

관리자의 지시뿐만 아니라 전문적 교육의 내용, 전문적 활동에의 참여, 전문 지지 집단의 이용 가능성 등에 의해서 실천이 결정되기 때문이다.

3) 청소년기관 조직의 목표

청소년기관 조직의 목표는 조직이 미래의 일정 시점에서 실현하고자 하는 바람직한 상태로 조직을 통한 인간들의 협동적 노력의 결과로 얻고자 하는 내용이 조직의 목표를 구성한다. 조직은 현장이나 연차 보고서, 공식 연설 등에 표명되는 조직의 일반적 목적인 공식적인 목표와 그 조직의 실제 운영방침을 통해 추구하고 있는 작업 목표가 있다. 조직의 목표가 구체화될 경우 조직의 지침(guideline) 제공, 정당성의 근거, 효과성 측정의 기준, 계획기능 등을 갖게 된다.

(1) 조직의 지침(guideline) 제공

① 조직의 목표란 조직의 바람직한 미래 상태에 조직운영과 활동을 위한 방향과 지침을 제공한다.
② 여러 행동 대안 중 적절한 선택기준을 제시해 주고 의사결정 과정의 불확실성을 감소시켜 준다.

(2) 정당성의 근거

① 조직은 처음부터 조직의 정당성을 인정받을 수 있는 목표를 설정해야 한다.
② 조직의 목표는 특정 조직체제가 그 사회에 적합하다고 하는 신념을 낳게 하며 그 신념을 지속하게 한다.
③ 조직은 그 목표를 통해 조직의 존재 그 자체와 조직 활동을 사회 내에서 정당화시키는 것이다.

(3) 효과성 측정의 기준

① 조직의 목표는 조직의 성공도와 그에 대한 기여도를 평가하는 기준이 된다.
② 조직효과성이란 '조직이 목표를 달성하는 정도'를 나타내는 폭넓은 개념으로 여러 가지 목표, 구체적으로는 조직 전체의 공식 목표와 운영 목표에 대한

달성 정도를 통해 평가한다.

③ 조직효과성에 대한 접근방법은 목표 접근법, 자원기준 접근법, 내부과정 접근법 등이 있다.

(4) 계획 기능

① 조직의 목표는 조직의 구조와 과정을 설계하는 준거 틀을 제공한다.

② 특정 목표의 성취에 필요한 자원이나 기술적 과정, 구성원의 활동 등은 조직의 분업과 권력구조, 의사전달의 양태 등 조직의 여러 국면에 영향을 미친다.

2. 청소년기관 조직의 원리

청소년기관 조직의 원리는 청소년기관 조직을 높은 수준으로 잘 구조화시키고, 효율적으로 관리하기 위한 조직화 방법을 말하는데, 이러한 원리는 계층제의 원리, 명령통일의 원리, 통솔범위의 원리, 분업·전문화의 원리, 조정의 원리, 부문화·부서화의 원리 등으로 대별할 수 있다.

1) 계층제의 원리

계층제(hierarchy)의 원리는 조직 구성원 간의 권한과 책임을 배분하고 명령, 지휘, 복종의 관계를 명시화한 것으로 미래지향적이고 효과적인 계층제를 위해서는 조직환경에 대한 적응성과 신축성을 고려해야 한다. 예를 들면, 청소년수련관의 관장, 국장, 과장, 팀장(장·차관, 실장, 국장, 과장, 사무관, 주사)과 같은 조직이 있다면 조직의 목표를 달성하기 위해 상급자가 하급자에게 자원을 할당하고 명령을 내릴 권한 순서대로 하나의 계층을 이룬다. 상급자들의 경우 장기적인 계획, 대외관계, 정책 결정 등의 업무를 수행하고 직급이 낮을수록 구체적이고 단순한 업무를 하게 된다. 이러한 계층제는 조직 구성원의 창의성을 저해하고 한낱 기계적인 전달 도구로 전락시키기 쉽다. 계층제의 원리는 계층 수준이 높을수록 큰 틀 차원의 정책 결정, 장기계획, 대외관계 등의 업무를 수행하는 반면, 계층 수준이 낮을수록 상대적으로 구체적인 업무를 담당하게 된다.

(1) 순기능

① 명령과 의사전달(상하 의사소통)
② 권한위임(직무와 책임을 명확화)
③ 행정 목표설정과 업무 배분의 통로
④ 조직 내부의 분쟁 조정과 해결의 수단

(2) 역기능

① 과도한 수직적 관계의 경우 조직의 경직성 초래
② 동태적이고 융통성 있는 인간 관계의 형성 저해
③ 계층의 수가 많아짐에 따라 의사전달의 왜곡
④ 변동하는 환경에 조직의 신축성 대응 방해

2) 명령통일의 원리

명령통일(unity of command)의 원리는 한 조직원은 한 사람의 직속상관으로부터 명령을 받아야 한다는 것으로 의사전달의 혼란을 방지하고 책임소재를 분명히 할 수 있지만 무리하게 한 사람의 담당 직원을 통해 명령, 감독하는 경우 업무의 효율성 저하, 전문성 발휘를 저해할 수 있다. 즉, 명령통일의 원리는 조직에 있어서 한 사람의 직속상관으로부터 명령을 받고 보고해야 한다는 것으로서 국에는 국장, 과에는 과장 등 오직 한 사람이 존재하여야 한다는 것이다.

장점은 조직적인 활동과 의사전달의 혼란을 방지하고, 책임 소재의 분명성이다. 단점으로는 수평적인 업무 협력 등 비능률적 행정이며, 낮은 수준의 전문성 구축을 들 수 있다.

3) 통솔범위의 원리

통솔범위(span of control)의 원리는 상관이나 감독자의 통솔 대상자의 수나 조직 단위의 수가 한정되어야 한다는 원리이다. 즉, 통솔범위의 원리는 한 사람의 상관이 부하직원을 관리하는 데 있어서 지휘의 한계가 있다는 점에서 적정 수의 부하나 하부조직을 가져야 한다는 것으로, 현재 적정성에 대한 객관적인 기준은 부재한 상황이다. 다만, 통솔범위에 영향을 미치는 요인으로서는 감독해야 할 직무의 성질, 감독자의 능력, 근무 시간의 한계, 조직의 규모, 지리적으로 분산된 조직의 장소 여건, 구성원의 능력, 그리고 감독자의 사회적 심리 등이 있다.

4) 분업 · 전문화의 원리

분업 · 전문화(division of work or specialization)의 원리는 전문 분야별로 조직 구성원에게 한 가지 주된 업무를 분담시키는 것이다. 업무가 전문화될수록 조직 성원들은 보다 능률적으로 행동해야 하고, 전문화를 통해 신속하게 업무를 처리할 수 있는 최선의 방법이 발견된다. 분업 · 전문화의 원리는 조직의 구성원에게 동일한 업무를 분담시키면서 동시에 전문화를 지향하는 것이다. 현대사회는 조직의 규모가 확대되고 업무처리의 전문성이 증가하고 있다는 점에서, 반드시 필요하다고 할 수 있다.

장점은 신속한 업무처리로 인한 조직의 효율성 제고이며, 업무의 개인차가 감소한다는 것이다. 단점은 반복된 동일 업무로 인해 업무처리 의욕이 상실될 수 있으며, 지나친 분업으로 조직 내 단위 간의 조정이 어렵다는 점을 들 수 있다.

5) 조정의 원리

조정(coordination)의 원리는 공통의 목표를 달성하기 위해 조직 구성원의 행동 통일을 유도하는 것으로, 분업에 따른 필연적인 원리라고 할 수 있다. 예를 들어, 어떤 부서의 생산목표가 100이고 다른 부서의 목표는 80이라면 그 목표가 설정된 자원에 차이가 있는 것이고 이러한 차이에 대해서 논의하고 협의를 통해 자원을 분배하고 목표를 다시 설정하는 경우를 말한다. 조정의 방법은 구조적 방법과 리더십에 의한 조정 방법이 있는데, 구조적 조정 방법은 조직 단위의 권한과 책임의 한계를 명확히 하고, 의사전달을 촉진하며, 회의 및 위원회제도를 활용하여 조직 구성원의 의견을 파악하면서 조직원의 사기를 고취시키는 방법으로 조직에 기획 조정실 등의 기구를 설치하여 조정을 제고하는 경우이다. 반면 리더십 조정 방법은 개별직원에 대한 동기부여를 촉진하고, 집단의식 · 동료 의식 등을 고취하여 조정을 하는 것이다.

6) 부문화의 원리

부문화(departmentation)의 원리 또는 부서화의 원리는 업무 분화가 확대되어 부서와 직무가 증가하게 되면 상호작용의 빈도와 갈등이 증가하는 만큼 조정비용도 늘어난다는 점에서, 이러한 문제점을 해결하기 위해 조직의 효율성을 제고하기 위한 방향으로 목적이나 기능에 맞게 조직을 개편하는 것을 의미한다. 부문화의 원리는 동일한 역할자의 수 기준, 시간 기준, 기능 기준, 지리 기준, 서비스 기준, 고객 기준, 서비스 접근 통로 기준 등에 따라 일곱 가지 유형화로 설명할 수 있다.

(1) 수 기준 부문화

수 기준 부문화는 같은 역할을 하는 사람들을 한 슈퍼바이저(supervisor) 아래에 소속시키는 방법이며, 단순히 구성원의 수만을 기준으로 부문화하는 것이기 때문에 개인의 능력 차이를 고려하지 못하는 한계가 있고, 한 사람의 밑에 사람의 수가 너무 많으면 둘 이상의 비슷한 단위를 만들 수 있다.

(2) 시간 기준 부문화

시간 기준 부문화는 하루 24시간 근무하는 조직의 경우 업무시간을 2교대 또는 3교대 등으로 정하여 업무를 부문화하는 방법으로 24시간 서비스를 제공해야 하는 청소년수련원, 청소년 쉼터 등 생활시설에서 유용하게 활용할 수 있는 조직화 방법이다. 다만, 야간이나 주말을 기피하는 현실에서 조직이 원하는 적합한 요원을 채용하기 어렵고, 조직의 기능이 단편화될 수 있는 한계점이 존재할 수 있다.

(3) 기능 기준 부문화

기능 기준 부문화는 인사, 재정, 기획, 영업 등과 같은 주요한 기능에 따라 인력을 묶어 배치하는 방법으로서, 업무 단위 간 경쟁이 지나치면 부서 간의 수평적인 업무협조가 곤란하고, 조직 전체의 목적보다는 소속된 부서의 업무만 중시하는 한계점이 존재할 수 있다. 이러한 기능 기준 부문화는 직원의 능력, 선호도, 관심 등 직무적성에 근거하여 사람을 배치하는 방법이다.

(4) 지리적 영역 기준 부문화

지리 기준 부문화는 청소년의 거주지역을 중심으로 조직을 구성하고 자율적으로 운영하여 책임감을 갖도록 조직하는 방법으로 청소년 대상자 밀착형 서비스 등이 해당한다. 이는 서비스의 효율성을 높일 수 있고 청소년에 대해 책임소재를 명확히 할 수 있는 장점이 있는 반면에, 각 지리적 특성으로 업무 단위 간 업무량의 차이가 발생할 수 있고, 지리적 구분이 엄격할 경우 인근지역의 서비스를 다른 업무 단위에서 제공해야 하는 문제 등 직원의 사기가 저하될 수 있는 한계점이 존재한다.

(5) 서비스 기준 부문화

서비스 기준 부문화는 개별프로그램, 집단프로그램 등의 서비스 제공 방법에 따라 조직의 업무를 부문화하는 방법이다. 서비스 기준 부문화는 전문화된 서비스를 제고시키는 장점이 있는 반면, 청소년의 욕구가 복잡하고 다양할 경우 여러 가지 서비스를 포괄적으로 제공할 수 없다는 점이 한계이다.

(6) 고객 기준 부문화

고객 기준 부문화는 고객의 인구사회학적 특성이나 문제의 집단별로 부서를 나누는 방법으로 청소년의 문제와 종류에 따라 부문화하는 방법을 말한다. 우리나라는 대부분 고객 기준 부문화에 의거해 조직 개편이 시행되는데, 고객이나 수혜자 집단별로 부서를 나누어 자율적으로 운영, 책임질 수 있도록 조직하는 방법으로 고객을 영유아, 아동, 청소년, 장애인, 노인, 여성 등으로 분류하거나 대상자의 문제를 실업문제, 빈곤문제, 가족문제, 집단별 비행, 아동학대, 성폭력 등으로 조직의 업무를 부문화하는 것이다. 그러나 청소년의 문제가 다양할 경우 한 명의 서비스 제공자가 지식과 기술의 한계로 서비스를 효과적으로 제공하기 어려운 한계점이 있다.

(7) 서비스 접근 통로 기준 부문화

서비스 접근 통로 기준 부문화는 청소년이 필요로 하는 서비스에 접근할 수 있는 학교, 병원, 청소년시설, 대중매체 등 통로별로 업무를 부문화하는 방법이다. 서비스 접근 통로 기준 부문화는 청소년기관 조직 서비스의 경우 서비스 제공이 유료이든 무료이든 간에 많은 사람이 이용할 수 있도록 서비스조직을 설치하는데, 현실적으로 정보 제한 등으로 인해 다양한 서비스 접근에는 한계점이 있다. 이 부문화는 서비스에 따라 확실하고, 다양한 접근 통로가 있지 않을 경우 적용할 수 없다.

3. 청소년기관의 조직구조

1) 청소년기관 조직구조의 이해

(1) 조직구조의 개념

조직(organization)은 특정 목적을 달성하기 위해 의도적으로 구조화되고 계획된 단위이다. 조직의 의미는 조직의 구조와 조직의 행정을 합한 것이다. 조직구조(organization structure)는 조직을 변화시키고, 조직을 구성하는 핵심적 요소라 할 수 있다. 즉, 조직구조는 조직의 목적을 효과적이고 효율적으로 달성하기 위해 필요한 요소이기 때문이다.

① 조직의 기능을 수행하기 위해 만들어진 권력, 권한, 책임, 체계의 배열과 위상으로서 명령과 의사결정의 구조를 지니며 업무의 역할, 업무의 범위, 업무의 책임성을 명확히 하는 한계를 가진다.

② 조직 구성원들이 행동이나 상호작용을 반복하여 형성한 일정한 유형이 곧 조직구조를 의미한다.

③ 청소년기관 행정의 조직구조는 청소년기관 서비스를 지역에 전달하기 위해서 조직의 각 부분들 사이에 성립되어 있는 조직의 기능과 권한, 책임 등이 어떻게 배분되고 조정되는지와 밀접한 관련이 있다.

④ 행정조직이 효율적으로 조직구조를 설계하게 되면 조직의 목표를 효과적으로 달성할 수 있다.

(2) 청소년기관 행정조직의 구분

① 공공 청소년기관 행정조직

청소년기관 분야별로 관련 법에 근거하여 중앙정부 청소년기관 행정조직, 광역자치단체 청소년기관 행정조직, 지방자치단체 청소년기관 행정조직으로 구성되어 있다.

중앙정부의 청소년기관 행정조직은 청소년 전담조직으로 여성가족부, 고용노동부, 교육부, 문화체육관광부, 국민연금공단, 근로복지공단, 국민건강보험공단 등이 있다.

광역자치단체의 청소년기관 행정조직은 청소년 업무 전담조직으로 청소년업무 담당국, 청소년업무 담당과(청소년과) 등이 있다.

기초자치단체의 청소년기관 행정조직은 청소년업무 담당국, 청소년팀 등을 청소년 전담조직으로 두고 있다.

② 민간 청소년기관 행정조직

「청소년활동 진흥법」에 근거한 한국청소년수련시설협회와 한국청소년단체협의회가 이에 해당한다. 지방청소년수련시설협회, 지방청소년단체협의회 등도 민간 청소년 행정조직의 예로 볼 수 있다.

민간 청소년기관 행정조직은 공공 청소년기관 행정조직을 보완하는 다양한 형태의 민간 청소년기관이 중요한 제공자가 되면서 그 필요성이 더 커지고 있다.

2) 청소년기관 조직구조의 구성요소

청소년기관 행정에서 조직구조(organization structure)의 구성요소는 복잡성(complexity), 공식화(formalization), 집권화(centralization) 등이 공통적인 측정지표로 사용되고 있다. 청소년 행정에서 조직구조의 구성요소에 포함되는 것은 조직의 규모, 조직의 기술, 조직의 공식화와 집권화, 분권화 등이 있다.

(1) 규모

조직의 규모는 조직 구성원 수, 이용자의 수, 물적 수용 능력, 순자산, 매출고 등으로 구분하고 있다. 조직의 규모가 커지면 어느 정도 복잡성이 증대하다가 어느 수준부터는 체감되고, 규모가 커지면 대체로 전문화가 지속되다가 일정한 수준에 도달하면 전문화의 진행 정도가 떨어진다. 조직의 규모가 커질수록 조직의 행동은 공식화되고 규모가 커지면 분권화가 촉진된다. 최근 청소년기관 조직은 업무수행과 관련해서는 팀 중심 조직으로 작아진다.

(2) 기술

조직의 기술은 일하는 방법과 작업 과정에서 사용되는 지식을 의미하며 조직이 목표 달성을 위하여 투입물을 산출물로 변환시키는 데 이용하는 지식, 도구, 기법, 활동 등을 말한다.

톰슨(Thompson, 1967)은 조직이 사용하는 기술을 연속형 기술(long-linked technology), 중개 기술(mediating technology), 집약 기술(intensive technology)로 구분하여 설명하였다.

① 연속성 기술

연속성 기술(long-linked technology)은 여러 가지 행동이 순차적으로 의존적인 관계를 이루고 있을 때 사용하는 기술이다. 이 기술은 과업 단계가 고정적으로 연속되어 있어서 어느 단계의 활동이 완료되어야 하며 각 부서는 자원을 서로 교환하고 다른 부서의 작업 결과에 영향을 받는다. 이 기술은 작업 활동 간에 연속적 상호의존 관계를 가지는 기술 형태이다. 연속형 기술을 사용하는 경우 표준화가 가능하고, 순차적 의존관계를 지니게 된다.

② 중개 기술

중개 기술(mediating technology)은 상호의존 상태에 있거나 서로 의존하기를 원하는 고객들을 연결하는 활동에 사용하는 기술이다. 중개기술은 시·공간적으로 분산된 광범위한 고객을 대상으로 하며 자원봉사활동의 자원봉사 조정자가 여기에 해당된다. 중개 기술을 활용하는 조직은 고객 의존적이므로 규정이나 절차를 활용해 통제한다. 중개적 기술은 집합적 의존관계에 있는 고객들을 연결하는 단순한 기술이다.

③ 집약 기술

집약 기술(intensive technology)은 조직의 다양한 기술이 복합된 통합기술, 맞춤기술, 주문기술을 말한다. 이 기술은 청소년기관 조직에서 청소년 개개인의 욕구에 맞추어 활동, 복지, 보호 등을 전문가의 협력하에 동시에 제공하는 형태로 상황에 따라 다양한 반응이 가능한 기술이다. 집약적 기술은 다양한 기술의 복합체로서 종합병원과 같은 곳에서 사용하는 기술로서, 이러한 기술을 사용하는 부서의 의존관계 상호작용이다.

(3) 공식화

공식화(formalization)는 조직 내 직무들이 표준화되어 있는 정도를 말하며, 주로 직무기술서나 직무명세서의 방식처럼 성문화된 것을 공식화로 정의한다. 공식화(정형화)는 조직 내 규칙, 절차, 지시 및 의사전달이 명문화된 정도이다. 조직이 어떤 일을 누가, 언제, 어떻게 수행해야 하는가를 공식적으로 규정하고 있는가에 관한 개념이다. 표준화된 업무처리는 상급자와 의사전달이 없어도 업무를 수행할 수 있어 시간과 비용의 절감 효과가 있다.

(4) 집권화

집권화(centralized)는 의사결정 권한이 조직의 어느 한 지점에 집중되어 있는 정도를 의미한다. 즉, 집권화는 의사결정 권한이 중앙 또는 상위기관에 집중되어 있는 것이다. 조직 규모가 작거나 조직 역사가 짧을수록 집권화가 효과적이며, 조직 환경 측면에서도 조직의 위기나 난국에 처하거나 환경변화가 극심할수록 집권화가 바람직하다. 조직의 의사결정 과정은 상황, 해석 및 조언, 선택, 승인, 실행, 행동 등이 있는데, 최고경영자가 선택의 단계만 통제할 때가 집권화의 정도가 제일 낮은 것이다. 그리고 조직 의사결정 과정을 모두 통제할 때 집권화 정도가 제일 강한 것이다.

의사결정과 정보처리는 조직에서 중요한 조정 수단으로 조직이 위기에 처했을 때 집권화가 효과적이다. 따라서 상황적인 요인에 따라 집권화의 정도가 결정되어야 하고, 집권화와 복잡성은 부의 관계이지만 집권화와 공식화는 모호하다. 집권화 정도가 높아지는 요인으로는 조직 규모가 작으면 집권화되기 쉬워지고 역사가 짧은 조직은 설립자의 지시에 많이 의존하게 되므로 집권화 경향이 높다. 그리고 어떤 조직이든 위기는 집권화를 초래하고, 조직 운영이 특정한 개인의 리더십에 의존하는 정도가 높을수록 집권화 경향이 높아진다. 집권화는 한 조직에서 권한이나 의사결정 과정이 수직적으로 소수에게 집중되어 진행되는 것으로 청소년 기관들의 예산이나 인사에서 볼 수 있다.

(5) 분권화

분권화(decentralized)는 상위층의 권한이 조직 여러 계층에 위임된 것으로 의사결정 권한이 지방 또는 하급기관에 위임되어 있는 것을 말한다. 분권화를 발생시키는 요인으로는 최고관리자가 세부적이고 일상적인 업무에서 벗어나 장기계획이나 정책문제에 대해 더 많은 시간과 노력을 바치고자 할 때 분권화가 높고, 업무를 신속하게 처리해야 할 때 분권화가 높다. 조직 관리자를 육성하고 동기를 부여하고자 하는 분위기가 강할 때 분권화가 촉진되며 조직이 성장함에 따라 규모가 커지고 조직의 복잡성으로 인해 조직이 결정해야 할 문제가 많아짐에 따라 분권화 요청이 강해진다. 그리고 조직이 처한 환경이 동태적이고 복잡할수록 많은 결정을 해야 하므로 분권화의 필요성은 높아진다. 분권화는 집권화와 반대되는 경우로 권한이나 의사결정 과정이 다수에게 분산되어 진행되는 것으로서 청소년기관들의 개입 방법이나 행사에서 볼 수 있다.

〈표 4-1〉 **집권화와 분권화의 비교**

구 분	집권화	분권화
장 점	• 조직의 통일된 정책 수립과 집행 가능 • 통제와 지도 · 감독의 용이성 • 신속한 업무처리 가능 • 조직기능의 중복 억제 • 업무의 전문화 촉진 • 신속한 갈등 해결과 재원 절감	• 신속한 의사결정 • 업무의 간소화 • 책임감 증진 • 조직의 자발적 협조 관계 • 조직 구성원의 참여의식 고양 • 능력 있는 관리자 개발 기회 제공
단 점	• 조직의 관료성 • 조직의 권위성 • 형식주의로 인한 획일화 • 창의성과 자발성 저해	• 지도 · 감독의 통제 약화 • 업무의 중복 • 행정력 분산 • 전문기술 활용할 수 없음

3) 청소년기관 조직구조의 유형

조직구조의 유형 분류는 조직이 추구하는 목표를 보다 분명히 할 수 있으며, 목표를 효과적으로 달성할 수 있는 방법을 모색하는 데 도움을 준다. 청소년기관 조직의 구조에 대한 유형은 다양하게 설명되고 있으나 이 책에서는 공식조직과 비공식조직, 수직조직(계선조직)과 수평조직(막료조직 또는 참모조직), 집권형 조직과 분권형 조직, 이사회조직과 위원회조직, 사업부제조직, 애드호크라시(adhocracy) 조직, 동태적 조직 등을 제시하고자 한다.

(1) 공식조직과 비공식조직

① 공식조직

공식조직(formal organization)이란 기구 도표상에 표현할 수 있고 가시적이고 계획적인 구조로서 행정 책임자, 이사회, 위원회, 직원 등의 배열을 포함하고 조직의 기구표에 나열된 지위와 관계를 의미한다. 공식조직은 조직 목표를 달성하기 위하여 법령 등에 의해 공식적으로 업무와 역할을 할당하고 권한과 책임을 부여하는 조직이다. 이 조직은 구성원의 지위와 책임이 명확하고 정해진 절차에 의해 특정 목적을 달성하기 위한 조직으로 사회를 구성하는 기본적인 제도적 단위를 말한다. 그리고 공식조직은 어떤 목적을 위한 의식적 · 인위적 조직으로서 정부, 국회, 법원, 기업, 노동조합 · 대학교 · 교회, 사찰 등이 그 예이다. 또한 공식조직은 징병제의 군대와 교도소 등의 강제적 조직, 회사나 노동조합 등의 공리적 조직 그리고 학교 · 정당 · 교회 등과 같은 규범적 조직으로 분류하고 있다.

조직의 공식적 구조는 분화(division)와 조정(coordination)이라는 두 가지 목적에 기여하기 위해 조직의 부분들이 연결되어 있는 상태를 의미한다. 조직의 구조에서 수평적 세분화는 조직의 업무들이 분화된 정도를 나타내며, 수직적 위계화는 권한이나 명령계통을 나타낸다. 공식적 조직의 장점은 높은 수준의 생산적 규범 형성, 낮은 수준의 정실 행위(정이나 관계에 이끌려 객관성을 왜곡하는 행위), 공식적 의사소통 등이다. 반면에 공식적 조직의 단점은 낮은 수준의 심리적 안정감, 공식 조직의 경직성, 낮은 수준의 의사소통 경로 등이다.

공식조직의 구조적 요인은 조직이 갖추어야 할 기본적인 요소로서 펄머(Fulmer)는 다음과 같이 분업, 위계질서(단계적이고 기능적인 과정), 구조, 통제의 범위 등 네 가지로 구분하여 설명하고 있다.

가. 업무분화/분업(division of labor)

업무분화 또는 분업은 과업의 수행에 있어서 구성원들 간에 업무를 분담하는 것을 말한다. 즉, 업무의 세분화는 한 조직 내에서 업무들이 분담하여 있는 정도를 의미한다. 이처럼 직위의 수가 많을수록 업무의 세분화는 증가하고, 조직 전체의 분업 현상은 더욱 복잡해지게 된다. 업무의 분화 또는 분업은 기능적 업무 분담(업무의 분업화)과 전문화(특정 분야 전문가의 업무담당)가 있으며, 이를 통해 조직의 행정은 효율성을 달성할 수 있다. 작업개선 제도는 전문화된 업무 분화의 극단적 형태인데 이것은 소외와 같은 문제를 야기해서 작업순환제, 노동자의 의사결정 참여 등을 통해 문제를 완화시키려는 노력을 하고 있다. 조직의 업무 세분화에 따른 장점으로는 업무와 기술의 단순화, 전문기술의 개발 용이성, 효율성 증대, 관리와 감독의 용이성 등을 들 수 있다. 또한 조직의 업무 세분화에 따른 단점으로는 틀에 고정된 태도나 방식을 취하는 업무자의 매너리즘(mannerism), 대상자의 혼란, 업무조정에 따른 비용의 증대 등을 설명할 수 있다. 개별 업무들이 점차 세분화되다 보면 분화된 단위들은 점점 자신들만의 목적과 의도에 충실하게 될 수 있으며, 그 결과 전체의 효율성에 기여하지 못하여 업무조정을 하는 데 여기에 드는 노력과 비용이 필요하게 된다. 업무조정은 분화된 업무들이 전체적인 목표에 기여하도록 개별 업무들을 통제하는 것을 의미한다. 업무 세분화의 장점과 단점을 비교하면 〈표 4-2〉와 같다.

〈표 4-2〉 업무 세분화의 장단점

구 분	내 용
장 점	• 업무의 단순화와 기술의 단순화 • 세밀한 전문기술 개발용어 • 개별단위 차원의 효율성 증대 • 구체적인 업무규정의 관리와 통제 용이 • 적성을 고려한 인력배치 가능
단 점	• 자신의 업무에 대한 고정적 관념 형성 • 일의 처리 방식을 고착하는 매너리즘(mannerism) 발생 • 분화된 단위들은 점점 자신들만의 목적과 의도에 충실하게 됨 • 업무조정의 경우 노력과 비용 발생

나. 위계질서

위계질서는 관등이나 직책의 수직적 관계(상하 관계)에서 생기는 복종과 예절 등의 질서를 의미한다. 위계(hierarchy)란 한 조직의 권한 배분이나 의사결정 방법과 관련되어 있다. 이와 같이 권한 배분은 조직에서 업무조정이나 하급자의 순응을 위해 권한을 적절하게 배분하는 것을 의미한다. 위계질서는 집단 내에 질서가 잡히고 일을 일사불란하게 추진할 수 있는 장점이 있는 반면에, 위계질서에 너무 의존하는 경우 집단 조직원 각자의 자율성이 크게 줄어들고, 창의적인 의견과 활동이 위축되어 하위 직원들의 좋은 생각이 반영되지 않을 가능성이 높다.

다. 구조

조직의 구조는 업무의 역할과 범위를 명확히 구분 짓는 의사결정 통로이다. 서비스 부문(청소년을 대상으로 서비스나 프로그램을 제공하는 업무)과 관리부문(회계, 재정, 설비, 인사, 시설 등 운영과 관련된 업무)으로 구분한다.

라. 통제범위

통제범위란 한 명의 상관이 효과적으로 통솔할 수 있는 부하직원의 수를 말한다. 적정수준의 통솔범위를 정하기 위해서는 직무의 성질, 시간적·공간적인 요인, 감독과 부하의 능력과 성격, 의사소통의 기술 등을 고려해야 한다.

② 비공식조직

비공식조직(informal organization)은 조직 내 빈번하게 접촉하는 구성원들 사이에서 자연적으로 발생한 소규모 집단이다. 공식조직을 제도적인 조직이라고 한다면 비공식조직은 현실상의 조직이다. 비공식조직은 구성원 상호 간의 인간관계에 의한 접촉이나 친분 등에 의해서 형성되는 조직으로서 구조가 명확하지 않은 조직을 말한다. 비공식적 조직의 장점은 높은 수준의 심리적 안정감, 공식적 조직의 경직성 완화, 높은 수준의 의사소통 경로 등이다. 반면에 비공식적 조직의 단점은 낮은 수준의 생산적 규범 형성, 높은 수준의 정실 행위, 소문 등의 비공식적 의사소통 등을 들 수 있다.

가. 특징

- 비공식조직은 생각과 감정을 나눌 수 있는 의사소통 채널이다.
- 행정가는 비공식적인 자리에서 대화와 제의를 받아들여 집단의 응집력을 향상시킨다.
- 비공식적 자리에서 구성원들은 지지하고 인정함으로써 직원의 자기존중을 향상시킨다.

나. 순기능

- 비공식조직은 공식조직의 결함이나 약점을 보완하고 유지하는 역할을 한다.

- 공식조직 내 약점을 평가하고 새로운 욕구에 대한 주의를 환기한다.
- 공식조직의 긴장감 또는 경직성을 완화한다.
- 변화를 위한 프로그램이나 계획에 기여한다.
- 조직의 구성원에게 귀속감과 안정감에 기여한다.
- 구성원 간의 유대와 협조를 통하여 업무의 능률성을 향상시켜 준다.

다. 역기능

- 거대한 비공식조직은 비합리적 의사결정을 초래할 수 있다.
- 조직의 목적이 도치될 수 있다.
- 공식적 조직의 분열을 초래할 수 있다.
- 공식발표에 앞서 중요계획을 사전에 누설하거나 잘못된 풍문을 전파하여 구성원의 사기를 저하시키거나 불안감을 조성하기도 한다.
- 얼굴을 맞대고 사적으로 친하게 지내는 인간관계는 정실주의를 조장할 우려가 있다.
- 개인적인 불만을 전체의 불만인 것처럼 유포시킬 우려가 있다.

〈표 4-3〉 공식조직과 비공식조직의 비교

공식조직	비공식조직
• 인위적 · 합리적 조직	• 자연발생적 · 비합리적 조직
• 조직목표의 단일성	• 조직목표의 다양성
• 외면적 · 외재적 조직	• 내면적 · 내재적 조직
• 능률 논리의 조직	• 감정 논리의 조직
• 조직의 대규모성	• 조직의 소규모성
• 전체적 조직	• 부분적 조직

(2) 수직조직과 수평조직

① 수직조직

수직조직(vertical organization)은 라인조직, 계선조직이라고도 하며, 이는 명령과 복종관계를 가진 수직적 구조를 형성하여 목표 달성에 중심이 되는 조직구조를 말한다. 수직조직은 조직 내 관장–부장–과장–팀장 등과 같은 계층적인 형태를 나타낸다. 수직조직은 조직의 목표 달성에 결정권을 가지며 서비스 대상자와 직접적인 참여를 통해 조직의 목표 달성에 기여한다. 이 조직은 계층제, 명령통일, 통솔범위 등 분업제 원칙에 따라 이루어지고 있고 서비스 대상과 직접 접촉하고 있다.

가. 장점

- 위계적인 구조로 권한과 책임이 분명하여 업무수행이 능률적이다.
- 단일기관으로 구성되어 결정권과 집행권을 가짐으로써 결정의 신속성을 기할 수 있다.
- 강력한 통솔력을 행사할 수 있어 조직의 안정성을 확보할 수 있다.

나. 단점

- 대규모 조직에서는 불리하다. 즉, 책임자의 총괄적인 지휘 · 감독으로 업무량이 과중된다.
- 결정권에 있는 책임자가 독단적이고 주관적인 의사결정을 내릴 우려가 있다.
- 특수 분야에 전문적인 지식을 활용할 수 없으며, 조직이 경직될 우려가 있다.

② 수평조직

수평조직(horizontal organization)은 막료조직 또는 참모(staff)조직이라고도 하는데, 이는 수직조직이 원활하게 기능을 수행할 수 있도록 지원하고 촉진하여 조직의 목표 달성에 간접적으로 공헌하는 조직구조를 말한다. 수평조직은 주로 자문 · 권고 · 협의 · 조정 · 정보수집 · 기획 · 인사 · 회계 · 법무 · 홍보 · 조달 · 연구 등의 기능을 수행한다.

가. 장점

- 책임자의 통솔범위가 확대되어 업무의 효율성을 가할 수 있다.
- 전문지식과 경험을 활용할 수 있다.
- 독단적이지 않으며 참여적이고 객관적인 의사결정을 가능하게 한다.

- 조직의 융통성이 있으므로 대규모 조직에 유리하다.
- 수평적인 업무의 조정과 협조를 가능하게 한다.

나. 단점

- 조직 내 인사 관계가 복잡해진다.
- 수직조직과 수평조직 간에 권한과 책임소재를 둘러싸고 갈등이 야기될 수 있다.
- 수평조직에 소요되는 경비지출이 증가된다.
- 운영과 행정의 지연이 야기될 수 있다.
- 의사소통의 경로를 혼란에 빠뜨릴 수 있다.

〈표 4-4〉 수직조직과 수평조직의 비교

수직조직	수평조직
• 계층제 • 목표달성의 직접적 기여 • 국민의 직접적 접촉 • 높은 수준의 명령 · 집행권한	• 비계층제 • 목표달성의 간접적 기여 • 국민의 간접적 접촉 • 낮은 수준의 명령 · 집행권한

(3) 집권형 조직과 분권형 조직

① 집권형 조직

집권형 조직은 조직 내에서 기획이나 정책에 관한 의사결정에 참여하는 권한이 소규모의 집단에 국한되어 있는 조직을 말한다. 즉, 집권형 조직이란 행정권한이 특정 조직의 상위계층, 상급기관, 중앙행정기관에 유보되는 조직을 의미하며 의사결정자의 지위가 높거나 의사결정에 대한 참여가 적을수록 집권화 수준이 높은 경향을 보인다.

가. 장점

- 통일된 정책의 수립과 집행이 가능하다.
- 행정적 통제와 지도 · 감독이 용이하다.
- 대량의 업무 처리로 비용절감의 효과가 있다.

- 조직의 위기나 비상사태에 신속한 대응이 가능하다.
- 조직 내 부서들 간의 업무조정이나 지역적 격차를 시정하기 쉽다.
- 행정 기능의 중복 방지, 분열 억제의 효과가 있다.
- 조직의 혁신이나 변화에 대한 요구 수용 정도가 낮다.

나. 단점

- 관료주의적이고 권위주의적인 성격이다.
- 형식주의에 빠져 행정의 실효성을 거두지 못할 수 있다.
- 조직 내 구성원의 창의성과 자발성이 저해된다.
- 획일화로 인해 부서 또는 지역의 특수성을 고려하지 못한다.
- 구성원들의 직무만족이나 조직몰입에 부정적 영향을 준다.

② 분권형 조직

분권형 조직은 의사결정에 참여하는 권한이 다양한 집단에 분산 또는 위임되어 있는 조직을 말한다. 분권형 조직은 하위계층, 하급기관, 지방자치단체 등 보통 지방행정기관에 위임되어 있는 조직을 의미한다. 분권형 조직은 권한의 위임 정도와 의사결정 과정에서 참여 정도에 따라 수직적 분권화와 수평적 분권화로 구분된다. 수직적 분권화는 공식적 의사결정 권한이 계층구조에 따라 위에서 아래로 분산되는 것이며, 수평적 분권화는 모든 사람이 평등하게 의사결정에 참여할 때 완성단계에 이르는 것을 말한다.

가. 장점

- 대규모 조직에서 효율성이 높고 최고 행정지도자의 업무가 감소한다.
- 하위 부서 간의 횡적인 협조 관계가 원활하다.
- 참여의식을 높이고 자발적 협조를 유도한다.
- 부서나 지역실정에 맞는 행정업무 수행이 가능하다.
- 조직 내 구성원의 행정업무에 대한 책임감을 증진시킨다.
- 구성원들의 직무만족이나 조직몰입에 긍정적 영향을 준다.

나. 단점

- 효과적인 지도·감독과 통제의 기능이 미약하다.
- 행정업무의 중복을 초래한다.
- 행정업무의 처리가 산만해지며, 행정력이 분산된다.

(4) 이사회조직과 위원회조직

① 이사회조직

이사회조직(committee organization)은 조직이 목표를 달성할 수 있도록 법률적 책임을 지고 있는 조직(법인)의 의사결정기구이며, 이사회를 거쳐서 지역사회의 욕구와 대안에 관한 지침을 얻을 수 있는 조직이다. 이사회조직은 조직을 이끄는 정책을 공식화하고, 실천가를 고용하여 평가하며, 후원자 및 지역사회 지도자와의 연계를 유지하고, 미래에 대한 계획을 수립하는 것 등에 책임을 지는 기관이다. 이사회조직은 조직의 운영과 서비스 전달에 더 많이 영향을 미치며 우리나라의 법인 이사회 기능은 다음과 같다.

- 조직의 목적 또는 목표설정
- 조직의 운영기구 설정
- 필요한 인적 및 물적 자원의 조달
- 조직의 행정책임자 채용 및 임명
- 정책의 결정
- 예산인준 및 재정원천에의 접근 촉진
- 조직운영의 점점 및 평가
- 조직의 지역사회 간의 중개
- 지역사회의 계획 참여
- 정관의 변경

② 위원회조직

위원회조직(board of directors organization)은 조직의 목표를 달성하는 데 있어 특별한 과업이나 문제를 해결하기 위해 조직의 일상적인 업무를 수행하는 기구와는 별도로 구성한 전문가 또는 업무관계자들의 활동 조직을 말한다. 즉, 위원회조직은 조직 목표 달성을 위한 특별한 과업, 문제해결을 위해 별도로 구성한 전문가 활동 조직으로 예산위원회, 상임위원회, 임시위원회 등이 해당된다. 장점으로는 실질적인 의사결정이나 집행보다는 제안을 평가하고 전문가의 의견을 수렴하며, 집단적인 토의와 원활한 의사소통을 할 수 있다. 그러나 단점으로는 문제처리와 해결에 많은 시간과 비용이 소요되고, 이해관계가 얽힌 위원이나 소수 위원의 독단에 의해 파행될 수 있다.

위원회의 유형으로 우리나라에서 실시하고 있는 것은 자문위원회, 행정위원회, 독립규제위원회 등이 있다. 자문위원회는 특정 개인이나 조직 전체에 대한 자문의 기능만을 수행하기 때문에 그 결정은 실제적인 영향력을 제외하고는 법적인 구속력을 갖지는 못한다. 행정위원회는 일반 행정기관에서 독립되어 순수한 행정기능 외에 그 결정이 입법 기능이나 사법기능에 준하는 법적인 구속력을 갖고 있으며 하부에 보좌기구를 두고 있다. 우리나라 행정위원회의 유형은 금융감독위원회, 소청심사위원회, 공정거래위원회, 해양안전심판원 등이 있다. 독립규제위원회는 대통령이나 장관의 지휘·감독을 받지 않고 행정 계층제로부터 독립성을 가지면서 준입법적·준사법적 기능을 수행하는 신분이 보장된 합의제 정책 결정기관을 말한다. 우리나라에서 독립규제위원회의 유형은 공정거래위원회, 국가인권위원회, 금융통화위원회, 중앙노동위원회, 중앙선거관리위원회 등을 들 수 있다.

〈표 4-5〉 **이사회조직과 위원회조직의 비교**

이사회조직	위원회조직
• 높은 수준의 행정책임자의 참여 • 낮은 수준의 직원의 참여 • 낮은 수준의 수혜자의 참여 • 정책 또는 의사결정을 함 • 낮은 수준의 구성원 수	• 낮은 수준의 행정책임자의 참여 • 높은 수준의 직원의 참여 • 높은 수준의 수혜자의 참여 • 정책 또는 의사를 건의 • 높은 수준의 구성원 수

(5) 사업부제조직

사업부제조직은 대규모 조직에서 사업부 단위로 조직을 편성하고, 각 사업부 단위의 독자적 생산과 마케팅, 관리권한을 부여하는 조직구조를 말한다. 사업부제 조직은 단위적 분화의 원리에 따라 사업부 단위를 편성하고, 각 단위에 대하여 독자적인 생산과 영업 및 관리권한을 부여하여 제품별 · 지역별 · 시장별 이익중심점을 중심으로 독립채산제를 실시하는 조직구조이다. 여기에서 독립채산제란 말 그대로 단일기업 혹은 기업 내 경영단위가 자기의 수지에 의해서 단독적으로 사업을 성립할 수 있도록 하는 경영관리 제도를 의미한다.

① 특성

전략적 결정의 기업 내 침투이다. 이는 변화하는 외부 환경으로부터 기업의 혁신적 적응을 위해 기업 전체의 전략적 결정에 전념할 수 있는 체제를 의미한다.

의사결정의 합리성 확보이다. 이는 각 사업부의 모든 결정에는 이익 기준이 적용되어 합리성의 기준이 확보되어야 함을 의미한다.

혁신적 결정에 대한 모티베이션(motivation)이다. 이는 이익 목표의 조직화, 커뮤니케이션(communication)의 효율화, 경영의 자립성 등을 강조한다.

시장경제 메커니즘(mechanism)의 기업 내 도입이다. 이는 독립적인 시장의 사업부로 분할되어 있어서 각 사업부 간에는 시장경제 메커니즘이 도입된다는 것이다.

② 장점

- 업무수행에 대한 통제와 평가가 쉽다.
- 동기부여와 관리자의 능력을 개발하는 데 유용하다.
- 최고경영자의 업무량을 경감시켜 준다.
- 생산과 판매 능력 증대, 혁신적인 문제해결을 원하는 조직에 유용하다.
- 환경변화에 신속한 대응이 용이하다.
- 고객 만족을 증대시킨다.
- 대규모 조직, 다품종 생산에 적합하다.

③ 단점

- 조정과 통제, 효율성(훈련의 필요성, 일의 중복, 전문화 곤란) 등에 제약이 따른다.

- 자원 활용의 측면에서 비경제적이다.
- 제품라인 간의 기능조정이 곤란하다.
- 기술의 기능별 전문화가 어렵다.
- 제품라인 간의 통합과 표준화가 곤란하다.

(6) 애드호크라시 조직

애드호크라시 조직(adhocracy organization)는 경제, 행정 조직과 관련된 말이며, 『제3의 물결』로 유명한 미국의 미래학자 앨빈 토플러(Alvin Toffler)가 처음 만들어 낸 개념이다. 애드호크라시는 앨빈 토플러의 『미래의 충격』이라는 저서에서 베버의 관료제(bureaucracy)를 대신하는 새로운 조직형태를 의미하는데, 임시적인, 일시적인 등의 뜻을 가진 라틴어 'adhoc'와 조직을 의미하는 'cracy'라는 말을 합성해서 만든 용어이다. 베버의 관료제와 애드호크라시의 가장 큰 차이점은 관료제의 경우 수직적 체계가 강한 형태이지만, 애드호크라시는 수평적 체계가 강한 형태라고 볼 수 있다.

애드호크라시는 관료조직처럼 지위나 역할에 따라 종적으로 조직된 것이 아니라 기능, 전문성, 숙달도, 능력 등에 따라 유연하게 기능별로 분화된 횡적 조직을 말한다. 이 조직은 형식주의나 공식적 절차에 의존하지 않고 융통성 있게 임무를 수행할 수 있으며, 의사결정권이 기능별 전문가들에게 분권화되어 있다.

애드호크라시 조직은 조직 환경이 복잡하고 동태적일수록 잘 기능할 수 있고, 구성원 간 유기적 협력의 가능성이 크며, 구성원들의 행동조율이 공식적인 법규나 절차에 의해서 이루어지기 어렵다.

애드호크라시 조직은 기존의 관료제에서 벗어나 문제해결을 위해 다양한 기술을 갖는 비교적 이질적인 전문가 집단으로 구성하는 탄력적 · 융통적 · 적응적 · 혁신적 · 일시적 조직으로 환경(복잡 · 동태적 환경)에 대한 적응력이 우수한 유기적 조직구조이다.

애드호크라시의 한 예로 각 기업이나 정부부처 등에서 어떤 프로젝트나 위기상황을 돌파하기 위해 테스크포스팀(TFT : Task Force Team)을 운영하는 경우가 해당한다.

애드호크라시 조직의 대표적인 유형으로는 매트릭스조직(Matrix Organization), 태스크포스(T/F : Task Force), 위원회조직(Board of Directors Organization) 등이 있다.

① 특징

- 수평적 분화 현상
- 낮은 수준의 복잡성
- 낮은 수준의 공식화
- 낮은 수준의 집권화
- 높은 분권성
- 낮은 수직적 분화
- 높은 팀워크
- 비정규적 기술의 사용

② 한계점

- 역할의 모호성
- 구성원 간의 갈등
- 비효율성

③ 적용조건

- 동태적이며 복잡한 환경
- 이질적 요소가 병존하는 환경
- 제품의 빈번한 변화
- 신생조직
- 정교하게 자동화된 기술체계

(7) 매트릭스조직과 태스크포스

① 매트릭스조직

매트릭스조직(matrix organization)은 행렬조직이라고도 한다. 매트릭스조직은 애드호크라시의 가장 세련된 조직형태로 볼 수 있다. 즉, 기존의 조직구조들에 대한 일종의 대안적 시도로서 기능별 조직과 프로젝트 조직이 결합된 조직구조이다. 여기에서 기능별 조직은 생산 일선에서 제품을 생산하기 위해 각각 업무 단위를 병렬로 나열한 조직구조로서 경영자, 서비스 경영기획팀, 경영지원팀, 고객관리팀 등으로 조직이 구성되는 경우이다. 매트릭스조직은 계급에 의하여 조직이 구성되지 않고 전문성을 기초로 조직되며 민주적 의사결정에 의해 운영된다. 매트릭스 조직의 경우 구성원은 각자 기능부서에 속하면서 부서 상사에게 보고하고 동시에 특정 프로젝트관리자에게도 보고하는 구조를 형성하고 있다. 매트릭스조직은 업무 세분화에 따르는 문제들에 대처하기 위한 것으로 합리적인 수준의 분업은 살리면서 동시에 통합을 강조하는 이중적인 기능을 담고 있다.

가. 장점

- 종업원의 능력과 재능을 최대한 이용 가능하다.
- 소비자의 특별한 요구나 급속한 환경변화에서 신속한 대처가 가능하다.
- 조직을 구조화하는 데 있어 집권화와 분권화가 동시에 가능하다.
- 세분화와 분권화에 대해 통합적인 서비스를 유지하면서도 복잡성의 장점을 살려 조직이 불확실하고 역동적인 환경에 적응하게 한다.
- 수직적이고 정형화된 조직이 주는 안정성과 수평적 구조의 장점인 탄력성을 동시에 갖출 수 있다.
- 수직적 · 수평적 정보공유가 용이하다.
- 조직을 전문화시켜 지식의 깊이를 증가시킬 수 있다.

나. 단점

- 책임 권한이 애매하여 업무자 간의 갈등유발 소지가 있다. 즉, 관리자와 직원 간의 갈등이 발생할 수 있다.
- 조직 구성원에 비해 관리자의 구성비가 높아 조정을 위한 의사결정이 지연되기 쉽다.
- 명령계통 간의 권력다툼이 발생하기 쉽다.

- 프로그램 업무를 조정하기 위한 역할과 권한이 명료하지 않아서 불협화음이 발생하기 쉽다.
- 평가를 위한 자료가 이중적으로 분산되며, 이러한 문제들로 인해 개인들을 조직과 업무에 헌신하도록 유도하기 위한 통제가 어렵다.
- 조직체계와 명령체계가 복잡해져 조직 운영 방식을 이해하는 데 혼란을 줄 수 있다.

② 태스크포스

태스크포스(task force)는 어떤 사업이 해결될 때까지 존속하는 임시작업단 조직으로 프로젝트 팀(project team)이라고도 한다. 또한 프로젝트 조직(project organization)은 동태적 조직으로서 흔히 태스크포스(task force)라 부른다. 프로젝트(project)는 일상적인 업무 활동이 아니라 앞으로 해야 할 구체적인 특정의 사업계획을 말하며 프로젝트 조직은 이러한 프로젝트를 해결하기 위해 일시적으로 형성되었다가 그것이 완성되면 해체되는 조직이다. 즉, 프로젝트 조직은 특정한 과업에 따라 관련 부서에서 프로젝트 수행을 위해 인력을 파견하고 수평적 접촉을 통해 프로젝트를 해결한 후 원래 자신의 부서로 복귀하는 조직을 의미한다.

가. 장점

- 조직이 구성되어 있는 동안 대량의 자원과 재능을 집중할 수 있다.
- 성과에 대한 책임평가가 명확하다.
- 조직이 환경변화에 적응력 있는 동태적 조직의 성격이다.
- 후계자의 육성이 용이하다.

나. 단점

- 임시조직이므로 제안한 정책이 집행되지 않거나 변질될 가능성이 있다.
- 자원이 중복되기 쉽다.
- 단기적 성과를 지향하는 측면이 있다.

(8) 팀조직과 네트워크조직

① 팀조직

팀(team)조직은 과거에 전통적 조직체계인 부, 과, 계의 조직을 업무재편을 통해, 통합, 분할하여 하나의 팀으로 전환함으로써 팀장을 중심으로 업무가 이루어지도록 만들어진 조직을 말한다. 팀조직은 팀 구성원들 간에 상호협력을 강조하고, 모든 구성원들이 공감하여 동기화될 수 있는 목표를 필요로 하며, 직무수행 결과에 대한 책임을 상호 공유하는 조직이다. 성과가 높은 팀의 특성은 목표, 임파워먼트(empowerment), 인간관계와 의사소통, 융통성, 적정한 생산성, 인정과 평가, 사기 등을 들 수 있다.

가. 가장 성과가 높은 팀의 일곱 가지 특성

- 목표는 높은 실적을 올리는 팀들의 구성원들은 동일한 목표의식을 가진다.
- 임파워먼트는 목표를 실현할 수 있는 팀의 능력에 대한 신뢰를 갖는다.
- 인간관계와 의사소통은 의견과 생각, 감정 진술, 경청, 조심스러운 피드백, 신뢰와 수용, 화합의 분위기 등이다.
- 융통성은 구성원들이 팀의 발전을 위해 책임과 리더십을 분담한다.
- 적정한 생산성은 높은 수준과 높은 질의 실적을 거두겠다는 공약이다.
- 인정과 평가는 개개인의 실적과 획기적인 팀의 실적을 인정하는 것이다.
- 사기는 구성원들이 팀워크에 대하여 열의와 자부심이 충만한 것이다.

나. 팀조직의 성공요건

- 관리층의 이해와 지지이다.
- 상하층 간의 신뢰성이다.
- 훈련과 능력개발을 위한 투자이다.
- 조직목표에 대한 명확한 인식이다.
- 목표성취를 위한 모험과 결과에 대한 책임이다.

다. 장점

- 신속한 의사결정을 한다.
- 자율적 책임체제이다.
- 조직 간 유연성이 있다.

라. 단점

- 팀 간의 갈등을 심화시킬 수 있다.
- 개별적 창의성을 약화시킨다.

② 네트워크조직

네트워크(network)조직은 환경변화에 보다 신속하고 적절하게 대응할 수 있도록 외부자원의 효과적 활용을 꾀하는 조직구조를 말한다.

네트워크조직은 자신이 보유한 자원을 핵심 사업에 집중하고 그 나머지 부분은 아웃소싱(outsourcing)한다. 아웃소싱은 경영효과 및 효율을 극대화하기 위해 업무의 일부를 외부 업체에 위탁해 처리하는 방법을 의미한다.

이 조직은 공공과 민간의 협력 및 연계에 유리한 조직구조이다.

4. 청소년기관 조직의 환경관리

이 절에서는 청소년기관 조직과 환경의 관계를 살펴보기로 한다. 청소년기관 조직은 주어진 상황에 따라 지역사회를 포함한 환경으로부터 영향을 받아 조직이 변화하고 있다. 청소년기관 행정조직의 환경에는 조직 내의 내부환경과 조직을 둘러싼 외부환경 두 가지로 나누어 설명할 수 있다. 내부환경이란 그 조직만이 가지고 있는 특성이나 분위기를 의미하며, 외부환경은 조직 밖에 존재하면서 조직의 설계, 조직의 관리에 영향을 주는 환경을 말한다. 외부환경은 한 사회의 모든 조직에 영향을 미치는 일반환경과 어느 조직에 보다 직접적인 영향을 미치는 과업환경(업무환경)으로 구분한다. 일반적으로 청소년기관 조직의 환경은 일반환경(general environment)과 과업환경(task environment)으로 분류하고 있다. 청소년기관 조직은 외부환경과 밀접한 관련을 가지고 있으며, 지속적인 지지와 자원공급, 지역사회로부터의 인가 등이 필요하다. 청소년기관 조직의 환경을 이해하기 위한 분석 틀로서 보편적으로 적용되는 것은 하젠펠트(Hasenfeld)에 의한 환경요소들의 구분이다. 청소년기관 조직에서 일반환경은 모든 조직에 영향을 미치며 특별한 경우를 제외하고는 조직이 변경시킬 수 없는 환경이다. 과업환경은 일반환경에 의해 영향을 받고, 청소년기관 조직에 직접적으로 영향을 미치는 환경을 의미한다.

1) 일반환경과 과업환경

(1) 일반환경

일반환경(general environment)은 조직의 거시적 외부 조건으로 조직이 속한 일반사회의 경제적 조건, 인구사회통계학적(사회인구학적) 조건, 문화적 조건, 정치적 조건, 법적 조건, 기술적 조건 등을 의미한다. 일반환경은 조직이 변화시키기 어려운 모든 조직에 영향을 미치는 환경으로, 조직의 의도와 무관하게 주어진 조건들이다. 청소년기관 조직에 많은 영향을 미치는 일반환경은 정치, 경제, 문화, 법, 인구 등 거시적 사회환경의 존재를 말한다. 일반환경은 특정 조직과 직접 관계를 맺지 않지만, 조직의 업무환경을 변화시켜서 비록 간접적이더라도 과업환경 요소들에 영향을 미침으로써 청소년기관 조직에 막대한 중요성을 가진다. 일반환경으로 볼 수 있는 것은 1인당 GDP, 실업률, 헌법 제34조 등이 포함된다.

① 경제적 조건

경제적 조건(상황)은 복지서비스의 형태나 범위, 정도를 좌우하는 요소이다. 경기 침체나 불황기일 때 「국민기초생활 보장법」에 의한 공공부조 서비스의 증가를 가져오는 경향이 있다. 대량실업 상태에서는 고용노동부에서 시행하는 직업훈련서비스, 직업알선서비스, 보육서비스나 가족상담서비스 등이 확대된다. 경제적 환경은 자원공급을 결정하여 청소년기관 서비스 수요에 직접적으로 영향을 미치게 되는 국가와 지역사회의 경제 상태를 말한다. 즉, 경제 상황은 청소년기관 조직을 위한 자원공급을 결정하는 한편, 청소년기관 서비스에 대한 수요를 좌우하여 경제적 불황이 발생하면 청소년기관이 개입해야 하는 대규모 수요를 만들어 낸다. 이러한 경제적 상황은 조직 내부의 경제 상태에 영향을 미치며 제약을 가한다.

자원공급의 절대량과 서비스 수요에 영향을 준다. 청소년기관 조직에 직접적인 영향으로 자원공급을 결정하는 요인, 청소년의 수요를 결정하는 주요 요인이 된다.

지역사회의 경제적 풍요와 청소년기관 조직의 자금조달 능력 사이의 관계는 서비스에 투자할 수 있는 지역사회의 능력에 따라 정해진다. 욕구가 많은 지역에 낮은 수준의 청소년기관 서비스가 제공되는 바람직하지 못한 상황이 발생할 수도 있다.

경제적 상황은 일반 사회의 경기호황이나 침체 등에 따라 기업이나 정부, 가계의 투자나 지출이 달라진다. 예를 들어, 경기 불황 및 호황, 중앙정부와 지방자치단체의 재정, 고용률 및 실업률, 경제성장률 등이 해당한다.

② 인구사회통계학적 조건

인구사회통계학적 조건은 연령, 성별분포, 가족구성, 거주지역, 사회적 계층 등이 있으며, 이 조건은 사회문제와 욕구의 발생빈도와도 밀접한 관련이 있다. 인구의 사회적 구조나 성격의 변화를 말한다. 청소년의 개인적 속성, 서비스 기술의 효과성, 환경 서비스의 수용 정도, 청소년의 선택, 서비스 제공 등에 영향을 미친다.

모자 세대와 소년소녀가장 세대, 다문화 청소년 세대, 농어촌거주자 등은 소득수준이 낮고, 대도시에는 청년 실업자 비율이 높다는 것과 같이 장기적인 청소년기관 서비스 수요변동과 예측에 영향을 미치는 환경요소이다. 예를 들어, 연령별 · 성별 · 지역별 · 소득계층별 인구분포, 청소년인구 비율, 유년인구 비율, 가구형태, 저출산 고령화, 다문화 증가 등이 해당한다.

③ 문화적 조건

문화적 조건은 일반 사회 구성원들이 가지는 사회의 가치나 규범 등으로 청소년기관 조직들의 목표와 이를 달성하기 위한 수단(방법)들에 영향을 미친다.

청소년기관 조직은 사회의 우세한 문화적 가치에 의해 민감하게 영향을 받는다. 당시의 지배적인 문화적·도덕적 체계를 반영하고, 문제해결에 대해 전문가 집단이 가지고 있는 가치와 이념을 반영한다.

청소년기관 조직의 목표와 기술에 영향을 주는 환경이라 할 수 있다. 예를 들어, 가족주의 가치, 다문화 청소년에 대한 사회적 인식 변화에 따른 조직 내 프로그램기획 변화 등이다.

④ 정치적 조건

정치적 조건은 청소년기관 조직이 가용 재정자원을 정부에 의존하고 있는 경우 자원분배를 통제하는 과정으로서 정치적 환경이 매우 중요하다. 분배 수준의 결정에 따라 청소년기관 조직은 일정한 영향을 받게 되므로 높은 수준의 중요성을 갖게 된다. 1980년대 이전에는 선(先) 성장 후(後) 분배의 정책기조를 실시했지만, 1980년대 이후에는 성장과 분배를 균형적으로 추구하였다.

우리나라의 청소년 부문에 대한 지출예산을 비교해 보면 노인, 여성, 장애인, 아동, 청년 정책 대비 상대적으로 적은 것으로 나타났다.

신자유주의 정치세력을 필두로 청소년의 수혜자격, 서비스 내용, 전달체계의 방식 등이 정해진다. 예를 들어, 정부의 청소년정책·경제정책 등이 해당한다.

⑤ 법적 조건

법적 조건은 법률, 명령, 규칙 등 청소년기관 조직의 서비스 제공과 관련된 많은 조건들을 규정하고 통제 및 장려함으로써 청소년기관의 고객 선정, 장소, 계획, 서비스 기술, 재원 서비스 인력에 중대한 영향을 미친다. 우리나라 청소년 관련법의 특징으로 청소년정책사업의 경우 국가책임과 개인책임도 강조하고 있으며, 지금까지 중앙정부에서 관리하는 주요 청소년정책사업을 지방정부와 민간 청소년기관 조직 등이 그 역할을 하도록 장려하고 있다.

법적 조건의 경우 「청소년 기본법」에서 청소년의 권리 및 책임과 가정·사회·국가·지방자치단체의 청소년에 대한 책임을 정하고 청소년정책에 관한 기본적인 사항을 규정함을 목적으로 한다. 「청소년활동 진흥법」은 다양한 청소년활동을 적극적으로 진흥하기 위하여 필요한 사항을 정함을 목적으로 한다고 규정되어 있다. 「청소년복지 지원법」은 청소년복지 향상에 관한 사항을 규정함을 목적으로 한다고 규정되어 있다.

법적 조건은 사회적 자원 흐름의 큰 틀을 형성하는 것으로 자원의 흐름을 통제하고, 상황에 따라 명령, 조례, 규칙 등이 정해진다. 예를 들어, 청소년관련 법령의 제정 · 개정 · 폐지 등이 해당한다.

⑥ 기술적 조건

기술적 조건은 의료, 정신건강, 교육, 컴퓨터, IT산업, 계획분야 등 기술의 발달이 청소년기관 행정조직에 일정한 영향을 미치는 상황이다. 일반 사회의 지식이나 기술 수준에 관한 환경의 조건을 말한다. 심리학에서 행동수정이론이 청소년기관 조직의 행동 수정 관련 서비스를 향상시킨 것이다.

네트워크 기술 발달을 통한 조직 간 유기적 관계형성 및 청소년기관 행정조직에서 정보관리체계의 투명성과 중요성을 요구하였다.

신경안정제의 개발이 청소년기관 조직의 정신건강 관련 탈시설(deinstitutionalization)을 유발시킨 것처럼 청소년기관 행정조직은 전반적인 기술발전을 반영한다. 예를 들어, 컴퓨터와 인터넷의 발달로 조직관리 방법의 변화, 청소년활동 디지털 전환 등이 해당한다.

(2) 과업환경

과업환경(task environment, 업무환경, 작업환경)은 일반환경의 영향을 받는 것이 일반적이며, 특정 청소년기관 조직에 영향을 미치기도 하지만 청소년기관 조직에 의해 영향을 받기도 한다. 과업환경은 특정의 청소년기관 조직이 자원과 서비스를 교환하고 조직과 특별한 상호작용을 하는 집단들을 의미한다. 조직활동에 대한 인 · 허가기관, 감독기관, 자원의 제공기관, 청소년 의뢰기관, 보조 서비스 제공기관 등을 포함한다. 과업환경에는 재정자원의 제공자, 정당성과 권위의 제공자, 청소년의 제공자, 보충적 서비스의 제공자, 조직산출물의 소비 · 인수자, 경쟁조직 등이 있다.

① 재정자원의 제공자

과업환경에서 재정자원의 제공자는 청소년기관 조직에 가장 큰 영향을 미치는 요인으로 볼 수 있다. 중앙정부와 지방정부, 공공부문과 민간부문(개인 · 기업체 · 종교단체 등)이 포함된다.

우리나라의 경우 청소년기관 조직은 대부분 국가 보조에 의존하는 비율이 높다. 예로 정부의 재정보조금, 기업체 출연, 공동모금, 외국민간단체, 참가비, 이용료 등이 해당된다.

② 정당성과 권위의 제공자

정당성과 권위의 제공자(합법성과 권위의 제공자)는 청소년기관 조직에 대한 사회적 지지나 정당성 및 권위를 제공해 주는 환경적 요소이다.

정당성과 권위의 제공자는 법률이나 조례 등의 법규에 의해서 부여되며, 이를 통해 청소년기관 행정조직은 합법성과 권위를 갖는다고 할 수 있다. 사회적 승인을 근거로 청소년기관 조직에 정당성을 부여하고 있다.

「청소년 기본법」에 근거한 시설 설치 허가 및 평가, 인증 등이 포함된다. 예로 정부, 국회, 여성가족부, 시 · 도, 특별자치시 · 도, 시 · 군 · 구, 전문가단체, 지방의회, 운영법인, 시민단체, 지역사회, 한국청소년수련시설협회, 한국청소년단체협의회 등이 해당한다.

③ 청소년 제공자

청소년 제공자는 서비스를 제공받는 개인, 가족, 정부 기관 등을 의미한다. 청소년활동, 복지 보호가 필요한 청소년을 청소년기관에 의뢰하여 정상 수준으로 이끌기 위한 노력을 한다. 예로 공공기관, 학교, 교회, 경찰, 청소년단체 등이 해당한다.

④ 보충적 서비스의 제공자

보충적(보완적) 서비스의 제공자는 조직의 성공적 업무수행을 위해서 보충적으로 필요한 서비스를 제공해 주는 기타 기관들이 포함된다.

청소년기관 조직에서 모든 서비스를 제공할 수 없기 때문에 다른 조직과의 긴밀한 협조와 연계를 공식적 · 비공식적으로 구축해야 한다. 타 기관에 일부의 서비스를 의뢰할 수밖에 없다.

보충적 서비스의 제공자는 타 기관들과의 공식, 비공식적 협조체계라고 할 수 있다. 서비스를 의뢰할 수 있는 다른 조직을 보충적 서비스의 제공자라 말한다. 청소년기관 조직이 하는 일을 거들거나 대행해 주는 외부자들이다. 예로 특정 청소년에 대한 의료지원을 해주는 병원, 청소년 담당 공무원 등이 해당된다.

⑤ 조직산출물의 소비 · 인수자

과업환경에서 조직산출물의 소비, 인수자(서비스의 수급자 · 소비자)는 청소년기관 행정조직이 산출해 낸 서비스를 받아들이고 소비 · 이용하는 자를 말한다.

청소년기관 조직은 문제나 욕구가 있는 청소년을 조직의 외부에서 내부로 투입하고, 상담기법 등의 기술을 활용하여 변화된 상태의 청소년을 받아들일 수 있는 인수자 또는 소비자가 필요하다.

청소년, 가족, 교정기관, 지역사회, 청소년시설, 국가, 학교, 기업 등이 포함된다. 예로 청소년, 청소년시설, 시설 이용자 등이다.

⑥ 경쟁조직

과업환경에서 경쟁조직은 청소년이나 자원을 확보하기 위해 청소년기관 조직과 경쟁관계에 있는 조직들을 말한다. 즉, 자원을 놓고 경쟁하는 조직이다.

자원과 청소년을 두고 경쟁 관계에 있는 다른 조직들을 말한다. 예를 들어, 청소년수련원 간 학생 단체 유치를 위해 치열한 경쟁을 하고 있다.

청소년기관은 정부의 재정지원과 지방정부의 지원금 등을 타 조직보다 더 지원받기 위해 청소년기관 서비스의 개선 등을 통해 경쟁력을 높이는 경우이다.

〈표 4-6〉 일반환경과 과업환경의 비교

구 분	환경적 요인	
일반환경	• 경제적 환경 • 문화적 환경 • 법적 환경	• 인구사회통계학적 환경 • 정치적 환경 • 기술적 환경
과업환경 (업무환경)	• 재정자원의 제공자 • 청소년의 제공자 • 조직산출물의 소비 · 인수자	• 정당성과 권위의 제공자 • 보충적 서비스의 제공자 • 경쟁조직

2) 환경변화와 환경관리 전략

청소년기관 조직을 둘러싼 내 · 외부 환경을 이해하고 적응해 나가는 것이 필요하며, 청소년기관 조직의 환경변화는 내부환경(internal environment)과 외부환경(external environment)으로 구분하고 있다. 일반적으로 조직에서 환경(environment)이란 조직을 둘러싸고 있거나 조직에 영향을 미치는 일련의 영향력 및 조건(a set of forces and conditions)을 말한다.

(1) 환경변화

① 내부환경

내부환경(internal environment)은 조직이 가지고 있는 독특한 조직 분위기나 조직문화를 의미하는 것으로서 조직 구성원이 조직의 성격, 가치, 규정, 스타일 및 특성 등을 공유하는 지각(perception)의 정도로 구성된다.

- 기관의 목적, 사명, 철학
- 기관의 기획
- 기관의 상호작용
- 서비스
- 기술자원
- 재정자원

② 외부환경

외부환경(external environment)은 조직의 외부에 존재하면서 조직의 의사결정이나 전반적인 조직활동에 영향을 미치는 환경을 말한다. 이러한 외부환경은 다시 일반환경과 과업환경으로 구분할 수 있다. 일반환경은 모든 조직에 영향을 미치는 환경으로서 그 범위가 매우 넓은 비특정적 요인으로 구성되어 있고, 이러한 요인은 특정 조직에 반드시 영향을 미치지 않는 경우도 있을 수 있다.

- 정치적 경향 : 규제, 법률, 정치적 분위기, 전문가의 의견에 관해 사정한다.
- 경제적 추세 : 재정자원, 비현금수입, 소비자, 공급자, 경쟁자에 관해 사정한다.
- 사회적 추세 : 지역사회의 인구통계, 지역사회의 문제와 욕구, 이용 가능한 노동력에 관해 사정한다.
- 기술적 추세 : 새로운 기술, 새로운 실행모델에 관해 사정한다.

(2) 환경관리의 필요성

청소년기관 조직은 법 · 제도, 경제, 사회, 문화 등 다양한 차원에서 외부환경으로부터 영향을 받고 있으며, 외부환경에 종속될 가능성이 있다. 청소년기관 조직의 가치를 실현하고, 목표를 성취하기 위해서 이러한 종속의 영향으로부터 최소한의 방안을 수립하는 환경관리의 전략이 필요하다.

(3) 환경관리의 조건

청소년기관 조직은 외부환경으로부터 취약하여 환경에 종속적 관계가 될 수 있으므로 그것을 극복하고 청소년기관 조직의 효과성을 발하기 위해서는 환경관리 전략을 수립할 필요가 있다.

청소년기관 조직이 환경과의 의존-권력 관계를 상쇄하지 못하고, 외부의 환경적인 것에 크게 의존한다는 것은 조직에 커다란 불안을 불러일으키고, 외부 압력에 대한 취약성을 갖게 하며 또한 조직 내부의 권위와 생존을 위협받게 한다. 이러한 청소년기관 조직은 외부환경에 종속될 수도 있고 이를 상쇄할 수도 있다. 청소년기관 조직의 환경관리를 위한 조건을 살펴보면 환경의존 강화조건이 낮은 수준이면 의존을 상쇄할 수 있고, 환경의존 강화조건이 높은 수준이면 의존을 상쇄하기가 어려워진다고 설명할 수 있다. 따라서 환경의존 강화조건과 환경의존 상쇄조건을 자세히 살펴보고자 한다.

① **환경의존 강화조건**(종속 강화조건)

청소년기관 행정조직에서 환경에 대해 의존적인 관계를 강화시키는 조건에 포함되는 경우는 다음과 같다.

- 청소년기관 등 조직에 대해 정부가 외부에서 정책을 강요하는 경우
- 인적·물적 자원을 낮은 수준으로 소유하는 경우
- 외부 조직의 서비스를 크게 필요로 하는 경우
- 필요한 목표를 정부 등 외부에서 인가나 승인을 받아야 하는 경우
- 대안에 대한 부정확한 정보를 소유하는 경우
- 조직의 서비스를 사용하는 데 있어 외부에서의 재량권을 행사하는 경우

② **환경의존 상쇄조건**(종속 상쇄조건)

청소년기관 행정조직에서 환경에 대해 의존적인 관계를 상쇄시키는 조건에 포함되는 경우는 다음과 같다.

- 청소년시설 등 조직에 대해 정부가 외부에서 정책을 강요하지 않고 자유를 주는 경우
- 인적·물적 자원을 높은 수준으로 소유하는 경우
- 대체 서비스의 가용성이 높은 수준인 경우
- 이념의 승인에 있어서 자체 승인이 가능한 경우
- 문제에 대한 정확한 대안을 소유하는 경우
- 외부 세력에 의해 자유가 허용된 경우
- 대안에 대한 효과적인 정보를 소유하는 경우

〈표 4-7〉 환경의존 강화조건과 환경의존 상쇄조건의 비교

분류기준	환경의존 강화조건	환경의존 상쇄조건
정부 등 외부정책 강요 여부	외부정책의 강요	외부정책의 자유
주요 인적·물적 자원의 소유	낮은 수준의 소유	높은 수준의 소유
대체 서비스의 자체 가용성 수준	낮은 수준의 자체 가용성	높은 수준의 자체 가용성
이념의 승인 여부	외부승인	자체승인
대안의 정확성 소유	부정확한 대안 소유	정확한 대안 소유

(4) 환경관리 전략

청소년기관 조직은 의존-권력 관계를 개선하기 위하여 다양한 전략을 사용할 수 있는데, 전략 선택의 기준은 청소년기관 조직이 필요로 하는 자원의 조직 외부(환경)에서의 집중과 분산의 정도 및 조직이 통제하는 전략적 자원의 양에 의해서 결정된다. 일반적으로 조직의 외부환경에 자원의 집중도가 높고 조직 내의 전략적 자원이 적을수록 조직이 환경과의 관계를 향상될 수 있는 능력이 미약하다. 청소년기관 조직이 환경에 지나치게 높은 수준으로 의존할 경우, 조직에 불안감을 주고 외부 압력에 대한 취약성을 갖게 된다. 이러한 조직의 불안감과 취약성은 조직 내부의 권위와 생존도 위협한다고 할 수 있다. 환경의존에 대한 조직의 대응 전략 또는 환경관리의 전략에는 권위주의 전략, 경쟁적 전략, 협동적 전략, 방해 전략 등 네 가지 전략이 있다.

① 권위주의 전략

권위주의 전략(authoritarian strategy)은 조직이 자금과 권위를 충분히 획득하여 전달체계에서 유리한 위치를 차지하는 전략이다. 이 전략은 여러 가지 청소년기관 프로그램을 위해서 자금과 권위를 관장하는 정부 기관들이 지방자치단체와의 관계에서 자주 사용한다. 예를 들어, 중앙정부 조직이 지방정부 조직에게 보조금을 하달하고 지침을 시달하거나, 지방정부 조직이 청소년기관에 보조금을 전달하고 지도·감독 등을 시행하는 경우가 해당한다.

조직이 자금과 권위를 충분히 획득할 경우 다른 조직 간의 교환관계와 조건들에서 유리한 위치에 설 수 있다고 주장한다.

이 전략은 권력을 사용하여 다른 조직의 행동을 이끌고 명령을 내리는 전략이다. 외부 조직이 교환조건에 응하도록 할 수 있으므로 매우 효과적인 전략이다. 우수한 소수 조직에만 한정되고, 비용이 많이 들며 명령에 대한 순응이 형식적일 수 있는 한계점이 있다. 민주적이며, 지방분권적인 정치체제가 아니면 실제로 사용하는 경우는 드물다.

② 경쟁적 전략

경쟁적 전략(competitive strategy)은 서비스의 질과 절차 등에 있어서 다른 외부 조직들과 경쟁을 하여 세력을 증대시키는 전략으로 외부 조직 등 환경과의 교환 관계에서 유리한 위치를 차지할 수 있다. 이 전략은 청소년시설에서 경쟁을 통해 청소년 대상 서비스의 성공 확률이 높아지고, 고객지향성의 절차 등을 강조하면 청소년의 수요가 높아지며, 정부 등의 보조금 확대 등으로 인해 양질의 조직을 갖추게 된다. 즉, 청소년수련관이 타 수련관에 비해서 서비스와 자원 등의 면에서 타 기관과 경쟁에서 우위에 있도록 하는 전략을 말한다.

다른 조직들과 경쟁하여 세력을 증가시켜 서비스의 질과 절차, 행정 절차 등을 매력적으로 만드는 것이다.

이 전략은 조직이 필요로 하는 자원이 환경에 분산되어 있고, 세력균형을 이룰 수 있을 만큼 충분한 내적 자원이 있을 경우 가능하다.

이 전략은 부적응 청소년 등 특수대상의 문제를 다루는 소규모 조직은 질 높은 서비스와 체계적인 청소년 관리, 친절한 서비스 등으로 일반 청소년기관과 경쟁을 통하여 우위를 확보할 수 있다.

크리밍(creaming) 현상이 발생할 수 있다. 성공률이 높은 청소년만을 선별해서 받아들이고, 성공 가능성이 낮거나 인적자본이 취약한 청소년을 거부할 수 있는 한계점이 있다. 즉, 크리밍 현상은 청소년기관 조직이 투입비용을 줄이고 자원을 극대화시키기 위해서 비교적 성공 가능성이 높은 청소년을 선발하고 비협조적일 것으로 예상되는 청소년을 배척하고자 하는 현상이다.

경쟁으로 인하여 서비스의 중복과 자원 낭비를 조장할 수도 있지만 청소년의 선택을 넓혀 주고 질 높은 서비스를 받게 하는 장점을 지니고 있다.

③ 협동적 전략

협동적 전략(cooperative strategy)은 조직이 과업환경 내·외부조직에게 필요한 서비스를 제공하고, 다른 서비스를 제공받음으로써 서비스를 획득하는 데 느낄 수 있는 불안감을 상호 간에 해소시키는 전략이다. 협동적 전략은 경쟁적 전략을 사용할 수 있는 조건들이 잘 형성되어 있는 조직들이 현실적으로 드물다는 점을 감안할 때, 청소년기관 조직에서 가장 많이 사용하는 전략이다. 협동적 전략의 세부적 유형은 계약(contract), 연합(coalition), 흡수(absorption) 등 세 가지 형태로 구분할 수 있다.

가. 계약

계약(contract)은 두 조직 사이의 서비스 교환을 위한 공식·비공식적 협의이다. 이 계약은 정부가 청소년기관에 운영자원을 제공하고, 청소년기관은 청소년에 대한 서비스를 실시하는 경우이다.

조직의 서비스 선택 범위를 좁히고, 자율성을 침해할 수 있다. 조직의 목적과 부합하지 않는 서비스를 제공받을 우려가 있고, 부적절한 계약으로 인해 서비스가 부실해질 수 있는 한계점이 있다.

나. 연합

연합(coalition)은 여러 조직들이 협동으로 사업을 추진하기 위하여 인적·물적 자원 등을 결합하는 것이다. 청소년기관 조직들이 재원을 배정받기 위해 연합하는 경우이다.

연합은 여러 조직의 연합으로 인해 자원이 낭비될 수 있으며, 불화가 발생할 수 있고, 이익 배분 과정에서 의견 불일치 등이 나타날 수 있다.

다. 흡수

흡수(absorption)는 과업환경 내·외부조직의 대표자들을 조직의 지도층으로 흡수시킴으로써 조직의 안정 및 생존에 대한 위협을 피하는 것이다. 청소년기관에 지역주민대표자 등을 의사결정에 참여시키는 경우이다.

흡수는 조직의 의사결정에 외부 대표를 참여시키는 것이라는 점에서, 조직의 목적과 활동 등에 있어 자율성을 침해당할 수 있는 한계점이 있다.

④ 방해 전략

방해 전략(obstructive strategy)은 외부 조직의 자원생산 능력을 위협하는 행동을 의도적으로 하는 전략이다. 이를 통해 외부 조직이 조정되기를 바라고, 더 나아가 의존관계를 상당 부분 변화시킬 수 있는 전략이다. 방해 전략은 조직 간에 이루지는 경우도 있지만 대개는 힘이 없는 청소년이나 잠재적 대상자가 청소년기관 조직에 대하여 사용하는 경우가 많다. 예를 들어, 청소년 보호기관의 경우 보호기관의 임원이 보조금을 횡령하고, 청소년 학대 등을 가하여 이들이 상당 부분 종속·고통에 노출되어 있다면, 이를 여성가족부 등에 탄원하여 정상적인 운영체계로 조정하는 경우이다. 또한 시민단체들이 빈곤 청소년을 위하여 지방자치단체에 보조금을 증대시키도록 탄원하는 경우도 방해 전략에 해당한다.

경쟁적 위치에 있는 청소년 조직의 활동을 방해하거나 세력을 약화시키는 전략으로 청소년기관 조직은 가장 최후에 사용할 수 있는 전략이라고 할 수 있다.

의도적으로 목표조직의 자원생산 능력을 위협하는 행동을 하는 것으로 상대 조직의 양보를 얻어 내 권력관계와 종속관계를 바꾸려는 것이다.

조직 간에 이루어지기도 하지만 힘이 없는 청소년이나 청소년 대상자들이 청소년기관 조직에 대하여 중요한 변화를 일으키기 위하여 사용하기도 한다.

방해 전략을 활용할 수 있는 조건은 조직의 과업환경이 정당한 요구를 묵살하거나 방해하려는 조직이 실패하더라도 손해를 볼 것이 없는 경우, 상대 조직과의 갈등해소를 위한 상호작용을 지속하지 않는 경우와 이념적 갈등이 존재하는 경우이다.

권력을 잃은 사람이나 빈민, 어려운 이웃들을 대신하여 청소년기관 조직으로부터 양보를 얻는 데 효과적일 수 있지만 장기적으로는 일시적으로 얻은 이득을 상쇄해 버릴 수도 있다.

조직으로부터 사소한 양보를 얻을 수는 있지만 보다 근본적인 불평등에 대한 관심이 소극적일 수도 있다.

3) 조직이론과 환경

(1) 체계이론과 환경

체계이론(system theory)은 개인, 가족, 소집단, 조직, 지역사회, 국가 등을 유기체로 보고, 이들 체계들이 상호의존적인 밀접한 관계를 가지고 있다는 관점이다.

사회체계는 그것이 전체로서 다른 하위체계를 내포하고 있는 동시에 부분으로서 상위체계에 포함되어 있다.

사회체계들은 상호의존적 관계를 맺고 전체를 이루고 있으며. 전체는 부분의 합보다 더 크고 다른 성질을 가지고 있다. 전체에 나타나는 조직이나 상호의존성을 개별적인 부분들로 환원할 수 없다. 각 체계는 살아있는 개방체제이며, 체계들의 상호작용을 통하여 에너지를 만들어 내고 있다.

청소년기관 조직도 개방체계이고 다양한 다른 사회체계들과 상호작용을 통해 조직에서 필요한 에너지를 확보하여 조직을 유지·발전시켜 나갈 수 있다.

(2) 교환이론과 환경

교환이론(exchange theory)은 사회적 관계를 개인이나 집단 사이에서 상호 필요한 교환자원을 반복적으로 주고받는 관점이다. 교환자원은 물질적·비물질적인 것을 모두 포함한다.

교환이론에서 보는 인간은 이기적이고 합리적이며, 환경에 적응하는 존재이지만 자유와 독립을 추구하려는 속성도 가지고 있다.

개인은 교환관계를 통하여 소집단을 만들고, 소집단 간에도 개인 관계에서와 같은 교환관계가 성립되어 집단이 발전되며 일정한 형태로 만들어진다.

청소년기관 조직도 외부환경과의 관계를 통해 인력과 자금, 지지와 보상 등을 얻어야 하므로 대등한 교환관계를 구축할 수 있어야 한다.

(3) 생태이론과 환경

생태학의 환경과 조직관계는 개별조직들이 환경의 위협과 기회를 전략적으로 어떻게 다루고 적용하는가에 초점을 맞추어 조직의 변화 발전 논리를 설명한다.

생태이론은 조직 개체군의 다양성에 초점을 두고, 실제 자원의 배분과 활용 차원에서 환경을 정의한다. 환경이 환경에 가장 적합한 조직 특성을 선택한다는 환경결정론적 입장을 취한다.

안정적이고 단순한 환경에서는 전문적으로 특화된 조직이 적합하지만, 유동적이며 복잡한 환경에서는 일반화된 조직이 더 적합하다.

(4) 제도이론과 환경

조직이 환경으로부터 정당성을 인정받으면 생존 가능성이 증가한다는 관점이다. 신제도이론은 조직행위가 규칙이나 권위, 행위규범보다는 문화적 규범, 가치, 신념 및 전제들에 의해 통제된다고 본다.

조직구조는 기술적 합리성보다는 거시적 환경으로부터의 기대 또는 동조와 관계된다.

청소년기관 조직은 인간 행동을 조절하거나 지지, 변화시키는 데 관심을 가지며 불확실한 기술 양상과 비영리적 성격을 가지고 있다.

청소년기관 조직은 자본주의적 자유계약의 원칙을 최소화하고, 경쟁에 사활을 걸지 않고서도 존재한다. 즉, 규격화된 효율성, 기준보다는 오히려 신뢰나 안정성에 따라 조직의 생존이 좌우된다.

청소년기관 조직은 제도적 환경에서 그 근원을 찾을 수 있고, 외부 제도적 요소가 환경과의 상호 연관 속에서 조직의 생존에 중대한 영향을 주고 있다.

4) 청소년기관 조직의 환경변화

청소년기관 조직은 제도적 또는 사회적 범위 안에 존재하기 때문에 다양한 청소년행정의 환경변화에 적응해야 하고, 새로운 변화를 모색할 필요성이 있다. 청소년기관 조직에서 내부의 변화를 시도할 때에는 변화에 대한 수용과 저항이 있기 마련이며, 과거의 경험, 투자 회수 비용, 사회적 관계, 권력과 자원의 분배, 의사소통 등은 저항 발생 가능성이 높다. 이와 같이 청소년기관 조직을 둘러싼 환경변화를 민간부문과 공공부문으로 구분하여 이해하기 쉽게 설명하고자 한다.

(1) 민간부문

① 지역중심 강화

다양한 지역사회 내의 자원을 발견 · 동원하여 활용하기 위한 노력이 증가되는 추세이다. 탈시설화(deinstitutionalization)란 청소년이 수용시설 또는 병원의 입원중심의 치료를 이용하던 방식에서 벗어나 지역사회 및 청소년보호 시설에서 제공하는 치료

프로그램을 통해 필요한 서비스를 제공하는 것을 말한다. 즉, 시설에 수용하는 것에서 탈피하여 지역사회에 거주하게 하고 필요한 서비스를 제공하는 것이다.

② 소비자 주권

청소년기관 조직의 서비스가 공급자 중심에서 수요자(청소년) 중심으로 전환하고, 소비자의 주권에 대한 인식이 증가하였다. 소비자 주권(consumer sovereignty)은 소비자의 선택에 의해 시장에서 자원배분이 결정되는 현상을 의미하며, 생산을 결정하는 최종적인 권한이 소비자에게 있다는 것이다. 이러한 소비자 주권을 강화하기 위한 제도는 다음과 같다.

- **제조물 책임법** : 소비자가 제조물의 결함으로 생명 · 신체 또는 재산에 손해를 입었을 때 생산자가 그 손해를 배상하는 것이다.
- **집단 분쟁 조정** : 다수의 소비자에게 비슷한 유형의 피해가 발생한 경우, 개별적인 피해구제 절차 없이 소비자분쟁조정위원회가 분쟁을 일괄적으로 조정하는 제도이다.
- **소비자 단체 소송제도** : 제품 구매 등으로 피해를 입은 다수의 소비자가 소비자 단체를 통하여 일괄적으로 소송을 제기할 수 있도록 한 제도이다.

③ 수요중심

욕구(need) 충족을 위한 것에서 수요(demand) 충족을 위한 제공이라는 관점이 나타나는 추세이다.

④ 기관의 개방화와 투명화

청소년기관 운영에서 개방화와 투명한 운영의 요구가 증가하고 있으며, 이에 대한 사회의 요구를 수용하고자 노력하고 있다. 오늘날 환경 변화에서 청소년기관 조직의 개방화와 투명 운영에 대한 사회의 요구를 수용하는 노력은 매우 중요하다.

⑤ 민영화

민영화(privatization)는 정부가 경영하던 국영기업체 또는 공법인의 경영을 생산성 향상을 위해 민간 경영자에게 넘기는 것을 말한다. 1980년대 들어 정부의 경제

계획이나 국가 경제에 대한 통제보다 시장 메커니즘을 중시해야 한다는 시대적 필요성에 따라 국영기업의 민영화가 세계적인 주류가 되었다. 이와 같이 청소년기관 분야에서도 민영화와 경쟁성 강화 노력이 증가하고 있다.

⑥ 기업경영론의 확산

청소년기관 조직의 운영에 있어서 기업 경영적 관리기법의 도입, 마케팅의 활성화 품질관리의 강화, 산출에 대한 강조 등 시장의 경쟁적 구조에 적합한 조직운영이 모색되고 있다.

⑦ 자립중심

원조중심에서 자립중심으로의 전환이 강조되고 있으며, 다양한 사회문제 및 청소년의 욕구를 충족시키기 위한 창의적인 프로그램 개발의 노력이 증가하고 있다.

(2) 공공부문

청소년기관 조직을 둘러싼 환경변화에서 공공부문은 공공의 책임성을 다하는 동시에 민간의 전문성을 확보할 수 있도록 민간 위탁, 민·관 협력 등 다양한 방안을 모색하고 있다.

① 서비스의 통합

청소년정책 전달체계의 개편을 통하여 각 정부 부처에 분산되어 있는 청소년 관련 서비스를 통합적으로 제공할 필요가 있다. 즉, 청소년을 중심으로 서비스의 누락 및 중복을 방지할 수 있는 체계를 도입해야 한다.

② 지방분권화

각 시·군·구에 청소년지도협의회를 구성하여 지역청소년 육성을 돕도록 하고, 청소년육성에 관한 계획에 대해서도 공유하는 등 지역별 특성을 고려한 청소년지원 서비스가 제공되고 있다.

05 CHAPTER

청소년기관 서비스의 질 관리

1. 서비스의 개념과 특성
2. 서비스 질의 개념과 특성
3. 서비스 질과 고객만족도
4. 서비스 질 관리방안

CHAPTER 05

청소년기관 서비스의 질 관리

1. 서비스의 개념과 특성

1) 서비스의 개념 및 정의

서비스(service)는 3차 사업이 시작되면서, 사람들에게 대부분 무상으로 주거나 혹은 덤으로 주는 행위로 생각해 왔다. 특히 한국 사회에서 서비스의 표현은 본래의 구매한 상품 외에 덤으로 주거나 고마움의 표시이며 구매자가 별도의 금액을 지불하지 않고 무상으로 주어지는 것으로 여겨 왔다. 그러나 4차 산업이 발달하고 경제 패러다임이 바뀌면서 소비자의 인식이 변화되었다. 예를 들어, 과거 하드웨어의 발전이 중시되던 것에서, 현재는 소프트웨어와 콘텐츠의 발전이 중시되고, 노동력이 아닌 데이터가 중요시되는 4차 산업으로 바뀌고 있으며, 어떠한 경우는 제조업과 서비스 산업이 명확하게 구분되지 않는 형태의 산업시대가 온 것이다. 아울러 그냥 무상으로 주거나, 유형적 상품 구매 시 부수적으로 제공되었던 서비스가 이제는 당당히 보이지 않는 무형적 상품의 하나로 인식되고 있으며, 이는 단순한 덤이 아닌 정정당당하게 행위에 대한 값어치를 받고 제공하는 엄연한 무형적 상품을 의미하게 되었다.

서비스의 사전적 의미를 살펴보면 '행위(deeds), 과정(processes) 그리고 성과(performance)'이다(네이버 사회과학사전, 2021). 다시 정의하자면, 서비스는 '최종적인 제품이 물리적인 제품이나 구조물과 같은 유형적 형태가 아닌 생산과 소비가 동시에 이루어진다. 이 과정에서 편의성, 즐거움, 안락함 등의 형태로 제공해 주는 무형적 모든 활동'으로 말할 수 있다.

통상적으로 우리 사회에서 제공되는 서비스는 영리를 목적으로 서비스가 제공되는 것이 기본이다. 하지만 헌법상에 사회권 보장 조항이 신설되면서 사회적 약자와 사회 내의 경쟁에서 밀리는 사회 구성원을 보호하기 위한 일종의 사회적 보호 서비스가 발생하였다. 복지분야를 중심으로 한 비영리서비스의 제공이 적극적으로 시행되기 시작한 것이다.

2) 서비스의 주요 특성

서비스는 일반적으로 상대방에게 보이지 않지만, 소유권의 이전이 없는 행위나 무형적 상품을 제공하는 행위를 말한다. 그러나 서비스는 영리, 비영리를 구분하지 않고, 거의 모든 영역에서 무형성, 이질성, 비분리성, 소명성이라는 네 가지의 본질적 특성을 가지고 있다.

서비스에 대한 본격적인 연구는 1960년대부터 시작하였으며, 연구 초기에는 대부분 유형적 상품과 무형적 상품인 서비스의 특성에 대한 비교를 중심으로 연구가 진행되었다. 1985년과 1988년에는 서비스 및 서비스 질에 대한 개념이 PZB(Parauraman, Zeithaml, Berry)에 의해 명확히 정의되면서, 이를 기반으로 서비스에 대한 중요성이 점차 강조되기 시작하였다.

서비스에 대한 본질적 특징을 살펴보면 서비스는 무형성으로 인하여 저장이 불가능하며, 이질성으로 표준화와 질 관리가 매우 힘들다. 또한 비분리성으로 인하여 집중화된 대규모 생산이 매우 어려우며, 소멸성으로 인해 보관이 용이하지 못하다는 것을 알 수 있다.

(1) 무형성

베이트슨 등(Bateson, 1977; Edgett & Parkinson, 1993 : 22)은 무형성에 대하여 "성질상 서비스는 물리적으로 무형적인 것이며, 만지거나 맛보거나 냄새 맡거나 볼 수 없다. 이것은 물리적인 물질(physical substance)이나 재화의 유형성과 대조를 이룬다.

물리적인 무형성 이외에 서비스는 마음으로 파악하기 어려울 뿐만 아니라 정신적으로도 무형적인 것으로 포착될 수 있다"라고 정의하였다(오창택 · 유해운, 1997).

즉, 서비스는 기본적으로 눈에 보이지 않기 때문에 무형성을 갖는다. 서비스는 구매 전에 냄새를 맡거나 만지거나 볼 수 없기 때문에 본인에게 제공될 서비스에 대한 사전 예측 및 판단이 어렵다. 그로 인해 무형성은 다음과 같은 다양한 문제점을 가지고 있다.

첫째, 서비스의 품질을 느끼기 위해서는 다른 유형적 특성들을 활용하여 품질을 짐작해야 한다.

둘째, 무형의 형태이므로 보관과 저장이 불가능하다.

셋째, 서비스는 보이지 않기 때문에 특허의 형태로 보존 및 보호하기가 어렵고 진열하기도 곤란하다.

넷째, 그러다 보니 가격설정의 기준이 매우 모호하다.

(2) 이질성

자이사믈(Zeithaml)은 이질성에 대하여 "이질성은 서비스 실행의 잠재적인 높은 가변성과 관련이 있다. 서비스의 질과 정수(essence)는 서비스의 생산자에 따라서, 고객에 따라서, 그리고 때에 따라서 변할 수 있다. 서비스 산출의 이질성은 노동 집약적 서비스들에 있어서 특별한 문제이다"라고 정의하였다(오창택 · 유해운, 1997).

서비스에서 이질성이란 서비스를 제공하는 제공자에 따라 서비스 품질이 달라진다는 특성을 가진다. 사람은 감정의 동물이다. 사람은 저마다 상이한 서비스 제공 능력을 가지고 있다. 똑같은 서비스를 제공받더라도 고객은 상황에 따라 다르게 느낄 수 있으며, 서비스를 제공하는 이가 똑같은 사람이라도 매번 똑같은 일괄된 서비스를 제공하는 것은 매우 어렵다. 즉, 서비스가 제공되는 상황 및 그것을 받는 고객들의 유형이 다양해 혼란을 야기할 수 있다. 그렇기 때문에 서비스의 이질성에 대한 문제를 해결하기 위하여, 첫째, 서비스 및 서비스 품질에 대한 표준화가 이루어져야 할 것이다. 둘째, 서비스 제공자가 제공하는 서비스에 대한 매뉴얼을 학습함으로써 서비스 제공자들 간에 달라질 수 있는 서비스 품질에 대한 이질성을 예방할 수 있을 것이다.

(3) 비분리성

오베로이와 헤일(Oberoi & Hale, 1990 : 702)은 비분리성에 대하여 "서비스는 구매와 동시에 생산되는 활동이며 서비스 제공자들은 흔히 고객에게 현존하여 가시화된다. 이것은 생산 및 소비 과정에 관련된 사람들은 서비스 생산 그 자체의 일부분이라는 것을 의미한다"라고 정의하였다(오창백 · 유해운, 1997).

서비스는 만들어지고 사용되는 과정에서 소비자가 같이 참여하는 특성이 있다. 그러한 이유로 서비스는 발생과 동시에 소비가 이루어지는데, 이러한 현상을 비분리성이라고 한다. 형상화된 제품들은 공장에서 만들어져 소비자에게 이르러 유통 및 소비되는 과정이 다양하지만, 서비스는 한 장소에서 발생과 동시에 사용된다.

(4) 소멸성

러쉬톤과 카슨(Rushton & Carson, 1989 : 27)은 소멸성에 대하여 "서비스는 필요로 되기 전까지는 생산될 수 없으며 더욱이 수요에 부합하기 위해서 저장될 수도 없다. 서비스는 활용할 수 있을 때 사용되지 않을 경우, 서비스 역량은 낭비된다"라고 정의하였다(오창택 · 유해운, 1997).

서비스는 저장 및 보관을 하지 못한다. 이 때문에 한 번 형성된 서비스는 바로 사용하지 않으면 곧바로 없어지는 특성이 있다. 예를 들어, 서울에서 부산까지 가는 항공서비스의 경우 김포공항에서 비행기가 이륙하는 순간 빈 좌석의 항공서비스는 그대로 사라져 버리는 상황과 같다.

2. 서비스 질의 개념과 특성

1) 서비스 질의 개념

서비스 질은 서비스를 이용한 이들이 서비스에 대해 느끼는 만족에 대한 지표이다. 따라서 청소년기관 서비스 분야에 있어서 서비스 질이 높다는 것은 다양한 청소년의 욕구와 선호를 만족시키고, 이를 정책으로 반영하여 정책 품질을 향상시키고 이용자 만족도를 높이려는 고객만족 지향 현상이 더욱 중요시되고 있음을 의미한다.

가린(Garin, 198)과 고바딘(Chobadin, 1994) 등은 서비스 품질을 선험적 접근, 제품중심적 접근, 사용자 중심적 접근, 제조중심적 접근과 가치중심적 접근 등 다섯 가지 접근 관점에서 다음과 같이 정의하고 있다(이두영, 2003 : 12).

첫째, 선험적 접근(transcendental approach)에 따른 서비스 품질의 정의는 '원래부터 가지고 있는 타고난 우월성'이라고 정의한다. 여기서 말하는 품질은 명확하게 정의될 수 없는 막연한 특성을 가지며 오직 경험을 통해서 인식될 수 있음을 의미한다.

둘째, 제품중심적 접근(product-based approach)에 의한 서비스 품질은 명확하게 측정 가능한 변수로 정의된다. 품질의 차이는 상품이 지니고 있는 특성이나 구성요소의 차이에 의해 평가되며 품질의 상대적인 수준은 제품이 좋은 속성을 어느 정도 가지고 있는지 그 양을 측정하고 등급을 매기는 것으로 파악할 수 있다.

셋째, 사용자 중심적 접근(user-based approach) 방법은 '보는 사람의 시각에 따라 판단된다'는 전제에서 출발한다. 즉, 개개인의 소비자들이 갖는 상이한 욕구와 필요를 가장 잘 만족시키는 서비스가 높은 품질을 가지는 것으로 간주하며 다양한 소비자들의 요구를 만족시키기 위하여 개개인의 특성을 반영하여 서비스에 다양한 속성을 내포하고 있어야 한다는 것이다. 이 접근방법은 이후 서비스 품질에 대한 기본 이론으로 알려지고 있다.

넷째, 제조중심적 접근(manufacturing-based approach) 방법에 따른 서비스 품질은 요구에 정확히 부합하는 것을 의미한다. 여기서 말하는 요구는 제작을 위한 설계나 제조명세서 등을 의미하며, 이 설계나 명세서의 내용과 정확하게 일치하는 제품의 서비스 품질이 높다고 간주하는 것이다.

다섯째, 가치중심적 접근(value-based approach) 방법에 따른 서비스 품질은 '비용과 가치와 관련된 개념'으로 품질은 비용 가격과 가치가 만족스러운 수준에서 일치될 때 결정되고, 이때 비용에 비해 가치가 높게 인식될수록 높은 품질을 가지는 것으로 간주하는 것이다.

파라수라만(Parasuraman, 1985) 등은 서비스 질에 대하여 서비스의 우수성에 대한 고객의 전반적인 판단 및 태도라고 정의하며, 서비스 질의 특성을 '유형성, 신뢰성, 반응성, 커뮤니케이션, 고객 이해, 접근용이성, 예절성, 능력, 신용성, 안전성'이라는 10개의 영역으로 정의한 SERVQUAL 모델을 발표하였다(김규범, 2017 : 49-50). 이후 SERVQUAL 모형의 10개 영역을 유형성, 신뢰성, 대응성, 공감성, 보증성이라는 5개의 영역으로 재정의하여, 고객의 서비스에 대한 기대와 서비스에 대한 지각의 차이를 측정하여 서비스 품질을 평가하였다.

SERVQUAL은 각 품질요인에 대한 개인의 기대된 서비스 수준(expected service)과 지각된 서비스 수준(perceived service)의 차이가 서비스 품질을 결정한다고 가정한다. 서비스 이용자는 기대했던 서비스 수준과 실제로 제공된 서비스의 지각된 성과에 대한 차이를 비교하게 되는데, 여기에서 지각된 성과가 기대 수준보다 낮다면 이것은 서비스 질이 낮다는 것이고, 그 반대는 좋은 서비스 질을 나타낸다. 이후 크로닌과 타로(Cronin & Taror, 1992)는 파라수라만과 그의 동료들(Parasuraman et al., 1988)이 제안한 다섯 가지 품질요인을 그대로 사용하되 기대를 측정하지 않고 서비스 성과만을 측정한 SERVPERF 모형을 제안하였다. 그리고 SERVQUAL보다 SERVPERF가 산업별 특성에 따라 덜 민감한 안정적이고 간편한 척도라고 주장한 바 있다. 이후 다양한 연구에서 서비스 품질 측정을 위한 도구로 SERVQUAL보다 SERVPERF를 활용하고 있는 영역이 더욱 많아지고 있다(이홍재 · 차용진, 2016).

특히 서비스 질은 청소년기관 서비스 분야에 있어서, 다양한 청소년의 욕구와 선호를 만족시키고, 이를 정책으로 반영하여 정책의 품질을 향상시키고 이용자의 만족도를 높이려는 고객만족 지향 현상을 더욱 중요시하고 있는 것이 현실이다. 청소년 영역에서 이루어진 서비스 질에 관련된 대표 연구들을 살펴보면, 맥닐 등(McNeil et al., 1998)은 고객중심의 접근을 강조하면서 사업과 관련된 서비스의 품질로 '청소년지도자를 원할 때 볼 수 있는가?', '청소년지도자는 청소년이 직면한 상황을 이해할 수 있는 능력을 가지고 있는가?', '청소년사업서비스는 도움이 되도록 계획되었는가?', '청소년지도자는 청소년의 문화적 상황을 존중해 주었는가?', '청소년지도자는 현 상황을 해결하는 데 도움을 주었는가?', '청소년사업서비스는 기대에 부합하였는가?'에 대하여 이야기하였다(MeNel et al., 1998 : 2; 김규범, 2017 : 50).

미국사회사업가협회(1995 : 228-229)에서 발간한 『사회사업백과사전』에 의하면 서비스 질의 인증 프로그램으로서 서비스의 질을 향상시키기 위한 것으로 다음의 세 가지를 제시하고 있다.

첫째, 제공된 서비스의 효과성 및 효율성을 체계적으로 평가한다.

둘째, 서비스가 이용자에게 요구한 대로 적절하고 기대에 부응하고 있는지를 결정한다.

셋째, 서비스를 제공하는 과정상에서 구체적으로 드러난 어떤 오류를 시정하기 위하여 설계를 해야 한다. 청년사업 서비스의 질적 향상을 이루기 위해 위와 같은 노력이 필요하다고 보는 것이다.

박경일(2000)은 일본에서 사용되고 있는 서비스의 질의 개념을 다음과 같이 정리하고 있다.

첫째, 이용자 중심의 서비스 제공으로서 고객은 이용자와 가족이며, 제품은 대인 서비스(이용자에 대한 서비스)이다.

둘째, 효율적 측면으로서 기관운영이 공적 재원에 의존하고 있기 때문에 적은 비용의 고품질 서비스 개발이다.

셋째, 하나의 수단 체계로서 종사자 스스로 통계적 품질관리기법을 이용하고 업무 내용을 가능한 한 수치화, 수량화하여 목표치를 정한다.

넷째, 문제해결의 수순을 질적 조건에 맞게 표준화하며, 직원이 공통적 문제의식을 가지고 객관적 개선이나 향상이 나타나도록 한다.

다섯째, 소집단 활동이 가진 집단의 다양화는 조직의 체질을 개선하고 강화함으로써 과제 해결 방법을 적극적으로 개발할 수 있는 유용한 수단일 뿐만 아니라 조직의 활성화에도 기여하도록 한다.

국내에서 서비스 질에 대해서 이유재(2020)는 '서비스의 질이란 대상에 따라서 다르게 적용되겠지만 관리자나 서비스 이용자 모두에게 달성해야 할 정책이나 목표에 대한 우선순위가 되어야 하며 서비스 이용자가 가지고 있는 문제를 해결하는 것과 그들의 욕구충족을 어느 정도 해결하는 데 도움을 주는 것이다'라는 측면에서 일곱 가지 서비스의 머리글자를 파서 'SERVICE'라는 용어로 정리하여 서비스 질의 구성요소를 다음과 같이 제시하고 있다.

- S : Sincerity, Speed, & Smile(신실성, 신속함 그리고 상냥한 미소)
- E : Equality(평등, 균형)
- R : Revolutionary(선하고 혁신적)
- V : Valuable(가치 있는 것)
- I : Impressive(감명 깊은 것)
- C : Communication(의사소통)
- E : Entertainment(환대)

이러한 서비스의 구성요소를 청소년기관 서비스를 통하여 제공한다면 서비스 제공자나 사용자 모두의 만족을 충족할 수 있는 서비스 내용이 될 것이다. 즉, 청소년기관 서비스에서 서비스의 질이란 공공이나 민간을 포함하여 청소년기관이나 시설의 정책이나 목적에 따라 제공되는 서비스를 청소년지도자가 얼마나 적절하게 활용하고 있는지를 나타내는 것이다. 청소년기관 서비스의 질을 판단하는 기준은 이전 프로그램들로부터 경험이나 전문적 판단에 따라 서비스 이용자의 평가를 통하여 만들어지는 것이다.

다시 말하면 청소년기관 서비스의 질은 청소년기관에서 제공되는 서비스 내용을 포함하는 것뿐만 아니라 서비스 이용자의 욕구를 얼마나 충족시켜 주었는지를 질적으로 평가하여 기준에 따라 분석하는 것을 의미한다. 즉, 서비스의 질은 제공자뿐만 아니라 서비스 이용자의 만족도 측정에 의해서 규정될 수 있으며, 그 가치가 평가되는 척도에 따라 측정되는 것을 의미한다. 특히 서비스 이용자의 욕구, 보호자의 욕구, 청소년기관이나 시설의 다양한 욕구 등을 적절한 수준에 맞게 충족시켜 주기 위해 부합하는 것이다.

2) 서비스 질의 측정 이유

서비스의 질을 측정하기 위해서는 서비스의 질에 대한 정의와 그 결정요소 등에 대한 연구가 있어야 한다. 서비스의 질을 정의할 수는 있으나 서비스의 질을 측정하기는 어렵다. 그 이유는 다음과 같다(김연성 외, 2021).

첫째, 서비스 질의 개념이 주관적이기 때문에 객관화하여 측정하기 어렵다.

둘째, 서비스 질은 서비스의 전달이 완료되기 이전에는 검증되기가 어렵다. 서비스는 생산과 소비가 동시에 이루어지기 때문이다.

셋째, 서비스 질을 추정하려면 고객에게 물어보아야 하는데, 고객으로부터 데이터수집 시 시간과 비용이 많이 들며 일반적으로 그 회수율도 낮다.

넷째, 자원이 서비스 전달과정 중에 고객과 함께 이동하는 경우에는 고객이 자원의 흐름을 관찰할 수 없다. 이런 점은 서비스 질 측정의 객관성을 저해한다.

다섯째, 고객은 서비스 프로세스의 일부이며, 변화를 일으킬 수 있는 중요한 요인이기도 하다. 따라서 고객을 대상으로 하는 서비스의 질 연구 및 측정에 본질적인 어려움이 있다.

그럼에도 불구하고 서비스 질을 측정하려는 이유는 개선을 하기 위한 첫 단계가 측정이라는 점과 경쟁우위 확보를 위한 서비스 질에 대한 중요성이 증대되기 때문이다. 청소년기관 행정서비스의 질 관리의 목표는 요구자들에게 제한된 자원으로 최대한의 만족을 얻도록 하는 데 있다.

3) 서비스 질의 구성요소

서비스 질에 대한 평가는 경영, 행정, 복지, 관광, 체육, 문화 등 다양한 분야에 걸쳐 많은 연구가 진행되어 왔다. 공공부문에서도 행정서비스와 복지서비스 지역축제와 관련된 서비스 품질 논의가 다수 이루어지고 있다. 일반적으로 서비스 품질은 특정 서비스의 우수성에 대한 개인의 전반적 판단 또는 태도로 정의할 수 있다.

서비스 질 평가모형은 그론루스(Gronroos, 1984)의 2차원 이론, 파라수라만과 그의 동료들(Parasuraman et al., 1998)이 제안한 SERVQUAL 모형, 올리버와 러스트(Oliver & Rust, 1997)가 개념적으로 제안하고 브래디(Brady)와 크로닌(Cronin)에 의해 실증된 3차원 모형을 들 수 있다. 이 중 다양한 분야에서 가장 많이 활용되고 있는 서비스 질 평가모형은 파라수라만과 그의 동료들(Parasuraman et al., 1998)이 제안한 SERVQUAL 모형이라 할 수 있다. 원래 SERVQUAL은 고객이 서비스 질을 평가하는 10가지 기준으로 제시되었으나 이에 대한 정성적·정량적 논의를 통해 다섯 가지 차원, 즉 유형성, 신뢰성, 대응성, 공감성, 보증성으로 수정되어 보편적으로 활용되고 있다(이홍재 · 차용진, 2013).

(1) 유형성

유형성은 물적 요소의 외형에 관한 차원으로 물리적 환경과 관련된 서비스이다. 서비스를 제공하는 조직의 현대적 시설(장비)의 구축 여부, 시각적으로 호감이 가는 시설, 시설 접근의 편리성, 직원의 외양 등과 관련되어 있다. 눈으로 보여지는 외형적인 물리적 환경인 시설의 최신성과 청결성, 직원들의 복장 상태는 서비스 제공자가 보여준 세심한 관심과 배려의 유형적 증거이다. 이는 서비스 시설에 대한 긍정적 · 부정적 이미지를 창출하며, 청소년기관에 대한 서비스를 필요로 하는 이들에게 서비스 조직에 대한 거부감을 완화하는 데 도움이 될 수 있다는 점에서 서비스 질의 중요 구성요소로 자리한다.

(2) 신뢰성

신뢰성은 정확한 임무 수행을 하는가와 관련된 서비스 형태로 고객에게 서비스에 대한 믿음을 주고 약속한 서비스를 믿음직스럽고 정확하게 수행할 수 있는 능력을 말한다. 신뢰할 만한 서비스의 수행은 고객의 기대에 대하여 적시에 동일한 방법으로 매번 실수 없이 성취할 수 있는 수단을 말한다. 이를 측정하기 위한 지표로는 서비스 내용, 일정, 운영시간의 정확한 정도, 철저한 프로그램 관리 등이 활용된다. 예를 들어, 서비스 제공조직에서 정확한 시간에 정확하게 진행되는지, 직원들이 업무시간을 준수하는지, 서비스 프로그램이 일정에 따라 정확하게 운영되는지 등에 따라 생각될 수 있다. 이는 청소년기관에 대한 서비스를 필요로 하는 서비스 대상자들에서 심리적 불안을 해소하고 안전감을 제공해 줄 수 있다는 점을 감안해 볼 때, 서비스 질의 중요한 구성요소로 자리한다. 또한 신뢰성은 청구서 작성과 기록 유지의 정확성을 기대하는 사무실 업무로 연장된다.

(3) 대응성

대응성은 서비스 이용자의 요구에 대한 반응의 신속성 및 자발성과 관련된 서비스 형태로 고객의 요구에 대해 신속하고 자발적인 서비스를 제공하려는 능동적 자세 및 의지로 정의할 수 있다. 뚜렷한 이유도 없이 고객을 기다리게 하는 것은 서비스 질에 대한 불필요한 부정적 인식을 자아내게 한다. 대응성을 측정하기 위한 지표로는 신속한 서비스 제공 여부, 서비스 이용자들을 지원하고 그들의 요구에 신속하게 대응하는 정도 등의 지표가 활용된다. 이는 서비스 제공자들이 서비스를 얼마나 신속하게 제공하는지, 직원들이 서비스 이용자를 기꺼이 도우려고 노력하는지, 직원들이 서비스 이용자의 요구에 신속히 반응하는지 등에 따라 평가될 수 있다. 만일 서비스의 실패가 발생하게 되면 전문가적 입장에서 신속하게 복구할 수 있는 능력이 서비스 질에 대한 긍정적 인식을 심어 준다. 이는 서비스 제공자들이 특별히 갖추어야 할 덕목이다. 청소년기관에 대한 서비스를 필요로 하는 대다수 서비스 이용자들은 적극적인 도움을 필요로 한다는 점에서 또한 서비스 질의 중요 구성요소로 자리한다.

(4) 공감성

공감성은 고객에 대한 충분한 이해와 의사소통의 원활성과 관련된 서비스 형태다. 공감성이란 기업이 고객의 처지에 관심을 가지고 편의를 배려해 주는 것을 의미한다. 고객상담 마감 시간을 월요일마다 오후 6시에서 7시로 연장 운영하는 것(접근성), 고객의 말을 잘 경청하면서 알기 쉽게 부연 설명을 제공하는 것(의사소통), 고객이 필요한 것이 무엇인지 받아 적거나 요청사항을 복창하는 것(고객이해) 등을 사례로 들 수 있다.

(5) 보증성

확신성은 믿음과 확신을 동반한 직원들의 능력뿐만 아니라 그들의 전문적인 지식과 능력, 그리고 서비스 제공업무에 대한 믿음과 확신 정도를 의미한다. 보증성의 주요 특징으로 서비스 수행능력, 고객에 대한 정중함과 존경, 고객과의 효과적 의사소통, 서비스 제공자가 진심으로 고객에게 최선의 관심을 쏟는 것을 포함한다. 서비스에 대한 보증성을 측정하기 위해서는 서비스 제공기관의 친절 정도, 서비스 제공자가 서비스에 대해 충분한 지식을 갖추고 있는 정도, 서비스 제공자의 능력에 대한 믿음 정도 등의 지표가 활용된다. 이는 일반행정 및 기관의 서비스 제공에 비해 조직의 서비스 제공은 보다 많은 능력을 필요로 하는 경우가 많다는 점에서 서비스를 필요로 하는 이들에게 서비스 질의 중요한 구성요소로 자리한다.

〈표 5-1〉 PZB의 SERVQUAL 구성요소의 변화

서비스 질의 구성요소(1985)		서비스 질의 구성요소(1988)	
유형성	물리적 시설, 장비, 종업원, 자원의 외형	유형성	물리적 시설, 장비(설비), 직원의 용모와 외양, 의사소통 도구(커뮤니케이션 자료)
신뢰성	약속한 서비스를 정확하고 믿을 수 있게 수행하는 능력	신뢰성	약속한 서비스를 믿을 수 있고 정확하게 수행하는 능력
반응성	고객을 기꺼이 돕고 신속한 서비스를 제공하는 것	대응성	자진해서 고객을 돕고 신속한 서비스를 제공하려는 의지
커뮤니케이션	고객들이 이해하기 쉬운 말로 이야기하고, 고객의 말에 귀를 기울이는 것	공감성	고객의 개인적인 요구에 대한 이해와 배려, 접근 용이성과 원활한 의사소통
고객 이해	고객의 욕구를 알기 위해 노력하는 것	보증성	서비스 제공자의 지식과 능력, 공손함, 믿음직함, 거래 안전을 심어줄 수 있는 능력
접근용이성	접촉 가능성과 쉬운 접촉		
예절성	고객과 접촉하는 종업원의 정중함, 존경, 배려, 그리고 친근함		
능력	필요한 기술 소유 여부와 서비스를 수행할 지식 소유 여부		
신용성	서비스 제공자의 신뢰성, 정직성		
안전성	위험, 의심의 기능이 없음		

4) 서비스 질의 측정방법

(1) 지각된 성과-기대 측정 : SERVQUAL

SERVQUAL은 서비스의 실제적인 제공을 기준으로 하여, 그 이전 단계에서 서비스에 대한 고객의 기대만을 측정하고, 그 이후 단계에서 제공된 서비스에 대한 고

객의 지각된 성과 서비스 경험만을 측정하여, 양자의 차이(지각된 성과–기대)를 계산함으로써 그 정도를 파악해 볼 수 있는 방법이다. 이 방법의 주요 장점은 서비스 질 개념의 지배적인 패러다임을 일반적인 표준실험설계(standard experimental design)에 입각하여 측정한다는 데 있다. 실제적인 서비스 제공을 기준으로 설문작성 과정을 이분하여 고객의 기대와 지각된 성과를 각기 분리하여 측정함으로써 양자가 서로에게 미칠 수 있는 잠재적인 영향을 비교적 엄격하게 차단할 수 있다.

그러나 SERVQUAL은 다음과 같은 단점이 있다. 첫째, 속성상 기대는 높게 형성되는 경향이 있으며, 둘째, 기대측정치는 응답자들의 태도를 정확하게 대변해 주지 못한다는 것이다. 마지막으로 지각된 성과–기대 측정치는 신뢰성과 판별 타당성의 측면에서 문제가 있다(남일재 외, 2011).

즉, 서비스 이용자가 실제로 서비스를 받아보고 서비스를 받기 전에 한 기대보다 서비스 질이 높다면 높게 평가되고, 그렇지 못할 경우 서비스 질이 낮다고 평가되는 것이다.

(2) 지각된 성과 측정 : SERVPERF

지각된 성과 측정방법은 서비스 질을 제공된 서비스에 대한 고객의 지각된 성과만을 대상으로 하는 방법이다. 즉, SERVPERF는 고객이 평가대상기관의 객관적인 서비스 질(서비스의 실제 기술적인 우수성이나 탁월성)을 자신이 정한 측정지표에 기반하여 평가하는 측정도구이다. 따라서 측정된 서비스 질은 '고객이 결정한다는 관점에 비추어 볼 때, 서비스 질을 매우 정확하게 대변해 준다'고 볼 수 있다. 그러나 이 방법은 서비스 질 개념의 지배적인 패러다임으로 '서비스 질=지각된 성과 기대에 벗어난다'는 단점이 있다(남일재 외, 2011).

SERVPERF의 유용성은 SERVQUAL에 비하여 설문조사 항목이 현저히 줄었다는 점과 측정하기 어려운 기대를 측정하지 않아도 서비스 품질 평가가 가능하다는 점에 의의가 있다.

(3) 지각된 성과-기대 측정 : SERVPEX

지각된 성과–기대 측정방법은 서비스 질을 서비스에 대한 고객의 기대와 지각된 성과를 동시에 측정함으로써, 그 정도를 파악한다. 이 측정방법은 SERVQUAL 방법에 의한 불일치(지각된 성과 기대) 측정방법이 지닌 단점들을 극복하기 위해 고안된 안정적인 서비스의 질 측정방법이다. 그러나 여기서 한 가지 유의해야 할 점은 '기대수준임'의 응답에 대한 해석이다. '기대수준임'의 응답은 보통 수준의 서비스 질이 아닌 만족 수준의 서비스 질 평가로 해석해야 한다(남일재 외, 2011).

(4) 가중치 부여에 의한 측정

가중치 부여에 의한 측정방법은 앞서 언급한 세 가지의 측정방법에 의해 도출된 측정치에 각각의 서비스 질 구성요소의 가중치를 합산하여 그 정도를 파악한다. 이 방법의 기본적인 사고는 특정 서비스 속성의 상대적인 중요도를 반영하여 측정 대상기관의 서비스 질을 측정하는 것이 올바른 서비스 질 측정이라는 것이다. 이 측정방법의 장점은 중요한 서비스 질 구성요소에 가중치를 두어 서비스 질의 개선점을 쉽게 찾아낼 수 있다는 점을 들 수 있다. 그러나 단점은 응답에 오류가 발생한 경우, 실제로 중요하지 않은 항목의 중요도가 높아지게 되며, 이로 인해 측정치의 신뢰성이 크게 손상될 수 있다(남일재 외, 2011).

3. 서비스 질과 고객만족도

많은 학자들은 서비스 질과 고객만족이 동일한 개념이 아님에도 불구하고 서비스 질에 대한 측정을 만족도로 보고하고 있다. 즉, 두 개념을 혼용하고 있는 것이다. 서비스 질과 고객만족의 개념을 구분하려는 연구는 지속적으로 논란이 되는 이슈이다. 그 이유는 전반적인 서비스 질과 전반적인 만족이 개념적으로는 구별되지만, 구성개념들이 서로 밀접하게 관련되어 있기 때문이다(김세범 · 김병석, 2004).

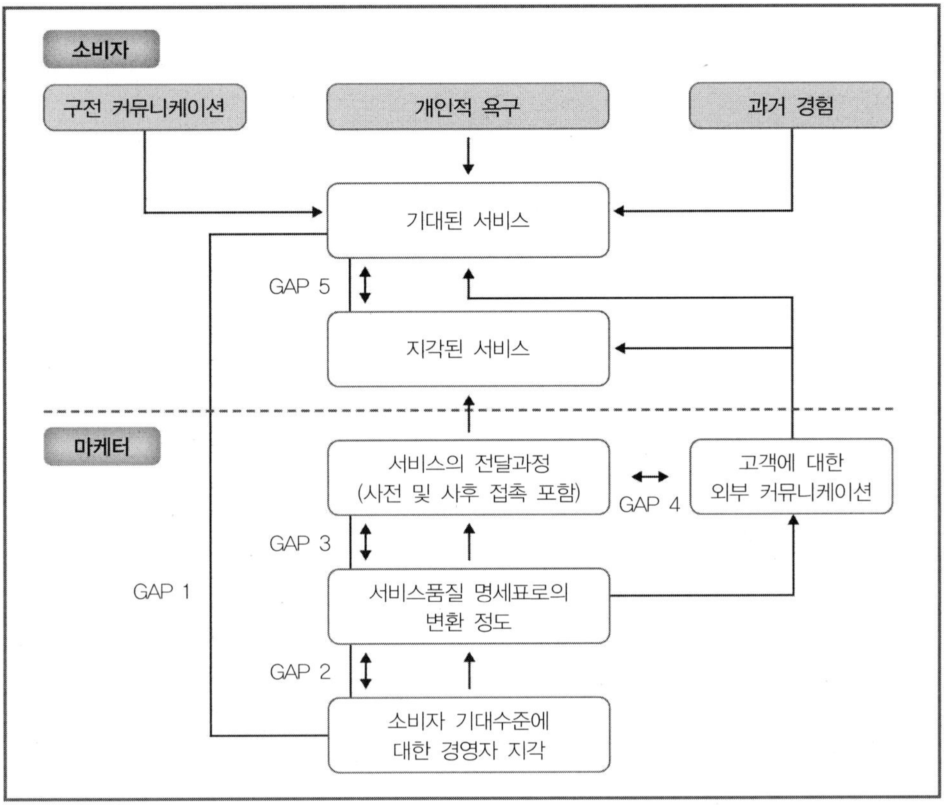

|그림 5-1| **파라수리만, 자이사믈과 베리(Parasuraman, Zeithaml & Berry, 1985 : 35)의 서비스 갭 모형**

파라수라만 등(Parasuraman, Zeithaml, & Berry, 1985)은 고객마다 서비스에 대한 기대수준과 지각수준의 차이가 다를 수 있으며 이러한 차이가 어떻게 발생할 수 있는지에 대해 '서비스 갭 모형'으로 서비스 질을 설명하였다. 대체로 고객의 기대와 지각수준 간의 차이는 고객의 기대수준이 높거나 또는 지각수준이 낮은 경우에 발생한다.

따라서 고객만족도를 조사하고 이를 관리한다는 것은 서비스를 이용하기 전에 가지고 있던 고객들의 기대수준과 실제로 지각된 수준 간에 차이가 존재하는지, 존재한다면 그 차이의 원인이 어느 단계에 기인하는 것인지를 파악하고 이를 개선하기 위한 일련의 과정이라고 정의할 수 있다.

하지만 서비스 질을 이야기할 때, 유사개념인 고객만족과 상호 교환 가능한 것으로 인식하기 쉬우나, 서비스 연구자들은 양 개념이 상이하다는 점에 대체적으로 의견 일치를 보이고 있다(오창택 외, 2015).

이를 기반으로 서비스 질과 고객만족은 개념적으로 혼동하기 쉽기 때문에 이에 대한 차이점을 다음과 같이 재정립하였다.

첫째, 서비스 질은 서비스에 대한 직접적인 이용 경험을 반드시 필요로 하지 않지만, 고객만족은 서비스에 대한 직접적인 이용 경험을 반드시 필요로 한다(오창택, 2015). 즉, 서비스 질은 주변의 평가나 이야기 등을 통해 측정이 가능하지만 고객만족은 직접 경험해 보지 않고는 평가를 할 수 없는 것이다.

둘째, 서비스 질은 순수 주관적인 현상이 아니지만, 고객만족은 순수 주관적인 현상이다. 예를 들어, 서비스에 대한 평가를 내릴 때 평가에 대한 판단기준은 사람마다 다를 수 있지만 시설을 이용하는 고객들은 전반적으로 시설의 서비스에 대한 이용만족도나 기대 및 평가가 유사할 것이다. 하지만 고객만족은 시설에서 이용하는 서비스의 우수성이나 편리성과는 상관없이 서비스를 이용하는 이들의 욕구에 의해 결정되기 때문에 순수하게 주관적인 현상이다.

셋째, 서비스 질은 주로 인지에 의해 결정되지만, 고객만족은 인지와 정서, 양자 모두에 의해 결정된다. 서비스 질은 물품이나 서비스의 우수성이 다른 시설과의 비교를 통해 좀 더 우수하다 혹은 미흡하다는 인지적 판단에 의해 결정된다. 하지만 고객만족은 현재 서비스를 이용하는 고객들의 인지와 더불어 현재의 감정인 기쁨, 슬픔, 분노 등의 감정이나 정서에도 영향을 미친다는 것이다.

넷째, 고객만족은 서비스 질에 비해 상대적으로 좀 더 포괄적인 개념이다(오창택, 2015). 서비스 질은 서비스 그 자체의 속성과 관련이 있으며, 고객만족은 서비스 속성의 질에 의해 좌우된다. 서비스 질의 우수성을 판단하는 것은 서비스 자체의 속성인 '잘한다', '못한다'에 기반을 둔다. 하지만 고객만족은 서비스 질을 포함하여 물건의 질이나 가격 혹은 감정 상태 및 날씨에 의해서도 결정이 된다.

다섯째, 서비스 질과 고객만족은 지각된 성과(이용 경험의 결과)에 의해 결정된다. 하지만 전반적인 고객만족은 지각된 성과(이용 경험), 기대 불일치 패러다임, 규범, 공정성, 보상, 욕구, 귀인 등을 기반으로 평가가 이루어진다. 예를 들어, 서비스 질은 기관에서 서비스를 제공받은 후 결과에 대해 좋고 나쁨이 나타난다. 하지만 고객만족은 결과가 나쁘게 나오더라도 본인의 예상된 기대가 일치하면 만족할 수도 있으며, 그에 대해 욕구 해소나 보상 등의 추가적인 상황으로 인하여 고객 만족이 달라질 수 있을 것이다.

여섯째, 서비스 질에 대한 질적 평가는 장기간에 걸쳐 이루어지는 반면, 고객의 만족은 단기간 내에 일시적으로 이루어진다. 예를 들어, 청소년시설을 이용하는 이용자는 청소년의 변화를 보고 시설에 대한 전반적인 서비스 질에 만족을 느끼지만, 고객만족은 한시적 활동과 같이 일시적인 것에 좋고 나쁨을 나타내 프로그램의 지속 여부를 결정할 수 있을 것이다.

〈표 5-2〉 **서비스 질과 고객만족 간의 개념적 차이**

비교 기준	서비스 질	고객만족
직접적인 경험의 필요성	직접적 경험을 반드시 필요로 하지 않음. 비공식적인 구전이나 고식적인 평가문서 등에 기초한 간접 경험을 통해 평가가 이루어질 수도 있음	직접적인 경험을 반드시 필요로 함
주관성	주로 상황 주관성	순수 주관성
인지적/정서적 과정	주로 인지적 과정에 의해 결정됨	인지적 · 정서적 과정에 의해 결정됨
개념적 범위(속성/차원의 범위)	고객만족에 비해 상대적으로 협의적인 개념적 범위를 가지고 있음. 즉, 서비스의 우수성을 결정하는 서비스 그 자체의 속성이나 차원이 구체적임	서비스 질에 비해 상대적으로 광의적인 개념적 범위를 가지고 있음. 즉, 물품(유형재)이나 서비스(무형재)의 모든 속성이나 차원을 포함함(서비스 질, 물품의 질, 가격, 감정 상태, 날씨 등에 의해 결정됨)
평가기준	탁월성, 지각된 성과, 기대 불일치	지각된 성과, 기대 불일치, 규범, 공정성, 보상, 욕구 등
기대불일치 패러다임에서의 기대의 성격	당위성을 반영하는 규범적 기대	막연성을 반영하는 예상적 기대
상황지향성	상황지향성이 고객만족에 비해 상대적으로 약함	상황지향성이 서비스 질에 비해 상대적으로 강함
시간적 주안점	주로 장기적임(전반적 또는 압축적인 평가)	주로 단기적임(특정 거래 또는 접점에 대한 평가)

다음의 그림에서는 이러한 두 개념 사이의 두드러진 차이점에 대해 잘 설명해 주고 있는데, 서비스 질은 서비스의 다섯 가지 구성 차원에 대한 고객들의 지각을 반영하고 있고, 반대로 고객만족은 서비스 품질에 대한 지각뿐만 아니라 상황적인 요소와 개인적 요소에 의해 영향을 받는 등 훨씬 포괄적이라고 할 수 있다. 또한 서비스 질과 고객만족을 구별하는 두드러진 특징을 살펴보면 품질에 대한 지각은 특정한 서비스 공급자에 대한 실제 접촉 경험이 있은 후에만 나타날 수 있는 것이다(신복기 외, 2015).

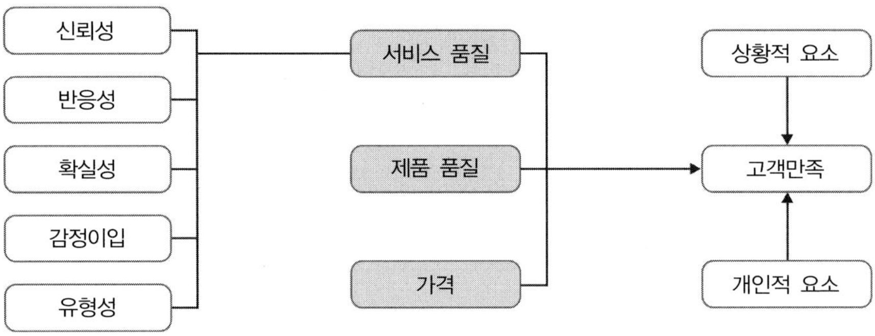

|그림 5-2| **서비스 질과 고객만족의 관계**

출처 : Zeitham et al.(1996), p. 123.

4. 서비스 질 관리방안

1) 청소년기관 서비스 질 관리의 의의

청소년기관 서비스의 질을 향상시키는 데 필요한 기술은 학자의 견해에 따라 다양하다. 하지만 대부분의 학자들은 청소년기관 조직, 청소년기관 프로그램, 청소년기관 및 시설을 관리하고 그들이 제공하고 있는 서비스 관리를 효과적으로 하기 위해 SQM(Service Quality Management : 서비스 질 관리)이라는 용어를 사용하고 있다.

SQM이란 서비스 제공자와 서비스 이용자 사이에 협의한 목표를 달성하기 위하여 다양한 솔루션을 하나로 통합하여, 이용자에게 제공되는 고품질 서비스를 지속적으로 측정, 보고, 개선하는 방법으로 청소년기관이 제공하는 서비스의 질을 향상시켜 서비스 이용자의 만족을 추구하기 위한 관리기법을 말한다.

SQM을 추구하는 목적은 서비스 창출과 서비스를 제공하는 전 과정에서 발생하는 모든 문제를 제거하고 줄임으로써 일관성 있는 청소년기관 서비스를 확보하고 제공하고자 하는 데 있다. 이러한 측면에서 청소년지도사의 윤리강령은 청소년기관의 가치와 윤리를 적용하여 서비스를 제공하는 원칙이 되게 한다(한동일 외, 2018).

2) 청소년기관 서비스의 질 향상을 위한 방법

(1) TQM의 개념과 원칙

총체적 품질관리(TQM : Total Quality Management)는 1980년대 초반 미국을 중심으로 기업의 경쟁우위를 확보하고 품질 위주의 기업문화를 창출함으로써 조직 구성원의 의식을 개혁하고, 궁극적으로 기업의 경쟁력을 키우고자 최고경영자를 중심으로 기업의 경영을 고객 위주의 관리시스템으로 하는 새로운 경영혁신 운동이다. 초기에는 주로 제조업체에서 적용되기 시작하였으나 최근에는 전 세계에 걸쳐 건설회사, 유통업체, 은행, 병원, 정부기관, 보험회사 등 많은 서비스 업종에서도 깊은 관심을 보이며 추진하고 있다.

마린(Marin, 1993)은 청소년기관 조직의 관리자들이 TQM에 적극적인 관심을 갖는 이유로 네 가지를 제시하고 있다(최재성, 2022).

첫째, 청소년기관 조직은 미국 정부조직이 그러했듯이 청소년, 일반대중, 후원자로부터 신뢰성을 상실하는 품질의 위기를 경험하고 있다는 것이다.

둘째, 양질의 서비스는 기관이 필요로 하는 고객을 확보할 수 있도록 하며, 이는 잃어버린 신뢰성을 회복하는 계기를 만들 수 있다는 것이다.

셋째, 양질의 서비스 확보는 추가적인 비용을 필요로 하는 것은 아니라는 인식이다.

넷째, 과거의 다른 관리기법과는 달리 품질경영은 전통적인 청소년기관의 가치와 양립한다는 사실이다.

마린은 이들 네 가지 이유 때문에 청소년기관 조직이 TQM에 관심을 가질 수밖에 없다고 설명한다.

청소년기관이나 시설은 무한정 서비스를 제공할 수 있는 것은 아니다. 기관이나 시설에서 제공할 수 있는 한계와 경계를 서비스 이용자에게 설명해야 하며, 서비스 이용자 또한 기관이나 시설을 통해 얻을 수 있는 기대치를 적절한 수준에 맞출 필요가 있다. 물론 서비스의 질은 서비스 이용자에 의해서 평가되고 있지만 질적 향상은 서비스 이용자가 원하는 욕구에 초점을 두고 제공할 수 있어야 한다는 것이다(한동일 외, 2018).

이를 뒷받침하는 것으로 청소년기관 조직에 TQM을 도입하고 적용하는 문제는 다음과 같다.

첫째, 청소년기관 조직의 특수성과 조직문화

둘째, 청소년기관 서비스의 질을 단순히 계량화로써 측정 가능한가의 문제

셋째, 조직 의사결정권자의 민주적 리더십과 권한부여의 문제

넷째, 청소년기관 조직에서의 업무 과중 문제

다섯째, 전 직원의 참여 유도 문제

여섯째, TQM을 위한 교육훈련의 문제

위와 같은 문제로서 다양한 기술·기법의 개발은 물론 재원, 시간의 투자 문제 등의 문제점과 극복해야 할 과제가 산적해 있다는 한계에 부딪히게 된다. 우리나라 청소년기관에 TQM 이론을 도입하여 적용하기 위해서는 우리 실정에 맞도록 여러 가지 한계를 극복할 필요가 있다. 따라서 청소년기관의 원리와 원칙적인 면에서 이 문제를 다루어야 한다.

(2) 청소년기관에서의 TQM 도입 요소

청소년기관에서의 TQM은 서비스에 대한 관심을 단순한 개선이나 통제의 차원을 넘어, 조직문화로서 또는 조직운영의 철학으로서 청소년기관 서비스에 대한 중요성을 강조하면서, 기관운영 전반에 TOM의 원칙과 기법들이 반영되는 것을 의미한다(신복기 외, 2013 : 286).

청소년기관에서 TQM의 개념을 적용하면 다음과 같다. 청소년기관은 종사자 모두의 결집된 노력을 바탕으로 서비스의 질을 혁신하여 청소년의 만족도를 극대화

함으로써 기관의 경쟁적 우위를 확보하는 것으로, 서비스 질을 최우선 과제로 하고 청소년 만족을 통한 욕구의 충족과 청소년기관의 발전을 도모하는 것을 청소년기관에서의 TQM이라고 할 수 있다. 이를 위해 청소년기관은 다음의 다섯 가지 기본요소에 초점을 맞추어야 한다(신복기 외, 2015).

첫째, 청소년은 서비스에 대한 정의를 내리는 사람으로서 청소년의 만족도가 TQM의 실행 결과인 동시에 목표이다.

둘째, 기관조직원(청소년지도자 및 직원)의 참여와 사명감 없이는 목표의 효과적 달성은 어렵다.

셋째, 청소년에게 제공하기 위한 자원은 서비스의 수준에 영향을 주는 중요한 도구들이다.

넷째, 기관장(최고경영자)은 청소년기관 내에 서비스 질을 고양시키고, 조직 구성원, 자원들을 결집하고 관리하며 이끌어 나가며, TQM의 성과를 좌우한다.

다섯째, 서비스 활동 제공 과정 및 지속적인 서비스 개선 과정은 청소년의 서비스 만족에 결정적인 영향을 미친다.

(3) 품질관리

일반적으로 QC(Quality Control)란 소비자가 요구하는 품질의 제품과 서비스를 경제적으로 생산할 수 있도록 조직 구성원 전체의 적극적 참여가 뒷받침되어 품질을 유지 개선하는 관리 활동을 말하며, 이러한 조직을 QC서클(품질관리분임조)이라고 일컫고 있다. QC서클 활동은 ZD(Zero Defect : 무결점) 운동과 더불어 품질관리의 실천적 관리 모형으로 일본에서 1950년대 현장중심의 품질관리를 전개할 목적으로 QC서클의 결성을 촉구한 데서 기인하여 1960년대 말 전산업체에 보급하여 왔다.

일본에서는 서비스의 질 관리를 주로 복지 QC 활동으로 여러 가지의 서비스 관리기법과 비교하여 세 가지 특징으로 정리하고 있다.

첫째, 이용자 중심의 서비스 전환을 목표로 하여 전 직원, 전 부문을 통한 개선 활동 및 개발활동을 추진한다.

둘째, 직원의 능력을 신뢰하여 과제를 부여하고 직원을 교육하여 과거의 집단 연수에서 보이지 않는 역동성을 활용하여 직원의 자질 향상을 도모한다.

셋째, 전 직원이 참가하고 협력하여 추진한 개선활동을 통하여 상호 신뢰하는 밝고 명랑한 직장을 만든다.

미국에서는 1970년대에 이러한 QC들이 자동차 산업 및 기타 분야에서 폭넓게 보편화되었고 비영리기관, 주로 연방 및 일부 주정부와 지방정부에서 이것을 도입하려는 시도가 있었다. 일례로서 미국에서 실시한 AFDC의 품질관리 프로그램은 공적부조 급여상의 부정과 낭비 부문을 개선하려는 대표적인 시도로서 비용-효과 분석을 통해 주정부들의 정책을 비교평가하여 연간 수백만 달러의 잠재적인 손해를 감소시킨 것으로 평가되고 있다.

우리나라의 경우 1975년 한국표준협회가 제조업을 중심으로 품질관리대회 및 전국품질분임조 경진대회를 개최하였으며, 이후 서비스업체까지 도입되어 범산업적으로 품질관리 활동이 크게 일어났다.

(4) TQM과 QC의 주요 기법

품질관리의 기본적 자세는 평소와는 다른 차이점을 찾아내어 그 원인을 해결하려는 것이며, 이러한 차이를 조사하여 눈에 보이는 그림으로 만드는 것이다. 이러한 차이를 조사하고 눈에 보이는 그림으로 만드는 기법이 TQM 및 QC 도구이다.

① 브레인스토밍

오즈본이 개발한 브레인스토밍(brain storming)은 몇 명이 모여서 집단으로서 많은 아이디어를 모으는 토의방법이다. 브레인스토밍에서는 다음의 네 가지를 지키는 것이 중요하다.

첫째, 발언을 비판하지 않는다.

둘째, 자유로운 발언을 환영한다.

셋째, 발언은 많을수록 좋다.

넷째, 다른 사람의 아이디어에 편승한다.

② 파레트도

파레트도는 막대 그래프 혹은 꺾은선 그래프의 형태로 가로축에 불량원인이나 불량항목의 크기를 차례로 적고, 세로축에 불량품 수나 손실금액의 누적백분율(%)을 잡은 그래프에 의해서 불량품 수나 손실금액은 극히 적은 수의 불량항목에 의해서 점유되고 있음을 밝히는 것이다(한국표준협회, 1993 : 41). 파레트 분석기법은 어떤 사건에 많은 요소가 관계되어 있는 경우 그 요소들 중에서 그 사건과 관계가 깊은 요소를 발견해 내는 기법으로서 다음과 같은 특징을 가지고 있다.

첫째, 어느 항목이 가장 문제되고 있는지를 볼 수 있다.

둘째, 각각의 항목이 전체의 어느 정도 비중을 차지하는가를 알 수 있다.

셋째, 문제의 핵심 등을 눈으로 이해할 수 있으므로 설득력이 있다.

넷째, 복잡한 계산을 필요로 하지 않고 간단히 작성할 수 있다.

다섯째, 개선 후의 효과 증대를 위하여 개선 전과 비교 가능한 그래프의 활용이 가능하다.

③ 특성요인도

특성요인도는 1953년 일본의 이시가와 가오루 교수가 가와사키제철에서 품질관리를 지도할 때 처음 사용하였다. 특성요인도는 마인드맵의 형태로 서비스의 개선을 추진하기 위하여 문제되고 있는 결과–특성을 선을 그려 표현함으로써 그 원인과 요인을 밝히는 데 유용한 특징을 보인다. 이러한 특성요인은 문제가 있는 특성과 그것에 영향을 주고 있다고 생각되는 요인과의 관련을 정리하여 물고기의 뼈 같은 그림에 체계적으로 통합하는 것이기에 '어골도'라고도 말한다.

④ 계통도법

계통도법은 가계도나 조직도 등에서 일찍부터 사용되고 있는 방식의 그림이다. 계통도법은 목적과 수단의 전개를 계통적으로 수직관계의 그림을 그려 전개한 것으로 목적과 목표를 달성하기 위하여 필요한 수단, 방법, 대책에 대해 대상이 되는 문제의 전부를 일관성 있게 계통적으로 전개도를 작성하고 한눈에 볼 수 있도록 하여 개선을 위한 효과적인 수단 · 대책의 도출과 전개 등에 유효한 방법이다. 즉, 계통도법은 목적(목표)을 달성하는 최적수단을 계통적으로 찾아가는 기법이다.

계통도법의 종류에 구성요소 전개형으로 대상을 구성하고 있는 요소를 목적-수단의 관계로 전개하는 방식과 대책 전개형으로 문제의 해결이나 목적 · 목표를 달성하기 위한 수단 · 대책을 계통적으로 전개한 방식이 있다.

⑤ 매트릭스 도법

매트릭스 도법은 아이디어, 활동, 책임, 기능 등 사이에 존재하는 논리적 연관 유무나 관련 정도를 그래프에 표시함으로써 문제의 소재나 문제해결의 착상을 얻기 위해 사용하는 기법이다. 즉, 원인과 결과 사이의 관계, 목표와 방법 사이의 관계를 밝히고, 나아가 이들 관계의 상대적 중요도를 나타내기 위하여 사용한다.

작성방법으로 일련의 요소를 행과 열에 나열하고 그 교점에 숫자, 문자 또는 부호를 사용하여 관계의 정도를 나타낸다. 특히 품질기능 전개에서 What과 How의 관계를 나타낼 때 이용하며, 목적은 행에 표시하고 이를 달성할 조치는 열에 표시한다. 만약 관계를 나타내지 않는 행이 있다면 제안된 조치로서 그 행이 나타내는 목적을 달성할 수 없음을 의미한다.

3) 서비스 질 관리방안 및 노력

청소년기관의 서비스 질의 향상 및 관리를 위해서 청소년기관은 장기적으로 많은 노력을 해야 한다. 이러한 노력은 청소년기관의 문화, 조직 내의 인간관계, 그리고 IT기술을 비롯한 기술 및 자원의 전략적 활용에서 그 길을 찾을 수 있다.

첫째, 청소년기관 및 지역사회의 문화를 서비스의 질 향상에 맞게 변화시켜야 한다. 둘째, 조직 내 조직원들이 참여하는 분위기가 마련되어야 하며, 서비스의 질 향상을 위한 기술의 활용이 체계적으로 이루어져야 한다. 셋째, 서비스 자체의 질과 성과보다는 청소년에 대한 즉각적인 대응이 중요하다. 신뢰를 바탕으로 하여 청소년 입장에서의 서비스는 공급자 위주에서 수요자 위주로 보는 현상의 전환이 이루어지고 있다는 것이다. 이러한 현상의 전환은 행정서비스에 대한 국민의 인식, 공무원과 국민 상호작용 방식 및 서비스가 조직되는 방식을 변화시키고 있을 뿐만 아니라, 찾아가야 하는 서비스에서 찾아가는 서비스의 형태로 변화하고 있다.

단기적으로 청소년기관 행정서비스의 질을 관리하고 개선시키기 위해서는 청소년이 기대하는 서비스의 수준을 이해하고 파악하기 위한 자료를 수집하는 일, 각 업무단계별로 서비스의 질 요구사항을 정의하여 관리하는 일, 서비스의 질 기준을 설계하고 그에 따른 실행을 하며 서비스의 질 전달시스템을 체계적으로 관리하는 일 등을 하여야 한다(남일재 외, 2011).

구체적인 내용은 다음과 같다.

첫째, 고객의 서비스에 대한 기대를 이해하고 확인하는 일이다. 즉, 자료수집을 위한 도구를 설계하는 일이 필요하다. 여기서 도구란 SERVQUAL 모형(기대와 인지의 차이를 두 개 질문지 쌍으로 묻는 것), SERVPERF 모형(인지에 대해서만 묻는 것), SERVPEX 모형(하나의 질문에 기대와 인지의 차이를 묻는 것) 등과 같은 측정방법을 의미한다. 그리고 프로세스 흐름도를 작성하는 일을 해야 한다. 그 다음은 정보, 고객, 자원 등 각 투입요소를 검토하는 일이다.

둘째, 각 프로세스 단계별 서비스 품질 요구사항을 정의하는 일이다. 서비스 전달 시스템을 설계하고, 이를 바탕으로 대기시간, 투입 질 규정, 산출 질 규정, 불만 고객의 수, 절차 및 체크리스트에 대한 운영기준 설정 등을 실시한다.

셋째, 서비스의 질 기준을 설계하고 실행하는 일이다. 서비스에서 질 기준이란 서비스 표준화가 전제되어야 한다. 서비스 표준화가 가장 어려운 점은 고객이 생각하는 표준이 무엇인지 알아내어 정하는 것이다. 고객이 원치 않는 표준의 설정은 고객의 욕구, 우선순위, 기대수준을 무시한 것으로 고객불만을 유발하는 요인이 된다.

넷째, 서비스의 질 전달시스템의 설계에 피드백하기이다.

이상의 과정을 통해 얻은 결과를 투입 쪽에 연결하여 개선을 유도하는 활동을 하여 서비스의 질을 개선하는 프로세스를 마무리해야 할 것이다.

06 CHAPTER

재무관리

1. 예 산
2. 예산편성 방법
3. 회계와 감사

CHAPTER 06

재무관리

1. 예 산

예산(budgeting)은 기관의 운영에 소요되는 비용을 추정하는 것으로 일정 기간(회계연도)에 걸친 조직의 수입 및 지출에 관한 계획안이다. 청소년기관에서의 예산은 기관의 예산 관련 규정에 따라 편성되며, 이사회와 같은 심의 · 의결기구의 심의와 의결을 거쳐 확정된다. 청소년기관은 공익단체이다. 따라서 기관의 수입과 지출은 법과 원칙에 따라 엄격하게 수립 · 집행되어야 한다. 예산은 청소년기관에 두 가지 측면에서 중요하다. 첫째, 기관의 수입과 지출의 균형을 맞추는 일이다. 둘째, 조직 목표에 지출 규모를 맞추는 일이다.

예산의 목적은 기관 회원들이 원하는 바에 따라 기관의 자금을 할당(allocate money)하는 것이다. 예산을 짜기 위해서는 수입과 지출을 먼저 계산해야 한다. 이 일은 기관 설립 첫해에 가장 어렵다. 수입과 지출을 예상하기 어렵기 때문이다. 이때는 각 부문별로 한 단계씩 짜는 것이 좋다. 프로그램의 각 항목별 비용을 계산해 합산하면 프로그램 운영에 필요한 자금을 개괄해 낼 수 있다. 지출은 서비스 수준과 비용 내역을 알아야 가능하다. 그것은 주어진 서비스 질과 주어진 서비스 총량에 기초하며, 이는 기관의 결정사항으로서 예산 담당자가 임의로 변경할 수 없다. 그리고 청소년기관의 지출 항목에는 관련 지출 이외에도 고정 · 경상경비(fixed and recurring expenses)가 있다. 정규 직원의 임금, 임대료, 전기료, 난방비, 통신비, 감가상각비 등이다. 기관은 이런 비용을 매달 고정적으로 지출해야 한다.

이미 말한 대로 수입 추산은 기관 설립 첫해에 가장 어렵다. 어느 정도 보조금이 들어올지, 정부 지원 사업비를 얼마나 받을 수 있을지를 예상하는 일이 쉽지 않기 때문이다. 수입도 항목별로 분리해서 계산해야 한다. 회비 수입, 특별 이벤트 수입, 공모, 정부 지원금 등이 그것이다.

만약 예상 수입이 지출보다 적으면, 공모사업을 새로 도입하거나 지출을 줄여야 한다. 예산은 부정확할 수 있다. 그러나 기관 설립 첫해에는 수지 균형을 맞추는 것이 중요하다. 예상했던 것보다 많은 수입이 발생할 수도 있다. 이 경우 초과수입은 프로그램에 신중하게 추가 할당되는 것이 좋다. 직원의 봉급 인상에 사용하는 것은 좋지 않다.

수지 균형은 예산편성에서 매우 중요하다. 적자가 발생하면 리더는 모든 역량을 재정 수입을 늘리는 데 몰두하게 되고 기관은 절망에 빠질 수도 있다. 수지 균형과 관련해 재정 보수주의(fiscal conservatism)의 입장이 있다. 자금에 신중한 태도를 견지하는 것으로 가장 극단적인 재정 보수주의는 지출을 무조건 수입에 맞추는 것이다. 수입을 초과하는 지출을 허용하지 않고, 지출을 수입에 고정시키는 것이다. 만약 기관이 극단적인 재정 보수주의 입장에 서면 재정적자는 결코 발생하지 않을 것이다. 그러나 회원 다수가 새로운 프로그램을 시작할 것을 강력히 요구할 경우 그로 인해 예상하지 않은 재정적자가 발생할 수 있다. 그러나 새로운 프로그램은 기관에 도약과 발전의 전기가 될 수도 있다. 기관은 선택의 기로에 선다.

예산편성 과정은 일반적으로 다음과 같은 단계를 거친다.

- 1단계 : 해결되어야 할 문제와 대상 집단을 정의하고, 목표와 세부목표를 설정하며, 프로그램 목표가 실제로 달성될 수 있는지 여부를 결정한다.
- 2단계 : 세입과 세출을 산정한다.
- 3단계 : 프로그램 실행 이후의 수입과 지출을 조정하고 수정한다.
- 4단계 : 예산안을 확정한다.

〈표 6-1〉 예산

구 분	내 용
개 념	• 기관의 운영에 소요되는 비용을 추정하는 것
목 적	• 기관의 자금을 할당하는 것 • 예산을 짜기 위해서는 수입과 지출을 계산해야 함
예산편성 과정	• 1단계 : 문제와 대상 집단의 정의, 목표와 세부목표의 설정, 프로그램 목표가 실제로 달성될 수 있는지 여부의 결정 • 2단계 : 세입과 세출의 산정 • 3단계 : 프로그램 실행 이후의 수입과 지출 조정과 수정 • 4단계 : 예산안 확정

2. 예산편성 방법

청소년기관의 예산편성 방법은 품목별 예산, 성과주의 예산, PPBS, 제로베이스 예산 등이 있다(최성재 · 남기민, 2008).

1) 품목별 예산

품목별 예산(line-item budgeting)은 수입과 지출의 품목별로 소요될 비용을 단순히 목록화하는 방법으로서 청소년기관에서 가장 많이 사용되고 있다.

품목별 예산을 짜는 과정은 1단계로 품목별 예산의 표준화된 형태를 설계하고, 2단계에서는 공통적인 예산 정의와 용어 개발을 하며, 3단계로 모든 수입과 지출을 명확하게 산정하고, 4단계에서 예산을 평가한다.

품목별 예산은 단순하고 간단하다. 각 품목은 목적이나 이유가 아니라 그 자체 성격별로 분류(예 급여, 수당, 소모품, 식품, 사무용품 등)되며, 상호 독립적이다. 모든 수입과 지출은 품목별로 그 필요성이 분명해야 하며, 예상 수입은 지출 총계와 일치해야 한다. 그리고 수입과 지출은 전년도 품목별 예산과 결산에 일정 비율을 곱해 증감이 결정된다. 이를 '점증주의(incrementalism)'라 한다.

품목별 예산의 장점은 예산수립 작업이 간편하고, 비용의 조절도 용이하다는 것이다. 예산 품목을 정하는 것이나 그 품목의 가격을 추정하는 것이 그리 어렵지 않고, 필요하면 해당 품목의 수량을 조절하여 비용을 조절하는 것도 쉽다. 단점은 기관 운영이나 프로그램 실행에 필요한 자원을 어떻게 조달할 것인지는 알 수가 없다는 것이다. 그리고 프로그램 비용과 관리 비용을 비교할 근거가 없어 효과성, 효율성, 생산성, 서비스의 질을 평가할 수 있는 정보를 얻을 수가 없다. 또한 점증주의는 운영상의 창의성을 억제한다.

2) 성과주의 예산

성과주의 예산(performance budgeting)은 정부(지방정부)의 예산편성 방법으로서 구입 물품이나 서비스가 아니라 수행하는 업무에 중점을 둔 관리지향적 예산 시스템이다. 예를 들어, 사업계획을 세부사업으로 분류한 다음 각 세부사업을 "단위당 원가 × 업무량 = 예산액"의 방식으로 예산을 편성한다. 그 기원은 1913년 뉴욕시 리치몬드구에서 시도한 원가 예산제(Cost data budget)에 있다고 한다.

성과주의 예산의 장점은 예산안의 내용이 복잡하지 않아 일반인들이 기관의 사업과 목적을 이해하는 데 도움을 주고, 행정부의 정책이나 계획수립을 용이하게 할 뿐만 아니라 입법부의 예산심의를 간편하게 해주며, 예산편성에 있어서 자금배정을 합리화할 수 있고, 예산집행에 있어서 신축성을 부여하며, 행정통제를 합리화시키며 실적의 평가를 용이하게 하고 실적의 분석을 통하여 얻게 되는 자료를 다음 회계연도 예산에 직접 반영시킬 수 있고, 행정관리에 있어서 계획과 통제를 내재적으로 활용할 수 있으며, 장기계획의 수립과 시행에 도움을 준다는 데 있다.

단점으로는 업무측정 단위와 단위 원가를 산출해 내기가 어렵고,[1] 회계책임이 불분명하며, 정책이나 사업계획에 중점을 두기 때문에 품목별 분류에 비하여 입법부의 엄격한 통제가 곤란하고, 기능의 통합을 지나치게 확대시킬 우려가 있다는 것을 꼽을 수 있다.

---

1 업무측정 단위를 선정하기가 곤란하다는 것은 단위가 동질적이고, 계산이 가능하고 완결된 업무를 표시해야 하며, 영속성이 있고, 가능한 한 단수여야 하며, 이해하기 쉬운 것이어야 하는데 사실상 용이하지 않다. 그리고 단위 원가란 업무측정 단위 하나를 산출하는 데 드는 비용을 말하는데, 회계시스템의 수준이 낮고 유능한 회계직원이 부족한 경우 단위 원가를 계산하기가 쉽지 않다.

3) PPBS

기획예산제도(PPBS : Planning-Programming-Budgeting System)란 대표적인 기획예산(planning budgeting)으로서 국가의 장기적인 계획과 단기적인 예산편성을 프로그램을 통해 유기적으로 결합시키는 예산편성 방법이다. 다시 말해 사업을 먼저 기획하고, 세부 프로그램을 작성하며, 이를 토대로 예산을 편성하는 것이다.

PPBS를 위해서는 첫째, 정부 사업의 목표가 명확히 제시되어야 하고, 둘째, 설정된 목표를 달성하는 데 필요한 각종 대안을 효율적 · 체계적으로 검토해야 하며, 셋째, 현재 결정한 정책의 미래 비용을 포함해야 한다. 이를 PPBS 3대 원칙이라고 한다.

PPBS의 기본원리는 한정된 자원을 최적으로 활용하기 위해 능률과 절약을 기하고(절약과 능률), 가능한 한 목표의 달성 정도를 높이고자 하는 것이며(효과성), 시스템분석이나 비용 - 편익분석 등 과학적이고 합리적인 방법으로 예산을 편성하는 것이고(과학적 합리성), 이를 통해 주관적인 의사결정을 지양하고 객관적인 의사결정을 하자는 것이며(과학적 객관성), 행정조직과 운영에 있어서 조화, 균형, 통합을 기하자는 것이다(조정).

PPBS의 장점은 조직 목표를 보다 정확하게 파악할 수 있고, 여러 목표 중 가장 시급한 것을 선택할 수 있으며, 목표 달성을 위한 효율적인 수단의 분석이 가능하고, 합리적인 의사결정이 가능하며, 장기적 사업계획에 대한 객관적 신뢰도가 높고, 조직의 통합적 운영이 가능하다는 것이다.

단점은 목표설정에 여러 가지 이해관계와 정치적 요인이 개입될 소지가 있어 합리적인 목표설정이 어렵고, 최고책임자에게 권한을 집중시키는 중앙집권화 경향이 있으며, 산출과 효과의 수량화(계량화, 정량화)에 중점을 두는데 공공사업에서는 수량화가 어려운 경우가 있고, 과학적 합리성에 입각해 예산을 편성하기 때문에 예산심의에 있어서 이사회의 역할이 축소되며, 품목과 예산이 직접 연결되지 않기 때문에 실제 운영에 있어서 환산작업이 어렵고, 직접비 외의 간접비는 어떻게 배분할 것인지의 문제가 야기된다는 것이다.

4) 제로베이스 예산

제로베이스 예산(ZBB : Zero-Based Budgeting)이란 행정기관이 모든 사업에 전년도 예산을 고려하지 않은 제로베이스에서 새로이 체계적으로 비용-편익 분석 또는 비용-효과 분석을 통해 사업의 우선순위를 결정하고 이에 입각해 예산을 편성하는 것이다.

제로베이스 예산은 집중적 예산편성방식으로서 목표의 가장 효과적인 달성을 지향하기 때문에 예산의 효율성을 특히 중시하며, 기 집행 중인 프로그램이라 해서 우선권을 부여하지 않는다.

제로베이스 예산의 장점은 재정운영과 자금배정의 탄력성을 유지할 수 있고, 하의상달 방식으로 사업의 효과를 향상시키며, 자원배분의 합리화를 기할 수 있다는 데 있다. 문제점으로는 사업의 축소나 폐지가 쉽지 않고, 목표설정 기능과 기획 기능이 위축되며, 심리적 · 정치적 요인이 무시되고, 업무 부담이 과중되며(ZBB를 위해서는 많은 직원과 시간이 필요하다), 분석기법을 적용하는 데 한계가 있는 것 등을 들 수 있다.

〈표 6-2〉 **예산편성 방법**

방 법	내 용
품목별 예산	• 수입과 지출의 품목별로 소요될 비용을 단순히 목록화하는 방법으로서 청소년기관에서 가장 많이 사용되고 있음 • 품목별 예산의 표준화된 형태를 설계하고, 공통적인 예산 정의와 용어 개발을 하며, 모든 수입과 지출을 명확하게 산정하며, 예산을 평가함
성과주의 예산	• 구입 물품이나 서비스가 아니라 수행하는 업무에 중점을 둔 관리지향적 예산시스템 • 사업계획을 세부사업으로 분류한 다음 각 세부사업을 "단위당 원가 × 업무량 = 예산액"의 방식으로 예산을 편성함
PPBS	• 대표적인 기획예산으로서 국가의 장기적인 계획과 단기적인 예산편성을 프로그램을 통해 유기적으로 결합시키는 예산편성 방법 • 사업을 먼저 기획하고, 세부 프로그램을 작성하며, 이를 토대로 예산을 편성함
제로베이스 예산	• 전년도 예산을 고려하지 않은 제로베이스에서 새로이 체계적으로 비용–편익분석 또는 비용–효과분석을 통해 사업의 우선순위를 결정하고 이에 입각해 예산을 편성함

5) 청소년기관의 예산편성

청소년기관의 세입·세출예산구조(과목구분)는 지방자치단체의 재무·회계규칙에 그 내용과 기능을 고려하여 관·항·목별로 규정되어 있다.

- 관 : 기능별·조직별·사업목적별 분류
- 항 : 경상예산별, 사업예산별, 채무상환, 예비비 등
- 목 : 사업의 성질별 및 사업내용별 구분

정부의 「국가재정법」(제45조 예산의 목적 외 사용금지)에 의하면 예산이 정한 각 관·항·목 간의 상호 이체는 불가능하다. 예산의 목간 전용은 허용하지만 항간 전용은 금하고 있는 것이다. 그러나 청소년기관의 특성상 예산의 전용이 불가피한 경우가 있어 기관장들이 예산 운용의 자율성, 재량권, 개별성을 최대한 허용해 줄 것을 정부에 건의했고, 정부는 이를 수용하여 청소년기관의 재무·회계규칙을 통해 법인의 대표이사가 관·항·목 간의 예산을 전용할 수 있게 허용하였다.

청소년기관 예산편성은 〈표 6-3〉 청소년기관 등 시설회계 세입예산 과목구분과 〈표 6-4〉 청소년기관 등 시설회계 세출예산 과목구분에 잘 나타나 있다. 세입예산과 세출예산의 주요 내용은 다음과 같다.

- **세입예산** : 사업수입, 과년도 수입, 보조금, 차입금, 전입금, 이월금, 잡수입
- **세출예산** : 사무비, 재산조정비, 사업비, 과년도지출, 상환금, 잡지출, 예비비

세입예산과 세출예산에서 가장 큰 비중을 차지하는 보조금, 사무비, 사업비는 다음과 같다.

- **세입예산 중 보조금** : 국고, 시·도, 시·군·구 보조금
- **세출예산 중 사무비** : 인건비, 업무추진비, 운영비
- **세출예산 중 사업비** : 시설에서 이용자에게 제공하는 사업의 성격별·유형별 구분

〈표 6-3〉 청소년기관 등 시설회계 세입예산 과목구분

과목			내역
관	항	목	
사업 수입	사업 수입	ㅇㅇ수입	기관에서 제공하는 각종 서비스의 이용자로부터 받은 수입을 종류별로 목을 설정
과년도 수입	과년도 수입	과년도 수입	전년도에 세입조정된 수입으로서 금년도에 수입으로 확정된 것
보조금 수입	보조금 수입	국고보조금	국가로부터 받은 경상보조금 및 자본보조금
		시 · 도보조금	시 · 도로부터 받은 경상보조금 및 자본보조금
		시 · 군 · 구 보조금	시 · 군 · 구로부터 받은 경상보조금 및 자본보조금
		기타보조금	그 밖의 국가, 지방자치단체 및 공모사업 선정으로 받은 보조금
차입금	차입금	금융기관 차입금	금융기관으로부터의 차입금
		기타차입금	개인 · 단체 등으로부터의 차입금
전입금	전입금	법인전입금	법인으로부터의 전입금
이월금	이월금	전년도 이월금	전년도 불용액으로서 이월된 금액
		이월사업비	전년도에 종료되지 못한 이월사업비
잡수입	잡수입	불용품 매각대금	비품 · 집기 · 기계 · 기구 등과 그 밖의 불용품의 매각대금
		기타예금 이자수입	기본재산예금 외의 예금이자 수입
		기타잡수입	그 밖의 재산매각수입, 변상금 및 위약금수입 등과 다른 과목에 속하지 아니하는 수입

〈표 6-4〉 청소년기관 등 시설회계 세출예산 과목구분

과목			내역
관	항	목	
사무비	인건비	급여	기관직원에 대한 기본 봉급
		상여금	기관직원에 대한 기말 · 정근수당
		일용잡급	일급 또는 단기간 채용하는 임시직에 대한 급여
		제수당	기관직원에 대한 제수당(직종 · 직급별로 일정액을 지급하는 수당, 시간외근무수당, 야간근무수당, 휴일근무수당 등) 및 그 밖의 수당
		퇴직금 및 퇴직적립금	기관직원 퇴직급여제도에 따른 퇴직급여 및 퇴직적립금(충당금)
		사회보험 부담비용	직원의 사회보험(국민연금, 국민건강보험, 고용보험, 산업재해보상보험 등) 부담
		기타 후생경비	직원의 상용피복비, 건강진단비, 급량비, 그 밖의 복리후생에 소요되는 비용
	업무 추진비	기관운영비	기관운영 및 유관기관의 업무협의 등에 소요되는 제경비
		직책보조비	직원의 직책수행을 위하여 정기적으로 지급하는 경비
		회의비	운영위원회 등 각종 회의의 다과비 등에 소요되는 제경비
	운영비	여비	직원의 국내외 출장여비
		수용비 및 수수료	사무용품비, 인쇄비, 집기구입비(물건의 성질상 장기간 사용 또는 고정자산으로 취급되는 집기류는 자산취득비에 계상), 도서구입비, 수수료, 등기료, 운송비, 통행료 및 주차료, 소규모수선비, 포장비 등
		공공요금	우편료, 전신전화료, 전기료, 상하수도료, 가스료 및 오물수거료
		제세공과금	법령에 따라 지급하는 제세(자동차세 등), 협회가입비, 화재 · 자동차보험료, 그 밖의 보험료
		차량비	차량유류대, 차량정비유지비, 차량소모품
		연료비	기관의 냉난방연료비(보일러, 냉난방기 등)
		기타운영비	그 밖에 운영경비로 위에 분류되지 아니한 경비

재산 조정비	시설비	시설비	기관 개 · 보수비 및 부대경비, 그 밖의 시설비
		자산 취득비	기관운영에 필요한 비품구입비, 토지 · 건물 · 그 밖의 자산의 취득비
		시설장비 유지비	건물 및 건축설비(구축물 · 가계장치), 공구 · 기구, 비품 수선비(소규모수선비는 수용비 및 수수료 목에 계상), 그 밖의 시설물의 유지관리비
사업비	사업비	ㅇㅇ사업비	기관에서 청소년에게 제공하는 사업을 성격별 · 유형별로 구분하여 목으로 설정
과년도 지출	과년도 지출	과년도 지출	과년도 미불금 및 과년도 사업비의 지출
상환금	부채상환금	원금상환금	차입금 원금상환금
		이자지급금	차입금 이자지급금
잡지출	잡지출	잡지출	기관이 지출하는 보상금, 사례금, 소송경비 등
예비비	예비비	예비비	예비비

3. 회계와 감사

1) 회 계

회계(accounting)는 자금의 거래, 수입과 지출 등 자금의 흐름을 추적하는 시스템이다. 회계시스템은 기관의 현금 균형을 유지하고, 적기에 영수증 처리를 하여 자금 차입을 방지하는 데 도움을 준다. 또한 청소년기관의 예산 사용내역을 정확하게 알림으로써 신뢰를 쌓는 데 기여한다. 회계자료는 기관운영의 효율성과 효과성을 제고시킨다.

청소년기관의 회계는 효율적이고 정직해야 한다. 청소년기관 관계자들은 예산이 어떻게 사용되었는지를 알고 싶어 한다. 기관의 회원도 마찬가지이다. 재무행정의 모호함은 기관의 신뢰를 추락시킨다. 좋은 재무는 실질적으로 재정을 절약하는 것이다. 재정을 잘 관리하면 채무를 줄이고, 이자 수입을 늘리며, 제때 영수증 처리를 통해 비용을 할인받을 수 있다.

한편 회계는 매니저가 항목별로 지출 흐름을 파악할 수 있게 해준다. 어떤 항목의 지출이 재정을 악화시키는지를 알 수 있게 해주는 것이다. 예를 들어, 인건비 지출이 꾸준히 증가해 기관 재정에 압박을 가하는 것이 확인되면, 매니저는 인력을 과잉 채용해서 그런지, 그렇다면 왜 그런지, 업무 증가보다 직원 수 증가가 더 빨랐는지, 봉급 수준이 너무 높은지 등 그 이유를 파악해야만 하는데, 회계가 그것을 가능하게 만든다.

자금의 흐름(cash flow)을 파악하는 것은 기관 책임자가 기관을 운영하는 데 매우 중요하다. 매달, 매 분기, 매년 수지 균형을 맞추는 데 반드시 필요하기 때문이다.

자금 흐름상의 문제를 방지하는 데는 두 가지 방법이 있다. 하나는 정기적인 지출과 비정기적인 지출을 구분하는 것이다. 그리하여 어떤 항목이 덜 중요한지, 어떤 항목(주로 비정기적인 이벤트나 캠페인 관련 지출)은 즉시 지출해야만 하는지를 가려내어 지출 타이밍을 맞출 수 있다. 다른 하나는 월별 지출 계획을 작성하는 것이다. 특별히 많은 지출을 요하는 달이 있는지 여부를 파악하여 미리 대비할 수 있다(예비비나 차입금을 조달).

회계 기록은 프로그램의 비용과 서비스 전달비용에 대한 기초 자료가 된다. 이런 정보는 기관이 임무를 수행하는 데 필요한 가장 효과적인 방법을 알려준다. 회계시스템은 어디서 돈이 나오는지 그리고 어디서 돈이 새 나가는지도 알려준다. 상세한 회계 기록은 다른 기관과 비용의 비교를 가능하게 하고, 비용이 불필요하게 높은지의 여부도 알려준다. 영리기관과 비영리기관의 회계 결과를 비교하는 것도 유용하다. 비영리기관은 비용절감의 동기가 영리기관에 비해 약하다. 양자의 비교를 통해 비영리기관의 비용절감 노력을 자극할 수 있다.

2) 감 사

감사(auditing)는 매니저가 만든 재무결과를 대중에게 법적으로 확정해 주는 것이다. 감사는 보통 회계사가 담당하거나 불편부당한 기관 외부인사에게 맡길 수도 있다. 재단이나 정부가 감사팀을 보내 경우도 있다. 감사팀은 회계장부를 주로 감사하지만 필요하면 다른 자료를 열람할 수 있다.

감사는 반드시 회계가 종료한 후에 해야 한다. 회계의 종료란 회계연도의 모든 재무가 종료되었음을 뜻한다. 회계연도는 기관의 회계가 시작되어 끝나는 기간이다. 회계연도는 보통 매년 1월에 시작된다. 회계를 종료할 때 관리자는 반드시 회계연도 내의 모든 청구서를 검토하여 아직 지불되지 않은 부분이 있는지, 수입 중 아직 수금되지 않은 부분이 있는지의 여부도 확인해야 한다. 채무와 미수금을 처리한 후에 회계를 종료한다. 그런 다음 감사가 시작된다.

〈표 6-5〉 회계와 감사

구 분	내 용
회 계	• 자금의 거래, 수입과 지출 등 자금의 흐름을 추적하는 시스템 • 기관의 현금 균형을 유지하고, 자금 차입을 방지하는 데 도움을 주며, 후원금 사용을 알려주고, 기관 운영의 효율성과 효과성을 제고하는 데 필요
감 사	• 매니저가 만든 재무결과를 대중에게 법적으로 확정해 주는 것 • 회계사가 담당하거나 기관 외부인사에게 맡길 수도 있음 • 반드시 회계가 종료된 후에 실시

07 CHAPTER

정보관리

1. 청소년기관과 정보관리시스템
2. 정보관리시스템의 발전
3. 정보관리시스템의 구축

CHAPTER 07

정보관리

1. 청소년기관과 정보관리시스템

정보화시대 정보기술(IT : Information Technology)의 발전은 청소년기관 행정에도 큰 영향을 주고 있다. 대표적인 것이 컴퓨터와 인터넷이다. 청소년기관의 모든 문서가 워드프로세서로 작성되고 있고, 재무가 컴퓨터 프로그램으로 관리되고 있으며, 전자결재가 일상화되어 있고, 업무 연락이나 문서교환을 이메일로 하고 있으며, 기관의 소개는 물론 직원 채용공고나 프로그램 홍보도 기관의 인터넷 홈페이지에서 이루어지고 있다.

하지만 민간기업이나 정부 기관에 비해 청소년 분야의 정보기술 활용 수준은 낮은 편이다. 청소년기관이 정부와 기업을 중요한 자원으로 활용하고, 프로그램에 따라 파트너로 협력해야 하는 관계에 있는 이상 정보기술 활용 수준을 이에 맞게 업그레이드하는 것은 중요한 과제라 하지 않을 수 없다.

정보관리시스템(management information system)은 조직관리에 필요한 정보를 처리하기 위해 컴퓨터를 활용하는 것이다. 그러나 반드시 컴퓨터로 처리된 것만을 의미하지는 않는다. 조직의 회의나 대화를 통해 나타나 정보를 기록으로 남겨 관리하는 것도 넓은 의미의 정보관리시스템에 포함된다. 단순히 청소년기관이 컴퓨터를 보유했다고 해서 정보관리시스템을 구축했다고 말할 수는 없다. 정보관리 관련 소프트웨어를 갖추고 이를 직원들이 일상적으로 사용하는 시스템이 만들어져야 비로소 정보관리시스템을 구축했다고 말할 수 있다.

정보관리시스템은 기관의 업무를 통해 나타나는 각종 정보를 수집하여 관리하고 처리한다. 정보처리 결과는 기관의 실무자와 매니저에게 매우 유용한 정보가 된다. 그리고 이러한 정보를 직원들이 공유함으로써 기관통합이 강화된다.

한편 청소년기관은 청소년육성에 관한 막대한 양의 정보를 수집하여 기록해 두어야 하고, 필요할 때 이를 지역사회, 정부, 청소년, 이사회 등에 제공해야 한다. 정보를 체계적으로 관리하는 기술이 있어야 이런 일이 가능하다. 정보관리시스템은 대량의 복잡한 정보를 신속히 효율적으로 활용하여 효과적 관리를 가능하게 하는 편리한 도구이다. 청소년기관에서 정보관리시스템이 필요한 이유는 다음과 같다.

첫째, 청소년기관의 사업결과에 관해 청소년은 물론 정부, 납세자, 시민은 알기를 원한다. 왜냐하면 정부는 예산을 청소년기관에 지원하고, 시민은 세금을 내기 때문이다. 이를 위해 객관적이고 과학적인 정보의 수집, 보관, 정리 등이 필요한데, 정보시스템이 이러한 일을 한다.

둘째, 청소년기관 청소년지도자들은 자신이 진정으로 청소년을 성장시키고 있으며, 문제를 해결하기 위해 노력하고 있다는 사실을 확인받기를 원한다. 적절한 정보관리시스템이 있다면 이런 작업이 훨씬 용이할 것이다.

셋째, 청소년기관 직원들은 자신이 수행한 사업에 대한 적절한 평가와 피드백을 통해 수행 방법의 개선과 전문성의 강화를 원한다. 청소년기관의 정보관리시스템은 이런 일을 가능하게 한다.

요약하면 청소년기관은 정보관리시스템을 활용하여 자신의 업무를 과학적으로 관리하고, 이를 통해 업무수행 능력을 강화시킬 수 있으며, 나아가 기관의 업무성과를 대내외적으로 검증받고 그 결과를 홍보할 수 있다.

〈표 7-1〉 **정보관리시스템**

구 분	내 용
개 념	• 조직관리에 필요한 정보를 처리하기 위해 컴퓨터를 활용하는 것 • 컴퓨터로 처리된 것뿐만 아니라 조직의 회의나 대화를 통해 나타난 정보를 기록으로 남겨 관리하는 것도 포함
기 능	• 기관의 업무를 통해 나타나는 각종 정보를 수집하여 관리하고 처리함 • 정보처리 결과는 기관의 실무자와 매니저에게 매우 유용한 정보가 됨 • 정보를 직원들이 공유함으로써 기관통합이 강화됨

2. 정보관리시스템의 발전

업무처리를 위해 컴퓨터가 사용되기 시작한 것은 1950년대부터이다. 당시는 주로 회계 · 재고관리를 위해서 데이터프로세싱(DP : Data Processing)이 사용되었으며, 컴퓨터 크기에 비해 정보처리 속도가 매우 느렸다. 1960년대 들어 방대한 정보를 빠르게 처리할 수 있는 관리정보시스템(MIS : Management Information System)이 개발되었고, 1970년대에는 자료 처리 속도가 한층 높아진 의사결정지원시스템(DSS : Decision Support System)이 등장하였다. 정보기술의 눈부신 발전과 함께 1990년대에는 업무능력을 향상시키는 데 중점을 둔 업무수행지원시스템(PSS : Performance Support System)이 개발 · 보급되었다. 정보관리시스템의 유형별 기능을 살펴보면 〈표 7-2〉와 같다.

〈표 7-2〉 **정보관리시스템의 유형과 기능**

유 형	목 적	기 능	사례
DP(Data Processing) 전산자료처리시스템	효율	• 업무처리과정, 기록보관, 업무보고 • 사무적인 업무처리의 능률 향상에 역점	월급명세서
MIS(Management Information System) 관리정보시스템	보고	• 구조화된 의사결정을 위한 사무능률 향상 • 정보교환의 매체를 통하여 운영 하부 시스템을 서로 연결하여 조직의 산출을 최적화하는 데 목적을 둠 • 의사결정을 내리는 데 필요한 정보를 제공하고 이러한 과정에서 시너지 작용을 할 수 있는 체계를 조직 • 일상적이고 구조화된 의사결정의 능률 향상에 목적을 둠	청소년 정보시스템
DSS(Decision Support System) 의사결정지원 시스템	효과	• 의사결정과 이의 집행을 돕도록 설계 • 의사결정과 조직의 효과성에 초점 • 비구조화되거나 준구조화된 의사결정을 위하여 모델링 기법을 이용하여 의사결정자를 도와줌 • 관리능률 향상에 중점	청소년 접수시스템
PSS(Performance Support System) 업무수행지원 시스템	성과	• 업무수행에 필요한 정보를 통합 · 제공하여 업무를 향상시킴 • 서비스 제공자의 성과에 초점을 둠 • 사용자가 업무수행을 위해 어떤 정보가 필요한지를 확인시켜 주고 도와줌	서비스 기획

표에서 보듯이 데이터프로세싱 시스템은 업무처리과정, 기록보관, 업무보고 등 사무적인 업무처리의 능률 향상에 역점을 두고, 관리정보시스템(MIS)은 의사결정에 필요한 정보를 제공하여 일상적이고 구조화된 의사결정의 능률 향상에 목적을 두고 있다. 의사결정지원시스템(DSS)은 의사결정과 이의 집행을 지원함으로써 관리능률을 향상시키는 데, 업무수행지원시스템(PSS)은 사용자가 업무수행을 위해 어떤 정보가 필요한지를 확인시켜 주고 도와주는 데 목적이 있다.

3. 정보관리시스템의 구축

청소년기관에 정보관리시스템을 구축하는 데는 몇 가지 단계가 있다. 전형적인 방법에 의하면 정보관리시스템 구축을 위해서는 실행 가능성과 준비상태의 점검 → 시스템 분석 → 시스템의 개괄적 디자인 → 시스템 세부 디자인 → 시스템 테스트 → 실행 → 시스템 모니터 및 평가 → 오퍼레이션, 유지, 수정 등 8개의 단계를 거친다(Schoech, 2000 : 323-324).

- 1단계 : 실행 가능성과 준비상태를 점검한다. 직원들에게 새로운 시스템을 도입한다는 사실을 알리고, 관련 위원회를 조직하며, 필요한 자원을 계산하고, 새로운 시스템 도입에 따른 기대효과를 측정한다.
- 2단계 : 시스템을 분석한다. 필요한 정보, 정보의 소스, 정보수집 방법을 정하고, 데이터 투입, 처리, 산출, 필요 사항을 분석하며, 필요한 자원의 동원 가능성을 검토하고, 다른 기관의 유사한 노력을 살펴보며, 필요하다면 정부와 유관 단체에 지원을 요청한다.
- 3단계 : 시스템을 개괄적으로 디자인한다. 새로운 IT 기술 적용의 범위, 목표, 세부 목표, 개선점 및 성공 내용을 확인하고, 시스템의 세부 사항을 개괄적으로 디자인하고, 디자인 제약 요소에 대해서도 살펴보며, 디자인 결과를 소프트웨어, 하드웨어, 네트워크로 전환하고, 디자인의 장점, 단점, 전제를 상세히 기술한다.

- 4단계 : 시스템 세부 사항을 디자인하고 개발한다. 선택된 디자인에 대한 통제 및 기술적 실행 기준을 마련하고, 선택된 디자인에 필요한 소프트웨어를 선택하며, 소프트웨어에 적합한 하드웨어를 선택하고, 필요한 네트워크 및 커뮤니케이션 기술과 장비를 선택하며, 데이터 수집 양식, 데이터 가공, 처리, 특정 파일, 데이터베이스 구조, 에러 체크, 저장 메커니즘, 백업 방법, 산출 리포트 등을 디자인하고 개발한다.
- 5단계 : 시스템을 테스트한다. 새로운 시스템에 맞춰 기관의 정책과 절차를 변경하고, 프로그래밍, 양식, 작동절차, 지침, 리포트, 산출의 활용 등을 테스트한다. 시스템 오퍼레이터, 데이터 유저 등에 대한 교육과 훈련도 필요하다.
- 6단계 : 구형 시스템을 폐기하고 새로운 시스템을 곧바로 실행할 것인지 아니면 일시적으로 신구형 시스템을 동시에 작동시킬 것인지 등을 결정하고, 시스템 수행평가, 신규직원 오리엔테이션과 훈련 등 표준 오퍼레이팅 절차를 실행한다. 아울러 직원과 업무공간을 재조직하고, 새로운 장비, 전산처리 방법 및 절차를 적용하며, 모든 시스템과 통제장치가 제대로 작동하는지 확인한다.
- 7단계 : 새로운 시스템을 모니터하고 평가한다. 새로운 적용기술의 실행 결과를 시작 단계에서 정한 목표에 부합되는지 비교하고, 시작 단계에서 예측한 비용과 효과를 실행 결과와 비교하며, 개선 메커니즘이 제대로 작동하는지 확인한다.
- 8단계 : 오퍼레이션, 유지, 수정을 한다. 백업, 응급 상황에서의 대응 방법과 절차를 마련하고, 데이터의 첨가, 삭제, 수정에 관한 지침을 문서화하며, 데이터 통합, 시스템 유지, 백업, 새로운 소프트웨어의 적합성, 바이러스 방지 등에 관한 책임자를 선정하고, 사용자(users)에 대한 지속적인 교육훈련을 실시하며, 지속적으로 시스템을 확장하고 유지하며 시스템 결함을 제거한다.

〈표 7-3〉 IT 기술개발 적용의 과정

단 계	개발 내용
1단계 실행 가능성과 준비상태의 점검	• 전 직원을 대상으로 IT 노력에 대해 의사소통 • 기관 내에 관련 위원회, 하부위원회 결성 • IT 기술 적용의 목적, 개발, 스케줄, 책임의 규정 • 자금, 시간, 전문기술자, 핵심 인력 등 소요 자원의 계산 • 새로운 IT 기술 적용 시 예상 효과의 측정 • 새로운 IT 기술 적용으로 영향을 받는 사람과 그의 반응과 기대에 대한 확인 • 개선 메커니즘과 성공적 결과에 대한 초고 작성 • 준비상태와 실행 가능성에 관한 보고서 작성 • 계속 진행할 것인지 종결지을 것인지 결정
2단계 사정 (시스템 분석)	• IT 기술의 주요 필요성의 인식과 기술 적용 여부의 결정 • 필요한 정보, 정보의 소스, 정보수집 방법의 특성 규정 • 현재와 미래의 데이터 투입, 처리, 산출, 필요 사항(양식, 데이터 가공, 파일, 리포트, 정보의 흐름 등)의 분석 • 일처리 방식의 문제점에 대한 평가 • 새로운 IT 기술 적용에 필요한 자원의 동원 여부의 검토 • 기본적인 데이터의 수집 • 다른 기관의 유사한 노력에 대한 검토 및 정부와 유관 단체에 지원 요청 • 사정의 준비 • 계속 진행할 것인지 여기서 종결지을 것인지 결정
3단계 개괄적 디자인	• IT 기술 적용의 범위, 목표, 세부 목표, 개선점 및 성공 내용의 마지막 확인 • 필드, 레코드, 파일, 데이터 가공, 양식, 리포트, 그래픽 등 개괄적 디자인 개발 • 탄력성, 신뢰도, 프로세싱, 통계적 요건, 성장 잠재성, 기대수명, 다른 IT 기술과의 연계성 등 특정 디자인의 적용 • 데이터 빈도, 크기, 안정성, 보안, 돈, 시간, 전문 인력 등 디자인을 제한하는 요소의 적용 • 지속적 개선 사항에 관한 정보의 수집과 보고 메커니즘의 디자인 • 디자인 결과를 소프트웨어, 하드웨어, 네트워크로 전환 • 디자인의 장점, 단점, 전제를 상세히 기술 • 개괄적 디자인의 준비, 계속 진행할 것인지 여기서 종결지을 것인지 결정
4단계 세부 디자인 및 개발	• 선택된 디자인에 대한 통제 및 기술적 실행기준의 마련 • 선택된 디자인에 필요한 소프트웨어의 선택 • 소프트웨어에 적합한 하드웨어의 선택 • 필요한 네트워크 및 커뮤니케이션 기술과 장비의 선택 • 데이터 수집 양식, 데이터 가공, 처리, 특정 파일, 데이터베이스 구조, 에러 체크, 저장 메커니즘, 백업 방법, 산출 리포트 등의 디자인과 개발 • 문서화 및 지침 매뉴얼의 준비

5단계 테스트 및 준비	• 시스템 운용자 및 사용자 준비 • 새로운 적용기술에 필요한 기관의 정책과 변화된 절차의 개발 • 테스트 계획의 개발 • 프로그래밍, 양식, 작동절차, 지침, 리포트, 산출의 활용 등에 대한 테스트 • 시스템 오퍼레이터, 데이터 유저 등에 대한 교육과 훈련
6단계 실행	• 구형 시스템을 폐기하고 새로운 시스템을 실행할 것인지 아니면 일시적으로 신구형 시스템을 동시에 작동시킬 것인지 등에 관한 전환계획의 개발과 확정 • 시스템 수행평가, 신규 직원 오리엔테이션과 훈련 등 표준 오퍼레이팅 절차의 실행 • 직원과 업무공간의 재조직 • 새로운 장비, 전산처리 방법 및 절차로 전환 • 모든 시스템과 통제장치가 제대로 작동하는지 확인
7단계 모니터 및 평가	• 새로운 적용기술의 실행 결과를 시작 단계에서 정한 목표에 부합되는지 비교 • 시작 단계에서 예측한 비용과 효과를 실행 결과와 비교 • 개선 메커니즘이 제대로 작동하는지 확인
8단계 오퍼레이션, 유지, 수정	• 백업, 응급 상황에서의 대응 방법과 절차의 마련 • 데이터의 첨가, 삭제, 수정에 관한 지침의 문서화 확정 • 데이터 통합, 시스템 유지, 백업, 새로운 소프트웨어의 적합성, 바이러스 방지 등에 대한 책임자 선정 • 사용자에 대한 지속적인 교육훈련 제공 • 지속적인 시스템 확장, 시스템의 유지와 결함 제거 • 새로운 하부 시스템 개발의 필요성이 제기되면 제1단계에서 새로 시작

08 CHAPTER

청소년기관과 리더십

1. 리더십의 정의
2. 리더십의 필요성
3. 청소년기관 리더십의 내용요소
4. 리더십 유형

CHAPTER 08

청소년기관과 리더십

1. 리더십의 정의

최근 들어 리더십은 많은 사람의 깊은 관심을 받고 있는 주제이다. 특별히 청소년기에 리더십은 계발해야 하는 중요한 자질이다. 인류의 역사 속에서 어느 조직이나 집단에도 리더는 항상 존재했으며, 우리가 생활하고 있는 현재에도 한 나라를 이끌어 가는 대통령에서부터 기업의 CEO, 조직의 부서장, 친목회의 대표에 이르기까지 크고 작은 조직에서 사람들을 통솔하는 리더가 있다. 이 리더들은 자신이 이끄는 조직이나 집단이 추구하는 목적을 효율적으로 달성하기 위해 구성원들에게 영향력을 행사한다. 이러한 리더는 미래에도 지속적으로 존재할 것이다.

그러면 리더십이란 무엇인가? 리더십에 대한 정의는 정치, 경제, 사회, 문화, 군사, 문화 등 영역에 따라 뉘앙스를 달리하기 때문에 리더십에 대한 정의는 아마도 성공한 리더와 리더십 이론을 펴는 학자 수만큼 다양하겠지만, 다음과 같은 정의가 유용하다고 본다.

① 리더십이란 한 개인(또는 리더십 팀)이 리더가 가지고 있거나 리더와 추종자가 공유하고 있는 목표를 달성하도록 해주는 설득 또는 본보기 과정이다.

② 리더십은 지도자들이 지도들과 추종자들 모두의 가치와 동기, 욕구와 필요, 열망과 기대를 반영한 일정한 목표들을 위해 추종자의 행동을 유도하는 것이다.

③ 리더십이란 상호 목적을 반영하는 실질적 변화를 의도하는 리더와 추종자 사이의 영향력 관계이다.

리더십의 정의를 학자별로 정리해 보면 〈표 8-1〉과 같다.

〈표 8-1〉 리더십의 정의

학 자	정 의
Cattell	리더십은 집단활동의 변화를 가장 효율적으로 창출하는 것이다.
Cowley	리더십은 다른 사람들이 자기를 따르게 하는 요소이다.
Hemphill & Coons	리더십은 집단의 활동을 공유된 하나의 목표로 집중시키려는 개인의 행동이다.
House & Bouditch	리더십은 조직의 목적, 개인의 목적 등을 달성하기 위해 다른 사람들의 행동을 변화시키거나 그에 영향을 미치는 노력이다.
Koontz & O'Donnell	리더십은 공동의 목적을 성취하기 위해 리더를 추종하도록 사람들에게 영향을 미치는 활동이다.
Kotter	리더십이란 바람직한 목표를 성취하기 위하여 다른 사람들을 동기부여하고 지휘하며 영향력을 행사하는 능력이다.
Shetty	리더십의 관리적 기능은 개인적 욕구를 충족시키면서 조직의 목적을 성취시키도록 조직 성원의 동기를 유발하는 데 도움이 되는 환경을 조성하는 과정이다.
Tannenbaum, Weshler & Massarik	리더십은 주어진 상황에서 구체적 목표의 달성을 통해 행사되는 대인적 영향력으로서 커뮤니케이션 과정을 통하여 행사된다.
Peters & Austin	리더십은 비전이요, 우렁찬 응원가요, 열정이다.
Terry	리더십은 집단의 목적을 위해 자발적으로 노력하도록 사람들에게 영향을 미치는 활동이다.

출처 : 김창민 외(2011).

이처럼 리더십에 관한 정의는 다양하지만, 공통된 사항들은 영향을 미치는 과정이나 특성, 집단이나 조직의 목표 달성, 구성원의 행동, 자발적 몰입, 변화의 추구 등이다.

2. 리더십의 필요성

인간은 여러 형태의 집단 속에서 집단의 구성원이 되며 가정, 학교, 사회, 기업, 국가 등 모든 집단에 리더가 있고 구성원이 있기 마련이다. 예를 들어, 오케스트라에서는 지휘자가 리더가 되며 리더가 수행하는 역할과 기능을 리더십(leadership)이라 하고, 단원들은 팔로어가 되어 그 역할과 기능을 수행하는데 이를 팔로어십(followership)이라고 한다. 이 둘은 불가분의 관계에 있다.

리더십은 오늘날 경영 자체와 동일시할 만큼 조직행동에서 매우 중요한 위치를 차지한다. 흔히 조직의 성패는 효과적인 리더십의 발휘 여하에 달려 있다고 한다. 요즘 경영 마인드가 인간중심으로 전개되고 있고, 경영 목표 달성에도 인간의 역할이 중요하기 때문에 리더십의 중요성이 더욱 크게 부각되고 있는 현 시점에서 리더들은 집단과 조직의 구성원들에게 영향력을 발휘해 조직의 목표 달성에 공헌할 수 있도록 그들의 잠재력을 활성화시키고 능력을 끌어낼 수 있는 리더십을 개발해야 한다. 리더의 철학은 조직의 문화가 되고, 리더의 말은 조직의 명분이 되며, 리더의 꿈은 조직의 비전이 된다. 잘 나가는 조직에는 훌륭한 리더가 있고, 눈앞의 이익을 넘어 조직 전체의 꿈과 비전을 창출해 내는 것이 리더의 역할이다.

많은 교육학자에 따르면 인간의 능력은 30%는 타고나지만, 70%는 환경과 교육훈련에 의해 결정된다고 한다. 리더십 연구에서 중요한 질문 중 하나는 '리더십은 선천적인가, 후천적인가'인데, 교육학자들의 의견대로라면 타고난 리더보다는 훈련을 통해 좋은 리더로 거듭난 사람이 더 많다고 할 수 있다. 하버드대학교에서 가르치는 리더십은 세 단계로 구성되어 있는데, 의사결정을 위한 분석기술 습득, 중간관리자의 관리능력 함양, 최상의 리더가 되기 위한 리더십 발휘이다. 리더십은 교육뿐만 아니라 훈련이 필요하다. 자신의 리더십 유형과 구성원들에게 발휘할 리더십 유형을 이해하고 훈련해야 한다. 시간이 지나고 경력이 쌓여 리더가 되는 경우는 리더가 된 후에도 리더로서 갖추어야 할 기본적인 원칙과 능력이 없어서 결국 좌절하고 하향하게 되므로 리더로서 역할과 능력을 발휘하도록 준비하는 과정과 훈련이 필요하다. 리더십이 필요한 이유는 다음 네 가지로 분류할 수 있다.

첫째, 조직 설계의 불안정성이다. 모든 조직 구성원이 고려할 수 있는 완벽한 조직을 설계하는 것은 불가능하다. 따라서 조직 구성원들의 바람직한 행동을 형성하고 이를 과업지향적으로 통합할 수 있는 기능이 필요하며, 이런 기능을 수행할 수 있도록 하기 위해 리더십이 필요하다.

둘째, 환경의 변화이다. 리더십은 조직이 변화하는 환경 조건에 신속히 적응하게 함으로써 급변하는 환경 속에서 조직의 안정성을 유지하는 데 도움을 준다.

셋째, 조직의 내부 역학이다. 리더십은 갈등하는 조직 단위들 사이에서 완충 작용을 할 수 있다. 특히 리더십은 조직이 성장하거나 변화하는 시기에 다양한 조직 단위를 내부적으로 통합하고 이끌어 가는 데 도움을 준다.

넷째, 조직과 집단은 다양한 목표를 추구하며 구성원들은 그 안에서 다양한 욕구 충족을 기대한다. 리더십은 개인들이 욕구를 충족하고 목표를 성취하는 것을 촉진시킴으로써 노동력의 안정성을 유지시키는 데 중요한 역할을 한다.

이처럼 리더십은 조직활동에서 중요한 역할을 하며, 이것이 리더십이 필요한 이유이다.

리더십은 조직 설계에서 결핍되는 부분을 채워줄 뿐만 아니라 조직이 환경에 적응하는 데 융통성을 증가시킨다. 또 조직 내의 다양한 집단을 통합시키고 구성원들의 개인적인 욕구를 충족시키는 데 크게 기여한다.

3. 청소년기관 리더십의 내용요소

청소년기관이 계발하는 리더십에는 어떤 요소가 포함되어야 하는가에 대해서 합의된 견해는 존재하지 않는다. 학자마다 리더십 내용 요소를 매우 다르게 언급하고 있다. 밀러(Miller)는 리더십 내용 요소를 의사결정, 관계성, 학습, 조직관리, 자기이해, 그룹활동, 의사소통으로, 린든과 퍼트만(Linden & Fertman, 1998)은 리더십 정보, 리더십 태도, 의사소통, 의사결정, 스트레스 관리 등을 들고 있다.

린든과 퍼트만이 제시한 청소년 리더십의 요소를 살펴보면, 리더십 정보(leadership information)는 리더와 리더십에 대해 청소년이 인식하고 아는 것으로서 모든 리더십 발달단계의 출발점이다. 리더십 정보는 리더십과 관련된 청소년의 선택에 있어서 매우 중요한 역할을 한다. 따라서 청소년기관은 정확하고 풍부한 리더십 정보를 가질 필요가 있다. 정보의 원천은 매우 다양하다. 예컨대 사람, 경험, 출판물, 시청각 자료, 인터넷, 프로그램 등을 통해 청소년은 리더십 정보를 얻을 수 있다. 특히 오늘날 대중매체와 인터넷을 통해 홍수처럼 넘쳐나는 정보에 접할 수 있다. 정보의 과잉 상황에서 청소년과 청소년지도자들은 유용한 정보를 선택해서 활용해야 하는 과제에 당면한 것이다.

청소년들은 지속적으로 리더와 리더십에 관련된 정보를 받아들이고 처리하여 일부는 저장하고 일부는 버리게 되는데, 이러한 과정에서 청소년지도자의 적절한 도움과 안내가 필요하다. 유용하고 신뢰할 만한 리더십 정보를 가지게 될 때 청소년은 자신의 리더십 계발을 올바른 방향에서 시작할 수 있다.

리더십 태도(leadership attitude)는 청소년이 스스로를 리더와 동일시하여 자신을 리더로 규정하려는 성향, 생각, 감정 등을 의미한다. 리더십 태도는 긍정적일 수도 부정적일 수도 있으며, 육체적인 성숙에 의해서 자연스럽게 나타나는 것이 아니라 학습되는 것이다. 리더십 태도는 청소년의 경험에 따라 지속적으로 변화·수정된다. 이러한 리더십 태도에 관련된 학습과 변화는 다른 사람과의 상호작용을 통해서 일어나며, 상호작용은 사람과의 직접적인 접촉이나 책, TV, 영화 등을 통한 간접적인 접촉에 의해서도 일어난다. 태도의 학습과 수정과정은 역동적인 과정이다. 이 과정에서 청소년들은 능동적인 학습자로서 부모, 교사, 동료 등의 요구에 반응하고, 어떤 사안에 대한 주의집중 여부를 결정하며, 스스로 자신들의 관점을 정립하기 위해 노력한다. 청소년지도자는 청소년들의 이러한 노력을 지원하고 적극적으로 안내해야 한다.

의사소통 기술(communication skills)은 생각, 메시지, 정보 등을 교환하는 것에 관련된 언어·비언어적 기술이다. 의사소통은 다른 사람과 지식, 태도, 의견, 감정, 아이디어 등을 교환하는 과정으로서 리더십의 필수적인 요소이다. 성공적인 의사소통은 발신자와 수신자의 상호 이해 정도에 달려 있으며, 이는 기술을 요한다. 이러한 의사소통 기술은 학습을 통해서 숙달되며 리더가 갖추어야 할 중요한 능력이다. 의사소통을 통해서 리더와 구성원 간의 장벽은 무너지고 또 하나가 되어 목표를 위해 활동할 수 있다. 의사소통은 습관, 정보, 지식, 태도, 편견 등의 복합적인 상호작용과 관련되어 있다. 청소년들이 무엇을 어떻게 말하고, 다른 사람에 대해 어떻게 반응할 것인가는 모두 청소년 자신의 복잡한 의사소통 기술에 의해서 결정된다. 의사소통 기술은 학습되는 것이기 때문에 청소년지도자는 청소년의 의사소통 기술을 계발하기 위해서 노력해야 한다.

의사결정 기술은 여러 가지 대안 중에서 다른 사람들에게 영향을 미칠 수 있는 선택을 하는 것과 관련되어 있다. 청소년은 점점 독립적이 되어 가면서 스스로 의사결정을 할 기회가 많아진다. 리더의 의사결정 여하에 따라서 조직과 구성원들의 운명이 좌우되기 때문에 의사결정능력은 리더십의 중요한 요소가 된다. 청소년지도자는 체계적인 지도를 통해서 청소년기부터 합리적인 의사결정 기술을 학습시킬 필요가 있다.

스트레스 관리 기술(stress-management skills)은 삶 속에서 발생하는 스트레스를 다루고 통제하는 방법에 관한 것이다. 스트레스는 어떤 사람이 지닌 내적 자원을 초과하는 외적 환경 요인에 의해 느끼는 부담감으로 정의될 수 있으며, 이는 생리적·심리적·신체적 반응으로 나타나게 된다. 스트레스를 과중하게 받게 되면 능력을 발휘하지 못하게 된다. 반면 감당할 만한 적절한 스트레스는 약간의 긴장감을 형성하여 일의 추진에 도움이 되기도 한다. 스트레스 관리 기술은 자신의 감정 상태와 일을 통제하는 것과 밀접한 관련을 가진다. 이런 점에서 스트레스 관리 기술을 자기관리 기술이라고 할 수 있다. 사전계획 속에서 긍정적으로 일을 처리하고 평온한 감정 상태를 유지함으로써 사전에 스트레스를 예방하고 관리하는 기술을 리더십 계발을 통해 함양할 필요가 있다.

4. 리더십 유형

1) 변혁적 리더십

리더십에 대한 전통이론에는 접근방식에 따라 특성이론(leadership trait theory), 행동이론(leadership behavior theory), 상황적 접근이론(leadership situation theory)이 있다. 특성이론은 최초의 리더십 연구로서 리더의 개인적인 특성에 따른 접근으로 '위대한 리더는 선천적으로 우수한 자질 또는 특성을 소유한다'는 가정하에 사회적, 정치적, 군사적으로 뛰어난 리더들의 비리더들과 차별화되는 자질 또는 특성에 초점을 맞춘 '위인이론'에 그 기반을 두고 1950년대까지 발달해 온 리더십이고, 행동이론은 리더의 행동이 과업중심인가 인간중심인가 등의 리더의 행동에 따른 접근으로 1950년대부터 1970년대까지 발달한 리더십 이론이다. 행동이론에서는 리더십 조직성과가 리더의 행동에 따라 달라진다고 보고 리더십은 개발될 수 있다고 본다. 상황이론(contingency theory)은 리더와 부하 사이의 특성, 과업 성격, 집단구조 등의 상황에 따른 접근으로 리더의 특성뿐만 아니라 환경을 이루는 상황에 의해 결정된다는 이론으로 1970년대부터 1980년대까지 발달한 리더십 이론이다.

1980년대에는 이러한 초기의 이론들을 근거로 보다 발전시켜 변화한 변혁적, 거래적, 카리스마적 리더십들이 나오게 되었다. 이러한 새로운 리더십 이론들은 변화에 초점을 두고 조직 변화에 대응하여 리더와 조직 구성원의 영향력 관계를 파악함으로써 리더십의 본질에 접근하고자 하였다. 현대사회가 복잡해지고 구성원의 이해와 특성이 다양해져서 오늘날 모든 사회조직은 한층 더 조직의 리더십이 필요하게 되었고 이에 따라 조직의 올바른 목표를 설정하고 실천하기 위해서는 변혁적 리더십이 적합하다고 보는 견해이다.

변혁적 리더십이라는 용어는 1973년 다운튼(Downton)에 의해 처음 사용되었지만 번즈(Burns)에 의해서 대중의 관심을 받기 시작하였다. 번즈는 리더십 과정을 거래적 리더십(transactional leadership theory)과 변혁적 리더십(transformational leadership theory)으로 구분하였는데, 거래적 리더십은 리더와 구성원들 간에 교환관계에 초점을 둔 리더십으로서 효과적인 리더십 발휘를 위해 리더는 부하가 원하는 것을 제공해 주고 이를 통해 자신이 원하는 방향으로 부하의 행동을 유도해야 함을 강조했다. 반면 번즈에 의하면 변혁적 리더는 리더와 구성원 모두의 도덕성을 보다 높은 수준으로 끌어올림으로써 개인, 집단, 조직의 변화를 추구하는 리더로 보았다. 리더는 구성원들의 높은 수준의 욕구를 고차원적으로 호소함으로써 구성원들 자신의 이익을 초월하며 조직의 이익을 위해 공헌하도록 동기부여해야 함을 강조한다.

정치적 리더십을 연구한 번즈와는 달리 배스(Bass)는 비즈니스 리더들을 연구함으로써 오늘날의 변혁적 리더십 개념을 완성하는데, 배스는 번즈의 변혁적 리더십에 카리스마적 리더십을 더해 거래적 리더십의 상위 개념으로서 변혁적 리더십을 정의하였다.

또한 변혁적 리더십의 특징은 베니스(Bennis)와 나누스(Nanus)에 의해서도 제시되었는데 그들이 정리하는 변혁적 리더들의 특징은 다음과 같다.

첫째, 변혁적 리더는 조직의 미래에 대한 명확한 비전을 가지고 있으며 이 비전은 간결하고 현실적이며 뚜렷한 미래의 청사진을 제시하고 있기 때문에 구성원들로 하여금 자신이 속한 조직의 나아갈 방향을 이해하고 조직목표 달성을 위해 노력하게 한다.

둘째, 변혁적 리더는 조직의 구성원들에게 조직의 가치 및 규범의 변화 방향을 효과적으로 전달함으로써 그들로 하여금 조직의 새로운 가치관과 이념을 적극적으로 수용하도록 만든다.

셋째, 변혁적 리더는 조직이 나아가는 방향을 명확하게 지시하고, 그 목표달성을 위해서 일관되게 행동함으로써 구성원들의 신뢰를 얻는다.

넷째, 변혁적인 리더는 자신의 장점과 단점을 정확하게 파악하여 자신의 역량에 대한 명확한 인식을 바탕으로 개인의 성장과 조직의 목표달성을 위해 매진한다.

변혁적 리더십과 거래적 리더십의 차이를 비교하여 정리하면 다음 〈표 8-2〉와 같다.

〈표 8-2〉 변혁적 리더십과 거래적 리더십의 차이

구 분	변혁적 리더십	거래적 리더십
현 상	현상을 변화시키려 노력	현상을 유지하기 위해 노력
목표지향성	보통 현상보다 높은 이상적 목표	현상과 멀지 않은 목표 지향
기 간	장기적 전망	단기적 전망
동기부여	구성원들에게 자아실현과 같은 높은 수준의 개인적 목표로 격려	구성원들에게 즉각적이고도 가시적인 보상으로 동기부여
행위표준	변혁적이고 새로운 시도에 도전	규칙과 관례를 따르는 성향
문제해결	질문을 하여 구성원들이 스스로 해결책을 찾도록 하거나 함께 일함	구성원들을 위해 문제를 해결하거나 해답을 찾을 수 있는 곳을 알려줌
영향력 기반	가치관(정직, 공정, 책임, 호혜주의)과 감동 등을 통한 영향력 행사	규칙과 전통에 의한 영향력 행사

출처 : 박계영 외(2013).

변혁적 리더십은 이상적 영향력, 영감적 동기부여, 지적 자극, 그리고 개별적 배려의 네 가지 요인을 강조한다. 이와 같은 변혁적 리더십의 4요인을 '4I'라고 한다.

(1) 이상적 영향력

이상적 영향력(Idealized influence)은 구성원들에게 역할 모델이 되는 것을 말한다. 변혁적 리더는 높은 수준의 도덕적 · 윤리적 행동기준을 가지고 있으며, 구성원들로부터 존경과 신뢰를 받는다. 구성원들은 리더와 함께 일하는 것을 자랑스러워한다. 변혁적 리더는 솔선수범을 통해 구성원들에게 영향을 끼친다.

(2) 영감적 동기부여

영감적 동기부여(Inspirational motivation)는 구성원들에게 사명과 비전을 제시하는 것이다. 변혁적 리더는 구성원들이 일에서 가치와 의미를 찾도록 지원하며, 그들에게 높은 기대감을 표시한다. 고무적인 말과 격려를 통해 구성원들이 일에 헌신(몰입)하도록 열정을 북돋는다. 변혁적 리더는 개인의 이익을 넘어 조직의 목표 달성에 초점을 맞추도록 정서적 호소와 상징적 행동을 하며, 팀 정신을 강조한다. 위의 이상적 영향력과 동기부여 두 가지를 '카리스마'라고 한다.

(3) 지적 자극

지적 자극(Intellectual stimulation)은 구성원들이 새로운 시각과 방법을 시도하도록 자극하는 것을 말한다. 창의성과 혁신을 자극하고 스스로 판단을 하도록 촉진한다. 변혁적 리더는 질문과 피드백을 통해 구성원으로 하여금 새로운 생각을 하도록 자극한다.

(4) 개별적 배려

개별적 배려(Individualized consideration)는 협력적 분위기를 조성하고 구성원들의 복지와 개인적 욕구에 관심을 기울이고 배려하는 것을 말한다. 권한위임을 통해 구성원의 성장을 촉진하고 코치와 멘토의 역할을 수행한다. 변혁적 리더는 구성원들을 보호하고 성장시킨다.

2) 카리스마적 리더십

카리스마(charisma)란 신이 주신 능력(endowed gift)이라는 뜻의 그리스어 'kharisma'에서 유래한 말이다. 본래 기독교 교리에서 사용하는 말로 '신께서 주신 특별한 은혜의 능력'이라는 신학용어를 사회과학 분야로 확장하여 사용한 학자는 베버(Weber)이다. 초기 이론가들에 의하면 신비적이고 자아도취적이며, 사람을 끌어당기는 흡인력을 가진 사람으로서, 흔히 위기에 출현하여 뛰어난 해결력으로 그 위기를 극복할 수 있도록 대중을 선도하는 사람이라고 하였다. 베버가 정의하는 카리스마의 핵심사항은 다섯 가지이다. 첫째, 사명에 대한 구성원의 신뢰이다. 리더는 항상 숭고한 사명을 내세우며, 구성원이 자신을 믿도록 하는 능력이 뛰어나다. 자신의 운명과 사명을 동일시하고 구성원들의 욕구와 꿈을 내용으로 사명 달성을 위한 복종을 요구한다. 둘째, 비범한 성과의 입증, 리더에 대한 능력과 힘을 적절히 공급하고, 구성원에게 사명 달성에 대한 혜택을 줌으로써 카리스마적 리더라는 인식이 소멸되지 않도록 한다. 셋째는 카리스마 집단 형성이다. 리더가 이끄는 집단의 구성원 중 일부는 리더에 준하는 카리스마를 갖게 된다. 카리스마적 리더를 중심으로 질서를 유지하며 카리스마 집단을 형성한다. 넷째, 카리스마의 일상화이다. 리더의 영향력은 시간이 지나면서 카리스마의 일상화를 통해 대체된다. 다섯째, 가치중립성이다. 카리스마의 결과는 긍정적일 수도 부정적일 수도 있다. 부정적인 측면도 구체적으로 지적한다.

한편 하우스(House)는 리더가 카리스마를 형성하는 데 영향을 주는 구체적인 변수들과 카리스마의 효과를 포함하는 모델을 제시하였는데 다음의 |그림 8-1|과 같다.

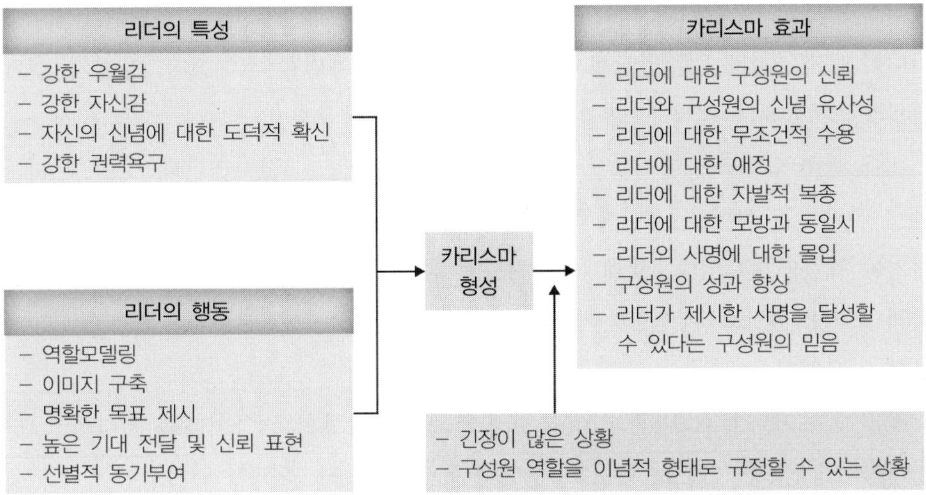

|그림 8-1| 하우스(House)의 카리스마 리더십 연구 모델

콩거와 카눈고(Conger & Kanungo)에 의하면 카리스마적 리더는 다음과 같은 다섯 가지 행동을 보인다고 한다. 첫째, 구성원이 수용할 만할 전력적 비전을 제시하고 구체화하는 행동이다. 둘째, 주변 환경이 부여하는 제약조건과 기회를 현실적으로 평가하는 환경민감성이다. 셋째, 구성원에게 호소력 있고 혁신적으로 비춰지는 비전을 제시하기 위한 전제조건으로 구성원의 욕구와 가치관 및 포부에 관심을 보이는 행동이다. 넷째, 자신이 주장하는 비전을 달성하기 위해 위험을 감수하며 값비싼 대가를 치르는 것을 마다하지 않는 행동이다. 다섯째, 과거의 관행을 타파하고 혁신적인 방법을 추구하는 비관습적 행동이다.

한편으로 유클(Yukl)은 이러한 카리스마적 리더십의 평가에 있어서 부정적인 측면과 긍정적인 측면의 두 가지를 제시하여 정리하였는데, 카리스마적 리더십의 부정적인 결과로는 첫째, 부하들은 리더를 두려워해 좋은 제안을 하지 못하게 된다. 둘째, 부하들은 리더의 인정을 받고자 비판을 억제한다. 셋째, 부하들은 리더를 숭배해 리더들에게 무오류성의 착각을 일으킨다. 넷째, 리더는 과도한 자신감과 낙관주의에 사로잡혀 실제 위험에 눈멀게 된다. 다섯째, 문제와 실패를 부정해 조직학습이 감소한다. 여섯째, 위험하고 거창한 계획은 실패할 가능성이 높다. 일곱째, 충동적이고 불합리한 행동은 신봉자뿐만 아니라 적들을 만들어 낸다. 여덟째, 리더에게 지나치게 의존함으로써 유능한 후계자의 개발을 저해한다. 아홉째, 후계자 개발의 실패는 결국 리더십 위기를 유발한다.

이에 반하여 카리스마적 리더십의 긍정적인 결과도 언급하였는데 첫째, 부하들은 심리적으로 성장을 경험하고 자신의 능력을 개발한다. 둘째, 조직은 역동적인 환경에 적응할 수 있다. 셋째, 성취지향적 문화를 창조한다. 넷째, 참여와 가치지향적 조직을 창조해 부하들에게 활력을 준다. 다섯째, 의사소통은 개방적이고 정보를 공유한다.

정리해 보면, 카리스마적 리더십은 변화를 통한 보다 나은 미래를 지향하고, 장기적이며 이상적인 목표, 진보적인 성향 등으로, 특히 조직이 위기상황에 처했을 때 리더의 역할이 매우 중요하게 기대되는 리더십이라고 할 수 있다. 때문에 리더가 가질 수 있는 오류에 대해서도 논의되고 있다.

3) 서번트 리더십

서번트 리더십(servant leadership)은 최근 주목받고 있는 리더십으로 그린리프(Greenief)가 그의 에세이집 『리더로서의 서번트(The Servant as Leader, 1970)』에서 처음으로 소개한 개념으로서, 집단 구성원을 섬김의 대상으로 보고 신뢰와 헌신을 바탕으로 하는 봉사적 태도 및 가치관을 갖는 리더십이다. 상반된 개념인 서번트(servant)와 리더(leader)가 합쳐진 개념으로, 리더가 구성원의 성장을 도와서 팀워크와 공동체를 형성하는 리더십이다. 리더와 가장 상반된 개념인 서번트 관점을 리더십에 포함하는 것은 구성원을 지휘하고 통솔하는 것을 기본으로 보아 왔던 기존의 패러다임을 반박하고 정작 리더십이 형성되는 원천인 구성원들을 존중하고 기회를 제공하며, 그들의 능력과 창의성을 이끌어 냄으로써 조직과 구성원이 성장하고 진정한 공동체를 이룰 수 있다고 보는 이론이다. 리더는 구성원들에 대한 배려, 봉사, 희생을 통해 구성원들로부터 신뢰를 얻고 구성원들을 목표지향적 행위를 유도하는 것이다. 따라서 서번트 리더십에서 가장 중요한 가치는 신뢰이다. 리더십에서 신뢰란 '리더의 행동에 대해 믿고 따르고자 하는 구성원들의 의지'로서 구성원들은 자신의 권리와 이해가 리더에 의해 악용되지 않을 것이라고 확신할 때 리더의 영향력을 수용하게 된다.

서번트 리더십의 10가지 특징은 다음과 같다.

① **경청**(Listening) : 구성원에 대한 존중과 수용적 태도로 구성원의 요구를 이해하고 집단의 방향을 올바르게 설정한다.

② **공감**(Empathy) : 구성원의 입장에서 상황과 견해를 이해하려고 노력하는 행위이다.

③ **통찰력**(Forestight) : 과거의 경험과 직관을 통해 미래를 내다보고 현재와 미래의 결과를 예측할 수 있는 능력이다.

④ **인식**(Awareness) : 조직과 자신에 대한 인식을 바탕으로 리더십 발휘, 전체적 상황과 상황에 영향을 주는 요소를 정확하게 판단하는 능력이다.

⑤ **설득**(Persuasion) : 지시, 통제보다는 대화를 통한 영향력 행사, 설득에 의한 수용으로 구성원의 합의를 도출한다.

⑥ **개념화**(Conceptualization) : 비전을 제시하고 비전과 목표를 연결하여 방향을 설정해 주는 행위이다.

⑦ **치유**(Healing) : 구성원의 정서적 감정과 업무적 스트레스를 경감시켜 주는 행위를 말한다.

⑧ **봉사의식**(Stewardship) : 개인적 욕구나 이익에 앞서 구성원의 욕구와 이익을 먼저 생각하며 청지기 의식을 가지고 자원을 관리, 봉사하는 행위이다.

⑨ **구성원의 성장에 대한 몰입**(Commitment to the growth of people) : 구성원들이 잠재력을 발휘하고 성장할 수 있도록 기회 및 환경 제공, 다양성에 대한 존중 및 수용, 업무에 관한 재량권을 부여한다.

⑩ **공동체 구축**(Building community) : 상호 관심사를 공유하여 공동의 목표 달성을 위한 구성원 간의 배려와 협력 강조, 구성원들의 활발한 의사소통과 협력을 장려하는 행위, 개인 이기주의 및 부서 이기주의를 넘어선 팀 공동체 의식을 강조하고, 개인 성과보다는 팀의 성과를 중요시한다.

서번트 리더십을 이해하기 위해 전통적 리더십과 비교하여 요약하면 〈표 8-3〉과 같다.

〈표 8-3〉 전통적 리더십과 서번트 리버십 비교

요 소	전통적 리더십	서번트 리더십
관심영역	• 일의 결과 • 추진과정 및 방법 • 최종 결과 중심의 사고	• 일 추진 과정의 장애 요소 • 일 추진 시 필요한 지원과 코칭 • 노력에 대한 평가 • 일의 성공과 개인의 성장을 중시
가치관	• 자기중심적 가치관 • 자기 기준에 의한 지시와 감독	• 타인을 믿고 수용하는 개방적 가치관 • 긍정의 마인드
인간관	• 여러 자원 중의 하나 • 과제가 우선 • 명령하여 결과를 만들어 내는 대상	• 가장 중요한 자원 • 사람이 우선 • 도와주어야 할 성공과 성장의 대상
리더와 구성원 관계인식	• 복종 • 본인의 이미지만 부각 • 심판의 입장에서 갈등과 분쟁 해결	• 존중과 관심 • 공동체 이미지 추구 • 구성원 간 커뮤니케이션을 촉진하고 자율적 갈등 해결 지원
경쟁 목표추진	• 내부 경쟁을 조장 • 경쟁 메커니즘을 고안하고 활용 • 리더중심의 기준으로 구성원의 수행 방식을 요구	• 모두 잘 할 수 있다는 신념 • 구성원의 성공전략 모색 • 다양한 추진방식을 인정
생산성	• 양적인 척도 • 과제중심의 사고 및 측정 • 결과중심의 사고	• 구성원들의 자발적인 노력과 기여 • 과정중심의 사고
시간개념	• 본인 활동에 시간을 집중 • 구성원에게 할애할 시간이 없음	• 다양한 활동에 시간을 분산 • 구성원에 대한 시간을 충분히 할애

이러한 서번트 리더십은 몇 가지 제한점을 가진다.

첫째, 서번트 리더십은 너무 유약하고 지나치게 감성적이라는 지적이 있다.

둘째, 서번트보다는 리더가 되는 편이 더 쉽고, 섬기고 협력하기보다는 군림하고 통제하기가 더 쉽다는 점이다.

셋째, 서번트 리더십이 성공하면 적극적이고 의도적인 조직권력의 분배가 이루어져야 하는데 이는 조직의 피라미드 구조를 뒤집는 현상을 초래한다.

넷째, 서번트 리더십의 목표는 섬기고 섬김을 받는 것이지만 진심으로 섬기는 방법도, 섬김을 받는 방법도 훈련되어 있지 않기에 이에 대한 체계적이고 검증된 프로그램이 필요하다.

다섯째, 지휘와 통제가 아닌 부하중심적 사고로 효율적으로 소통하는 방법을 모른다.

여섯째, 많은 관리자들이 변화의 필요성을 인식하지만 스스로가 그 주체가 되는 것은 꺼린다.

일곱째, 시간적 및 경제적 압박에 처한 조직에는 적합하지 않다.

4) 셀프 리더십과 슈퍼 리더십

(1) 셀프 리더십

셀프 리더십(self-leadership)은 1980년대 조직환경의 급속한 변화와 개인의 가치관 변화로 전통적 리더십에 의해 조직목표를 달성할 수 없다는 인식이 고조되면서 1986년 만즈(Manz)가 최초로 제안한 개념이다. 이후 1987년 만즈와 심스(Sims)가 처음으로 실증적 연구를 하기 시작했고 개인과 조직의 효과성 등에서 인정받고 있다. 사회가 변화하면서 조직 구성원들의 자발적인 노력과 조직에 대한 열정을 이끌어 내기 위해서는 조직 구성원이 다른 사람뿐만 아니라 자기 자신에게도 영향을 줄 수 있다는 새로운 관점이 셀프 리더십이다. 리더가 구성원에게 영향을 미치는 일반적인 리더십과는 달리 개인 스스로 자신의 생각과 행동을 변화시켜 자신을 바꾸라는 의미인 것이다. 현대사회의 조직은 조직 구성원들이 더 높은 지식 수준과 기술 수준뿐만 아니라 독립성, 자기의존, 자아신뢰와 주도권을 행사할 수 있는 능력, 즉 자존심을 갖추기를 원한다. 따라서 리더십을 바라보는 관점도 시대에 맞는 새로운 패러다임이 필요하게 되었다. 그 결과 인간의 내부, 즉 자기 자신으로부터 리더십을 발휘하도록 하는 리더십이 등장하게 되었고 셀프 리더십은 우리가 하고 싶은 일을 자발적으로 스스로 독려할 수 있도록 하는 리더십이다.

다른 사람을 효과적으로 이끌려면 먼저 자기 자신을 이끌 줄 알아야 한다. 셀프 리더십을 형성하기 위한 건설적인 사고 패턴 관리의 인지적 전략으로 총 8개의 전략적 특성이 있다.

① **자기목표 설정** : 자기 스스로 목표를 설정하고 우선순위로 정한 후 스스로에게 실행을 지시하는 행동이다(목표는 도전적, 달성 가능, 구체적).
② **리허설** : 직무수행 전에 신체적, 정신적 예행연습을 함으로써 직무수행의 성공률과 효과성을 높이는 행동이다.
③ **자기관찰** : 변화하기로 행동을 구체적으로 관찰하고, 그 행동에 대한 정보를 수집한다.
④ **자기처벌** : 자신에게 비판과 교정을 함으로써 실수와 습관적 실패를 하지 않는다.
⑤ **자기보상** : 효과적인 직무수행 후 내적 보상으로서 차후 행동을 선택하는 데 영향을 미친다.
⑥ **단서관리** : 자신이 하고자 하는 바람직한 행동을 장려하고 그렇지 못한 행동은 억제하도록 단서가 될 만한 것들을 작업장 주위에 설치하거나 작업장을 변경하는 행위이다.
⑦ **자율적 과업 재설계** : 자신의 일에서 직무의 내적 보상 수준을 높이기 위해 무엇을 어떻게 할 것인가를 스스로 재설계한다.
⑧ **환경 여건 재설계** : 인접한 업무환경에서 오는 내적 보상을 증진하기 위해 업무환경을 재설계하거나 작업의 시간과 장소를 변경하는 것으로, 쾌적하고 즐거운 환경의 회의를 하거나 작업시간이나 일정 계획 등을 변경하는 등의 행위이다.

셀프 리더십은 리더의 영향력과는 반대로 자기 스스로에게 영향력을 발휘하는 리더십이기 때문에 효과적인 행동을 위한 행동적 전략과 효과적인 사고와 태도를 위한 인지적 전략을 이용하여 스스로 리드하고 자기 자신에게 영향력을 미치는 과정이 중요시된다. 여기에서 행동적 전략에는 행동지향적 전략과 자연적 보상전략이, 인지적 전략에는 건설적 사고전략이 포함된다.

이러한 셀프 리더십의 전략을 정리하면 〈표 8-4〉와 같다.

〈표 8-4〉 셀프 리더십의 전략

전 략	구성요소
행동지향적 전략	• 자기관찰(Self-observation) • 자기목표 설정(Self-goal setting) • 자기보상(Self-reward) • 자기비평(Self-punishment) • 자기교정 피드백(Self-correcting feedback) • 자기역할(Self-cueing)
자원보상적 전략	• 유능감(Feeling of competence) • 자기결정감(Self-determination)
건설적 사고 전략	• 역기능적 신념과 가정(Dysfunctional beliefs and assumption)의 수정 • 자신과의 긍정적 대화(Positive self-talk) • 성공적 성과 상상(Visualizing successful performance)

출처 : Houghton & Neck(2002).

셀프 리더십은 타고난 것이 아니라 학습을 통해 얻을 수 있다. 셀프 리더십을 학습할 수 있는 방법은 크게 세 가지이다.

첫째, 관찰모방 학습법으로 구경하면서 배우는 방법이다. 우리는 의도적이든 의도적이지 않든 주변의 중요한 타인들로부터 영향을 받는다. 중요한 타인의 셀프 리더십은 큰 영향력과 자극을 준다. 스스로 도전적인 목표를 세우고 달성하는 기쁨을 즐기는 것을 관찰하면서 자유와 성취감을 간접적으로 경험하는 것도 하나의 방법이 될 수 있다.

둘째, 성공 체험을 연습하는 방법이다. 우리는 목적의식을 가지고 리더십 프로그램을 교육받거나 훈련받을 필요가 있다. 최근 들어 리더십센터에서 셀프 리더십 프로그램이 활성화되고 있으며, 이러한 전문기관들의 교육을 통하여 셀프 리더십의 요소를 학습하고 실제 생활에서 응용해 보는 것이다.

셋째, 일하며 성취하는 방법이다. 조직이 진정으로 원하는 것이 무엇인지 업무목표를 제대로 파악하고, 삶의 진정한 가치와 조직의 성과목표를 이해하기 위해 자기 스스로 목표를 세우고 스스로 점검하도록 지원하는 것이 필요하다.

셀프 리더십 10계명

셀프 리더십은 자기 스스로 자신의 인생의 방향을 설정하고 자기에게 주어진 일에 최선을 다하는 자기 경영 마인드이다. 먼저 자신을 변화시킴으로써 다른 사람도 변화시킬 수 있다는 것이다. 셀프 리더십의 10계명은 다음과 같다.

1. 자신의 구상과 상상하는 결과를 글로 적어 이유를 만들어라.
2. 내 인생의 소중한 우선순위를 정하라.
3. 목표를 자신의 정한 영역별로 분명하게 하고 구체적으로 글로 적어라.
4. 정해진 목표를 이루어 낼 기간을 명시하고 열 가지 이상으로 잘게 나눠 실행 계획을 세워라.
5. 시간을 정해서 연습하고 반복하라.
6. 주변 사람들에게 틈만 나면 자신의 원하는 결과를 이야기하라.
7. 원하는 결과만을 생각하며 행동에 옮겨라.
8. 결과를 보고 다시 시작하라.
9. 포기하지 마라.
10. 목표를 이루었다 상상하며 하루에 세 번 이상 15초씩 웃어라!

출처 : KS 자기계발교육원장 김세우.

(2) 슈퍼 리더십

슈퍼 리더십(super-leadership)은 구성원 스스로 자신을 리드해 갈 수 있도록 도움을 주는 리더십의 개념으로 각 구성원을 셀프 리더로 만드는 리더십이다. 1989년 만즈와 심스에 의해 처음 알려졌는데, 슈퍼 리더십에서의 주요 가정은 모든 구성원이 충분한 잠재력을 가지고 있기 때문에 자발적으로 동기부여가 되어 노력하면 반드시 좋은 성과를 창출할 수 있다고 보는 낙관주의적 견해에서 시작되고, 인간은 무한한 잠재력을 가지고 있기 때문에 인간의 잠재력과 최선의 노력을 이끌어 내고 개발하는 것이 리더의 중요 역할임을 강조한다.

|그림 8-2|는 만즈와 심스의 슈퍼 리더십 모형이다. 슈퍼 리더가 해야 할 중추적인 역할로는 모델링, 목표 설정, 격려와 지도, 보상과 질책이 있다.

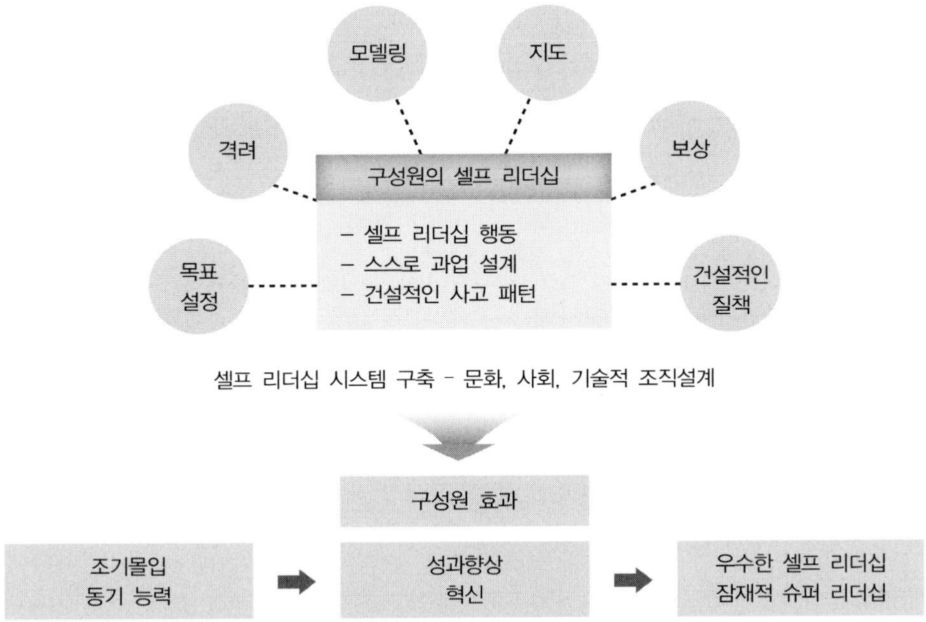

|그림 8-2| **만즈와 심스(Manz & Sims)의 슈퍼 리더십 모형**

① 모델링

이는 슈퍼 리더십의 가장 중요한 요인이자 가장 먼저 시작되는 중요한 단계이다. 리더는 구성원을 성공적으로 리드할 수 있기를 기대하기 전에 리더 자신부터 효율적으로 리드하는 법을 배워야 한다. 결국 리더 자신의 셀프 리더십 행동이 구성원에게 강력한 모델이 되는 것이다. 리더가 보여주는 역할 모델은 다른 어떤 방법보다 효과적으로 구성원에게 전달된다.

② 목표 설정

슈퍼 리더는 구성원이 자신의 목표를 스스로 설정하도록 격려하는 것이다. 여기에는 성과목표뿐 아니라 독창성, 책임의식, 자율적 동기부여, 자율적인 지시를 지향하는 목표 또한 중요한 요소들이다.

슈퍼 리더십 목표들은 성취 가능성, 구체성, 의미성이 있어야 하며, 이 과정에서 할당된 목표로부터 구성원의 자기목표 설정으로의 이해가 필수적이다.

③ 격려와 지도

구성원의 효율적인 셀프 리더십 발휘를 위해서는 격려와 지도가 필요하다. 이것은 구성원의 독창성과 자율적인 지시를 격려하고 증진시키는 중요한 일 중 하나이다.

④ 보상과 질책

리더는 보상과 질책을 적절하게 사용해 구성원의 셀프 리더십을 유도해야 한다. 구성원이 독창성을 발휘하거나 셀프 리더십 전략을 효율적으로 이행했을 때에는 적절한 보상을 주어야 한다.

그 밖에도 슈퍼 리더는 전체적인 셀프 리더십 시스템을 구축하는 데 필요한 다른 요소들도 신중히 고려할 필요가 있다.

슈퍼 리더는 다른 사람들로 하여금 다른 사람들을 도와 그들이 리더 없이도 스스로 일할 수 있게 만드는 사람이며, 장애를 극복한 헬렌 켈러(Helen Adams Keller)의 스승 앤 설리반(Anne Sullivan)의 역할로 예를 들 수 있다.

첫째, 슈퍼 리더는 스스로 훌륭한 셀프 리더의 모델이 되어야 한다. 슈퍼 리더가 효과적인 셀프 리더십을 보이게 되면 하급자들은 그들을 자신의 모델로 생각하고 관찰과 실습을 통해서 터득하게 된다. 이를 위해서 리더는 자기계발을 통해 자질과 능력을 개발하여 인정과 신뢰를 받는 리더가 되어야 한다.

둘째, 리더 자신이 셀프 리더가 되는 것과 함께 부하들을 셀프 리더로 만들어야 한다. 이를 위해서 부하들 스스로 목표를 설정하게 하여 목표 달성에 대한 의욕과 책임의식을 심어 주어야 한다. 하지만 부하의 능력이 부족할 경우도 있으므로 이들을 셀프 리더로 만들기 위한 능력의 육성 및 개발이 필요하다. 하급자들은 효과적인 셀프 리더십을 시도하는 단계에서 슈퍼 리더의 안내와 격려를 필요로 한다.

〈표 8-5〉 슈퍼 리더십과 셀프 리더십 비교

슈퍼 리더십	셀프 리더십
다른 사람들의 변화	자기 자신의 변화
부하들이 기술, 자신감, 특히 지식과 정보를 갖도록 하여 자율권 부여에 초점을 둔다.	자신들에게 영향을 미치기 위해 사용하는 행동과 사고방식에 초점을 둔다.
자유방임이 아닌 다른 사람들이 스스로 자신들을 지휘하도록 고무하는 적극적 리더십	외부적 통제나 권한에 대한 위협이라기보다는 높은 업적을 성취하기 위한 자유방임적인 효과적 노력

셋째, 집단을 부하들의 자발적 활동을 격려하고 자극할 수 있는 자율적인 운영체제로 전환시키는 변화 담당자로서의 역할이 필요하다. 조직 구성원들이 자발적 리더가 되고자 하지만 조직의 문화나 사회, 기술시스템, 조직 구조상의 권한관계, 자원공급 등의 조직체계가 이러한 성향을 용인하지 않는다면 조직 구성원들의 자발적 리더십은 현실화되기 어렵다.

결론적으로 슈퍼 리더십을 요약한다면 구성원들이 리더의 지시와 통제에 따라 움직이는 것이 아니라, 스스로 업무를 판단하고 수행하는 자율 리더십을 갖도록 변화시키는 리더십이라 할 수 있다. 따라서 슈퍼 리더는 구성원이 셀프 리더가 되도록 가르치는 시스템을 설계해 실행해야 한다. 이때 슈퍼 리더가 효과적인 절차를 통해 구성원에게 셀프 리더십을 학습시키는 것이 중요하다.

슈퍼 리더가 구성원들에게 셀프 리더십을 교육시키는 단계는 4단계로 이루어진다.

첫 번째 단계는 리더 자신이 먼저 셀프 리더가 되어 셀프 리더십을 실천하는 것이다. 자기관찰, 자율적인 자기목표 설정, 자기평가에 근거한 보상과 처벌 등의 전략을 스스로 실행함으로써 자율 리더의 모습을 보여야 한다. 이러한 관찰 가능한 분명한 방법으로 셀프 리더십의 전략을 실천함으로써 구성원들의 모델이 될 수 있고, 구성원들은 슈퍼 리더가 보여준 모범적인 기준을 받아들이고 기준에 따라 자신을 평가하게 된다.

두 번째 단계는 참여 유도 단계이다. 이 단계에서 슈퍼 리더의 건설적인 제안이나 지시 등이 중요하다. 슈퍼 리더의 효과적인 행동과 지도 그리고 그와 결부

된 질문은 셀프 리더십을 체득하고자 하는 의욕을 불러일으키게 된다. 참여 유도는 구성원들에게 셀프 리더십의 사고와 행동을 실천할 훈련 기회를 제공하는 것이다.

세 번째 단계는 셀프 리더십의 과정 자체를 장려하는 쪽으로 바꾸는 단계이다. 구성원들이 점차 셀프 리더십을 발휘하기 시작하면 슈퍼 리더는 구성원들의 셀프 리더십을 강화하는 방법을 바꾸어야 한다. 슈퍼 리더는 처음부터 구성원들이 구체적인 성과와 관련된 행동들을 하도록 장려하다가 시간이 흐름에 따라 차츰 셀프 리더십의 과정 자체를 장려하는 쪽으로 바꾸어야 한다. 즉, 구성원들에게 직접 지시를 하거나 성과를 독려하기보다는 격려하고 지도하며, 자기목표 설정이나 자기강화, 자연적인 보상 추구, 건설적인 사고 확립 등과 같은 과정을 장려해야 한다. 구성원들이 셀프 리더십을 갖도록 하는 가장 중요한 요소의 하나는 슈퍼 리더의 인정과 격려이다.

09 CHAPTER

청소년 지도방법

1. 청소년 지도의 개념
2. 청소년 지도의 원리
3. 청소년 지도방법의 기초 이론
4. 청소년 지도의 유형

CHAPTER 09

청소년 지도방법

1. 청소년 지도의 개념

청소년 지도는 사회 변화에 따른 교육적 필요에 의해 생겨난 개념으로 볼 수 있다. 산업화 사회 이전 농업중심의 사회에서는 청소년의 사회화를 위한 특별한 교육의 필요성이 대두되지 않았다. 산업화 사회 이후 급격한 사회 변화는 필연적으로 청소년 지도에 대한 중요성을 알게 하였고, 주로 사회 부적응, 가출, 비행과 같은 청소년 문제를 해결하기 위한 교육적 조치가 청소년 지도로 개념화되었다. 그 후, 청소년 지도가 보편화되면서 학교교육을 보완하여 청소년들의 다양한 욕구를 충족시키고자 하는 활동까지 포함하는 것으로 그 의미가 확대되었다. 따라서 청소년 지도는 지도대상의 측면에서 학교 안의 청소년과 학교 밖의 청소년 모두를 대상으로 하며, 교육내용의 측면에서 청소년의 지적 · 정의적 · 신체적 영역 모두를 대상으로 하기 때문에 매우 광범위하고 포괄적인 의미를 지니고 있는 개념이라고 볼 수 있다.

김정열(2015)은 청소년 지도에 대한 지금까지의 다양한 개념 논의를 정리하고, 공통점을 다음과 같이 제시하였다.

'그들 나름대로의 삶을 즐기고 영위', '도덕적 능력을 향상', '바람직하고 건전하며 온전한 상태로 성장', '자기주도적 능력을 갖도록' 같은 어휘에서 알 수 있듯이 청소년 지도의 목적지향성, 가치 함축성을 담고 있다. 청소년 지도는 몰가치적이거나 자유 방임적인 것이 아니라 일정한 가치와 목적을 지향한다.

'지원', '조력', '조성', '안내' 같은 용어에서 보듯이 청소년 지도의 실체적 지도활동 내용을 담고 있다. 청소년 지도의 실체는 청소년 활동을 지원하고 인내하는 과정이지 어떤 이념이나 가치, 내용을 처방적으로 지시하거나 주입하는 것이 아니다. 또한 청소년 지도는 정태적 · 일시적 · 비체계적이 아니라, 동태적 · 지속적 · 체계적이다. 청소년 지도는 어떤 과정을 통해서 일련적으로 이루어지는 것이다.

청소년 지도의 주체와 객체를 포함하고 있다. 청소년 지도의 주체는 '전문지도사'라는 용어에서 보듯이 능력과 경험을 갖춘 전문가이다. 청소년 지도사, 청소년 상담사가 대표적이다. 청소년 지도의 객체는 당연히 청소년이다. 따라서 청소년 지도는 청소년에 대한 활동이다. 오늘날 청소년의 참여가 강조되면서 청소년 지도에 있어서도 청소년에게 참여 기회를 다양하게 주지만, 청소년 지도는 전문가와 청소년의 관계 속에서 이루어진다.

이상의 청소년 지도에 대한 논의를 종합해 볼 때, 청소년 지도는 '청소년들의 전인격적인 발달을 위해 전문가가 지속적 · 체계적 · 적극적으로 조력하고 지원하는 과정'을 의미한다고 볼 수 있다.

2. 청소년 지도의 원리

청소년 지도를 통하여 청소년을 효율적으로 지도하고, 청소년이 동기와 목표를 가지고 유의미한 학습을 할 수 있도록 하려면 청소년 지도를 할 때 다음의 원리를 매우 중요하게 고려해야 한다.

먼저, 청소년 지도를 수행하기 위해서는 다음과 같은 전제가 필요하다.

첫째, 청소년에 대한 정확한 이해가 필요하다. 청소년의 신체, 심리, 정서 등의 발달 상황을 통찰할 때, 그들에게 맞는 지도를 시행할 수 있음은 당연하다.

둘째, 청소년 문화의 변천사와 현재 청소년 문화에 대한 이해가 필요하다. 청소년 시기는 매우 독특하며 그들만의 문화세계를 구축하는 것이 특징이다. 가령, 청소년기의 도덕적 판단에는 또래의 평판이나 인정이 중요하다. 비록 도덕적인 일이 아니라고 하더라도 친구들에게 재미를 주거나 인정을 받는 일로 자신의 도덕성을 판단하기도 한다. 뿐만 아니라, 청소년이 매체를 통해 수용하는 문화가 매우 빠르게 변화하고 있으며, 그 문화를 성인인 교사가 이해하기가 쉽지 않다. 청소년기의 문화를 이해한다는 것은 그들과 함께 라포를 형성하고, 교류하며, 그들의 필요와 욕구를 함께 나누는 것이기에 중요하다.

셋째, 청소년들의 다양한 교육적 요구를 파악하고 이해하는 것이 필요하다. 청소년기는 자신의 진로를 구체화하고, 미래 사회의 구성원이 되기 위해 준비를 해나가는 시기임과 동시에, 청소년기 자체에 해당하는 발달과업도 성취해 나가야 하는 시기이기도 하다. 또한 자아개념이 분명하게 발달하므로 청소년 각 개인의 특징이 매우 뚜렷하고 다르게 나타나는 시기이다. 이러한 이유 때문에 청소년기의 교육적 요구는 매우 다양하고, 광범위할 수밖에 없다. 현실적으로 다양하고 광범위한 교육적 요구를 모두 수용하기 어렵겠지만, 가급적 청소년들의 입장에서 청소년 지도를 계획하면, 의미 있는 청소년 지도가 가능할 것이다.

넷째, 청소년 지도와 관련 있는 사람들과의 충분한 공감대가 필요하다. 앞에서 논의한 첫 번째부터 세 번째까지의 전제조건들은 모두 청소년 지도를 담당하는 관련 인사들의 공감대 형성을 위한 것이라고 해도 과언이 아니다. 따라서 청소년 지도사 들은 청소년 지도와 관련 있는 인사뿐만 아니라 청소년 지도의 핵심인 청소년들과의 공감대 형성을 통하여 청소년 지도의 효과성과 효율성을 제고해야 할 것이다.

이상의 전제조건을 바탕으로 하는 청소년 지도는 다음과 같은 구체적 원리를 지닌다.

첫째, 자율적이고 자기주도적인 원리다. 청소년 지도는 학교교육에서 다루는 교육내용과는 학습내용의 선정에서부터 다르다. 청소년 지도에서는 대부분 학생 스스로 흥미와 관심을 가지고 있고, 필요하다고 생각하는 내용을 교육내용으로 선정해야 한다. 교육내용의 선정이 이러해야 청소년들은 적극적이며 능동적으로 학습과정에 임하게 된다.

둘째, 전인적 발달의 원리다. 대부분 '학습'이라고 하면 인지적 발달을 도모하는 것으로 가정하지만, 청소년 지도는 인지적 정의적 · 신체적 등 개인의 모든 측면에서 균형 있는 발달을 도모할 수 있도록 지도하는 것을 지향한다. 학교교육이 인지적 발달에 편중되어 있고, 학생들의 다양한 교육적 요구를 수용하지 못한다는 측면에서 의미가 있는 원리라고 볼 수 있다.

셋째, 지속성의 원리다. 청소년 지도는 지속적인 지도를 지향한다. 청소년 지도에서 다루는 교육내용들은 일회성으로 지도해서 원하는 결과를 얻을 수 있는 것이 아니다. 지속적이고 반복적인 교육 참여에 의하여 원하는 분야가 계발될 수 있다. 가령, 리더십을 신장시키기 위한 청소년 지도의 경우에도 한 번의 지도과정을 통해서는 신장의 정도가 만족스럽지 못할 것이다. 따라서 청소년들이 계발해야 하고 계발하고 싶은 교육내용들은 여러 번 연속적으로 교육 기회를 제공하여 효과적인 교육을 도모해야 한다.

넷째, 체험성의 원리다. 청소년들은 신체적 에너지가 넘치고, 자신의 호기심을 체험을 통하여 해소하고자 하는 특징을 가지고 있다. 그에 반해, 청소년들이 학습하는 대부분의 환경은 매우 정적이어서 청소년들이 소극적으로 학습하고 있는 것이 사실이다. 청소년 지도에서 청소년이 경험적으로 학습하게 하는 것은 동기를 지속적으로 유지하도록 하는 데도 중요하며, 경험을 통하여 체득한 학습은 강한 내면화를 가능하게 한다는 점에서도 매우 중요한 원리라고 볼 수 있다.

다섯째, 동기유발의 원리다. 동기가 유발되지 않은 학습은 효과를 이끌어 낼 수 없다. 청소년 지도의 내용이 청소년들의 교육적 필요에 맞추어져 있는 것은 사실이나, 때로는 청소년들이 반드시 배워야 할 내용을 지도할 필요도 있다. 이때 청소년들이 즐겁고, 재미있고, 흥미 있고, 호기심을 느낄 수 있는 방법으로 학습시키면 청소년들의 필요와 동떨어진 학습내용이라고 하더라도 소기의 지도 성과를 이끌어 낼 수 있게 된다. 동기유발의 원리에서 제도적인 지원도 중요한데, 홍보와 실행(강화, 다양한 장치 및 프로그램, 현실과 밀접한 상황 마련)을 위한 재정적, 행정적 지원이 가능할 때, 청소년들은 매우 유의미한 학습으로 인식하고 청소년 지도에 임하게 될 것이다.

여섯째, 창의성의 원리다. 주의집중은 선별(selectivity), 집중(concentration), 유의미성(meaningfulness)에 따라 일어난다. 모든 사람은 재미있고 즐거운 것에 주의집중

하며(선별), 먼저 해야 할 것에 주의집중한다(집중). 또한 자신이 의미 있다고 생각하는 것에 주의집중하게 되는데(유의미성), 이 모든 주의집중을 이끌어 낼 수 있는 원리가 창의성이다. 예측하지 못한 새로운 방법으로 청소년 지도를 할 때 청소년들은 재미와 흥미를 느끼게 될 것이며, 창의적으로 가르쳐야 할 내용을 구성하고 조직할 때, 청소년들은 의미와 우선순위를 둘 것이다. 따라서 청소년 지도를 담당하는 사람은 청소년 지도를 함에 있어 '창조적 순발력'을 발휘할 수 있도록 준비되어야 하며, 또 그렇게 지도해야 한다.

일곱째, 현실성의 원리다. 청소년 지도가 체험과 경험을 중심으로 이루어지는 것은 사실이나, 교육 현장의 현실을 무시할 수는 없다. 가령, 우주에 관심 있는 학생들을 러시아의 가가린 우주센터로 모두 데리고 가서 무중력 체험을 하게 한다는 것은 불가능하다. 따라서 청소년 지도를 담당하는 사람은 최대한 청소년들이 체험과 경험을 중심으로 학습할 수 있도록 노력하되 청소년 지도가 이루어지는 교육 현장을 충분히 고려하여 실질적으로 지도 가능한 방안을 마련해야 한다.

이상의 일곱 가지 원리를 통하여 계획을 수립하고, 청소년 지도를 시행하게 된다면, 매우 바람직한 청소년 지도가 이루어질 수 있을 것이다. 청소년 지도를 담당하는 청소년지도사들은 스스로 청소년 지도의 원리를 고려하면서 지도 계획을 수립하고 시행을 하는지 점검해야 하며, 만약 이상의 원리를 고려하고 시행함에 있어 자신의 역량이 부족함을 깨닫는다면 지속적인 노력을 아끼지 말아야 할 것이다.

3. 청소년 지도방법의 기초 이론

1) 행동주의 이론

행동주의 학습 이론으로 파블로프(Pavlov)의 고전적 조건형성 이론과 스키너(Skinner)의 조작적 조건형성 이론이 대표적이라고 할 수 있다. 이 장에서는 고전적 조건형성 이론과 조작적 조건형성 이론을 통하여 청소년을 지도할 때 적용시킬 수 있는 학습원리를 고찰해 보고자 한다.

파블로프는 개 실험을 통하여 학습자가 학습하게 되는 원리를 제시하고자 하였다. 그는 개가 먹이를 보면 침을 흘리는 현상에 주목하여, '먹이'라는 무조건 자극(UCS : Unconditioned Stimulus)에 따른 '침을 흘리는 행동'을 무조건 반응(UCR : Unconditioned Responsibility)으로 규정하였다. 그리고 개에게 먹이를 주기 전 조건 자극인 종소리(CS : Conditioned Stimulus)를 들려주는 것을 반복하여 '먹이'라는 무조건 자극과 '종소리'라는 조건 자극의 결합이 일어나도록 하였다. 그 결과, 먹이를 주지 않고 종소리만 들려주어도 개는 침을 흘리는 조건 반응(CR : Conditioned Responsibility)이 형성된 것이다. 이 과정에서 조건 자극에 따른 조건 반응이 나타나도록 하는 것이 조건형성이며, 조건형성이 된 것을 학습한 것으로 간주하였다.

파블로프가 제시한 학습은 무조건 자극에 따라 무조건 반응이 있음을 전제로 하고 있다. 여기서 무조건 반응은 불수의적 운동으로서, 불수의적 운동이란 눈 깜빡임과 같은 반사운동, 심장 근육의 움직임과 같이 의식적인 통제가 불가능한 운동을 의미한다. 스키너는 사람이 통제할 수 없는 불수의적 운동을 전제로 하고 있다는 파블로프 이론의 한계점을 극복하고자 하였다. 이에 스키너는 스키너 상자(Skinner box)를 고안하여 조작적 조건형성 이론을 제안하였다. 스키너 상자 안의 쥐는 설치되어 있는 지렛대의 기능을 알지 못한다. 스키너 상자는 지렛대를 누르면 먹이가 나오게 고안되어 있는데, 쥐는 우연히 지렛대를 누르게 되는 것을 반복하게 되고, 그 결과 지렛대를 누르면 먹이를 얻을 수 있다는 것을 학습하게 된다. 그 결과 쥐는 먹이를 얻기 위한 의도와 목적을 가지고 지렛대를 누를 수 있게 되는 것이다. 여기서 지렛대는 조작적인 반응이며, 먹이는 강화인자로서 조작적 반응을 증가시키게 된다. 또한 다른 행동으로는 먹이를 얻을 수 없고, 반드시 지렛대를 눌러야 먹이를 얻기 때문에 지렛대를 눌러 먹이를 얻는 것은 변별 자극으로 작용하게 된다.

이상의 행동주의 이론은 개나 쥐와 같은 하등동물에 대한 실험 결과를 인간의 학습에 적용시키기에는 무리가 있고, 인간을 매우 피동적인 존재로 인식한다는 점에서 비판을 받고 있으나, 자극과 그에 따른 반응을 통하여 학습자의 행동을 수정하기 위한 이론으로서는 가장 강력한 이론이라고 볼 수 있다. 행동주의 이론을 통하여 도출할 수 있는 원리는 다음과 같다.

① 변화시키고자 하는 청소년의 행동을 정확하게 정의하여 구체적이고 측정 가능한 목표로 설정한다.
② 지도목표를 달성하기 위하여 목표의 하위 요인들을 세분화하여 계열화한다.
③ 청소년이 의미 있게 생각하는 효과적인 강화인자를 설정한다.
④ 강화인자는 반응 직후에 수반하도록 하고, 점차 강화를 소거하여 학습자가 행동 수정을 내면화시키도록 강화 원리를 적용한다.

2) 인지주의 이론

인지주의 학습 이론은 행동주의 학습 이론이 가지고 있는 한계에 대해 주로 세 가지를 비판하였다. 첫째, 개와 쥐 실험과 같은 하등동물의 실험을 사람에게 적용하는 것이 바람직한지에 대한 문제이다. 인간은 차원 높은 수준의 고등 사고 기능을 가지고 있으므로 개와 쥐 실험을 통해 도출된 원리만으로는 인간의 학습을 제대로 설명할 수 없을 것이다. 둘째, 학습의 결과가 반드시 행동의 변화로 확인되어야 하는 것인지에 대한 문제이다. 학습을 한다는 것이 반드시 행동의 변화로 귀결되지는 않는다. 학습 과정에서 지식의 양이나 질이 달라질 수 있지만, 이것은 행동의 변화로 관찰할 수 없는 것이다. 셋째, 학습자가 자극에 따른 반응으로 행동하고 학습하는 소극적인 존재라는 것에 대한 문제이다. 학습자는 매우 능동적인 존재이다.

그 증거는 여러 곳에서 발견할 수 있는데, 대표적으로 학습자는 초인지(meta-cognition)를 사용한다는 것이다. 즉, 학습자는 자신이 학습하고 있는 교과나 내용에 대한 인지를 계획하고 반성하고 점검한다. 가령, 방정식을 풀어나갈 때 필요한 것은 수학적 인지 기능이지만, 수학적 인지 기능을 잘 수행하도록 계획하고 기능을 제대로 사용하였는지 반성하고 점검하는 것은 초인지의 역할이다. 초인지는 수학뿐만 아니라 다른 교과 및 내용과 관련한 인지에 모두 적용시킬 수 있는 '인지에 대한 인지'로서 교과 및 내용을 초월하여 활용되기 때문에 초인지라고 명명하는 것이다.

대표적인 인지주의 학습 이론인 브루너(Bruner)의 발견학습과 오수벨(Ausubel)의 유의미 학습 이론을 포함한 인지주의 학습 이론의 개념을 포괄적으로 파악하고, 청소년 지도에 필요한 시사점을 도출해 보기로 한다.

먼저, 인지주의 학습 이론은 인간이 생각하는 정신과정과 지식의 구조를 매우 중요하게 생각한다. 즉, 다른 종과 다르게 인간만이 생각하는 사고의 메커니즘(mechanism)을 가지고 있으며, 이를 통하여 각 개인은 특정한 지식의 구조를 생성한다. 또한 인간은 학습에 있어서 매우 능동적인 존재로서, 적극적으로 초인지를 사용하며, 다양한 학습전략을 사용하여 효율적으로 학습을 도모한다. 심지어 조직화되어 있지 않은 자료가 제시되면, 학습하기 쉽도록 조직화하기 위해 노력한다. 따라서 인지주의 학습 이론에서는 학습자가 가지고 있는 사고의 메커니즘에 맞게 학습의 순서와 자료의 계열을 조직하는 것이 매우 중요하다. 또한 학습자 스스로가 적극적으로 다양한 인지 처리 전략을 사용하도록 유도하는 것이 바람직하다. 초인지 및 학습자료를 효율적으로 습득 · 파지 · 인출하기 위하여 심상화 · 정교화 · 구조화 · 암기전략 및 학습자료를 의미 단위로 연결시키거나 묶는 청킹(chunking) 전략을 적극적으로 사용하도록 유도해야 한다. 또한 학습을 함으로써 스스로 효능감과 만족감을 누리게 함으로써, 외부에서 주어진 동기가 아닌 내재적 동기가 학습자의 의지를 강화할 수 있도록 하는 것이 중요하다. 이를 종합하여 볼 때, 인지주의 학습 이론에서 청소년의 지도에 적용시킬 수 있는 원리는 다음과 같이 제시할 수 있다.

① 청소년 지도에 활용되는 학습자료를 매우 치밀하게 분석하여 청소년이 가지고 있는 지식의 구조에 맞게 논리적으로 내용과 순서를 계열화시킨다.
② 청소년이 미리 알고 있는 지식과 경험의 양과 질이 어떠한지 파악하고 이를 기반으로 지도한다.
③ 청소년 학습자가 학습할 내용의 전체 구조를 미리 파악하게 한다.
④ 청소년 학습자의 행동의 변화뿐만 아니라 인지처리 과정에 관심을 가지고 있어야 하며, 학습자 스스로 자신의 인지과정을 점검할 수 있도록 지도한다.
⑤ 초인지, 심상화, 정교화, 구조화, 암기, 청킹 등 다양한 인지처리 전략을 사용할 수 있도록 교수하고, 인지처리 과정과 내용에 적합하게 전략을 조절하여 적용할 수 있도록 지도한다.

⑥ 배우는 것에 만족감을 느낄 수 있도록 지도하며, 학습을 통한 자기효능감이 증진되도록 지도한다.

3) 구성주의 이론

구성주의 이론은 행동주의나 인지주의 이론과는 학습을 바라보는 시각이 매우 상이하다. 행동주의나 인지주의 이론에서 학습자가 학습해야 할 내용을 결정하지 않고, 교수자가 선정한다. 행동주의와 인지주의 모두에서 교수자가 선정한 내용을 학습시키는데, 행동주의에서는 자극과 반응의 조합으로, 인지주의에서는 학습자의 인지적 메커니즘에 부합하는 방법으로 지도한다는 학습 방법의 차이가 있을 뿐이다. 그러나 구성주의에서는 학습자가 자신에게 의미 있는 지식을 스스로 구성(construct)한다. 즉, 구성주의 학습자 스스로 학습해야 할 내용을 선정함을 설명하고 있다. 피아제(Piaget)는 개인적 혹은 심리적(인지적) 구성주의로, 비고츠키(Vygotsky)는 사회적 구성주의로 대표되는 학자들이다. 이들이 제시한 이론을 중심으로 그 내용을 살펴보면 다음과 같다.

먼저 피아제는 감각운동기, 전조작기, 형식적 조작기, 구체적 조작기 등의 네 단계의 인지발달 단계를 제시하면서, 인지발달의 과정이 어떻게 이루어지는지 설명하였다. 피아제는 인간은 인지적으로 평형화를 추구하려고 한다는 전제를 가지고 인지발달을 설명한다. 인간이 기존 경험과 지식이 있는 상태에서 새로운 지식을 받아들여야 할 때, 새로운 지식이 기존의 경험과 지식에 모순되지 않거나 동질적인 것이라면 그것을 받아들이는 것은 어려운 일이 아니다. 기존 경험과 지식에 새로운 지식을 자연스럽게 포함시키는 과정이 '동화'이다. '동화'를 통하여 인지적으로 편안한 상태인 평형화는 계속 유지된다. 반대로 사전 경험과 지식에 대해 모순되거나 이질적인 지식을 받아들여야 한다면 '동화'에 비하여 어려운 과정을 겪게 된다. 즉, 추가적인 정보를 획득하거나, 지식의 구조를 생성하거나 변형시켜야 하는 '조절'의 과정을 거쳐야 비로소 새로운 지식을 받아들일 수 있게 된다. 이처럼 모순되거나 이질적인 정보를 접했을 때, 인간은 인지적으로 불평형화 상태에 놓이게 되는데, 불평형화 상태를 평형화 상태로 전환하기 위하여 '조절'의 인지적 노력을 하는 것이다. 따라서 일종의 당연한 정보를 받아들이는 '동화'는 발전적인 학습에 큰 도움이 되지 않는다. 오히려 불평형화 상태를 극복하기 위하여 모순되고 이질적인 정보들을 조절하려고 노력하는 것이 더욱더 발전적인 학습을 가능하게 만드는 것이다.

피아제가 설명하고 있는 인지발달의 과정도 매우 중요하지만, 구성주의 이론을 설명하기 위해서는 인지발달의 과정이 야기되는 이유가 더욱 중요하다. 피아제가 제시한 인지발달의 과정은 인지주의 학습 이론에서 강조하는 학습의 과정과 별다를 바가 없다. 그러나 피아제는 학습자의 지식, 신념, 자아개념, 정체성에 따라 필요하다고 생각하는 학습의 내용이 다르기 때문에 학습자 스스로 자신의 지식을 구성한다고 보았다. 그리고 지식을 구성하는 것은 철저하게 학습자 내부에서만 일어난다고 보기 때문에 피아제의 구성주의를 개인적 혹은 심리적(인지적) 구성주의로 명명하는 것이다. 반면 인지주의 학습 이론은 학습자가 학습을 하는 이유에 큰 관심을 두지 않고, 학습자가 학습할 때 나타나는 인지적 과정에 집중하고 있다는 점에서 피아제의 구성주의와는 다르다고 볼 수 있다.

비고츠키는 학습자의 지식, 신념, 자아개념, 정체성에 따라 필요하다고 생각하는 내용을 학습자 스스로 구성해 나간다는 피아제의 이론에 동의하는 한편 학습자가 필요하다고 생각하는 학습 내용이 사회·문화적 맥락에 의해 결정되는 것으로 간주하였다. 가령, 우리나라에서는 웃어른에 대한 예의범절에 대한 지식이 매우 중요한 반면, 서양 사회에서는 웃어른에 대한 예의범절보다는 프라이버시에 대한 지식이 더 우선적일 수 있다. 따라서 학습자가 구성해야 할 지식은 시대와 문화에 따라 의미와 가치가 달라지며, 이는 개인 간의 상호작용을 통하여 결정된다. 즉, 사회 구성원들의 상호작용을 통한 합의를 통하여 시대와 문화에 의미 있는 지식이 결정된다는 것이다. 또한 비고츠키는 이러한 사회적 상호작용을 가능하게 하는 '언어'의 역할을 매우 강조하고 있다. 사회적 구성주의는 피아제의 개인적 구성주의와 달리 개인이 극단적으로 구성한 지식을 합리화시키는 위험을 방지할 수 있다. 가령, 개인적 구성주의는 학습자가 범죄를 저지르기 위하여 필요한 지식을 구성하는 것에 반박의 근거를 제시하지 못한다. 그러나 범죄를 위한 지식은 사회적 · 문화적으로 합의되지 않은 지식이기 때문에 사회적 구성주의에서는 지식으로 상정되지 않을 것이다.

이상의 구성주의 이론에 따른 청소년 지도의 시사점을 기술하면 다음과 같다.

① 청소년 지도 시 청소년이 의미 있다고 생각할 수 있는 내용을 중심으로 지도하는 것이 바람직하다. 이를 위하여 학습자를 분석하는 것은 무엇보다 중요하다.

② 청소년은 능동적인 학습자이다. 청소년 지도를 할 때, 교사가 일방적으로 가르치는 것이 아니라 가르쳐야 할 내용, 방법, 절차에 대해 청소년 스스로 선택할 수 있는 범위를 가급적 넓혀주어야 한다.

③ 수업 장면에서만 학습이 일어나는 것이 아니라, 청소년들이 일상생활을 하는 과정에서도 학습이 될 수 있음을 충분히 고려하고 지도한다.

④ 타인과 적극적인 대화를 통한 상호작용이 일어날 수 있도록 조작적으로 교육환경을 형성한다. 상호작용을 통하여 교사가 의도한 지식을 습득할 뿐만 아니라, 자신에게 의미 있다고 생각하는 지식을 습득할 수 있는 기회를 얻게 되는 것이다. 타인과의 상호작용은 교사, 동료, 가족 등 학습자가 처한 환경에서 다양한 형태로 일어날 수 있다.

⑤ 학습자에게 좋은 롤 모델(role model)을 제시하고 그들과 상호작용할 수 있는 기회를 부여한다. 학습자는 자신의 지식, 신념, 자아개념, 정체성에 따라 롤 모델이 다른데, 학습자가 생각하기에 좋은 롤 모델을 통하여 능동적으로 학습을 도모할 수 있다.

4) 경험학습 이론

청소년 지도의 교육적 의의는 공동생활의 태도와 기술을 학습하고, 사회적 적응력을 향상하고 인간관계를 배울 수 있으며, 행동내성(行動耐性)을 향상시키는 것이다(한국청소년개발원 편, 1994). 행동내성은 힘들거나 어려운 것을 참고 견디면서 반복하여 시행하였을 때, 그것을 점차적으로 더 잘 수행할 수 있게 되는 익숙함과

적응력이 향상되는 과정을 말한다. 그러므로 청소년 지도에서는 청소년들이 직접 행동을 수행하면서 경험하고, 경험 자체의 의미와 내용을 파악하고 이해하며, 이해된 경험을 지식으로 전환하는 과정이 매우 중요하다. 청소년 활동이 가지고 있는 교육적 목적은 경험이 전환되어 학습이 될 때 달성 가능하기 때문에(조미영 · 권일남, 2011), 경험학습 이론은 청소년 지도에서 매우 중요한 가치를 지닌다.

경험학습(experiential learning)의 대표적인 이론은 콜브(Kolb, 1984)의 이론이다. 콜브는 학습을 결과가 아닌 과정으로 파악하였다. 또한 경험의 전환을 통해 지식이 구성될 때, 학습자의 감정, 지각, 행동, 사고가 상호작용하는 과정이 일어난다고 가정하였다. 콜브(1984)는 경험학습 모형(그림 9-1)을 통하여 이를 설명하고 있다. 경험학습 모형의 내용을 세부적으로 살펴보면 다음과 같다.

(1) 구체적인 경험(concrete experience)

구체적인 경험 단계는 구체적인 활동에 참여하여 오감각을 통하여 사람, 사물, 상황을 파악하는 단계이다. 또한 현재의 경험을 활용하여 기존의 경험을 재해석하는 단계이다.

(2) 반성적 성찰(reflective observation)

이 단계는 새롭게 경험한 내용이 기존에 이해하고 있는 내용과 일치하지 않는 부분에 대해 비판적으로 성찰하고 그 의미를 사고하는 단계이다. 경험학습은 어떠한 행동을 기계적으로 하는 것을 의미하지 않는다. 경험이 의미를 가지기 위해서는 성찰의 과정이 필수적이라는 점에서 반성적 성찰은 경험학습의 매우 중요한 단계라고 볼 수 있다.

(3) 추상적 개념화(abstract conceptualization)

추상적 개념화의 단계는 반성적 성찰을 통하여 얻게 된 의미들을 일반화시키는 단계이다. 추상적 개념화를 통하여 새로운 아이디어를 만들어 내거나, 기존에 소유하고 있던 추상적 개념을 발전적으로 수정하는 단계이다.

(4) 능동적 실험(active experimentation)

능동적 실험의 단계는 새롭게 형성한 아이디어나 수정된 추상적 개념을 새로운 상황에 적용시켜 검증하는 단계이다.

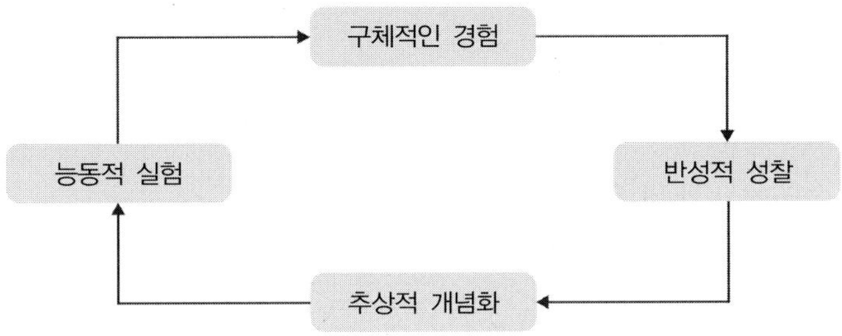

|그림 9-1| 콜브(Kolb)의 경험학습 모형

출처 : Kolb, D. A.(1984).

경험학습 모형을 통하여 도출할 수 있는 주요 원리는 다음과 같다.

① 청소년들이 자신의 경험을 주도적으로 이끌어 나갈 수 있는 기회를 마련해야 한다. 이때 경험에 대한 자율성은 최대한 보장하되 결과에 대한 책임도 있음을 상기시켜야 한다.

② 청소년들이 지적, 정서적, 사회적, 신체적 측면 등 전 인격적으로 균형 있게 성장할 수 있도록 지도해야 한다. 경험은 행동을 통해서 일어나지만, 학습은 지적, 정서적, 사회적, 신체적 등 다양한 측면에서 이루어지기 때문이다.

③ 청소년들의 학습은 결과가 아니라 계속적인 과정이며, 지식은 경험을 통하여 재형성되는 것이기 때문에 단순한 주입식·암기식 방법을 지양한다.

④ 환경과 상호작용을 통한 경험 기회를 많이 부여하되, 경험의 의미와 가치를 생각해 볼 수 있도록 조작적으로 정의해 주어야 한다.

⑤ 경험에서 그치지 않고 경험을 통하여 내면화시킨 내용들을 일상생활에서 적용해 볼 수 있도록 지도한다.

5) 동기 이론

켈러(Keller, 1983)는 교수의 성과를 결정하는 세 가지 결과 변인인 효과성, 효율성, 매력성 중 매력성에 집중하여 동기 이론을 제안하였다. 특히 학습자들이 더 나은 학습을 하기 위해서는 학습에 대한 매력을 느껴야 하며, 학습의 매력성에서는 동기가 가장 중요한 요인임을 전제로 하여 ARCS 이론을 제안하였다. ARCS 이론은 학습동기를 유발하고 유지시키는 데 필요한 요인들인 주의(Attention), 관련성(Relevance), 자신감(Confidence), 만족감(Satisfaction)의 알파벳 첫 글자를 조합하여 만든 것이다. ARCS 이론의 네 가지 요인은 각 요인별로 세 가지의 하위요소들을 포함하고 있으며, 이를 통하여 켈러는 학습동기의 유발과 유지에 관한 체계적이고 구체적인 접근이 가능하다고 설명하고 있다.

(1) 주의(Attention)

학습이 가능하기 위해서는 학습자가 학습 자극에 대해 주의를 기울여야 하기 때문에, 주의는 동기의 요소이면서 동시에 학습의 전제조건이라고 할 수 있다. 켈러(1983)가 제시하는 주의는 감각적인 관심만을 의미하는 것이 아니라, 학습의 과정에서 지속적으로 주의를 유지시키는 것을 의미하는 것이다. 주의에는 지각적 주의 환기, 탐구적 주의 환기, 다양성이라는 세 가지 하위요인이 있다. 그 세부적인 내용과 청소년 지도에서 활용될 수 있는 원리를 제시하면 다음과 같다.

① 지각적 주의 환기 : 시청각 자료를 사용하거나, 새로운 것, 기존의 지식과 모순되는 내용을 제시하는 것이다.

② 탐구적 주의 환기 : 학습자 스스로 문제와 질문을 만들고 적극적으로 그것을 해결해 볼 수 있도록 기회를 제공하는 것이다.

③ 다양성 : 교수자료를 변화시키거나, 교수 방법을 변화시키는 등 교수 요소를 변화시켜 동기를 유발하고 유지시키는 것이다.

주의와 관련된 내용들을 감안할 때, 청소년 지도에서는 다음과 같은 원리들을 사용하여 교수할 수 있다.

① 학습자들이 적극적으로 참여함으로써 주의 집중할 수 있는 교수방법을 고안하여 지도해야 한다.
② 학습자들이 알고 있는 사실과 유사하거나, 충돌을 일으킬 수 있는 반대의 내용들을 제시함으로써 학습자들의 주의를 집중시킬 수 있다.
③ 서로 다른 다양한 매체를 사용하여 지도하는 것이 바람직하다.
④ 학습이 실제 생활에서 나타나고 있는 사실 및 사례들과 관련되도록 교수를 설계하여 학습이 실용적인 것임을 알게 해야 한다.
⑤ 적절한 유머를 사용하는 것은 학습자의 주의집중에 도움이 될 것이다.

(2) 관련성(Relevance)

관련성은 학습자가 왜 공부해야 하는지에 대한 질문과 연관되어 있는 개념이다. 학습자가 학습을 하는 과정에서 자신이 왜 공부해야 하는지에 대한 답을 찾지 못할 때, 학습자는 동기가 유발되거나 유지되지 못하는 등의 문제가 발생한다. 관련성을 증진시키기 위한 것으로 친밀성, 목표지향성, 필요 혹은 동기와의 부합성을 고려하여 교수해야 한다.

① 친밀성 : 학습자가 가지고 있는 사전 지식이나 경험에 기반하여 교수하는 것으로서, 친밀하고 친숙한 인물 · 사건 · 그림 · 예시 등을 사용하여 교수하는 것이다.
② 목표지향성 : 실용적인 목표를 제시하고, 학습자 스스로 목적에 맞는 목표를 선택할 수 있는 기회를 부여하여 학습목표의 유용함을 인식할 수 있도록 하는 것이다.
③ 필요나 동기와의 부합성 : 목적지향성이 결과적인 측면을 강조한 것이라면, 필요나 동기와의 부합성은 과정적인 측면을 강조한 것이다. 즉, 교수는 학습자 자신의 성취욕구와 소속감의 욕구를 충족시킬 수 있는 학습의 과정을 제공해야 한다.

동기 이론의 관련성 요소를 구체적인 교수에 활용하기 위하여, 다음과 같은 원리들을 적용할 수 있을 것이다.

① 지금 학습하는 내용이 이전의 경험과 어떤 형태로 연관되어 있는지 학습자가 파악할 수 있도록 노력한다.
② 학습하고 있는 내용이 현재와 미래에 어떤 가치가 있는지 전달할 뿐만 아니라, 학습자 스스로 사고할 수 있는 기회를 마련한다.
③ 학습자가 좋은 역할 모델을 선정하여 모델링(modeling)할 수 있도록 지도한다. 모델링을 통하여 학습의 결과가 어떻게 실현되는지 파악하게 하고, 역할 모델과 학습자 자신의 삶을 연관지어 학습을 할 수 있도록 돕는다.
④ 학습자의 학습 유형 및 학습전략에 따라 학습의 내용과 과정을 선택할 수 있도록 교수 설계한다. 이 또한 학습과 학습자 자신의 관련성을 증진시킬 수 있는 방안이다.

(3) 자신감(Confidence)

켈러는 자신감에는 지각된 능력, 지각된 조절감, 성공에 대한 기대 등 다양한 측면이 있다고 하였다. 켈러는 자신감을 증진시킴으로써 동기를 유발·유지시킬 수 있는 전략을 다음과 같이 제시하였다.

① 학습의 필요조건 제시 : 성공적인 학습을 하기 위하여 필요한 조건인 선행지식과 기능 그리고 평가기준을 학습자에게 명확하게 제시하여 학습 성공 가능성을 짐작하도록 도와준다.
② 성공 기회 제시 : 학습자가 성공 가능성을 느낄 수 있는 적절한 수준의 도전과제를 제공하는 것을 의미한다. 이 과정에서 과제의 난이도를 분석하여 난이도를 조정하고, 쉬운 것에서 어려운 것으로 과제의 순서를 조직해야 한다. 또한 다양한 난이도의 과제에 대해 연습하고 적용을 해봄으로써 자신감을 증진할 수 있도록 하는 것이다.
③ 개인의 조절감 증대 : 학업 성공이 외부적인 요인(운, 과제의 난이도)이 아닌, 내부적인 요인(노력, 능력) 때문이라는 것을 인식할 수 있도록 지도한다.

자신감의 요소에서 도출할 수 있는 지도원리는 다음과 같다.

① 학습의 진행 상황을 수시로 피드백한다. 이를 통하여 학습자는 자신의 학습에 어떠한 성장이 있는지 파악하게 된다.
② 분명한 학습목표를 제시한다. 자신감은 학습목표를 달성하였을 때 얻을 수 있으므로 분명한 학습목표를 제시하되 그 학습목표는 학습자에게 적절한 것으로 선정한다.
③ 학습과정에 대해 스스로 통제할 수 있도록 기회를 부여한다. 학습목표를 달성하기 위하여 성격, 정서 등의 내재적인 요소와 시간, 환경 등의 외재적인 요소를 스스로 통제하면서 얻은 성취는 학습자의 자신감을 더욱 증진시킬 수 있다.

(4) 만족감(Satisfaction)

켈러가 제시한 만족감의 의미는 학습자가 스스로 학습상황을 조절함으로써 느끼는 만족감이다. 외적 보상보다 내적 보상을 통한 것을 의미하며, 동기유발보다 동기 유지의 역할에 더 가까운 개념이다. 만족감의 세 가지 요소는 다음과 같다.

① **자연적 결과 강조** : 학습자가 학습한 내용을 실제 혹은 모의 상황에 적용시켜 만족감을 높이도록 지도하는 것이다.
② **긍정적 결과 강조** : 만족감을 계속 유지시키기 위해 긍정적 강화 및 피드백을 지속적으로 제공하는 것을 의미한다.
③ **공정성 강조** : 학업성취의 기준 및 결과가 일관적이어서, 학습자가 학업 성공 기대 수준을 파악할 수 있도록 돕는다.

이를 적용하여, 다음과 같은 일반적인 원리들을 도출할 수 있다.

① 칭찬과 보상을 적극적으로 활용한다.
② 학습한 결과 얻어진 지식과 기능을 실제 상황에 바로 적용할 수 있는 기회를 마련하여, 학습에 대한 만족감을 증진시켜 줄 수 있다.

4. 청소년 지도의 유형

청소년 지도의 내용이 매우 다양하고 광범위하기 때문에 그에 따른 청소년 지도의 유형 또한 매우 다양하다고 볼 수 있다. 일반적으로 교육에서 쓰이는 모든 지도방법이 청소년 지도에 활용될 수 있다. 그러므로 청소년지도사는 청소년 지도의 환경과 상황, 교육에 참여하는 청소년들의 특성을 면밀하게 파악하여 가장 적절한 지도 유형을 결정하고 사용할 수 있는 능력 또한 기르도록 노력해야 한다. 방법들에 대해 세부적으로 살펴봄과 동시에 지도방법들을 범주화하여 유형을 정리해 보고자 한다.

1) 강의형

교육을 할 때 흔히 사용하는 방법으로, 비교적 짧은 시간에 많은 내용을 전달할 수 있는 지도방법이다. 그러나 학습자의 능동적인 학습이나, 고차원적 사고 기능을 신장시키지 못하기 때문에 학습자 스스로 동기화될 수 있도록 해야 하며, 학습자가 잘 이해하고 있는지를 점검하는 노력이 뒷받침되어야 효율적인 지도방법으로서 그 역할을 다할 수 있다. 강의형 지도방법에는 크게 강의법, 질문법, 시범 등의 방법이 있다.

(1) 강의법

강의법은 제한된 공간에서 많은 학습내용을 전달하고자 할 때 좋은 지도방법이다. 강의법은 청소년지도사가 청소년들에게 지도하고자 하는 목적과 의도를 강조할 때 주로 사용되며, 지도 대상자들이 대규모일 때도 가능한 교육방법이다. 그러나 지도 대상인 청소년들의 개인차를 고려하기가 어렵고 주입식인 지도가 이루어질 수밖에 없다는 것이 한계점이다.

(2) 질문법

질문법은 지도한 내용에 대해 청소년들이 제대로 이해하고 있는지 이해의 정도를 파악하며, 질문을 통하여 주의집중과 탐구욕구를 자극할 수 있는 방법이다. 청소년 지도 시 질문법을 활용함으로써 흥미와 동기를 유발하고, 지속적으로 진행되는 지도의 과정에서 주의를 환기시키는 방법으로 용이하다. 그러나 많고 어려운 질문은 청소년들에게 스트레스를 유발할 수 있다. 잘 통제된 지도 계획에서 나온 질문은 유용하나, 그렇지 않은 경우에는 오히려 지도의 흐름을 방해할 수도 있다. 명확하고 일관성 있으며, 지도목적을 달성하기 위한 유의미한 질문을 생성해야 한다는 어려움도 존재한다.

(3) 시범

시범은 설명만으로는 지도 대상자들의 이해가 부족할 때, 관찰과 모방이 가능하도록 도와줌으로써 지도의 효과를 높이는 방법이다. 시범은 행동을 통하여 학습과정을 분명히 이해할 수 있도록 도와주며, 스스로 이해해야 하는 단계와 핵심을 파악할 수 있도록 하는 데도 용이하다. 그러나 시범이 가능한 환경(장비 혹은 시설)을 갖추는 데 제한이 있으며, 추상적인 내용을 시범으로 지도하는 것이 쉽지 않다는 단점이 있다.

2) 개인교수형

개인교수형은 청소년지도사가 청소년을 1:1로 지도하는 형태를 의미한다. 개인교수형에는 크게 프로그램 학습, 코칭, 도제제도 등이 있다.

(1) 프로그램 학습

프로그램 학습은 말 그대로 철저하게 계획된 프로그램에 따라 청소년을 지도하는 방법이다. 프로그램 학습이 가능하기 위해서는 지도 대상인 청소년 각 개인의 인지적 · 정의적 · 신체적 상태를 종합적으로 파악하는 것이 선행되어야 한다. 파악한 결과를 철저하게 분석하고 각 개인에게 맞는 난이도와 지도 단계를 설정하여 프로그램을 개발한다. 프로그램 학습은 이처럼 철저하게 계획하여 진행하는 것으로 청소년들에게 적절한 자극을 제공하고, 그들이 자신의 상황에 맞게 반응하는 것을 예측하는 과정이 발전적으로 순환되는 것이다. 따라서 프로그램 학습은 자극과 반응을 통한 학습이라는 점에서 행동주의의 성격을 띠고 있다고 볼 수 있다. 프로그램 학습은 청소년 각 개인의 수준과 진도를 고려할 수 있다는 점에서는 좋은 방법이지만, 프로그램을 개발하는 데 드는 비용과 시간의 소요가 크다는 점에서 어려움이 있다.

(2) 코칭

코칭은 코치와 코칭을 받는 사람이 서로 짝을 이루어 협의된 목표를 설정하고 이를 달성하기 위해서 상호작용하는 과정을 말한다. 따라서 코칭은 특정한 영역 혹은 의도된 능력을 향상하기 위한 지도방법이라고 볼 수 있다. 코칭의 가장 큰 특징은 지시보다 지식과 경험을 공유한다는 데 있다. 개별적인 상호작용에 대한 부담과 스트레스가 존재하며, 코칭의 과정이 학습자에게 과도한 부담이 될 수 있다는 한계점이 있다.

(3) 도제제도

도제제도는 원래 중세 장인들에 의하여 행해진 지도방법으로서, 한 분야에 뛰어난 장인들의 일상과 작업을 관찰하고 모방하여 기술을 익히는 것을 말한다. 각 개인마다 기술에 대한 사전 지식과 경험이 다르기 때문에 도제제도를 통해 학습할 수 있는 양과 속도는 다르다. 그러므로 각 개인의 수준에 따라 지도할 내용 · 지도 단계 · 지도의 난이도 · 지도 속도 등이 모두 달라져야 한다. 이와 같은 점에서 도제제도는 개인교수형이라고 볼 수 있다. 도제제도는 지도하고자 하는 모든 부분에 걸쳐 집중적이며 직접적으로 시행할 수 있다는 장점이 있다. 그러나 청소년들의 지도와 관련한 요소들을 모두 고려해야 하고, 지도의 과정에서 학습자가 학습하고자 하는 내용들을 다루어 주어야 진정한 도제학습이 이루어지며 학습의 속도가 느리다는 점이 단점으로 거론된다.

3) 실험형

실험형은 청소년들에게 주어진 문제나 상황을 해결할 방법을 가설로 설정하고, 직접 실험을 통하여 결론을 도출하고 일반화하게 하는 지도방법을 말한다. 실험형에는 모의실험, 게임, 사례연구, 실험, 연습, 역할극 등 다양한 형태의 지도방법이 있다.

(1) 모의실험

모의실험은 현실의 상황을 가상의 현실로 가져와 역동적으로 재현하는 지도방법을 말한다. 매우 많은 돈이 소요되거나 위험 요소가 있는 내용들을 지도할 때 주로 많이 사용하는 지도방법으로 대표적인 모의실험은 조종사를 양성하는 비행 시뮬레이션과 같은 것이 있다. 모의실험은 스스로 경험을 통하여 학습을 한다는 점, 호기심과 학습 동기를 자극한다는 점, 위험부담을 감소시킨다는 점에서는 매우 유용하나, 모의실험 상황을 재현하기 위한 비용과 노력의 소모가 큰 편이며, 실제 상황과는 차이가 날 수밖에 없는 한계가 있다.

(2) 게임

게임은 청소년 지도에 경쟁의 요소를 첨가하여 도전감을 가지고 학습에 임할 수 있도록 지도하는 방법이다. 학습의 동기를 높일 수 있고, 게임의 과정에서 승리하기 위한 다양한 전략을 활용하여 메타인지(meta-cognition)를 증진시킬 수 있는 장점을 가지고 있다. 그러나 청소년들이 학습의 목표를 망각하고 게임의 목표만을 추구할 가능성이 있으며, 게임을 통하여 승리한 학생과 패배한 학생의 학습에 대한 만족도 및 자기효능감의 차이가 나타날 가능성이 존재한다. 게임의 방법을 사용할 때 이와 같은 점을 면밀하게 검토해야 한다.

(3) 사례연구

청소년들이 학습하고자 하는 내용은 매우 다양하며, 특히 현실에서의 문제들을 모두 경험을 통하여 학습할 수는 없다. 그러나 사례연구를 통하여 타인의 실제 상황에서의 사례를 분석하여 자신의 학습에 적용시킬 수 있다. 사례연구의 내용이 청소년들이 학습하고자 하는 내용과 깊은 관련이 있거나, 명확한 적용방안을 도출할 수 있다면 지도의 효율성은 높아지겠지만, 반대의 경우에는 지도의 효율성이 매우 낮아진다. 또한 사례를 연구할 때 청소년의 현실 상황과 완벽하게 일치되는 경우는 거의 없으며, 사례에서의 고려 요인과 청소년의 현실 상황에서의 고려 요인은 다르다는 점을 극복할 수 있는지가 사례연구를 통한 청소년 지도의 성패를 좌우하게 될 것이다.

(4) 실험

실제 실험을 수행함으로써 문제를 해결하는 지도방법이다. 대표적인 예가 과학 실험인데, 실험은 실험의 단계를 스스로 구성하고, 다양한 조건을 적용해 볼 수 있다는 점에서 유용하다. 또한 이론을 검증하고 새로운 사실을 발견하도록 해주며, 또 다른 문제 상황에 대한 실험을 수행하도록 확장한다는 점에서도 좋은 지도방법이라고 볼 수 있다. 그러나 기계나 약품을 사용할 때 위험의 요소가 존재하기 때문에 학생들의 건강문제를 매우 중요하게 고려해야 한다.

(5) 연습

청소년들이 청소년 지도를 통해서 학습한 내용을 내면화시키기 위해서는 반복적 학습이 필요하다. 연습은 반복적 작업을 통해 학습한 내용을 익숙하게 만들고 불확실한 이해를 감소시켜 주는 지도방법이다. 한편 불필요한 연습을 해야 한다면 노력과 시간이 과도하게 사용될 가능성도 있으므로 주의하여 사용해야 한다.

(6) 역할극

역할극은 타인의 입장을 이해함으로써 긍정적인 인간관계를 도모할 수 있도록 하는 지도방법이다. 역할극을 효율적으로 사용하기 위해서는 상황과 연기자에 대한 이해가 전제되어야 한다. 역할극을 청소년 지도방법으로 사용할 때 가장 큰 어려움은 지도 효과를 예측하기 어렵다는 것이다. 가령, 학교폭력의 감소를 위해 역할극을 시행하는 과정에서 공개적이지 않아야 할 내용들이 드러날 수도 있다. 이에 대한 충분한 고려가 필요한 지도방법이라고 하겠다.

4) 토론형

토론형은 청소년들이 타인과 상호작용을 통하여 학습하게 되는 다양한 방법을 의미한다. 토론형에는 원탁토의, 배심토의, 심포지엄, 공개토의, 세미나, 브레인스토밍 등이 있다. 이에 대한 세부적인 내용들을 살펴보면 다음과 같다.

(1) 원탁토의

보통 10명 정도가 둥글게 앉아 자유롭게 의견을 제시하는 토론 형태를 의미한다. 능동적이고, 자유로우며, 공격적이지 않은 분위기로 토론할 수 있다는 것이 장점이기는 하지만, 토의에 참여하는 구성원들이 이질적이거나 지식수준의 차이가 클 때는 많은 시간이 필요하다는 점에서 지도에 유의해야 한다.

(2) 배심토의

배심토의는 전문가가 토론하는 것을 청소년들이 함께 보고, 듣는 형태의 토론 방식이다. 보통 TV에서 진행하는 토론 방식이 대표적인 배심토의의 방식이라고 볼 수 있다. 전문가의 토론 참여는 청소년들이 특정한 주제에 대해 예비지식과 견해를 얻을 수 있도록 하고, 해당 주제에 대한 사고를 확장시킬 수 있도록 도와준다. 그러나 참가자의 요구사항을 수렴하는 것이 불가능하다는 점에서 그 한계가 있다.

(3) 심포지엄

심포지엄은 다른 견해를 가지고 있는 4~5명의 전문가들이 먼저 10~15분간 강연을 한 후 질문하고 의견을 진술하는 토론형 지도방법이다. 전문가들의 다른 견해에 대해 강연을 듣기 때문에 전문적 견해를 파악할 수 있다는 점에서 유용하다. 그러나 한 가지 주제에 대해서만 토론이 가능하며, 발표자의 사전 준비 정도에 따라 학습의 효과가 달라질 수 있다는 점에서 주의해야 한다.

(4) 공개토의

공개토의는 토의에 참여한 청소년들이 질의응답을 하는 방식이며, 자료와 그 자료에 대한 분석결과를 제공한다는 점에서 원탁토의와는 차이가 있다. 청중들이 토의에 직접 참여할 뿐만 아니라, 자료에 대한 검토와 분석결과를 제공한다는 점에서 객관적이고, 직접적이고, 합리적인 토론 방식이라고 할 수 있다. 만약 참여한 청소년들이 소극적으로 토의에 참여하게 된다면 일방적인 지식을 주입할 수 있다는 위험도 존재하므로, 청소년들의 적극적인 토의 참여를 유도하는 것이 가장 중요한 고려 사항이라고 볼 수 있다.

(5) 세미나

세미나는 주제발표 후 반드시 참여자 전원이 주제에 대해 적극적으로 참여해야 하는 토론 방식을 의미한다. 모든 참여자가 주제에 참여해야 한다는 점에서 소외되는 청소년들이 없을 수 있으나, 해당 주제에 대한 지식이 부족한 청소년들의 경우에는 이해가 어렵고, 토론에 참여하더라도 피상적인 토론에 그칠 수 있다는 점을 유념해야 할 것이다.

(6) 브레인스토밍

브레인스토밍은 새로운 아이디어를 수집할 때 주로 사용하는 방법으로서, 아이디어를 자유롭게 제시할 때, 그 의견에 대한 평가를 해서는 안 된다는 중요한 원칙을 고수해야 한다. 청소년이 자신의 아이디어를 가감 없이 자유롭게 개진할 수 있다는 점에서 유용하다. 그러나 주제를 많이 벗어날 가능성이 있고, 많은 시간이 필요하다는 점에서 효과적인 지도의 방법을 생각해 보아야 할 필요가 있다.

5) 자율학습형

자율학습형은 청소년 스스로 학습할 수 있도록 하는 지도방법이다. 청소년지도사가 구체적인 내용을 지도하는 것이 아니라 조력자, 촉진자(facilitator)로서 학생에게 도움을 제공하는 지도방법을 의미한다. 자율학습형 지도에는 독학, 자기주도적 학습, PBL, 프로젝트 학습, 동료학습의 유형이 있다.

(1) 독학

독학은 문제를 설정하고 해결하는 과정을 스스로 진행함으로써 학습하는 방법이다. 독학을 통하여 청소년들의 문제해결 능력과 학습의 적용 능력이 신장된다는 장점이 있다. 그러나 문제해결이 힘들거나 의지가 약해질 경우 청소년 지도가 효율적으로 이루어지기 어려운 측면을 잘 고려해야 한다.

(2) 자기주도적 학습

자기주도적 학습은 독학과는 다르게 학습의 계획부터 실행과정까지 모든 과정과 방법을 모색하고 스스로 결정하여 학습을 진행하는 방법이다. 독학이 학습해야 하는 내용·과정·방법을 청소년지도사가 결정해 주고 스스로 학습하는 것이라면, 자기주도적 학습은 학습내용·과정·방법 모두를 청소년이 스스로 결정하여 학습한다는 점에서 다르다. 그러나 자기주도적 학습은 다른 청소년들과 협동하여 학습할 경우에는 적용시키기가 어려우며, 청소년 스스로가 사용하고자 하는 문제해결 방법이 효과적이지 못할 경우에 어려움을 겪을 가능성이 있다.

(3) PBL(Problem Based Learning : 문제해결학습)

문제해결학습(PBL)은 특정한 문제 혹은 질문으로부터 시작되는 지도방법이다. 이때 주어지는 문제 혹은 질문은 각각의 청소년들의 삶과 매우 밀접한 관련이 있는 유의미한 것이어야 한다. 청소년들이 문제를 인식한 후 각자의 방식으로, 각자의 경험을 활용하여 문제를 해결해 나간다는 점에서 자율학습형이라고 할 수 있다. 문제해결학습법을 통하여 현명한 대처능력을 향상시켜 나가기 위해서는 청소년들이 문제를 해결해 나가고자 하는 적극적인 태도가 요구되므로 이에 대한 지도 방안도 함께 모색해야 할 것이다.

(4) 프로젝트 학습

프로젝트 학습은 특정한 주제를 부여하고, 그 주제의 내용 중 청소년 각자가 관심 있어 하는 내용을 스스로 탐구하도록 하는 청소년 지도방법이다. 프로젝트 학습의 특징은 학습의 결과가 다양한 산출물로 나오게 된다는 것인데, 이때 산출물의 형태는 보고서, 영상 제작, 디자인, 모형 등 매우 다양하며, 이에 대한 제한은 없다. 프로젝트 학습법은 진행과정에 동기를 부여하여 학습자 중심의 창의적 활동이 가능하다는 점과, 원하는 주제에 대해 스스로 탐구하게 하여 학습동기를 제고할 수 있다는 점에 서 매우 유용하다. 그러나 산출물을 도출해 내기 위해 자료수집이 중요하며, 개인 능력에 따라 자료수집 및 산출물의 양과 질이 다르다는 면에서 청소년지도사가 얼마나, 어떻게 개입할 것인지를 면밀하게 결정하고 프로젝트 학습법에 임해야 할 것이다.

(5) 동료학습

동료학습은 숙달된 학습자가 미숙한 학습자를 가르쳐 줌으로써 진행되는 청소년 지도방법이다. 친숙한 동료가 학습을 이끌어 나간다는 점에서 서로의 장·단점을 미리 알고 학습에 참여할 수 있으며, 별도의 친숙한 관계 형성의 과정이 필요 없어 학습자의 참여를 높일 수 있다는 장점이 있다. 그러나 지도하고자 하는 내용에 대하여 전문가가 개입하지 않아서 오개념이 형성될 수 있고 학습한 내용을 적용하고 활용시키는 기회가 부족할 수 있다는 점이 고려 요소가 될 것이다.

10 CHAPTER

청소년기관 마케팅과 홍보

1. 청소년기관의 마케팅과 그 과정
2. 마케팅믹스
3. 홍 보

CHAPTER 10

청소년기관 마케팅과 홍보

1. 청소년기관의 마케팅과 그 과정

1) 청소년기관의 마케팅

마케팅은 소비자의 욕구를 발견하여 충족시켜 주는 과정이다. 이를 청소년기관에 적용한 것을 청소년기관 마케팅이라고 한다. 청소년기관 마케팅은 청소년의 욕구를 정확히 파악하여 욕구를 충족시킬 수 있는 서비스를 제공하는 과정이다.

청소년기관은 기업에 비해 대부분 비영리적이고 사회적 책임성을 더 중시하기 때문에 마케팅 전략을 수용하더라도 지나친 상업성을 자제하고 마케팅의 윤리적 측면을 고려해야만 하는 특수성이 있다. 따라서 비영리를 지향해야 하는 청소년기관의 경우 바로 그 때문에 비영리조직의 마케팅 기법 활용에 대해 부정적인 견해도 있다.

그러나 상품과 서비스를 무조건 많이 판매하는 것을 목적으로 하는 지나치게 상업적인 마케팅이 아니라면 청소년기관도 마케팅 기법을 적절히 활용할 필요가 있다. 왜냐하면 마케팅이 중시하는 것 중의 하나가 상품과 서비스를 소비하는 사람의 욕구를 파악하는 것이기 때문이다. 청소년기관의 서비스도 청소년의 욕구를 가장 중시한다. 그런 점에서 비영리 청소년기관과 영리적 마케팅 기법의 접점은 욕구 파악에 있다고 할 수 있다. 말하자면 청소년기관이 소비자나 청소년의 욕구에 충실한 서비스를 개발 · 전달하고, 욕구에 입각해 상호 관계를 유지할 때 그 만족도가 극대화될 수 있는데, 이를 위해 마케팅 기법이 필요하다는 것이다.

2) 청소년기관의 마케팅 과정

청소년기관 등 비영리조직은 영리조직과 달리 스스로 존립에 필요한 자원을 모두 생산할 수가 없다. 다시 말해 비영리조직은 조직의 생존과 성장을 위해 외부로부터 자원의 지원을 받을 수밖에 없다는 것이다. 외부란 정부일 수도 있고 민간기업이나 단체일 수도 있으며 자원봉사자일 수도 있다.

필요한 자원을 외부로부터 효과적으로 조달하기 위해 여러 가지 방법을 지속적으로 개발하는 것이 비영리조직의 과제일 수밖에 없는데, 마케팅도 이런 상황하에서 비영리조직 스스로 선택한 전략인 것이다.

마케팅 기법은 비영리조직이 자신의 목표를 보다 명확하게 이해하고 의사결정을 합리적으로 할 수 있는 관점과 틀을 제공한다. 그리고 청소년기관 조직이 마케팅 기법을 효과적으로 활용한다면 서비스 프로그램의 개선은 물론 모금이나 후원자 개발에서 상당한 효과를 거둘 수 있다.

일반적으로 청소년 분야에서는 자금이나 후원자(자원) 개발을 중심으로 마케팅이 전개되어 왔다. 대부분의 청소년기관은 민간 재원의 필요성을 인식하고 상당한 비용과 시간을 투자하여 새로운 후원자 개발이나 후원금의 확보를 위해 노력하고 있다. 그러면 청소년기관의 마케팅 과정에 대해 살펴보기로 한다.

(1) 환경적 요인의 분석

청소년기관이 후원자(자원) 개발을 위해 마케팅 기법을 적용하고자 할 때 가장 먼저 마케팅 활동에 영향을 미칠 수 있는 환경적 요인을 검토해야 한다. 환경적 요인은 제도적 환경과 조직 내부 환경으로 구분된다. 제도적 환경은 자원확보와 관련된 각종 법규와 정부 정책, 경제적 상황 등을 말한다. 조직 내부 환경은 조직의 경쟁력과 조직 내 자원을 말한다. 이러한 환경적 요인을 분석하기 위해 SWOT(Strength, Weakness, Opportunity, Threat) 분석법이 많이 사용된다.

SWOT 분석법이란 조직(기관)의 장점과 약점, 기회와 위협을 분석하는 것이다. 장점과 약점은 조직의 내부적 요인이고, 기회와 위협은 외부 요인이다. 한 제조업 회사를 예로 들면, 장점은 조직의 네트워크, 사내 복지프로그램, 브랜드 이미지,

이윤율이고, 약점은 새로운 제품의 결여이다. 기회는 다른 조직과의 커뮤니케이션 강화, 위협은 타사 제품과의 가격 경쟁, 타사의 혁신적인 제품의 출시이다. 새로운 후원자 개발을 희망하는 청소년기관의 예를 들면, 그 기관이 지역사회에서 좋은 평판을 지니고 있었다면 좋은 이미지가 장점이 될 것이고, 내부 운영 자금의 부족을 겪고 있다면 재정적 취약성이 약점이 될 것이다. 그리고 청소년의 증가와 같은 지역의 문제가 이슈가 되어 있을 경우 그것은 그 기관에 하나의 기회가 될 수 있다. 또한 사업비 확보에 나선 시점에 전반적으로 경제 상황이 좋지 않다면 그것이 가장 큰 위협 요소가 될 것이다. 이런 조건들을 객관적으로 파악하기 위해서는 관련 정보가 정확해야만 하는 것은 물론이다. 이와 같이 SWOT 분석법으로 장점과 약점, 기회와 위협 요소들을 분석 · 파악하면 원하는 목표를 달성하는 데 큰 도움이 된다.

장점(Strength)	약점(Weakness)	
1. ______ 2. ______ 3. ______	1. ______ 2. ______ 3. ______	조직 내부 요인
기회(Opportunity)	위협(Treat)	
1. ______ 2. ______ 3. ______	1. ______ 2. ______ 3. ______	조직 외부 요인

|그림 10-1| SWOT 분석법

(2) 시장조사

시장조사는 잠재적 후원자와 그들이 원하는 것을 찾아내는 작업이다. 잠재적 시장을 분석하기 위해서는 시장을 특성별로 세분화하고, 세분된 각 시장에 대한 책임자를 선정하며, 기부 잠재력을 기준으로 자금개발 활동의 예산을 할당해야 한다. 시장조사를 육하원칙으로 표현하면, 지원하기를 원하는 사람은 누구인가(Who), 지원을 하고자 하는 것이 무엇인가(What), 언제 지원하기를 원하는가(When), 지원하고

자 하는 장소는 어디인가(Where), 지원금을 어떤 방식으로 내기를 원하는가(How), 왜 다른 기관에 지원하지 않고 우리 기관에 지원하고자 하는가(Why)로 정리된다.

마케팅에서 시장조사란 상황 파악이라 할 수 있다. 청소년기관이 자신의 사업 내용과 부합되지 않는 사업이나 주변 환경에 부적합한 사업을 전개하고자 하면 실패할 확률이 높은데, 시장조사는 청소년기관이 이런 판단을 할 수 있게 해준다.

(3) 마케팅 목표의 설정

마케팅의 목표를 분명하게 설정하기 위해서는 먼저 그 조직의 목적을 검토해야 한다. 조직의 목적은 조직의 사명(mission)을 말한다. 조직의 사명은 조직의 존재 이유이다. 마케팅 목적이 이러한 조직의 사명을 벗어날 수는 없다.

마케팅 목표의 설정은 문제에 대한 정확한 기술, 표적 집단의 성격과 크기, 조직의 정책, 자원 동원 등의 변수들을 고려해 결정해야 한다. 일반적으로 목표는 상위목표와 하위목표로 구분된다. 상위목표는 장기적인 목표이고, 하위목표는 대개 1년 이내의 단기적 목표이다. 하위목표는 상위목표에 구속되며, 상위목표는 단수이고, 하위목표는 복수인 것이 보통이다. 그리고 상위목표는 마케팅 기획 초기 단계부터 명확히 규정되어야 하며, 하위목표는 복수이기 때문에 각 목표들의 우선순위가 정해져야 한다.

하위목표는 구체적(Specific)이고, 측정 가능(Measurable)하며, 달성 가능(Attainable)하고, 결과지향적(Result-oriented)이면서, 시간적 제한(Time-bounded)이 분명해야 한다. 이를 영문 머리글자를 따서 SMART라고 한다. 그리고 목표는 과정과 결과, 즉 목표의 달성 여부를 판단할 수 있는 지표가 있어야 한다. 그래야 마케팅의 성공 여부를 평가할 수 있다.

(4) 시장의 세분화와 표적시장의 선정

마케팅에서 시장을 세분화하는 이유는 사람들의 욕구나 기호가 다양하기 때문이다. 말하자면 다양한 욕구의 효과적인 충족을 위해 시장의 세분화가 필요하다는 것이다. 시장을 다양한 부문으로 나누어 거기에 적합하게 전략적으로 마케팅을 하는 것을 시장의 세분화라고 한다. 시장을 하나로 간주하여 마케팅도 단일하게 할 것인지, 아니면 시장을 욕구에 따라 세분화하여 세분화된 욕구마다 다른 마케팅을 적용할 것인지는 마케팅 주체의 판단에 달려 있다. 욕구가 다양하다 하더라도 전체 시장의 규모가 작아 세분화된 시장의 사업성이 없다고 판단될 때는 시장의 세분화는 불필요하다.

시장을 세분화하는 작업에서 중요한 것이 관련 변수의 선택이다. 예를 들어, 소비자 행동일 경우 소비자 시장의 변수는 지리적 변수, 인구통계학적 변수, 심리적 변수, 행동적 변수 등이 된다. 지리적 변수는 지역단위, 지역의 크기, 인구밀도 등이 포함되고, 인구통계학적 변수는 고객의 나이, 성, 가족 사항, 소득, 직업, 교육, 종교, 사회계층 등이 포함된다.

청소년기관의 지원자 개발의 경우 지원자의 소득, 직업, 나이, 종교, 성 등이 주요 변수가 된다. 왜냐하면 이런 변수별로 지원 행위의 차이가 있기 때문이다. 예를 들어, 공무원과 회사원 등 안정된 직업을 가지고 있는 사람들의 후원 확률이 높고, 교육수준이 높을수록 후원을 많이 하며, 30~40대 기혼 중년층과 기독교인의 후원 활동이 상대적으로 활발한 것으로 알려져 있다. 따라서 이들 집단을 선정해 마케팅을 하면 성공할 가능성이 높다.

심리적 변수에는 사람들의 개성, 생활 스타일, 소속감, 관계의 지속성 등이 있다. 예를 들어, 자원봉사자나 기부자들이 기관에 시간과 기금을 제공하는 행위는 기관과의 유대감과 친밀감을 형성하게 만든다. 기관에서는 잠재적 후원자들에게 기관에 대한 소속감과 참여 행위의 자부심을 갖게 함으로써 기부 행위를 촉진시킬 수 있다.

행동적 변수는 구매자들이 상품에 대하여 가지고 있는 지식, 태도, 사용 후의 반응 등이 있다. 그러나 이들 변수들을 전부 시장 세분화에 적용할 필요는 없다. 변수들은 상품에 따라 그 중요성이 다르다. 그리고 너무 많은 변수를 사용하면 오히려 과다한 목표와 복잡한 프로그램으로 인해 효과가 반감될 수 있다.

한편 시장의 세분화 작업을 통해 시장은 동질적인 범주에 따라 세분화된다. 동질적인 부분들을 묶어 시장을 세분화했을 때 공략 가능하다고 판단된 시장이 바로 표적시장이다. 청소년기관은 이러한 표적시장을 대상으로 가장 적합한 상품이나 프로그램을 개발한다. 표적시장의 선정을 통해 가장 큰 구매 관심을 가진 집단을 추출해 낼 수 있으며, 여기에 마케팅을 집중함으로써 마케팅 효과를 극대화할 수 있다.

(5) 프로그램의 수립

청소년기관의 후원자는 결연후원자, 정기후원자, 비정기후원자, 프로그램후원자 등이 있다. 후원자 개발 프로그램은 후원자의 유형에 따라 다르다. 따라서 각 후원자 유형의 특성을 고려해 후원자 개발 프로그램이 수립되어야 한다.

결연후원은 후원자와 청소년을 연결하여 재정적·정신적 지원을 하도록 하는 것이다. 실제로 모금실적이 좋은 청소년기관은 지원액의 상당 부분을 결원후원금에 의존하고 있다. 결연후원에서 중요한 점은 후원자에게 청소년에 관한 구체적인 정보를 제공하는 일이다. 이를 통해 청소년의 욕구에 맞는 지원을 유도해 낼 수 있으며, 후원자의 보람을 극대화할 수 있을 뿐만 아니라 후원 기간을 장기간 유지할 수 있다. 그러나 청소년에 관한 정보를 제공할 때 청소년의 사생활이 노출되어 청소년이 낙인을 느끼게 될 수도 있으니 조심해야 한다. 결원후원은 경제적인 것이 주가 되지만 정신적인 후원도 이루어진다.

정기후원은 정기적으로 후원금을 내는 것으로 결연후원과 달리 후원대상이 정해져 있지 않다. 대체로 청소년기관이 선호하는 방식이다. 정기후원의 금액은 정해져 있지 않으며, 소액에서 고액까지 매우 다양하다. 후원자 입장에서는 기부금액 선택의 폭이 넓은 장점이 있다. 그러나 후원대상이 정해져 있지 않아 결연후원에 비해 후원 지속률이 낮은 약점이 있다.

비정기후원은 정기후원과 성격이 동일하나 후원금이 비정기적이라는 점에서 다르다. 비정기후원은 결연후원이나 정기후원과 같이 후원의 지속에 부담을 느끼는 사람을 후원자로 개발해 낼 수 있는 장점이 있다. 그러나 비정기후원은 지속성이 없어 청소년기관에서 선호하지는 않는 편이다.

프로그램후원은 특정 사업이나 프로그램을 홍보하여 모금하는 방법이다. 스마트폰 과의존 청소년의 예방 활동이나 가출 청소년 자립지원을 위한 모금 등이 여기에 속한다. 특정 개인이나 집단의 욕구보다는 사회적 이슈가 되고 있는 사회문제나 문제 집단을 타깃으로 하는 경우 효과를 높일 수 있다.

(6) 마케팅 실행방법

후원자 개발을 위한 마케팅 방법에는 DM(직접우편), 이벤트, 대중매체 광고, ARS, 컴퓨터 통신, 기업의 명분지향 마케팅(CRM : Cause-Related Marking) 등이 있다.

- DM : 후원을 요청하는 편지를 잠재적 후원자들에 발송하여 후원자를 개발하는 방식으로 가장 전통적인 마케팅 방법이다. DM은 불특정 다수에게 보내기보다는 표적시장을 선정하여 지역, 나이, 사회적 지위, 소득 등에 따라 대상자 목록을 확보하여 보내면 효과가 있다.
- 이벤트 : 후원의 특정 동기를 부여하기 위하여 특정 기간과 장소에서 사전 계획하에 특별한 활동을 벌이는 커뮤니케이션 과정이다. 이벤트는 전달자와 수용자가 현장에서 느끼고 소통하며 입체적으로 경험하고 지각하기 때문에 기억에 오래 남는다. 후원자 개발을 위한 청소년기관의 이벤트로는 자선 음악회, 모금 만찬회, 전시회 등이 있다. 이벤트를 통해 대중의 공감대를 형성하고, 잠재적 후원자와의 관계를 형성하며, 청소년육성에 대한 대중교육의 효과를 얻을 수 있다.
- 대중매체 광고 : 주로 영리 부문에서 사용하는 마케팅 방법이다. 후원자 개발을 위한 청소년기관의 대중매체 활용은 아직 미진한 실정이나 라디오나 잡지 등을 통한 마케팅이 점차 활성화되고 있다. 특히 잡지를 통해 후원자를 개발하고자 할 경우에는 잡지의 판매 부수, 독자층, 성격 등을 고려하여야 한다.
- 자동응답시스템(ARS) : 모금방송 시청자들이 이 시스템을 통하여 전화를 걸면 통화당 일정 금액의 후원금이 자동으로 전화요금에 부과되어 전화요금과 함께 기부금을 제공하도록 하는 방식이다. ARS의 장점은 손쉽게 적은 금액으로 부담 없이 후원에 참여할 수 있다는 데 있다.
- 컴퓨터 통신 : 후원자들은 온라인상에서 신용카드를 통하여 후원금을 보내거나 기금후원을 약속한 후 약정 액수를 송금한다. 국내 통신을 통해 후원자를 개

발하는 방법으로는 기관에 직접 후원을 요청할 수도 있고, 통신란의 게시판, 대화방, 동호회 등을 통해 후원을 요청할 수도 있다. 그리고 통신회사에 광고비를 지불하고 후원자를 모집하거나 기부금을 요청하는 광고를 낼 수도 있다. 인터넷 홈페이지를 구축하여 기관의 홍보와 모금을 하는 경우도 있다.

- **기업의 명분지향 마케팅** : 1980년 이후 비영리조직들이 모금을 위해 많이 활용하는 마케팅 기법이다. 이는 미국의 신용카드 회사인 아메리칸 익스프레스에서 처음 사용한 방법인데, 회사는 카드 속에 그려져 있는 회사의 상징인 자유의 여신상을 판촉에 활용하기 위해 자유의 여신상 복원사업을 펼치는 시민단체와 연계하여 개인이 사용한 카드 금액의 일정 비율을 시민단체에 기부하였다. 이러한 방식은 기업의 이미지를 높여주어 기업의 상품 판매에 긍정적인 영향을 미치는 동시에 청소년기관의 후원자 개발에도 기여한다.

(7) 마케팅 관리

청소년기관처럼 비영리조직에서는 후원자를 개발하는 마케팅도 중요하지만 관리하는 마케팅도 매우 중요하다. 왜냐하면 청소년기관 후원자의 중도 탈락률은 매우 높은 편이며, 모금과 후원을 통한 청소년기관의 재정 충당이 잘 이루어지지 않는 주요 이유 중 하나가 후원자의 중도 탈락이기 때문이다. 이를 줄이기 위해서는 후원자 관리 마케팅이 필요하다.

예를 들면, 신규 후원자의 경우 감사 편지, 후원안내서, 신규 후원자 추천용 신청서 등을 발송하고, 기존 후원자는 감사 편지, 소식지, 연말연시 카드 또는 생일카드의 발송, 후원자 만족도 조사, 후원자의 욕구 및 동기 파악, 후원자 관리업무의 전산화 등을 통해 관리한다.

〈표 10-1〉 청소년기관의 마케팅 과정

구 분	내 용
환경적 요인의 분석	• 제도적 환경 : 모금과 관련된 각종 법규와 정부정책, 경제적 상황 • 조직 내부 환경 : 조직의 경쟁력과 조직 내 자원 • SWOT(Strength, Weakness, Opportunity, Threat) 분석법 사용
시장조사	• 잠재적 후원자와 그들이 원하는 것을 찾아내는 작업 • 잠재적 시장의 분석 : 시장의 특성별 세분화, 세분된 각 시장에 대한 책임자 선정, 기부 잠재력을 기준으로 자금개발 활동의 예산할당
마케팅 목표의 설정	• 마케팅 목표 설정을 위해 먼저 조직의 목적(사명) 검토 • 문제에 대한 정확한 기술, 표적집단의 성격과 크기, 조직의 정책, 자원동원 등의 변수 고려
시장의 세분화와 표적시장의 선정	• 시장의 세분화 : 시장을 다양한 부문으로 나누어 거기에 적합하게 전략적으로 마케팅을 하는 것 • 표적시장 : 동질적인 부분들을 묶어 시장을 세분화했을 때 공략 가능하다고 판단된 시장
프로그램의 수립	• 청소년기관의 후원자 : 결연후원자, 정기후원자, 비정기후원자, 프로그램후원자
마케팅 실행방법	• 직접우편, 이벤트, 대중매체 광고, ARS, 컴퓨터 통신, 기업의 명분지향 마케팅
마케팅 관리	• 청소년기관은 후원자를 개발하는 마케팅도 중요하지만 관리하는 마케팅도 중요

2. 마케팅믹스

1) 마케팅믹스의 모델

마케팅믹스(marketing mix)는 회사의 마케팅 담당자가 표적시장에서 원하는 반응을 창출하는 데 사용하는 전술적 도구(tactical marketing tools)로서 마케팅에 중요한 몇 가지 요소들을 혼합한 것이다. 구성요소에 따라 여러 모델이 있다(Kotler & Keller, 2006).

(1) 4Ps와 7Ps

마케팅믹스의 요소를 4Ps라고 한다. 4Ps는 제품(Product), 가격(Price), 유통경로(Place), 판촉(Promotion)의 영문 머리글자를 의미한다. 마케팅믹스 4Ps는 미국 경영학 교수 매카시(E. J. McCarthy)가 1960년 처음 제안했다.[1] 당시 미국은 소비자들의 구매력이 크게 신장되었던 호황기로 회사들은 이런 수요를 제품의 판매로 연결시킬 전략을 원했다. 특히 고객의 욕구를 충족시키는 것이 중요해졌기 때문에 거기에 부합되는 새로운 마케팅 전략이 필요했다. 이것이 마케팅 전략과 4Ps의 배경이다. 매카시의 4Ps는 마케팅믹스의 전통적 방법이지만 그 유용성이 입증되어 지금까지도 널리 사용되고 있다.

4Ps를 요약하면 제품은 타깃 고객의 욕구를 충족시키는 올바른 제품을 만드는 것, 가격은 올바른 제품에 올바른 가격을 책정하는 것, 유통경로는 올바른 제품을 올바른 가격에 올바른 장소에서 구매할 수 있게 하는 것, 판촉은 잠재적 고객에게 제품에 관한 정보를 제공하는 것이다. 4Ps를 자세히 설명하면 다음과 같다.

- 제품 : 제품은 회사가 시장에 내놓는 상품과 서비스이다. 제품은 소비자의 필요와 욕구를 충족시키기 위한 것이다. 마케팅 담당자는 상품이나 서비스를 생산하는 것 이외에 그것들이 줄 수 있는 여러 혜택을 종합적으로 고려한다. 디자인, 브랜드, 상징, 보증, 상품 이미지 등을 관리하는 전략을 수립한다. 그리고 마케팅 담당자는 자사의 여러 제품 중 핵심 제품(core product)을 선정한다. 핵심 제품은 고객의 욕구를 충족시켜 줄 뿐만 아니라 고객에게 부가적인 혜택과 서비스(품질 보증, 애프터서비스, 제품의 설치 등)를 제공하는 제품이다. 모든 제품은 성장기, 성숙기, 쇠퇴기와 같은 라이프사이클이 있다. 마케팅 담당자는 제품의 주기를 잘 파악해 마케팅에 활용해야 한다.
- 가격 : 가격은 고객이 제품을 구매한 대가로 지불하는 비용이다. 가격은 소비자가 제품을 선택함에 있어 가장 중시하는 요인이다. 그래서 제품의 가격책정 전략(pricing strategies)이 매우 중요하다. 가격책정 방법은 다음과 같다.
  - 비용 기반 가격책정(cost-based pricing) : 제품의 생산비용을 기초로 가격을 정한다. 가장 단순한 방법이다. 대개 경쟁사 제품보다 낮게 책정한다.
  - 비용 지향 가격책정(cost-oriented pricing) : 제품의 제조 비용뿐만 아니라 마케팅 비용, 이윤까지 고려해서 가격을 정한다.

1 미국에서 마케팅 개념이 1970년대에 등장했다는 점에서 매카시(McCarthy)의 4Ps는 선구적인 것이었다.

- 경쟁 기반 가격책정(competition-based pricing) : 다른 경쟁사의 제품 가격을 고려하여 가격을 정한다.
- 고객가치 기반 가격책정(customer-value based pricing) : 제품에 대한 고객의 가치 인식을 고려해 가격을 결정한다. 고객이 인식하는 제품의 가치를 파악하기는 어렵지만 고객 인식 가치를 넘어서는 가격을 책정하면 실패할 확률이 높다.

• **유통경로** : 표적 고객에 대한 제품의 접근 유용성(availability)이다. 다시 말해 고객이 접근하기 편리한 곳에 제품을 비치하는 것이다. 회사는 고객이 자사의 제품을 얻을 수 있는 직간접적인 다양한 방법을 개발해야 한다. 집중적 배치, 선택적 배치, 엄선 배치 등 다양한 전략을 사용한다. 콜센터와 웹사이트도 장소 중 하나이다. 이런 채널들은 판매에 큰 영향을 미친다.

• **판촉** : 판촉은 기존 고객뿐만 아니라 잠재적 고객을 포함한 고객과의 커뮤니케이션을 통하여 고객의 구매를 유인하는 활동이다. 판촉의 목적은 제품의 용도, 내용, 기능 등 제품에 관한 것을 사람들에게 알리는 데 있다. 쉽게 말해 판촉은 고객에게 제품의 정보를 제공함으로써 구매자의 관심을 유도하고 구매를 설득하는 과정이다. 판촉은 광고, 홍보, 개인 판매, 세일 등의 방법이 있다.

- 광고 : 고객에게 제품에 관한 정보를 제공하는 데 가장 많이 사용되는 수단이다. 신문, 잡지와 같은 인쇄물과 TV, 라디오와 같은 전자미디어를 통해 이루어진다. 인터넷도 주요 광고 미디어이다. 대부분 유료이다.
- 홍보 : 제품에 대한 고객의 우호적인 태도를 조성하는 데 기여하는 커뮤니케이션 과정이다. 신문에 회사, 제품, 회사 정책에 관한 기사가 실리는 것이 좋은 예이다. 기자회견, 전자미디어상의 기사나 뉴스도 수단이다. 대부분 무료이다.
- 개인판매(personal selling) : 시장에서 유사 제품 간의 경쟁은 일상화되어 있다. 세일즈맨이 고객이나 잠재 고객을 직접 만나 제품을 소개하고 판매하면 설득 효과가 있다. 산업제품의 경우 효과가 크다.

- 세일(sales promotion) : 단기적이고 일시적인 판매 전략이다. 콘테스트, 게임, 선물, 트레이드 쇼, 할인 등의 방법을 사용한다. 보통 제품의 소매 단계에서 진행된다.

한편 붐스와 비트너(Booms & Bitner, 1981)는 매카시의 4Ps를 7Ps로 발전시켰다. 현대 비즈니스에서 기존의 4Ps 못지않게 중요해진 세 가지 요소인 사람(People), 과정(Process), 물리적 근거(Physical evidence)를 추가해 보완한 것이 7Ps이다. 추가된 3Ps는 서비스 마케팅에 초점을 맞춘 것인데, 서비스조직 마케팅에 영감을 불어넣었다. 이 때문에 서비스 마케팅믹스(the services marketing mix)로 불린다. 서비스조직은 고객의 서비스에 대한 만족도를 매우 중시한다. 고객의 피드백에 관심을 두고, 이를 통해 서비스의 문제점을 발견하고 서비스 수준을 개선한다.

- **사람** : 서비스를 실행하는 직원을 말한다. 상품과 서비스의 매매에 직간접적으로 관여하는 사람, 주로 고객과 접촉하는 직원이다. 마케팅에서 사람(직원)을 주요 요소로 간주하는 이유는 서비스 산업(전문적 서비스나 금융·접객 서비스 산업)에서 서비스를 고객에게 제공하는 직원은 생산자가 아니라 제품 그 자체이기 때문이다. 사람이 행하는 서비스가 제품이라면 소비자는 그 서비스를 가시적인 소비 제품처럼 인식한다. 고객은 직원(판매자)으로부터 어떤 인상을 받는다. 많은 고객들이 서비스와 그것을 제공하는 직원을 거의 동일시한다. 직원의 태도는 고객에게 긍정적 또는 부정적 인상을 주고 이는 판매에도 영향을 준다. 따라서 상품과 서비스의 실제 판매에서 직원의 매너와 기술은 중요하게 작용한다. 서비스 받는 고객의 서비스 제공 직원에 대한 긍정적 또는 부정적 인식이 가시적인 결과(매출)로 이어지기 때문이다. 호텔이나 레스토랑의 직원이 좋은 예이다. 마케팅 관점에서 직원은 회사를 대표하는 조직의 얼굴이자 서비스(제품)의 질을 체현하는 존재이다.
- **과정** : 서비스가 고객에게 전달되는 과정과 시스템이다. 일련의 활동, 절차, 규약(protocols)을 포함한다. 상품이나 서비스를 아무 생각 없이 구매하는 사람은 많지 않다. 고객은 상품이나 서비스를 생산하는 회사에 대해서뿐만 아니라 그것의 구매와 사용에 이르기까지 전반적 과정에서의 경험을 중시한다.

이 때문에 과정이 마케팅에서 중요하다. 과정의 예로는 직원이 수행하는 직무의 순서와 고객의 문의에 대한 처리 방법을 들 수 있다. 효과적인 과정을 창조하고 관리하는 것은 서비스 조직의 유지와 존속을 위해 반드시 필요하다. 더 이상 효과가 없는 서비스는 중지시키거나 새로운 것으로 대체해야 한다. 이를 위해서는 조직의 유연성이 담보되어야 한다. 서비스는 역동적이고 경험에 바탕을 두어야 생명력이 있다.

- 물리적 근거 : 익숙하지 않은 상품이나 서비스는 고객에게 하나의 위험이다. 직접 사용해 보기 전에는 그것의 유용성에 대해 잘 알지 못하기 때문이다. 판매자는 고객의 이런 불확실성을 감소시켜 주어야 한다. 물리적 근거는 유형의 상품과 서비스의 최종적 증거이다. 물리적 근거의 예로는 5성급, 4성급 등과 같은 호텔의 등급, 디자인, 가구, 조명, 실내장식 등과 같은 호텔의 설비, 제품 배송 시 사용하는 포장, 소책자(브로슈어), 회사의 문방구, 비즈니스 카드, 보고서, 회사 웹사이트 등과 같은 회사의 서비스를 들 수 있다. 물리적 근거는 유형의 제품과 무형의 서비스가 다르다. 유형의 제품을 구매할 때는 제품 자체가 물리적 근거가 된다. 유형의 제품은 고객이 기대하는 증거이기 때문이다. 반면에 서비스는 형태가 없기 때문에 서비스의 질과 수준에 관한 확실한 단서들을 지속적으로 체크해야 기대에 부합하는지 여부를 판단할 수 있다. 무형의 서비스를 구매할 때는 서비스 주변의 유형의 것들이 중요하다. 신용카드를 예로 들면, 신용카드 회사와 은행이 제공하는 부가 서비스들이 유형의 증거이다. 그리고 서비스 산업에서 물리적 근거는 서비스 경관(service scape)을 포함한다. 서비스 경관은 온도, 소리, 냄새와 같은 환경조건(environmental conditions), 지도, 장비, 실내장식 등과 같은 공간과 기능(space and functions), 사용법, 실내장식 스타일, 터치 방법 등과 같은 신호, 상징, 인공구조물(signs, symbols and artefacts)을 포함한다. 결국 서비스 부문의 물리적 근거는 회사가 무엇을 제공하는지, 무슨 서비스가 고객들에게 유용한지를 보여주는 하나의 가시적인 은유(a visual metaphor)인 것이다. 물리적 근거는 직원의 외모 · 태도와 함께 서비스의 질과 고객의 인식, 나아가 제품의 판매에 긍정적 또는 부정적 영향을 준다.

마케팅믹스의 4Ps와 7Ps는 마케팅을 용이하게 만드는 매우 강력한 도구로서 회사의 경쟁력을 강화하는 데 기여한다. 그러나 마케팅믹스 개념에 대한 비판도 만만치 않다. 이를 정리하면 다음과 같다.

첫째, 마케팅믹스는 고객의 행위를 고려하지 않고 고객이 내적으로 지향하는 것을 고려한다.

둘째, 마케팅믹스는 고객을 수동적인 존재로 간주한다. 고객과의 상호작용을 무시하고 고객과의 관계를 잡아내지 못하고 있다.

셋째, 마케팅믹스는 이론적 내용이 없다. 경영에 초점을 둔 단순한 도구일 뿐이다.

넷째, 마케팅 활동을 의인화하는 데 별반 도움이 안 된다.

다섯째, 마케팅믹스는 서비스 마케팅의 독특한 요소를 무시하고 있다.

여섯째, 마케팅믹스는 하나의 제품을 전제로 하고 있다. 그러나 대부분의 회사는 하나의 제품만 고립적으로 판매하고 있지는 않다.

일곱째, 마케팅믹스는 제품을 구매하는 고객의 경험을 무시하고 있다.

여덟째, 마케팅믹스의 개념에서는 마케팅 담당자가 중심 요소이다. 하지만 이는 실제와 다르다. 마케팅은 고객에 초점을 둔 경영관리이다.

〈표 10-2〉 7Ps

구 분	내 용
제 품	• 제품은 소비자의 필요와 욕구를 충족시키기 위한 것이다. • 마케팅 담당자는 상품이나 서비스를 생산하는 것 이외에 그것들이 줄 수 있는 여러 혜택을 종합적으로 고려한다.
가 격	• 가격은 고객이 제품을 구매한 대가로 지불하는 비용이다. • 가격은 소비자가 제품을 선택함에 있어 가장 중시하는 요인이다.
유통경로	• 표적 고객에 대한 제품의 접근 유용성, 즉 고객이 접근하기 편리한 곳에 제품을 비치하는 것이다. • 회사는 고객이 자사의 제품을 얻을 수 있는 직간접의 다양한 방법을 개발해야 한다.
판 촉	• 판촉은 기존 고객뿐만 아니라 잠재적 고객을 포함한 고객과의 커뮤니케이션을 통하여 고객의 구매를 유인하는 활동이다. • 판촉은 마케팅의 광고와 판매 부분이다. • 판촉의 목적은 제품의 용도, 내용, 기능 등 제품에 관한 것을 사람들에게 알리는 데 있다.

사 람	• 마케팅에서 사람(직원)을 주요 요소로 간주하는 이유는 서비스 산업에서 서비스를 고객에게 제공하는 직원은 생산자가 아니라 제품 그 자체이기 때문이다.
과 정	• 서비스가 고객에게 전달되는 과정과 시스템으로 일련의 활동, 절차, 규약을 포함한다. • 고객은 상품이나 서비스를 생산하는 회사에 대해서뿐만 아니라 그것의 구매와 사용에 이르기까지 전반적 과정에서의 경험을 중시한다.
물리적 근거	• 익숙하지 않은 상품이나 서비스는 고객에게 하나의 위험이다. 직접 사용해 보기 전에는 그것의 유용성에 대해 잘 알지 못하기 때문이다. 판매자는 고객의 이런 불확실성을 감소시켜 주어야 한다.

(2) 4Cs

1990년대 들어 고객중심 마케팅믹스(customer-driven marketing mix)인 4Cs가 등장했다. 4Cs는 소비자 관점을 중시한 것으로 판매자 관점에 선 4Ps와 다르다. 4Cs는 두 가지 관점이 있다. 하나는 로터본(Lauterborn)의 4Cs[Consumer(소비자), Cost(비용), Communication(의사소통), Convenience(유통 편리성)]이고, 다른 하나는 시미즈(Shimizu)의 4Cs[Commodity(상품), Cost(비용), Communication(의사소통), Channel(유통경로)]이다.

① 로터본(Lauterborn)의 4Cs

1990년 로터본은 보다 고객지향적인 마케팅을 위한 4Cs를 제안했다. 4Cs는 1990년대의 고객중심 마케팅 추세를 반영한 것이다. 이는 대규모 마케팅(mass marketing)에서 특정 시장 마케팅(niche marketing)으로 이행하는 데 적합하다. 특히 인터넷 마케팅에서 강점을 가진다. 4Cs는 소비자(Consumer), 비용(Cost), 커뮤니케이션(Communication), 유통의 편리성(Convenience)을 말한다.

- 소비자 : 소비자의 필요와 욕구를 중시한다. 회사는 고객이 특별히 사고 싶어 하는 것을 판매한다. 마케팅 담당자는 고객의 관심을 끌기 위하여 고객이 바라는 것과 욕구를 연구해야 한다. 고객 솔루션(customer solution)을 중시해야 한다는 것이다.
- 비용 : 가격과 비용은 다르다. 가격은 고객의 욕구를 충족시키는 데 소요되는 전체 비용의 한 부분일 뿐이다. 비용은 상품과 서비스를 얻는 데 소요되는 시간 비용, 상품과 서비스를 소비함으로써 얻는 양심 비용과 죄의식 비용을 포

함한다. 상품과 서비스의 소유자로서 부담해야 하는 총비용을 반영하는 것이다. 고객이 생각하기에 적정한 가격이어야 함은 말할 필요가 없다.

- 커뮤니케이션 : 판촉이 판매자에 의한 속임수에 가깝다면, 커뮤니케이션은 구매자에 의한 협력이다. 커뮤니케이션이 목표하는 바는 구매자의 욕구와 라이프스타일에 기초해서 잠재적인 고객과의 대화를 이끌어 내는 데 있다. 커뮤니케이션은 광고, 홍보, 개인판매, 가상 광고를 포함한다.
- 유통의 편리성 : 인터넷 시대 고객들은 카탈로그, 신용카드, 스마트폰 등을 활용해서 자신의 욕구를 충족시키는 곳이라면 어디든지 갈 수 있다. 마케팅 담당자는 고객이 구매하기 편리한 곳을 파악해야 한다. 인터넷 대중화로 제품구매 장소보다는 제품 구매와 제품 찾기의 용이성과 제품에 관한 정보 취득의 용이성이 중요해졌다.

② 시미즈(Shimizu)의 4Cs와 7Cs

일본의 경영학자 시미즈는 1970년대에 회사와 소비자가 함께 제품을 만들고 소비하는 공생마케팅 또는 공동마케팅(co-marketing)을 주장했다.[2] 공동마케팅의 가장 좋은 예가 스티브 잡스(Steve Jobs)의 스마트 폰과 애플리케이션 시장의 창조이다. 주지하듯이 스티브 잡스의 제품은 판매자와 구매자 양측이 공동으로 가치를 창조한 것으로 유명하다. 시미즈의 4Cs는 상품(Commodity), 비용(Cost), 커뮤니케이션(Communication), 유통경로(Channel)이다.

- 상품 : 공동창조(co-creation)이다. 단순히 제작·판매하는 상품이 아니라 기업과 소비자가 함께 만드는 상품, 생활필수품을 만들어야 한다. 제품과 서비스는 고객 또는 시민을 위한 것이다. 스티브 잡스는 시민들을 기쁘게 하는 제품을 만들었다. 라틴어 'commodus'는 '편리(convenient)'를 뜻한다.
- 비용 : 제품가격만으로 경쟁하는 것은 시대에 맞지 않다. 비용을 중시해야 한다. 비용에는 생산비용, 판매비용, 구매비용뿐만 아니라 환경을 토대로 한 사회적 비용도 포함시켜야 한다. 라틴어 'constare'는 '희생'을 뜻한다.

---

2 시미즈의 4Cs와 7Cs는 1970년대에 발표되었으나 1990년대 고객중심 마케팅이 추세를 이루면서 뒤늦게 주목받았다.

- **커뮤니케이션** : 판촉뿐만 아니라 커뮤니케이션도 중요하다. 마케팅 커뮤니케이션은 광고, 판촉, 홍보, 개인판매, 사내 커뮤니케이션, SNS(소셜 미디어) 등의 방법이 있다. 라틴어 'communis'는 '의미의 공유(sharing of meaning)'를 뜻한다.
- **유통경로** : 마케팅 통로, 제품의 흐름이다. 판매처뿐만 아니라 상품의 유통도 중요하다. 유통경로는 실제 점포와 인터넷 쇼핑몰의 융합도 포함된다. 라틴어 'canal'은 '운하'를 의미한다.

한편 시미즈는 1979년 4Cs에 세 가지 요소를 추가해 7Cs 컴퍼스 모델(compass model)을 발표했다. 추가된 것은 조직(Corporation), 소비자(Consumer), 환경(Circumstances) 등 세 가지이다.

- **조직** : 마케팅의 핵심은 기업이나 비영리조직과 같은 조직이다. 조직은 유연성과 책임성을 중요하게 생각해야 한다.
- **소비자** : 소비자의 욕구, 필요, 안전, 교육(소비자 교육)을 중시해야 한다.
- **환경** : 통제할 수 없는 여러 환경 요인들이 존재한다. 국내적 · 국제적(정치적 · 법률적 · 윤리적) 환경, 날씨, 사회문화적 환경, 경제적 환경 등이 그것이다. 마케팅에서는 이러한 환경적 요인을 잘 고려해야 한다.

7Cs 컴퍼스 모델은 비판을 받았다. 매카시의 4Ps와 강조하는 점이 약간 다를 뿐 거의 같다는 것이다. 7Cs가 소비자를 포함시키고 있는데, 소비자는 마케팅의 타깃이지 전술이 아니라는 비판도 있고, 7Cs가 제품의 생산, 유통, 가격 등 다양한 전략을 포함하고 있지만, 소비자에 대해서는 회사와의 양방향 커뮤니케이션만 말하고 있다는 지적도 있다.

〈표 10-3〉 7Cs

구 분	내 용
상 품	• 공동창조(co-creation) • 단순히 제작 · 판매하는 상품이 아니라 기업과 소비자가 함께 만드는 상품, 생활필수품을 만든다.
비 용	• 제품가격만으로 경쟁하는 것은 시대에 맞지 않다. 비용을 중시해야 한다. • 비용은 생산비용, 판매비용, 구매비용뿐만 아니라 환경을 토대로 한 사회적 비용도 포함된다.
커뮤니케이션	• 마케팅 커뮤니케이션은 광고, 판촉, 홍보, 개인판매, 사내 커뮤니케이션, SNS(소셜 미디어) 등의 방법이 있다.
유통경로	• 마케팅 통로, 제품의 흐름이다. • 실제 점포와 인터넷 쇼핑몰의 융합도 포함한다.
조 직	• 마케팅의 핵심은 기업이나 비영리조직과 같은 조직이다. • 유연성과 책임성이 중요하다.
소비자	• 소비자의 욕구, 필요, 안전, 교육(소비자 교육)을 중시한다.
환 경	• 국내적 · 국제적 환경, 날씨, 사회문화적 환경, 경제적 환경 등 여러 요인을 고려한다.

2) 청소년기관의 마케팅믹스

(1) 4Ps

마케팅믹스의 전통적 모델인 4Ps를 청소년기관에 적용하면 다음과 같다.

• 제품 : 마케팅믹스 4Ps 중에서 가장 중요한 요소가 제품(상품과 서비스)이다. 제품은 소비자의 욕구를 충족시킨다. 청소년기관의 제품은 물질적인 제품이나 무형의 서비스뿐만 아니라 사람과 프로그램도 될 수 있다. 청소년기관은 소비자의 욕구 충족을 위해 소비자 욕구를 고려한 다양한 형태의 제품을 개발해 제공하는 것이 좋다. 독창성이 있는 제품이면 시장에서 성공할 확률이 높다. 청소년 분야의 상품과 서비스는 활동, 복지, 보호, 교육, 문화 등 인간의 삶에 있어 반드시 필요한 공공재의 성격을 지니고 있음에 유념해야 한다. 제품이 시장에서 구매력을 갖기 위해서는 제품의 질과 가치 및 내구성 등이 담보되어야 하고, 그 내용이 객관적으로 설명되어야 한다. 그리고 청소년기관

제품은 개인적 만족, 긍지, 소속감 및 내부의 따뜻한 감정 등과 같은 무형의 내용도 포함한다.

- 가격 : 제품이 완성되면 제품의 가격을 결정해야 한다. 영리를 목적으로 하는 기업은 제품의 생산에 필요한 제반 요소들을 합한 금액에 이윤을 더해 가격을 결정한다. 그러나 청소년기관의 제품은 이윤 이외의 요소들도 고려해야 한다. 왜냐하면 청소년기관 제품의 일차적 목적이 이윤의 극대화보다는 제품의 가치를 극대화하는 참여 청소년의 긍정적인 변화에 있기 때문이다. 그리고 청소년기관 제품은 품질도 중요하지만 서비스의 가치가 중요하다. 일반적으로 청소년기관 제품의 가격은 원가, 제품의 종류, 프로그램, 경쟁력, 수요, 고객의 소득수준 등을 고려한다.
- 유통경로 : 유통경로는 시장에 제품을 공급하는 방법, 소비자가 제품을 구입할 수 있도록 만들어 주는 수단, 생산자와 소비자 사이를 연결해 주는 통로이다. 여기서 고려해야 할 것은 도매상과 소매상의 결정, 중간 상인들의 조정, 물적 유통관리(운송, 하역, 보관, 재고정리, 포장) 등이다. 청소년기관의 경우 청소년기관이 위치한 장소, 교통의 편리성, 사업을 하는 데 이용할 수 있는 유통망, 접근의 편이성 등이 중요하다. 유통경로의 편리성은 행위의 지속성과 밀접한 관계가 있다. 기업이나 청소년기관이 높은 질과 경쟁력 있는 가격을 가진 제품을 보유하고 있다 하더라도 제품을 팔기 위한 유통망을 확보하지 못하면 시장개척이 어렵다. 유통은 사람(중간 매개자)과 지역(조직망)을 통해 이루어진다. 인적 자원과 조직망이 미흡한 청소년기관은 기존의 유통망(은행, 카드적립금, 프랜차이즈, 우체국 등)을 활용하면 된다.
- 판촉 : 판촉은 상품이나 서비스의 판매를 촉진시키기 위해 소비자들에게 제품을 알리고 구매를 설득하는 커뮤니케이션 활동이다. 수혜자와 기부자 간의 의사소통 채널인 것이다. 청소년기관도 제품의 판촉활동을 한다. 청소년기관도 제품을 만들고 가격을 결정하게 되면 이를 고객에게 알리기 위한 의사소통이 필요하다. 판촉의 방법은 광고, 홍보, 개인 판매, 세일 등이 있다. 광고는 제품의 판매를 촉진하기 위해 광고주가 비용을 부담한다. 제품의 품질, 적

정 가격, 주요 기능, 장점 등을 널리 알리는 작업인 것이다. 홍보활동은 청소년기관의 주요 활동과 장점을 지역사회에 널리 알리는 작업이다. 이를 통해 비우호적인 소문이나 평판을 우호적인 것으로 바꿀 수 있다. 개인 판매는 제품의 판매를 위해 잠재적인 기부자를 만나 대화를 통해 제품의 판매를 촉진하는 것이다. 세일은 판매량을 늘리기 위한 단기적인 이벤트성 유인책이다.

〈표 10-4〉 **청소년기관의 4Ps**

구 분	내 용
제 품	• 청소년기관의 제품은 물질적인 제품이나 무형의 서비스뿐만 아니라 사람과 프로그램도 될 수 있다.
가 격	• 청소년기관의 제품 가격은 이윤 이외의 요소들도 고려해야 한다. • 청소년기관의 제품 가격은 원가, 제품의 종류, 프로그램, 경쟁력, 수요, 고객의 소득수준 등을 고려한다.
유통경로	• 청소년기관이 위치한 장소, 교통의 편리성, 후원사업을 하는 데 이용할 수 있는 유통망, 접근의 편이성 등이 중요하다.
판 촉	• 청소년기관도 제품을 만들고 가격을 결정하게 되면 이를 고객에게 알리기 위한 의사소통이 필요하다. • 판촉 방법은 광고, 홍보, 개인판매, 세일 등이 있다.

(2) 5Cs

인터넷이 대중화되면서 인터넷에 기반을 둔 새로운 전략인 5Cs 모델이 등장했다. 5Cs란 콘텐츠(Contents), 커머스(Commerce), 커뮤니케이션(Communication), 커뮤니티(Community), 커넥션(Connection)을 말한다. 5Cs 모델은 인터넷 웹사이트의 구축과 운영을 통해 마케팅을 효과적으로 전개하는 데 초점을 두고 있다. 이를 청소년기관에 적용하면 다음과 같다.

- **콘텐츠** : 콘텐츠란 인터넷 웹사이트 홈페이지가 담고 있는 내용물을 말한다. 콘텐츠는 고객이 컴퓨터 화면을 통해 만나게 되는 첫 번째 지점이기 때문에 마케팅에서 매우 중요하다. 콘텐츠의 주요 요소는 정보의 내용, 디자인, 상호작용 기술이다. 잘 설계되고 제작된 콘텐츠는 고객의 유치와 관계의 유지에

반드시 필요하다. 그리고 콘텐츠는 기업이나 기관의 사업 내용을 쉽고 명료하게 전달할 수 있도록 디자인되어야 한다. 콘텐츠에 포함되어야 할 사항은 기업이나 기관의 소개(연혁), 연락처(전화번호, 주소, 지도, 사무실), 관련 기사, 홍보물, 상품 정보, 업계 소식, 고객지원 자료 등이 있다.

- 커머스 : 기업의 경우 인터넷을 수익 창출의 수단으로 활용한다. 인터넷 판매는 원스톱 상품구매가 가능하다는 큰 장점이 있다. 그리고 구매자가 온라인을 통해 제품을 구매하는 이유는 구매가 매우 용이하고, 상품목록을 한눈에 볼 수 있으며, 익명이 보장된다는 데 있다. 청소년기관의 경우 온라인을 통해 자신의 제품을 판매한다면 이러한 장점을 구현할 수 있고, 홍보의 경우도 보다 용이하게 접근할 수 있다. 인터넷 커머스를 e-커머스라고 하는데, 그 비중이 점점 더 커지고 있다.
- 커뮤니케이션 : 인터넷상의 커뮤니케이션이란 제품의 구매자와 판매자 간의 의사소통이다. 사이버 환경에서는 인터넷 이용자의 의견 표시, 이용자 간의 의견 교환, 이용자의 만족과 불만족 표출 등이 거의 실시간으로 무척 빠르게 일어난다. 그리고 그런 의사 표시의 범위는 매우 넓고 반향이 매우 크다. 그러므로 청소년기관의 인터넷 홈페이지 운영자는 이런 사실을 감안해 신속하게 대응해야 한다. 인터넷 커뮤니케이션 방법은 이메일, 트위터, 홈페이지 게시판 등 다양하다.
- 커뮤니티 : 인터넷 이용자들은 인터넷 웹사이트에서 자신의 관심사나 원하는 제품의 정보를 얻는 데 그치는 것이 아니라 비슷한 관심이나 취미를 가진 사람들이 정보와 의견의 교환을 위한 커뮤니티를 만들어 활동하고 있다. 인터넷 웹사이트 커뮤니티는 공간적 · 시간적 제약이 없다는 큰 장점을 지닌다. 그리고 동일한 관심과 취미를 가진 사람들의 공동체이기 때문에 일정 수준 이상의 유대감도 있다. 일부 커뮤니티는 온라인을 넘어 오프라인으로 발전하기도 한다(오프라인에서의 정기적인 만남 등). 그러므로 청소년기관 마케팅 담당자가 이러한 인터넷상의 커뮤니티를 적절히 활용할 경우 매우 적은 비용으로 큰 효과를 거둘 수 있다.

• 커넥션 : 주지하듯이 인터넷 홈페이지는 셀 수 없을 정도로 많으며 지속적으로 그 수가 증가하고 있다. 따라서 사이버공간에서 구매자들의 관심을 끌 수 있는 청소년기관 홈페이지를 만들어야 한다. 그 방법 중의 하나가 공동 마케팅 전략이다. 공동 마케팅은 여러 기업 또는 기관이 협력하여 네트워크를 구성하는 것이다. 기업, 기관들이 구축한 인터넷 네트워크는 적은 비용으로 많은 고객과 정보를 확보할 수 있고, 신규 시장 진입에 따른 리스크를 줄일 수 있으며, 다른 경쟁자를 제한하는 진입장벽을 만들 수도 있다. 청소년기관의 사업 개발이나 사이버 홍보에서 다른 비영리조직이나 기업과의 하이퍼링크를 만들면 효과를 볼 수 있다.

3. 홍 보

1) 홍보의 역사

미국에서 홍보(public relations)가 하나의 공식 직업이 된 것은 19세기 후반에서 20세기 초반 사이이다. 19세기 후반 서부 개척 시 철도회사들이 전직 언론인들을 고용하여 회사를 홍보한 것이 그 효시였다. 당시 기업계 리더들은 대중이 회사에 대해 분노하면 회사가 곤란해진다는 사실을 깨달았다. 그리하여 홍보 전문가를 고용하기 시작했는데, 목적은 대중에게 정확한 정보를 제공하는 데 있었다.

현대 홍보의 아버지라 불리는 사람은 버네이즈(Edward L. Bernays)이다. 그는 제1차 세계대전 당시 전시 상황을 미국인에게 알리기 위해 우드로 윌슨(Woodrow Wilson) 대통령이 설립한 공공정보위원회(the Committee on Public Information)의 책임자로 일했는데, 전후 정부 홍보업무에서 터득한 경험과 기술을 민간 기업들에게 전수하는 데 앞장섰다.[3] 그는 사회과학과 심리학에 기반을 둔 과학적 방법으로 대중을 설득하는 기술을 전파했다.

20세기 초만 해도 홍보는 미디어 관계와 공보가 다였다. 대부분의 홍보 전문가

3 그는 제너럴일렉트릭(General Electric), CBS, 아메리칸타바코사(the American Tobacco Company)의 홍보 책임자로 일했다.

가 전직 언론인, 즉 뉴스를 이해하고 효과적인 미디어 스토리를 엮을 줄 아는 사람들이었다. 홍보를 미디어 관계라는 좁은 의미로 간주한 것이다.

1970년대에는 비즈니스를 위한 홍보가 주류를 이루었다. 비즈니스를 우선시함으로써 홍보에서도 회사의 목표 설정과 투자 수익률 과시가 가장 중시되었다. 홍보가 회사의 이익 증대에 기여하는 것으로 인정되자 회사의 홍보 부문에 대한 투자도 증가했다.

오늘날 홍보는 미디어 관계뿐만 아니라 피용자 관계, 투자자 관계, 지역사회 관계, 로비, 소셜 미디어(social media)까지 포괄할 정도로 확대되었다. 그리고 광고, 마케팅, 홍보가 하나로 통합되어 가고 있다. 이를 통합 마케팅 커뮤니케이션(integrated marketing communications) 또는 통합된 전략적 커뮤니케이션(integrated strategic communications)이라 한다. 이런 통합 모델하에서 홍보는 광고와 마케팅과 매우 긴밀한 관계를 갖는다. 이를 통해 일관성 있는 전략을 수집하고 비용을 절감할 수 있다.

홍보는 대중의 지지가 조직의 성공에 열쇠가 된다는 것을 전제로 한다. 대중의 지지를 이끌어 내어 조직을 성공시키는 데 홍보의 가치가 있다고 보는 것이다. 홍보는 조직의 사회적 평판을 향상시키고 매출 신장에도 기여한다. 홍보는 반응적(reactive)이기보다는 선행적(proactive)이다. 선행적인 홍보는 조직이 자신의 스케줄에 따라 전략과 전술을 수립하고 집행할 수 있게 한다.

현대사회에서 홍보는 정부, 기업, 비정부조직 등 다양한 조직에서 전개된다. 조직의 성격이 다르더라도 홍보는 조직의 사회적 평판 개선, 대중과의 관계 구축과 유지를 목적으로 한다는 점에서 동일하다. 대부분의 홍보 부서는 이슈, 기대, 관계, 평판 등을 포함한 외부 환경의 변화를 모니터하고 그것에 대응하는 일을 한다. 동시에 직원들과의 소통을 통해 조직 내부의 근무 환경을 효과적으로 유지하는 데도 기여한다. 직원 간의 효과적인 소통은 직원들이 조직의 우선순위를 이해하고 조직의 정보를 공유할 수 있게 만든다. 이것은 직원들이 조직의 사명과 목표를 숙지하는 데 도움을 준다.

2) 홍보의 정의

홍보에 관한 가장 보편적인 정의는 1975년 홍보연구교육재단(the Foundation of Public Relations Research and Education)의 정의일 것이다. 60명의 홍보 전문가가 500여 개에 달하는 홍보의 정의를 검토한 후 내린 정의이다.

홍보는 유력한 경영 기능의 하나로서 조직과 대중(publics)이 서로 소통 · 이해 · 수용 · 협력하고 이런 관계가 유지되도록 돕는다. 문제 또는 이슈의 관리에 관여하고, 경영자가 여론을 파악해 이에 대응할 수 있게 하며, 대중의 이익에 봉사하는 경영자의 책임을 규정 · 강조하고, 새로운 추세를 조기에 예측하여 경영자가 변화에 효과적으로 대응하고 이를 활용하도록 도우며, 조사연구와 윤리적 소통기술을 기본적 수단으로 삼는다.

1978년 멕시코시티에서 개최된 홍보를 주제로 한 홍보협회세계대회(the World Assembly of Public Relations Associations)에서 내린 홍보의 정의도 유명하다.

홍보는 추세를 분석하고, 그 결과를 예측하며, 조직 리더들에게 자문하고, 조직과 대중 양자에게 봉사하는 계획된 프로그램을 실행하는 기술과 사회과학이다.

멕시코 선언은 홍보에서 고려해야 할 다섯 가지 중요한 사항을 적시했다. 추세분석, 결과의 예측, 리더에의 자문, 계획된 프로그램의 실행, 대중의 이익에의 봉사가 그것이다.

영국홍보재단(the British Institute of Public Relations)은 홍보를 조직과 대중 간의 상호이해를 확립하고 유지하기 위한 신중하고도 계획적이며 지속적인 노력으로 정의했다. 이 정의는 두 가지 의미를 담고 있다. 첫째, 홍보는 계획적이고 지속적인 노력이다. 이것은 홍보가 캠페인 또는 프로그램으로 조직되고 지속되는 활동이라는 것을 의미한다. 일시적인 것이 아니라는 의미이다. 둘째, 홍보의 목적은 조직과 대중의 상호이해를 구축하고 유지하는 데 있다.

미국홍보협회(the Public Relations Society of America)는 홍보를 조직과 대중 간의 상호이익관계(mutually beneficial relationships)를 구축하는 전략적 소통과정(a strategic communication process)으로 정의했는데, 매우 간략하고 함축적이다.

홍보학자 제프킨스(Jefkins, 1992)는 홍보는 조직과 대중이 서로 이해하는 데 필요한 모든 형태의 계획된 커뮤니케이션을 포함한다고 했다. 상호이해뿐만 아니라 소통문제의 해결, 즉 부정적인 태도의 긍정적인 태도로의 전환도 포함한다는 것이다.

레땅(Jacquie L'Etang, 2009)은 홍보를 조직의 사회적 관계와 평판을 관리하는 것이라 했다. 그에 의하면 홍보는 이슈의 관리, 대중의 관심사항, 기업 커뮤니케이션, 주주 관계, 위기 대응 커뮤니케이션, 기업의 사회적 책임 등을 포함하며, 정부, 기업, 중소기업, 민간부문 모두 사회변화의 시점에서 반드시 홍보를 필요로 한다.

〈표 10-5〉 홍보의 정의

구 분	내 용
홍보연구 교육재단	유력한 경영 기능의 하나로서 조직과 대중이 서로 소통 · 이해 · 수용 · 협력하고 이런 관계가 유지되도록 돕는다. 문제 또는 이슈의 관리에 관여하고, 경영자가 여론을 파악해 이에 대응할 수 있게 하며, 대중의 이익에 봉사하는 경영자의 책임을 규정 · 강조하고, 새로운 추세를 조기에 예측하여 경영자가 변화에 효과적으로 대응하고 이를 활용하도록 도우며, 조사연구와 윤리적 소통기술을 기본적 수단으로 삼는다.
홍보협회 세계대회	추세를 분석하고, 그 결과를 예측하며, 조직 리더들에게 자문하고, 조직과 대중 양자에게 봉사하는 계획된 프로그램을 실행하는 기술과 사회과학이다.
미국홍보협회	조직과 대중 간의 상호이익관계를 구축하는 전략적 소통과정이다.

3) 홍보의 모델

그루닉과 헌트(Grunig & Hunt, 1984)는 커뮤니케이션, 조사연구, 윤리 등 세 가지 사항을 중심으로 홍보의 네 가지 모델을 제시했다.

- 언론 대리인(press agentry) : 정보가 조직에서 대중으로 일방적으로 흐른다. 구식 모델이다. 홍보 담당자는 항상 조직의 이름이 미디어에서 우호적으로 언급되기를 바란다. 자신과 관련된 대중에 대해 연구하지 않는다. 대중의 큰 관심을 유도하는 일에 집중한다. 유명인사, 폭로, 퍼레이드, 대형 행사 등 대중의 관심을 끄는 일과 유명인사의 이름을 이용하는 선전 전술을 사용한다. 언론 대리인의 윤리성에 문제가 제기될 수 있다.

- **대중 정보**(public information) : 대중에게 널리 알리는 것보다 대중에게 정보를 제공하는 것에 관심을 둔다. 하지만 커뮤니케이션은 일방적이다. 정부, 교육기관, 비영리조직, 일부 기업에서 나타난다. 홍보 담당자는 관련 대중에 대한 조사연구에 약간의 관심만 표명한다. 홍보 담당자는 방안의 언론인(journalists-in-residence)으로 대중과 소통하는 데 가장 좋은 정보에만 관심을 둔다.
- **양방향 비대칭 모델**(the two-way asymmetrical model) : 과학적인 대중 설득을 중시한다. 홍보 담당자는 메시지의 설득력을 제고시키기 위해 사회조사나 면접과 같은 사회과학적 조사연구 방법을 활용한다. 양방향이란 조직의 입장과 정보를 대중에게 일방적으로 제공하는 일방적 소통(one-way communication)이 아니라 조직과 대중이 서로 주고받는 소통관계를 중시하는 것이다. 양방향 소통은 조직과 대중 모두에게 혜택을 준다. 단, 비대칭이다. 대중의 반응을 피드백 받기도 하지만 조직을 대중에 맞추는 것보다는 대중을 조직에 맞추는 것을 더 중시한다는 점에서 그렇다.
- **양방향 대칭 모델**(the two-way symmetrical model) : 조직과 대중을 서로 맞추는 것을 중시하는 모델이다. 조직과 대중의 상호이해의 증진을 위해 사회과학적 조사연구방법을 중시하고 일방적 커뮤니케이션보다는 조직과 대중이 대칭관계에 있는 양방향 커뮤니케이션을 지향한다. 언론 대리인, 대중 정보, 양방향 비대칭 모델이 조직의 목표를 달성함에 있어 설득을 통한 홍보를 중시한다면, 양방향 대칭 모델은 조직의 이익과 다른 집단·대중의 이익 간의 균형에 초점을 둔다는 점에서 다르다.

〈표 10-6〉 홍보의 모델

모 델	내 용
언론 대리인	• 정보가 조직에서 대중으로 일방적으로 흐르는 구식 모델이다. • 홍보 담당자는 조직의 이름이 미디어에서 우호적으로 언급되기를 바란다. 대중의 큰 관심을 유도하는 일에 집중한다.
대중 정보	• 대중에게 널리 알리는 것보다 대중에게 정보를 제공하는 것에 관심을 둔다. 단, 커뮤니케이션은 일방적이다.

양방향 비대칭 모델	• 양방향 소통은 조직과 대중 모두에게 혜택을 준다. • 대중의 반응을 피드백 받기도 하지만 조직을 대중에 맞추는 것보다는 대중을 조직에 맞추는 것을 더 중시한다는 점에서 비대칭이다.
양방향 대칭 모델	• 조직과 대중의 상호이해의 증진을 위해 사회과학적 조사연구방법을 중시하고, 일방적 커뮤니케이션보다는 조직과 대중이 대칭관계에 있는 양방향 커뮤니케이션을 지향한다.

4) 마케팅, 광고, 홍보

(1) 마케팅과 홍보

홍보와 혼동되는 개념 중의 하나가 마케팅이다. 홍보는 마케팅믹스의 주요 요소인 판촉의 한 부분이다. 개인 판매, 광고, 직접 마케팅, 세일 등과 함께 홍보는 판촉 수단이다. 하지만 홍보는 매출 신장을 위한 판촉 수단을 넘어 회사를 대중에게 알리기 위한 전략적 커뮤니케이션 수단이다. 그리고 판촉은 회사 제품의 고객에 초점을 두지만 홍보는 이들을 포함한 대중에게 봉사하고, 마케팅이 시장을 다룬다면 홍보는 대중을 상대한다. 조직은 제품을 원하는 인구집단을 상대로 시장을 창조할 수 있다. 하지만 조직은 대중을 창조할 수는 없다.

코틀러와 민닥(Kotler & Mindak, 1978)은 홍보와 마케팅의 관계를 ① 마케팅과 홍보의 분리, ② 분리되어 있지만 중복 기능이 있는 것, ③ 마케팅이 주 기능, 홍보가 보조 기능, ④ 홍보가 주 기능, 마케팅이 보조 기능, ⑤ 마케팅과 홍보의 융합 등 다섯 가지 모델을 제시했다. 그리고 마케팅과 홍보 업무의 차이점을 〈표 10-7〉과 같이 정리했다. 마케팅은 시장 평가, 고객 구분, 제품 개발, 가격 책정, 서비스 제공, 판매 역량, 판촉, 제품 광고를 포함하고, 홍보는 공보, 이벤트, 뉴스, 지역사회 관계, 미디어 관계, 로비, 사회적 투자를 포함한다. 마케팅과 홍보를 융합시킨 회사도 있다. 여론(대개 미디어에 의해 만들어지는)이 회사 이미지에 큰 영향을 주는 경우(이것은 장기간 회사 이윤에 영향을 미친다)가 여기에 해당하는데, 제약회사가 대표적이다. 마케팅과 홍보가 융합된 경우 그 부서는 이미지 평가, 고객 만족, 사회조사, 미디어 전략, 기업 광고, 분위기 조성을 담당한다.

〈표 10-7〉 마케팅과 홍보

마케팅	마케팅/홍보	홍 보
시장 평가 고객 구분 제품 개발 가격 책정 서비스 제공 판매 역량 판촉 제품 광고	이미지 평가 고객 만족 사회조사 미디어 전략 기업 광고 분위기 조성	공보 이벤트 뉴스 지역사회 관계 미디어 관계 로비 사회적 투자

출처 : Kotler & Mindak(1978) 재인용.

기업의 경우 마케팅 부서와 홍보 부서를 별도로 두는 회사도 있고, 마케팅 부서 안에 홍보 부서를 둔 회사도 있다. 독립된 마케팅 부서와 홍보 부서가 있는 회사에서 홍보 부서는 전통적인 마케팅 업무에 간여하지 않는다. 회사가 마케팅을 강조하면 마케팅이 홍보 영역까지 포섭한다. 이를 마케팅 제국주의(marketing imperialism)라고 한다. 반면에 홍보가 마케팅에서 중추적인 역할을 해야 한다고 믿는 사람도 있다. 마케팅이 고객에만 관심을 두는 것에 비해 홍보는 관련 대중 모두를 상대하기 때문이다.

(2) 광고와 홍보

광고는 제품에 대한 소비자의 인식, 판매, 선전에 타깃을 두는 데 비해 홍보는 대중과의 관계와 대중의 조직에 대한 평판을 중시한다. 광고와 홍보는 커뮤니케이션 형태도 다르다. 광고는 TV, 라디오, 신문, 페이스북이나 트위터와 같은 소셜 미디어 플랫폼(social media platforms)에 광고비를 지불하고 회사나 회사의 제품을 대중에게 알리는 것이다. 반면에 홍보는 미디어에 광고비를 지불하지 않는다.

광고는 유료의 ATL 마케팅 활동(Above-The-Line marketing activity)이다. ATL 마케팅이란 TV, 신문, 라디오, 잡지, 인터넷, 케이블방송 등 미디어를 통한 직접 마케팅을 말한다. 광고의 비용은 대개 신문은 지면의 크기, 방송은 방송사의 시청자 수와 광고 시간에 좌우된다. 이에 비해 홍보는 BTL 마케팅 활동(Below-The-Line marketing activity)이다. BTL 마케팅은 미디어를 매개로 하지 않는 대면 마케팅으로 이벤트, 전시, 스폰서십 등을 예로 들 수 있다. 홍보의 비용은 프로젝트를 수행하는 데 소요되는 시간에 좌우된다. 장기간의 프로젝트일수록 홍보비용이 많이 든다. 홍보 전략에서 중시되는 것은 홍보 스케줄이다.

하지만 홍보와 광고가 항상 명확히 구분되는 것은 아니다. 홍보 담당자는 회사 제품의 장점에 대해 광고 담당자보다 더 잘 안다. 따라서 광고 문안을 작성할 때 홍보 담당자가 광고 담당자보다 더 잘할 수도 있다. 홍보와 광고 모두 문안 내용과 스타일이 중요하다. 대중이나 고객의 관심을 유도하기 위해서다. 그래서 홍보나 광고 업무를 위해 이 영역의 전문가, 예컨대 언론인이나 작가를 채용하는 회사도 있다.

5) 청소년기관의 홍보

청소년기관은 청소년, 청소년 가족, 정부, 유지기관, 지역사회 주민과 좋은 관계를 유지해야 한다. 이들은 청소년기관이 존재하는 이유가 되고, 청소년기관의 유지·존속에 필요한 자원을 제공하는 주체들이기 때문이다. 홍보는 조직과 대중 간의 상호 이해와 협력을 위한 의사소통이다. 따라서 비영리조직인 청소년기관도 영리조직인 기업처럼 홍보가 필요하다.

청소년기관을 포함한 비영리조직은 대중과 밀접한 관계를 갖기 때문에 홍보를 경시하면 안 된다. 재단이나 민간 조직은 기금 조성을 위해 캠페인을 벌이고 정부기관의 협력을 끌어내기 위해 로비활동을 한다. 또한 사회적 신뢰의 진작과 유지는 비영리조직의 주요 타깃 중 하나이다. 이를 위해 다양한 홍보 전략이 필요하다.

비영리조직이 홍보를 하는 이유는 다음과 같다. ① 조직과 수혜자 간의 커뮤니케이션 통로를 개발하기 위함이다. ② 조직의 사명을 대중이 수용하도록 하기 위함이다. ③ 기금 확충에 우호적인 분위기를 창출하고 유지시킨다. ④ 조직의 사명에 대한 대중의 관심을 유도하고 이를 유지시킨다. ⑤ 조직 종사자(직원, 자원봉사자, 이사)에게 정보를 제공하고 동기를 부여한다.

비영리조직도 다른 사회조직의 홍보 방법, 즉 기사 배포(press release), 스토리

(stories), 인터뷰와 기자회견(interviews and press conferences), 이벤트(creating events) 등을 사용한다.

- 기사 배포 : 기사 배포는 조직의 긍정적인 활동을 미디어를 통해 대중에게 알리는 유력한 수단이다. 유일한 위험은 불확실한 내용을 언론에 공개하는 것이다.
- 스토리 : 비영리조직은 언론을 위해 이야기나 기사를 만들 수는 없다. 그러나 언론인을 초청하여 조직에 관한 중요한 이야기를 독점적으로 공개할 수는 있다. 통제하기 쉽다는 장점이 있다.
- 인터뷰와 기자회견 : 기자회견은 미디어를 통해 비영리조직의 정보를 공개하는 것으로 매우 중요하고 신뢰성이 있다.
- 이벤트 : 비영리조직은 기금 확충을 위해 다양한 이벤트를 전개한다. 대중이 비영리조직을 긍정적으로 인식(긍정적 이미지 구축)하도록 하는 데 초점을 둔다.

홍보를 위한 미디어는 매우 다양하다. 정보기술의 발전으로 미디어는 더욱 풍부해지고 있다. 신문, 잡지, 회보 등 전통적인 인쇄미디어의 중요성은 점점 줄어들고 있는 반면에 인터넷, 이메일 등 전자미디어의 활용도가 커지고 있다. 특히 인터넷이 중요한데, 거의 모든 청소년기관들이 자체 홈페이지를 운용하고 있고, 거기서 프로그램 소개는 물론 프로그램 신청, 접수, 등록 등 중요한 업무가 처리되고 있으며, 직원 채용에 관한 사항도 공고한다.

청소년기관은 회보도 중요한 홍보 수단으로 활용한다. 회보는 매월, 분기별, 반년, 연간 등의 형태로 발간되고 있는데, 직원의 동정, 수입 및 지출 현황, 청소년 활동, 프로그램 소개 등을 담고 있다.

미디어를 통한 후원자 개발도 청소년기관 홍보(담당자)가 해야 할 중요한 역할이다. 공중파(TV)와 유선방송을 통한 후원자 개발 광고의 효과가 가장 크지만 광고비가 고액이라 청소년기관이 하기에는 부담이 너무 크다. 지역방송이나 지역 케이블방송과 직접 광고비를 협상하거나 광고비 협찬을 받는 방법이 가능하다. 공익광고를 활용하는 것도 한 방법이 될 수 있다. 특정 청소년기관이 아니라 모든 청소년기관에의 후원을 시민들에게 호소하는 광고를 제작해 방송하는 것이다.

이처럼 비영리조직도 정부나 기업처럼 다양한 홍보활동을 전개한다. 그럼에도 비영리조직의 홍보는 다른 부문과 차이가 난다. 주로 상대하는 대중의 성격과 홍보의 이유에서 차이를 보이는데, 이를 정리하면 다음과 같다.

첫째, 시민의 참여, 연대성, 이타주의하에서 진행되는 활동과 프로젝트에 관련해서 서로 소통하고 신뢰할 수 있는 메시지를 주고받는다.

둘째, 프로그램과 활동이 지향하는 공동체와 사람의 응집력을 높일 수 있는 조건을 만든다.

셋째, 아이디어와 프로젝트를 지지하기 위한 프로그램을 촉진시키기 위해 정책입안자와 행정가의 관심과 주의를 이끌어 낸다.

넷째, 홍보활동은 비영리조직 내부의 위기를 주제로 하지 않는다. 그것보다는 비영리조직 외부에 존재하는 요인 때문에 홍보가 필요하다.

다섯째, 비영리조직 홍보활동의 최우선 사명은 대중의 사회적 참여를 촉진시키는 것이다.

비영리조직의 수가 증가하고 활동도 다양해졌으며 참여하는 시민의 수도 증가함에 따라 비영리조직에 대한 미디어의 관심이 커졌다. 방송 프로그램이나 신문지면을 통해 비영리조직의 활동이 대중에게 소개되는 것과 비영리조직 활동가가 하는 말을 일상적으로 볼 수 있다. 이와 함께 비영리조직 홍보 담당자의 역할이 커지고 있는데, 이들이 미디어와 접촉할 때 유념해야 할 사항이 몇 가지 있다. 비영리조직 네트워크의 적극적 활용, 미디어와 접촉 시 투명성 확보, 조직의 서비스 수혜자들에 대한 프라이버시의 보호, 신뢰할 수 있는 정보 출처로부터 얻은 확실한 정보의 제공 등이 그것이다.

한편 우리나라 청소년기관의 홍보에 있어서 가장 큰 문제점은 재정 부족이다. 이로 인해 홍보 부문에 많은 예산을 배정할 수 없는 것이 현실로, 기관의 홍보를 전담하는 직원을 둘 형편이 못 되고 각종 미디어를 활용할 수 있는 비용의 조달도 어렵다. 따라서 체계적인 홍보활동을 기대할 수는 없다. 그러나 틈새시장을 노려 비용이 들지 않거나 저렴한 홍보방법을 적극적으로 개발할 필요는 있다. 정보화 시대에 홍보의 중요성이 날로 커지고 있다.

〈표 10-8〉 비영리조직의 홍보방법

방 법	내 용
기사 배포	• 조직의 긍정적인 활동을 미디어를 통해 대중에게 알리는 유력한 수단이다. • 유일한 위험은 불확실한 내용을 언론에 공개하는 것이다.
스토리	• 비영리조직은 언론을 위해 이야기나 기사를 만들 수는 없지만 언론인을 초청하여 조직에 관한 중요한 이야기를 독점적으로 공개할 수는 있다. • 통제하기 쉬운 것이 장점이다.
인터뷰와 기자회견	• 미디어를 통해 비영리조직의 정보를 공개하는 것으로 매우 중요하고 신뢰성이 있다.
이벤트	• 기금 확충을 위해 다양한 이벤트를 전개한다. • 대중이 비영리조직을 긍정적으로 인식하도록 하는 데 초점을 둔다.

11 CHAPTER

청소년기관 프로그램

1. 청소년기관 프로그램 개발의 기초
2. 청소년 프로그램 개발의 원리와 접근방법
3. 청소년 프로그램 개발모형

CHAPTER 11

청소년기관 프로그램

1. 청소년기관 프로그램 개발의 기초

1) 청소년기관 프로그램의 개념과 중요성

'프로그램'이라는 용어는 다양한 분야에서 여러 가지 의미로 쓰이고 있다. 사전적 의미로는 '일의 진행 계획이나 순서'를 의미한다. 프로그램은 본래 '미리 쓴다'라는 뜻을 가진 라틴어에서 유래한 용어로 음악회의 연주 순서나 행사의 진행 순서를 미리 작성해 놓은 것을 의미하였다. 이후 1920년대에 라디오가 개발되며 방송 시간표를 일컫는 말로 흔히 사용되었다가 컴퓨터 관련 분야에서 컴퓨터를 실행시키기 위해 차례대로 작성된 명령어 모음으로 '프로그램'이라는 용어를 사용하고 있다.

프로그램의 의미는 크게 세 가지 정도로 구분할 수 있다. 첫째, 앞서 기술한 바와 같이 순서, 절차 등을 강조한 일종의 순서표를 의미하기도 한다. 예를 들면, 'TV 프로그램 편성표', '정기 연주회 프로그램' 등이다. 둘째, 프로그램은 교육적 의미에서 단순한 시간적 순서만이 아닌 학습자의 참여와 실존적 가치를 인정함으로써 그 이상의 의미를 갖는다. 즉, 일정한 목표를 향해 학습자의 행동이 변화되도록 사전에 체계화시켜 놓은 교육내용(지식, 정보, 기술, 교과 등)인 교육과정으로 '커리큘럼(curriculum)'을 의미한다. 셋째, 프로그램은 활동 목적과 목표, 활동대상, 활동내용, 활동방법, 활동과정, 활동장소, 활동시기, 활동매체 등 모든 요소가 하나로 통합된 교육적 실체로서 '청소년(활동) 프로그램'과 같은 경우를 말한다.

앞에서 제시한 커리큘럼과 청소년 프로그램은 모두 교육적 성격을 갖고 있으며, 다소 유사한 부분도 있다. 그러나 커리큘럼과 청소년 프로그램은 몇 가지 측면에서 차이점을 지닌다. 커리큘럼은 사전에 해당 분야의 전문가(교수, 박사 등)에 의해 계획된 교과서의 내용을 모든 학생에게 제공하는 반면, 청소년 프로그램은 프로그램 운영기관(청소년지도사)과 대상자인 참여 청소년들의 욕구에 따라 내용이 달라진다. 청소년 프로그램도 목표를 두고 실시하고 있으나 그에 따른 세부 내용은 청소년들의 발달 특성을 고려하여 이들이 쉽게 이해하고 선택할 수 있도록 하고 있다.

〈표 11-1〉 **커리큘럼과 청소년 프로그램의 비교**

구 분	커리큘럼	청소년 프로그램
주요 관심	교과목 위주(획일적)	청소년의 개인적 문제와 욕구(유연함)
성적부여 여부	성적을 부여함	성적을 부여하지 않음
설계자	선정된 전문가와 자문위원	청소년과 청소년지도사
주 제	전문가에 의해 학습자에게 필요하다고 판단되는 지식 · 기술 · 태도 · 가치 등	청소년의 특정한 요구나 문제해결에 도움이 되는 것
초 점	내용중심(교과서의 내용, 학습진도 등)	문제 · 과제중심(청소년의 조화로운 성장과 발달)
장 점	학습목표나 활동이 명백하게 제시되며, 학습내용이 체계적이고 조직화된 계열성을 지님	청소년들로 하여금 직접적인 체험을 풍부하게 하도록 하며, 이들의 요구에 즉각 부응함

출처 : Niemi & Nagle(1977) 재구성.

따라서 커리큘럼이 획일적으로 운영되는 데 반해 청소년기관 프로그램은 상황에 따라 유연한 운영이 가능하다고 할 수 있다. 또한 커리큘럼은 학생들에게 성적을 부여하지만 청소년기관 프로그램은 성적을 부여하지 않는다. 다만, 프로그램의 사전·사후 효과성을 검증하여 청소년 개인이 아닌 프로그램의 성과를 제시하는 정도이다. 커리큘럼은 교사에 의해 해당 학년의 교과서를 중심으로 계속 진도를 나가는 형태로 운영되지만 청소년기관 프로그램은 특정 교과서 없이 운영주체(기관)별로 대상에 따라 조화로운 성장과 발달에 초점을 맞춰 청소년지도사와 청소년이 상호작용하는 형태로 운영되는 것이 특징이다.

이러한 내용을 종합하여 청소년기관의 프로그램을 정의해 보면, 청소년기관 프로그램은 청소년지도의 목적을 달성하기 위한 목표와 내용, 방법, 평가 등 각 요소가 체계적으로 설계되어 있고 이에 따라 청소년들의 교육적인 경험을 조력할 수 있는 다양한 환경적 자원, 지도 및 평가 전략이 구체적으로 제시되어 있는 일련의 계획표라고 정의할 수 있다.

	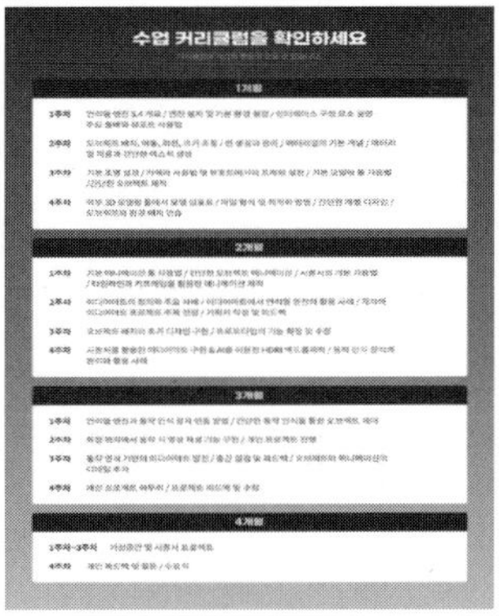	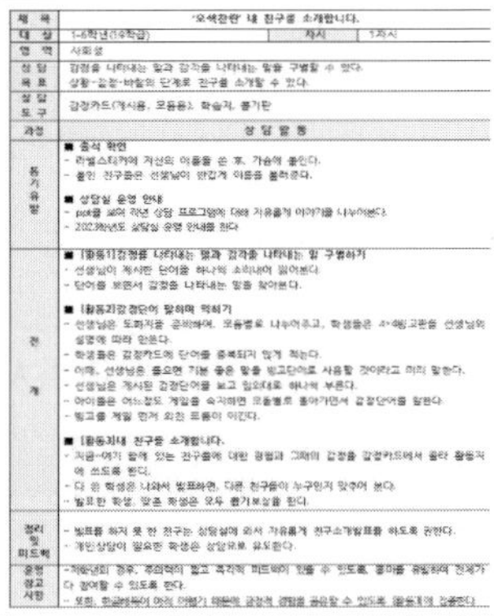
연주회 프로그램 (pamphlet)	교육과정/프로그램 (curriculum)	청소년활동 프로그램 (activities program)

|그림 11-1| **팸플릿, 커리큘럼, 프로그램의 차이**

출처 : 한국청소년활동진흥원(2012).

한편 청소년현장에서는 프로그램의 개념과 유사한 의미의 용어들이 사용되고 있다. 우선, '수련거리'는 청소년수련활동에 필요한 프로그램과 이와 관련되는 사업(청소년활동 진흥법 제2조)을 의미한다. 수련거리의 개념 안에 프로그램, 사업의 용어가 모두 포함되어 있는데, 실제 현장에서는 수련거리라는 용어를 거의 사용하지 않거나 프로그램의 의미와 별 차이 없이 사용하기도 한다. 「청소년활동 진흥법」 개정 당시 '청소년수련거리'를 '청소년활동 프로그램'으로 변경해야 한다는 제안이 있기도 하였다.

이 외에도 프로그램과 유사한 용어로는 '사업', '정책', '프로젝트' 등이 있으며, 구체적으로 살펴보면 다음 〈표 11-2〉와 같다. '사업'은 프로그램보다 상위의 개념으로, 여러 프로그램이 모여 하나의 사업이 되는 것이다. 즉, 사업은 프로그램으로 구성되며, 프로그램은 세부 활동으로 이루어진다. '정책'은 주로 청소년을 전담하고 있는 정부부처인 여성가족부나 전국 17개 시 · 도에서 청소년들의 바람직한 성장을 위한 행동 계획과 원칙을 의미한다. 정부에서 5년마다 수립하는 청소년정책기본계획의 경우, 제7차 청소년정책기본계획(2023~2027)에서는 '플랫폼 기반 청소년활동 활성화'라는 대과제 아래 중과제로 '다양한 체험활동 확대' 정책이 있고 그에 따라 청소년기관 내 다양한 세부적인 청소년활동인 '프로그램'을 실시하고 있다. '프로젝트'는 기관 · 단체 · 시설에서 특정 문제 · 욕구 · 이슈 등에 대한 대응 차원에서 한시적으로 이루어지는 과업을 의미한다. 따라서 지속적으로 일정한 틀을 갖추어 실시하는 프로그램과는 차이가 있다(황성철, 2005).

〈표 11-2〉 프로그램 관련 유사용어

프로그램	사 업
사업을 이루는 하위 요소(하위 개념)	여러 개의 프로그램이 합쳐져 이루어진 개념(상위 개념)
프로그램	**정 책**
일선 기관에서 제공하는 구체적인 활동	정부나 공공기관의 목적 달성을 위한 주요 행동 계획과 원칙
하위 개념 또는 부분적 성격	상위 개념 또는 포괄적 성격
정책을 기반으로 실시	프로그램의 선행 요건
프로그램	**프로젝트**
지속적	한시적, 단기적
일정한 안정적 구조	실험적인 형태

출처 : 김상곤 · 최승희 · 안정선(2012) 재구성.

프로그램은 앞에서 제시한 바와 같이 순서, 절차 등의 의미를 지니고 있지만 청소년 프로그램은 이와 같은 의미를 넘어서 프로그램을 통해서 청소년을 어떻게 성장시키고 변화시켜야 할 것인지와 관련된 철학적 · 심리적 · 교육학적 · 사회학적 · 문화적 의미가 포함되어 있다. 이는 프로그램 개발자의 청소년에 대한 가치, 철학 등이 담겨 있다는 뜻이기도 하다. 청소년들의 바람직한 변화를 이끌어 내도록 하는 지도자의 관점에서 청소년 프로그램은 청소년에 대한 올바른 이해, 청소년에게 제공해야 할 사회적 변화와 기술적 혁신의 사고력, 청소년의 균형적 가치, 더 나아가서는 프로그램을 통해서 청소년이 스스로 성장하고 자발적인 역량을 갖도록 이끌어 주는 선각자적 태도와 능력 등이 모두 포함되어 있는 것이다(권일남·전명순·김태균·김정율, 2016). 따라서 청소년 프로그램은 단지 활동성을 강조한 동적인 체험이 아닌 청소년에게 필요한 삶의 가치와 진솔함이 담겨 있으며, 결국 청소년의 바람직하고 균형 있는 성장으로 연결된다고 할 수 있다.

청소년의 성장과 발달은 시간이 흐름에 따라 자동으로 이루어지는 것이 아니기 때문에 성장과 발달에 필요한 환경이 조성되어야 한다. 즉, 성장과 발달에 필요한 노력과 적절한 조치 및 개입이 요구되는데, 이는 청소년들의 잠재 능력을 성장시킬 수 있는 체계적인 프로그램이 수반되어야 한다는 뜻이기도 하다. 여기에서의 프로그램은 청소년지도사가 계획·운영하는 것으로 청소년들을 지도할 때 중요한 도구가 된다. 청소년을 지도한다는 것은 청소년들의 전인적인 성장을 돕는 조직적인 활동으로, 청소년들의 자발적 참여에 기초한 직접적인 체험을 제공하는 과정이다. 즉, 청소년을 지도한다는 것은 청소년 프로그램을 실시한다는 것과 같은 의미로 쓰인다. 이와 같은 청소년 지도 과정에서 청소년 프로그램은 청소년들에게 지도해야 할 내용과 방법을 체계적으로 구조화한 것으로 청소년들이 지도자의 지도하에 갖게 되는 모든 경험과 활동이 된다. 따라서 청소년의 발달 특성에 맞는 적절한 내용의 프로그램을 통해 청소년들이 성장할 수 있도록 지원한다는 점에서 청소년 프로그램이 중요하다고 할 수 있다.

2) 청소년기관 프로그램 개발의 개념 및 중요성

(1) 청소년기관 프로그램 개발의 개념

일반적으로 '프로그램을 개발한다'는 말은 단순히 '프로그램을 만든다', '프로그램을 설계한다', '프로그램을 기획한다' 등의 의미로 생각할 수 있다. 그러나 '프로그램 개발'은 복합적인 의미를 지닌다. 이화정, 양병찬, 변종임(2003)은 프로그램 개발을 이상적인 교육행위의 조직과 운영을 기본으로 하는 실천활동으로, 대상 고객집단과 기관 간의 공동노력을 통해 정보와 자원을 획득하고, 일정한 절차에 따라 적절한 순서대로 프로그램을 구성하며, 개발된 프로그램을 고객에게 제공하여 최종적으로 그 효과를 평가한 후에 프로그램을 개정하는 일련의 과정이라고 하였다. 즉, 프로그램의 개발에는 계획뿐만 아니라 정보 · 자원 획득, 프로그램 구성, 효과성 측정까지의 과정이 포함되는 것이다. 이러한 정의에 따라 청소년 프로그램 개발의 개념을 다양한 측면으로 살펴보면 다음과 같다(이화정 외, 2003; 한국청소년개발원, 2009).

① 구조적 측면

구조적 측면에서의 프로그램 개발은 프로그램 개발의 범위를 나타내는 의미로서 프로그램 기획, 프로그램 설계, 프로그램 마케팅, 프로그램 실행, 프로그램 평가를 포함하는 개념이다. 따라서 구조적 측면에서의 청소년 프로그램 개발은 잠재적 참여자(청소년) 집단과 청소년기관 간의 공동노력을 통해 정보와 자원을 획득하고 이들을 일정한 절차에 따라 적절한 순서대로 프로그램을 설계하고 그 프로그램을 청소년에게 제공하여 최종적으로 그 효과를 평가한 후 프로그램을 개정하는 일련의 과정을 말한다.

② 절차적 측면

절차적 측면에서의 프로그램 개발은 프로그램을 체계적이고 과학적으로 개발하기 위해 프로그램 개발 전문가가 행하는 모든 활동의 절차 및 단계로 규정되는 일련의 과정을 뜻한다. 이러한 개념을 적용해 보면, 절차적 측면에서의 청소년기관 프로그램 개발은 청소년 프로그램 개발 전문가인 청소년지도사가 프로그램의 기획, 실행, 평가 단계를 체계적으로 이해하고 실천하는 과정을 의미한다.

③ 행위적 측면

행위적 측면에서의 프로그램 개발은 프로그램 개발자가 담당해야 할 역할과 그들이 실질적으로 직면하는 문제를 해결해 나가는 일련의 과정을 뜻한다. 즉, 프로그램 개발 시에 프로그램과 관련된 권력이나 주체들 간의 협상, 개발자의 책임성 등이 요구된다. 따라서 행위적 측면에서의 청소년 프로그램 개발은 청소년지도사가 프로그램 개발 과정에서 기관 내 동료 및 상급자, 청소년의 부모 등 청소년 프로그램 관계자들 간의 입장 차를 조정하고 타협하는 과정이며, 무엇보다 청소년을 우선적으로 고려하는 노력이 필요하다.

④ 현상적 측면

현상적 측면에서의 프로그램 개발은 참여자와 지도자 간의 상호작용을 통하여 문제해결에 필요한 지식과 정보를 창출하고 이를 토대로 내용을 선정 · 조직하고 매체화된 자료로 개발하는 행위를 의미한다. 따라서 현상적 측면에서의 청소년 프로그램 개발은 청소년에게 필요한 의미 있는 지식과 정보, 활동거리를 창출하고, 이 과정에서 프로그램 속에 포함시킬 내용을 합리적으로 선정하고 이를 논리적으로 조직하여 하나의 매체화된 자료로 개발하는 일련의 현상을 말한다.

(2) 청소년 프로그램 개발의 필요성

청소년 프로그램은 대상이 청소년이므로 이들을 위해서 프로그램이 개발되어야 하는 것은 매우 당연하다. 그러나 프로그램을 개발하는 청소년지도사의 입장에서도, 개발한 프로그램을 운영하는 기관의 입장에서도 청소년 프로그램의 개발이 필요하다. 이를 구체적으로 살펴보면 다음과 같다.

우선, 청소년의 입장에서 청소년 프로그램은 여가시간을 적절히 활용할 수 있는 기회일 뿐만 아니라 이들의 에너지를 발산하고 자신의 재능을 발견할 수 있는 좋은 기회가 되므로 삶의 질을 향상시키고 성취감을 느낄 수 있게 된다. 그렇기 때문에 양질의 프로그램을 다양하게 개발하여 청소년들에게 제공하는 것이 무엇보다 중요하다고 할 수 있다. 이는 청소년들의 조화로운 성장과 발달로 이어지기 때문이다.

청소년 프로그램을 개발하는 청소년지도사의 입장에서는 전문성과 직결된다. 청소년지도사의 주요 업무 중 하나는 청소년 프로그램을 개발하여 그 프로그램으로 청소년을 지도하는 일이다. 이 프로그램을 어떻게 개발하는지에 따라 청소년 지도의 능력과 그에 따른 전문성을 평가받을 수 있기 때문에 청소년 프로그램의 개발은 청소년지도사에게도 매우 중요하다고 할 수 있다. 특히 청소년을 대상으로 하는 직업군 중에서도 청소년지도에 대한 사회적 인식과 전문성 인정이 미흡한 실정을 감안할 때 체계적인 프로그램을 개발하여 청소년지도 분야가 전문영역으로서 자리잡을 수 있도록 하는 노력이 함께 필요하다.

〈표 11-3〉 대상별 청소년 프로그램 개발의 필요성

대 상	청소년 프로그램 개발의 필요성
청소년	조화로운 성장과 발달을 위한 도구 제공
청소년지도사	업무능력 및 전문성 발휘 기회
청소년 기관 · 단체 · 시설	생존 및 변화창출 전략

청소년 프로그램을 운영하는 기관의 입장에서는 기관의 생존과 관련하여 설명할 수 있다. 청소년 프로그램을 운영하는 기관 · 단체 · 시설은 저마다의 설립목적을 가지고 있으나 그중 중요한 목적 중의 하나는 청소년들의 균형 있는 성장과 발달을 위한 프로그램의 운영이다. 청소년 프로그램을 운영하지 않는다면 기관으로서의 존재 의미가 사라지게 되는 것이다. 따라서 청소년들의 발달 특성과 상황에 맞는 다양한 프로그램을 지속적으로 개발하여 운영하는 것이 요구된다. 또한 청소년 기관 · 단체 · 시설이 지속적으로 발전을 꾀하기 위해서는 사회적 변화가 빠른 오늘날의 시대적 흐름을 감안하여 이에 맞는 변화창출의 전략으로서 프로그램의 개발이 계속되어야 한다.

3) 청소년 프로그램 개발자로서 청소년지도사의 역할

프로그램을 개발하는 과정에서 청소년지도사의 역할은 매우 중요하다. 청소년 프로그램을 개발하는 것이 청소년지도사의 주요 업무이며, 그 과정에서 청소년지도사 본인의 청소년 및 프로그램 등에 대한 신념과 철학이 드러나게 되고, 이로써 프로그램의 성격이 판가름 나는 데 큰 영향을 미치기 때문이다. 또한 청소년과 기관을 이어 주는 연결고리 역할을 하여 프로그램의 성공적인 운영에 영향을 주기 때문에 청소년지도사가 중심을 잡고 그 역할을 적절히 수행하는 것이 필요하다. 프로그램 개발자로서의 역할을 구체적으로 제시하면 다음과 같다(김진화, 2001).

(1) 프로그램 설계 전문가로서의 역할

청소년 프로그램을 개발하기에 앞서 참여 대상자들을 중심으로 설문조사 등을 통해 그들의 요구를 파악·분석하는 과정을 거치게 되며, 이후에는 청소년들의 요구를 충족시킬 수 있도록 프로그램의 내용 및 매체, 지도방법 등을 하나로 통합하게 되는데, 이를 통해 완성된 최종 프로그램이 나오게 된다. 이와 같은 것이 프로그램 설계 전문가로서의 역할로서, 프로그램 참여 대상자의 욕구 및 특성, 능력에 맞게 내용을 조직하고, 이들의 활동을 조력하기 위해 매체를 개발하며, 참여를 촉진시키기 위해 다양한 방법을 창출하여 하나의 통합된 프로그램을 적절히 설계하는 것을 의미한다.

(2) 내용 전문가로서의 역할

일반적으로 특정 프로그램을 소개할 경우, 다른 무엇보다 그 프로그램의 내용을 제시하게 된다. 이는 프로그램에서 내용이 그만큼 중요하다는 의미이기도 하다. 따라서 프로그램 개발에서의 많은 에너지와 노력은 참여 청소년의 발달 특성 및 요구에 부응할 수 있는 적절한 내용을 찾아내는 과정에 초점이 맞추어진다. 여기에서 프로그램 개발자인 청소년지도사는 프로그램의 내용에 대해 잘 알고 있어야 하며 그에 따른 깊이 있는 지식과 정보가 있어야 한다. 이는 양질의 프로그램 개발에 매우 중요한 기반이 되기 때문이다.

(3) 과정 전문가로서의 역할

프로그램 개발의 과정에서는 절차와 단계가 필요하다. 이때 프로그램 개발자가 직면하게 되는 문제는 '어떠한 절차와 단계를 거쳐서 프로그램을 개발해 나갈 것인가?', '프로그램 개발모형은 어떻게 설정할 것인가?', '프로그램 개발의 절차와 단계에서 필요로 하는 다양한 기법들을 어떻게 효과적으로 적용할 것인가?', '프로그램 개발 팀을 어떻게 운영해야 하는가?' 등에 대한 것들이다. 즉, 과정 전문가로서의 역할은 프로그램 개발의 절차, 단계, 기법, 운영과 관련된 자질을 의미한다. 따라서 과정 전문가로서의 청소년지도사는 프로그램 개발 과정에 적용할 수 있는 프로그램 개발모형을 설정하고, 구체적인 절차와 단계에 따라 다양한 기법들을 어떻게 적용할 수 있는지에 대한 감각 및 능력을 갖추고 있어야 한다.

(4) 의사결정 전문가로서의 역할

프로그램 개발 과정은 의사결정의 과정이라고 해도 과언이 아니다. 프로그램 개발의 과정에서 범위를 어디까지로 할 것인지, 다양한 참가자들의 요구 중에서 어떤 부분을 더 우선적으로 취할 것인지 등 결정해야 할 것들이 많다. 또 특정 사항은 프로그램 개발 담당자 혼자서 결정하기 어려운 경우도 있다. 따라서 프로그램 개발 전문가인 청소년지도사는 여러 상황에서 우선순위를 정하여 결정하는 능력이 요구되고, 또 혼자서 결정하기 어려운 부분은 해당 기관의 동료, 상관, 관계자 등과 대화하여 합리적으로 결정하는 역할을 담당해야 한다.

(5) 협상 전문가로서의 역할

프로그램 개발은 관련된 여러 사람이 함께하는 집단적 협력 과정이라고 할 수 있다. 소규모이거나 반복되는 프로그램이 아닌 경우 프로그램 개발을 위한 팀이나 위원회 등을 구성할 수 있다. 이 경우 프로그램 개발에 참여한 사람들이 각자 다양한 목소리를 낼 수 있는데 이로 인해 예기치 못한 의견충돌이 일어날 수 있으며, 이때 상황을 정리하고 조정하는 역할이 필요하다. 즉, 프로그램 개발의 방향이 기관 책임자의 관심사와 차이가 있거나 함께 참여하고 있는 다른 사람의 의견과 일치하지 않을 때 프로그램 개발자는 협상과 조정자의 역할을 수행해야 한다.

2. 청소년 프로그램 개발의 원리와 접근방법

1) 청소년 프로그램 개발의 원리

첫째, 청소년 프로그램은 청소년의 균형적인 성장과 발달에 초점을 두고 이들이 사회의 구성원으로서 그 역할을 잘 수행할 수 있도록 하는 데 필요한 사항을 주 내용으로 한다. 따라서 청소년 프로그램을 개발하려고 할 때 '개발하려고 하는 프로그램이 청소년들의 성장에 기여할 수 있는지', '청소년들에게 어떤 의미가 있는지'에 대해 우선적으로 고려해야 한다. 일정한 목적을 두고 지속적으로 실시하는 청소년활동은 우연히 시간적인 여유가 생겨서 그저 시간을 보내는 수동적인 활동(예 여가활동)과는 근본적으로 다르기 때문이다.

둘째, 청소년 프로그램에는 청소년 및 청소년기관과 국가·사회적 측면이 모두 고려되어야 한다. 즉, 청소년 프로그램의 내용에 있어서 청소년의 발달과업, 흥미와 욕구가 반영되어야 하고, 청소년기관의 설립목적에 부합해야 하며, 국가·사회적으로는 정부의 청소년정책과 그 맥을 같이해야 한다는 것이다.

셋째, 청소년 프로그램 실행에 필요한 제반 여건들을 충분히 고려해야 한다. 청소년 프로그램은 실행하기 위해서 개발하는 것이므로 프로그램을 실행하는 청소년지도사의 실행능력과 기술, 재정 여건, 장비와 시설, 행정적 지원, 대외 협력 관계 등 현실적 여건을 기반으로 개발해야 한다.

넷째, 청소년 프로그램은 학교 수업과는 달리 상황에 따른 유연한 대처가 가능하다는 점이 큰 특징이라고 할 수 있다. 특히 오늘날과 같이 급변하는 시대에는 그러한 환경에 신속하게 대응할 수 있도록 탄력적 운영이 가능한 프로그램을 개발해야 한다. 뿐만 아니라 이미 개발된 프로그램이라 할지라도 시간의 흐름에 따라 대상 청소년의 특성 및 시대적 상황이 달라지므로 한번 개발된 프로그램으로 오랫동안 운영하기보다 지속적인 프로그램의 개발을 통해 프로그램의 변화를 꾀하여야 한다.

다섯째, 프로그램의 개발에 있어서 논리적인 연결이 필요하다. 하나의 프로그램은 이벤트가 아니라 잘 짜여진 공연과 같은 것으로 물 흐르듯이 전체적인 연결이 자연스러워야 한다. 즉, 프로그램이 논리적으로 구성되지 않으면 엉성하거나 프로그램 내의 순서가 엉키게 되어 프로그램의 효과에도 부정적인 영향을 미치게 된다. 따라서 프로그램은 집을 건축하는 것과 같이 설계의 과정부터 꼼꼼하게, 그리고 체계를 갖추고 논리적으로 전개될 수 있도록 개발되어야 한다. 이를 위해 프로그램 개발에 따른 충분한 시간을 확보하여 논의 및 심사숙고의 과정을 거쳐야 한다.

여섯째, 프로그램 개발 과정에서 개발자의 전문성이 요구된다. 프로그램 개발을 하는 과정에서는 프로그램 설계 · 내용 · 과정 · 의사 결정 · 협상 등에 있어 전문적인 역량이 필요하다. 프로그램을 개발하려면 해당 분야에 대한 지식과 정보를 가지고 있어야 하며, 그에 따른 절차와 구체적인 기법에 능통해야 하고, 각 절차마다 수많은 의사소통 및 협상이 이루어지기 때문에 이와 관련한 능력과 기술이 요구된다.

2) 청소년 프로그램 개발의 접근방법

청소년 프로그램 개발의 접근방법에는 전통적 합리주의적 접근방법, 자연주의적 접근방법, 체제적 접근방법, 비판적 실천 접근방법 등이 있다.

(1) 전통적 합리주의적 접근방법

전통적 합리주의적 접근방법(classical rational approach)은 미국의 교육학자인 타일러(Ralph W. Tyler)의 전통적 합리성 이론에서부터 출발한다. 이 이론은 순서대로 차근차근 해나가는 선형적 접근방법으로 교육 프로그램 개발 절차에 초점을 맞춘 가장 오래되고 지배적인 이론 중 하나이다. 또한 전통적 합리성 이론은 교육과정의 효율적 전달에 초점을 두는 기술공학의 합리성에 근거하며, 전통적 합리주의적 접근방법은 타일러의 이론, 즉 교육목표–학습경험의 조직–교육활동–학습경험의 평가 등으로 이어지는 선형적인 통제과정을 의미하는 것으로 타일리언 모형(Tylerian model)이라고도 불린다. 또한 바라는 결과(목표)와 결과에 도달하기 위한 수단(활동 경험)과 이 수단이 목표를 성취했는지를 결정하는 과정(평가)을 주로 다루고 있어 수단–결과(목표) 모형이라고도 한다.

전통적 합리주의적 접근방법으로 프로그램을 개발하게 되면, 우선 프로그램의 목적과 목표를 세우고, 그에 따른 내용과 활동을 선정하며, 마지막에 목표가 달성되었는지를 평가하는 순서로 진행하게 된다(그림 11–2). 여기에서 프로그램의 목표는 프로그램의 내용을 결정하는 매우 중요한 근거로, 무엇보다 프로그램의 목표를 잘 세워야 그 목표를 잘 달성했는지(효과성 측정), 기대효과에 부응하는지 알 수 있게 된다. 또한 프로그램의 내용은 청소년을 지도하기 위한 목표를 달성하는 수단으로서 역할을 하게 된다.

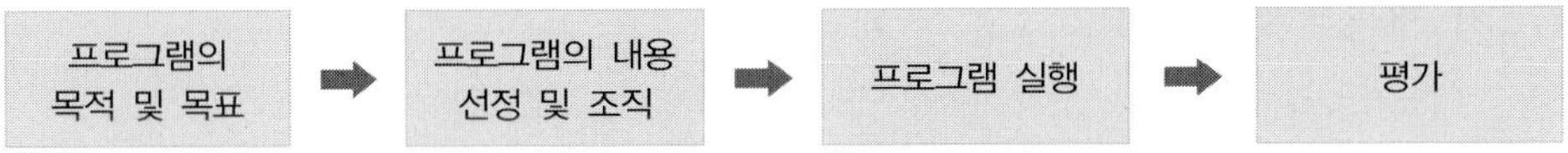

|그림 11-2| **타일러(Tyler)의 프로그램 개발모형**

(2) 자연주의적 접근방법

자연주의적 접근방법(naturalistic approach)은 프로그램 개발자와 참여자 간의 상호작용을 강조하는 맥락적 상호작용 이론에 근거한다. 맥락적 상호작용 이론의 대표적인 학자 스킬벡(D. Skilbeck)과 워커(M. Walker)는 제시된 절차에 따라 개발하는 전통적 합리주의적 접근방법과는 달리 프로그램 개발의 상황과 관련된 다양한 요소를 고려하여 순환적인 원리에 따르며, 프로그램 목표보다는 프로그램 내용을 프로그램 개발의 선행적 요소로 간주한다. 즉, 프로그램의 내용이 먼저 시작되고 그에 따라 프로그램의 목표가 결정되는 것이다. 이는 프로그램 개발자와 참여자가 공유하는 내용에서 프로그램 개발이 시작되기 때문이다. 그리고 프로그램 목표를 정하는 것보다 실제 프로그램을 지도할 수 있는 내용에 더 관심을 보이며, 프로그램 목표에 규정되는 청소년활동의 결과보다 프로그램의 내용을 통해 나타나는 청소년의 행동 자체에 관심을 기울이는 특징이 있다.

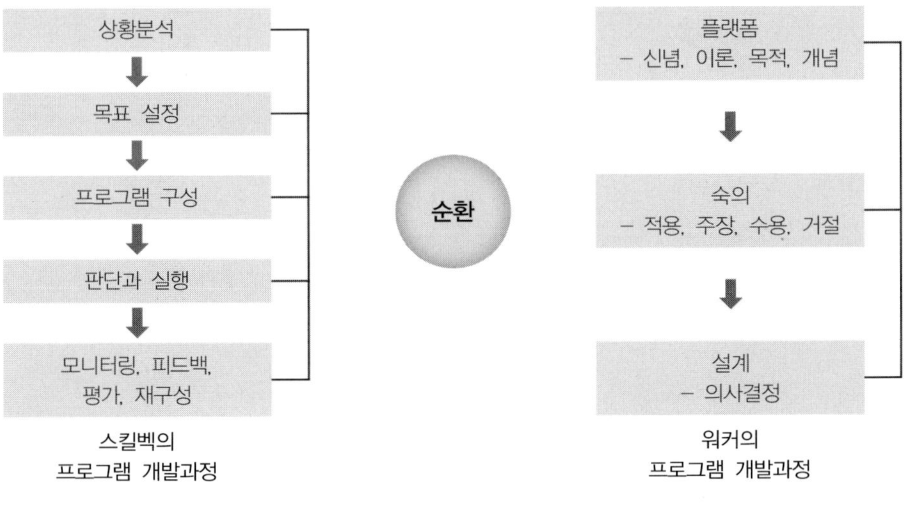

|그림 11-3| **스킬벡(Skillbeck)과 워커(Walker)의 프로그램 개발과정**

(3) 체제적 접근방법

체제적 접근방법(system approach)은 프로그램 개발에 있어서 환경과 조직의 관계, 프로그램 수행 기관, 참여자, 환경과의 상호작용을 중시하는 체제이론(system theory)에서 시작되었다. 체제(system)란 어떤 정해진 목적 또는 목표를 달성하기 위하여 각 구성요소 혹은 부분이 전체와 유기적으로 관련되어 조화롭게 기능하는 관계의 집합 내지 단위를 의미한다(교육학용어사전).[1] 좀 더 쉽게 표현하면, 체제는 여러 부분이 하나로 결합되어서 생긴 전체 또는 하나의 큰 틀 정도로 볼 수 있다. 체제적 접근방법은 청소년 프로그램을 수행하는 청소년 기관 · 단체 · 시설을 하나의 사회체제로 보고 프로그램 개발자가 청소년(참여자), 청소년 기관 · 단체 · 시설 및 조직체, 환경 등과 상호작용을 통해 프로그램을 개발하는 것이다. 청소년 프로그램 개발에 있어 '체제적'이라는 것은 청소년지도가 청소년과 사회의 요구에 부응할 수 있게 하며, 참여자의 역할을 강조하고, 참여자들로 하여금 결과(효과)를 얻을 수 있도록 하는 절차를 신중히 개발함으로써 질서 정연한 프로그램을 개발하는 것을 의미한다(한국청소년개발원 편, 2009).

체제이론의 대표적인 학자인 코왈스키(T. J. Kowalski)는 프로그램 개발의 체제모형을 투입, 과정, 산출의 틀을 기본으로 하였다(그림 11-4 참조). 여기에서 프로그램 개발자는 프로그램 개발이 일어나는 맥락을 잘 파악하여 다양한 대안 중에서 가장 바람직한 대안을 선택해야 한다. 이 모형은 프로그램 개발자가 개발 과정에서 도출되는 수많은 대안 중에서 가장 효과적인 결정을 내리도록 하는 데 그 핵심이 있다(신용주, 2017).

---

1 https://terms.naver.com/entry.nhn?docId=512921&cid=42126&categoryId=42126(2020. 8. 16. 검색)

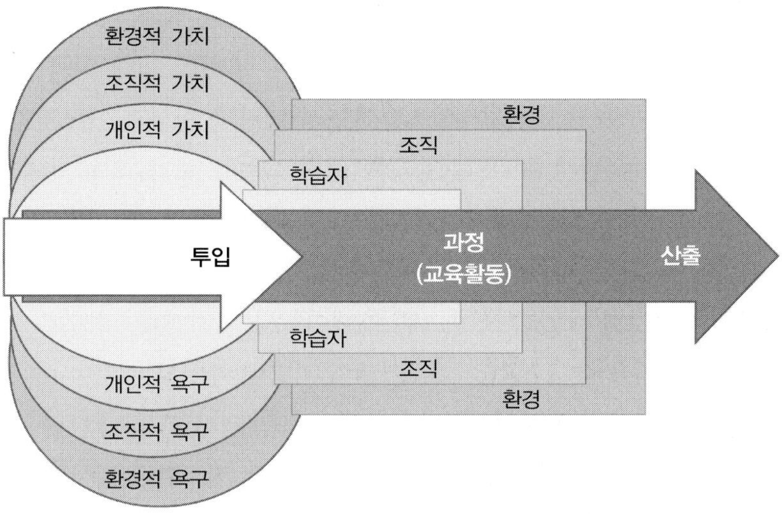

|그림 11-4| 코왈스키(Kowalski)의 프로그램 개발 체제모형

출처 : Kowalski(1998).

(4) 비판적 실천 접근방법

비판적 실천 접근방법(critical practical approach)[2]은 전통적 합리주의적 이론이 프로그램 개발을 가치중립적 행위로 보고 프로그램 개발 구성의 절차적 요소를 강조하는 것을 비판하는 비판적 실천 이론으로부터 비롯되었다. 비판적 실천 접근방법은 프로그램을 통한 변화의 대상을 청소년 개인뿐만 아니라 사회적 구조까지 포함하고 있어 프로그램은 개인의 변화만이 아닌 사회적 변화를 위한 사회적 노력으로 간주한다. 특히 우리나라와 같이 학교를 중심으로 생활하는 청소년의 경우 학업 외에 주위를 살펴볼 여유가 없고, 더욱이 자신이 살고 있는 지역사회에는 관심을 가지기 어려운 상황임을 고려할 때 우리나라 상황에는 적용하기 어려울 것으로 생각할 수 있다. 그러나 청소년들 역시 지역사회의 구성원일 뿐만 아니라

2 기존 문헌에서는 비판적 실천 이론 및 접근방법에 대한 영문 표기를 찾기가 쉽지 않았다. 비판적 실천 이론의 대표적인 학자인 프레이리(Paulo Freire)가 '억압으로부터 해방시키는 교육(critical pedagogy)'의 이념을 제창한 점과, 비판적 실천 이론은 정치적 이론으로 실천 이론(practical theory)으로도 불리는 점을 감안하여 집필자가 비판적 실천 접근방법의 영문 표기를 시도하였다. 참고로 정치적 이론은 프로그램 개발 과정에 개입되는 인적 요소들 간의 힘과 협상 과정에 초점을 두고 있다(신용주, 2017).

곧 성인이 되기 때문에 지역사회 상황 및 문제에 대한 관심과 이에 대한 해결을 고민할 필요가 있다. 이와 같은 지역사회의 문제와 고민에 대해 청소년지도사와 청소년들이 함께 대화하는 중에 상호작용하면서 비판적 실천과정을 거치게 되고 이러한 과정을 지속하면서 프로그램을 개발하게 되는 것이다. 그렇기 때문에 비판적 실천 접근방법에서는 청소년의 적극적인 참여 그리고 청소년과 청소년지도사 간의 상호작용을 통한 비판적 실천이 매우 중요하다.

이 과정은 프로그램 개발과 프로그램 실행이 구분되지 않을 정도로 프로그램 개발이 곧 실행이라고 할 수 있다. 프로그램이 사전에 개발되는 것이 아니라 참여한 청소년들의 비판적 실천행위 자체(예 토론, 캠페인 등)가 곧 하나의 프로그램 개발이 되기 때문이다. 또한 프로그램 평가 역시 외부의 전문가에 의한 평가가 아니라 청소년이 주체적으로 평가를 하는 것이 특징이다. 이러한 점은 기존에 청소년기관이나 청소년지도사가 프로그램을 미리 개발해서 청소년에게 제공하거나, 외부 전문가에 의해서 평가를 받는 것과는 다른 부분이라고 할 수 있다.

따라서 비판적 실천 접근방법은 프로그램 개발에 있어서 민주적 원리를 따르며 비선형적이며 순환적인 과정이라고 할 수 있다.

|그림 11-5| 비판적 실천 이론의 프로그램 개발모형

출처 : 윤옥한(2017).

3) 청소년 프로그램 개발의 접근원리

앞서 살펴본 청소년 프로그램 개발의 접근방법이 각각의 이론에 근거한 접근방법이라면, 청소년 프로그램 개발의 접근원리는 프로그램을 개발할 때에 적용할 수 있는 방법으로서 선형적 접근과 비선형적 접근, 통합적 접근과 비통합적 접근으로 구분할 수 있다.

(1) 선형적 접근

선형적 접근은 프로그램을 개발할 때 가장 일반적으로 널리 사용하는 방법으로 초보 개발자도 쉽게 할 수 있는 장점이 있다. 이 접근은 단계별로 차근차근 개발해 나가는 방법이다. 즉, 1단계가 끝나면 2단계로, 2단계가 끝나면 3단계로 순차적으로 실행하면서 마지막 단계에서 개발이 완료되는 것이다. 선형적 접근은 단계별로 실행해야 할 과제들이 분명하고 단순하게 제시되므로 합리적이고 안정적이다.

(2) 비선형적 접근

앞서 제시한 선형적 접근이 단계별로 실천되는 것에 비해 비선형적 접근은 여러 과정이 동시에 이루어지면서 각 단계가 계속적으로 순환하는 특징을 가진다. 비선형적 접근은 프로그램 개발의 특정 원리로 접근하거나 획일적 절차를 따르지 않고 다양한 요소들을 고려하여 상황 및 여건에 따라 단계를 진행하는 것을 중시한다. 따라서 각 단계마다 평가를 계속 되풀이하며 절차를 진행하고, 그때마다 프로그램 개발자의 판단에 따라 특정 단계를 생략하거나 여러 단계를 동시다발적으로 실시할 수도 있다(신용주, 2017).

(3) 통합적 접근

통합적 접근은 프로그램 개발에 영향을 미치는 모든 요인들을 종합적으로 고려하는 방법이다. 이 접근은 프로그램 개발에 있어서 참여자(청소년)를 중요하게 생각하며 참여자를 둘러싼 다양한 요소들을 포함하고 검토하는 것을 강조한다. 따라서 청소년이 프로그램에 참여할 경우 청소년의 참여동기, 프로그램의 목표, 자원, 장비, 장소를 비롯하여 우리나라의 청소년정책 및 제도에 이르기까지 수많은 요인들을 고려하게 된다. 이러한 프로그램 개발 과정은 매우 복잡한 과정으로 프로그램 개발자의 전문성이 요구되는 반면, 많은 요인들을 고려하기 때문에 그만큼 오차를 최소화할 수 있다는 장점이 있다.

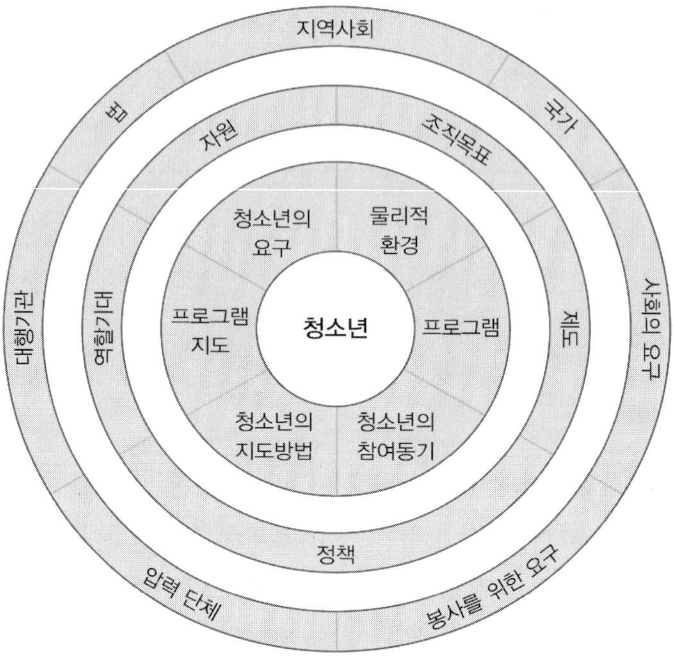

|그림 11-6| **프로그램 개발의 통합적 접근**

(4) 비통합적 접근

비통합적 접근은 다른 접근원리에 비해 가장 사용하기 수월한 방법으로 프로그램의 참여자를 고려하지 않고 프로그램 실행기관이나 프로그램 개발자인 청소년 지도사가 독자적으로 프로그램을 개발하는 것을 말한다. 프로그램 참여자를 고려하지 않고, 필요한 경우 다른 기관의 자료를 참고하여 모방할 수도 있다는 점에서 다른 어느 접근원리보다 수월하게 실행할 수 있다는 특징이 있다. 이 접근은 단시간 내에 프로그램의 미흡한 부분을 일부 수정하는 데에는 용이하지만 참여자인 청소년의 흥미와 요구를 왜곡하거나 부정할 수 있다는 한계가 있다.

3. 청소년 프로그램 개발모형

1) 선형적 모형과 비선형적 모형

(1) 선형적 모형

선형적 모형은 프로그램 개발을 위한 접근방법 중 가장 일반적으로 활용되며, 프로그램 개발을 단선적으로 일어나는 현상으로 전제하여 그 과정을 단계별로 세분화하여 프로그램을 개발하는 모형이다. 이 모형은 마치 케이크를 굽는 사람이 기존에 신뢰하고 있는 제조법을 그대로 따라 하는 것처럼 한 단계가 마무리된 후에 비로소 다음 단계에 수행될 절차가 연속적으로 진행된다. 이 모형이 가장 많이 활용되는 이유는 단계마다의 과업이 명확하고 단순하여 안정감이 있기 때문이다.

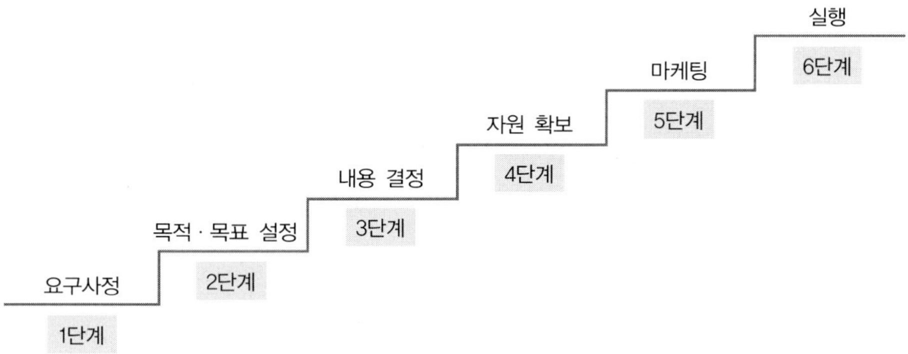

|그림 11-7| **선형적 모형**

출처 : 김종명 외(2014).

프로그램 개발자는 잠재적 프로그램 이용자의 요구들을 사정하여 우선순위에 의한 최종 요구를 확정 지은 후, 그것을 목적 및 목표로 전환시켜 설정 · 진술하고 이를 달성하는 데 필요한 구체적인 내용들을 선정 · 조직하는 등의 설계를 한다. 내용 전개를 위해 필요한 인적 · 물적 자원과 시설을 확보하며 지역사회에 프로그램 마케팅을 실시하여 이용자를 확보한 후, 프로그램을 실행한다. 하지만 이 모형은 조직과 외부환경을 정적인 것으로 가정하고 있다는 것이 단점이다. 현실적으로 보면 모든 조직과 외부환경은 역동적이어서 선형적 모형에 의해 개발된 프로그램은 제반 변화에 대처할 수 있는 유연성이 부족하다.

(2) 비선형적 모형

선형적 모형이 각 단계에서 하나의 절차만이 수행되는 것에 비해 비선형적 모형은 동시에 여러 개의 절차가 이루어져 시간 계열상의 제약을 받지 않으며 각 단계가 계속적으로 순환되는 특징을 가지고 있다.

비선형적 모형은 선형적 모형에서처럼 프로그램을 획일적인 절차에 의해 개발되는 것이 아니라 개발자의 풍부한 경험을 통해 얻은 독특한 개발기법이 적용된다. 이 모형은 다른 모형들에 비해 시간과 자원의 분배 측면에서 개발자의 재량에 의해 조정될 수 있기 때문에 융통성이 보다 많이 부여된다는 장점이 있다. 하지만 개발자의 전문적인 능력을 특히 중시하기 때문에 다른 모형에 비해 사용하기 어렵다. 비선형적 모형에서 프로그램 평가는 중심핵이 되는데 각 단계마다 적절한 평가활동이 되풀이되어 피드백된다. 이러한 이유 때문에 선형적 모형에 비해 훨씬 더 어렵고 더 많은 자원이 필요하며 프로그램 개발에 상당한 능력과 전문성이 요구된다.

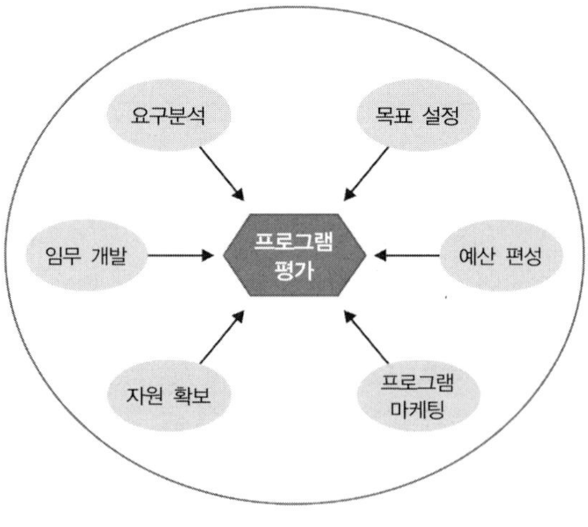

|그림 11-8| 비선형적 모형

출처 : 한국청소년개발원 편(2009).

2) 통합적 모형과 비통합적 모형

(1) 통합적 모형

통합적 모형은 프로그램 개발에 영향을 미치는 요인들을 종합적으로 고려하는 방식으로 체제분석 모형이라고 하며, 이러한 체제분석 과정을 활용하여 프로그램을 개발하는 접근방법을 말한다. 이 모형은 모든 조직의 프로그램 개발에 적용될 수 있는데, 주로 투입과 산출, 외부환경과의 상호작용 등을 주변 요인으로 설정하여 프로그램을 개발한다. 통합적 모형에서의 프로그램 개발 방법은 총체적이고 분석적이기 때문에 개발 과정이 복잡하고 개발자들의 전문적인 능력을 필요로 하지만, 다른 모형에 비해 개발오류를 최소화시킬 수 있다는 장점이 있다. 이 모형은 프로그램 개발에 있어 우선 프로그램 이용자와 관련된 다양한 요인, 즉 요구 및 문제 등을 충분히 고려하고 조직의 목표와 자원, 정책 등도 충분히 반영한다.

통합적 모형은 여러 형태의 조직에서 활용이 가능하며 프로그램 개발자가 새로운 프로그램을 개발하거나 기존의 프로그램을 개선하는 데 보다 적절하게 사용될 수 있다. 이러한 접근방법은 과학적인 분석을 근거로 프로그램을 개발하기 때문에 비통합적 모형에 의해 개발된 프로그램보다 그 타당성이 높다.

(2) 비통합적 모형

비통합적 모형은 프로그램을 새롭게 개발하기보다는 다른 조직의 프로그램을 거의 그대로 모방하는 방법을 말한다. 즉, 프로그램 개발자가 프로그램 개발 과정에서 기존에 어딘가에 존재하는 다른 프로그램을 차용하여 모방하는 방식을 취한다. 이 모형에서는 대체로 프로그램 기획과정에서 잠재적 프로그램 이용자를 참여시키지 않는다. 프로그램 이용자들의 요구나 의견을 따로 수렴하지 않고 조직 또는 개발자에 의해 일방적으로 프로그램이 개발되고 제시된다. 따라서 이 모형의 가장 뚜렷한 특징 중 하나는 고립성을 가진다는 것이다. 이는 잠재적 프로그램 이용자의 참여와 집중을 제한시키는 형태로 프로그램 개발이 진행된다는 의미이다.

프로그램 개발을 위한 비통합적 모형은 다음과 같은 장단점을 가지고 있다. 장점으로는, 첫째, 프로그램 개발에 대한 깊은 지식이 없는 사람도 쉽게 프로그램을 개발할 수 있다. 둘째, 시간과 비용 및 노력을 절약할 수 있다. 셋째, 미비한 계획을 쉽게 개정하거나 수정할 수 있다. 넷째, 지역사회와 사람들의 특성 및 제반 조건이 유사한 경우에는 프로그램 결과를 예측할 수 있다. 반면에 단점으로는, 첫째, 비통합적 모형에서는 프로그램 참여자의 흥미와 필요를 왜곡하거나 부정할 수 있다는 한계를 갖는다. 둘째, 참여자를 배제한 프로그램 개발이기 때문에 현실성이 부족하고 장기적으로 지속되기 어렵다.

3) 프로그램 개발의 통합모형

청소년지도현장에서 활용할 수 있는 프로그램 개발의 통합적 모형을 제시하면 다음과 같다. 이 모형은 프로그램 개발의 거시적 범위를 프로그램 기획, 프로그램 설계, 프로그램 마케팅, 프로그램 실행, 프로그램 평가 총 5개의 단계로 설정하여 각 영역에서 수행되어야 할 다양한 절차에 대해 체계적으로 정리하였다.

(1) 프로그램 기획

프로그램 기획은 프로그램 개발의 네 개의 하위과정 중에서 첫 번째 과정의 미래지향적인 활동으로 프로그램 개발자가 프로그램과 관련된 상황을 분석하고 프로그램 개발에 기본방향을 설정하는 단계를 말한다. 프로그램 개발자가 프로그램 기획과정을 어느 정도 충실하게 준비하느냐에 따라 앞으로 개발될 프로그램의 질뿐만 아니라 프로그램 개발이 체계적 · 논리적 · 객관적으로 이루어질 수 있다. 이 때문에 프로그램 기획을 일컬어 프로그램 개발의 반석이라 한다.

프로그램 기획에는 프로그램 개발팀 구성, 청소년기관 분석, 청소년 특성 분석, 프로그램 개발 타당성 분석, 프로그램 개발 기본방향 설정, 프로그램 아이디어 창출, 청소년의 요구 및 필요 분석, 우선순위 설정 등이 포함된다.

(2) 프로그램 설계

프로그램 설계는 청소년의 요구와 프로그램 개발의 기본방향에 맞게 프로그램의 목적과 목표를 설정하고 이와 관련된 프로그램 내용을 선정 · 조직하고 지도방법을 체계화시켜 활동매체를 개발하는 단계를 말한다. 이 단계에서는 프로그램의 형태에 따라 접근방식이 달라지기 때문에 프로그램 설계는 가장 많은 노력과 인내가 필요하며, 가장 정교해야 한다.

프로그램 설계에는 프로그램 목적·목표 설정, 프로그램 내용 선정, 프로그램 내용 계열화, 활동체계 설계, 활동내용 설계, 활동운영 설계, 활동매체 개발 등이 포함된다.

(3) 프로그램 마케팅

프로그램 마케팅이란 프로그램에 잠재적 참여자의 참여를 유도하고 촉진시키기 위해 취해지는 조치를 말한다. 프로그램 설계가 완료되면 프로그램 개발자는 잠재적 참여자들의 프로그램 참여를 유도하고 촉진하는 데 관심을 기울여야 한다. 청소년기관들은 잠재적 참여자들의 프로그램 참여를 유도하기 위해 여러 가지 조치를 하게 되는데 이것을 포괄적으로 지칭하는 것이 프로그램 마케팅이다. 프로그램 마케팅과 유사한 용어로 협의적 의미인 진흥과 모집, 광고, 홍보 등이 있는데 이들의 공통점은 잠재적 참여자의 프로그램 참여에 관심을 갖는다는 것이다. 프로그램 마케팅에는 잠재적 참여자 맵핑, 프로그램 마케팅 방법 및 기법 결정, 프로그램 마케팅 자료 및 매체 제작, 프로그램 마케팅 실행 등이 포함된다.

(4) 프로그램 실행

프로그램 실행이란 완성된 프로그램을 실제 적용하고 전개하는 단계를 말한다. 설계가 완료된 프로그램은 실행 및 운영과정을 거치지 아니하면 그 가치를 판단할 수 없다. 청소년 프로그램이 실행된다는 것은 컴퓨터 프로그램처럼 자동적으로 작동되는 것이 아니라 프로그램에 관련된 청소년, 청소년지도사, 운영요원 등의 의도적인 노력에 의해 가능하다. 실제 청소년지도 현장에서 프로그램의 실행은 청소년지도사의 행위와 청소년의 학습행위, 운영요원의 운영 및 관리 행위가 있어야 가능하다. 프로그램 실행 단계에는 청소년 관리(등록·학습·참여), 지도자 관리(섭외·교수·촉진), 활동자료 관리(교재·매뉴얼·매체), 자원확보 및 관리(물적·시설 자원) 등이 포함된다.

(5) 프로그램 평가

프로그램 평가란 일정 기간 동안 실시된 청소년 프로그램을 대상으로 프로그램이 의도한 대로 제대로 잘 수행되었는지를 판단하는 과정을 말한다. 프로그램 개발자는 프로그램을 완성한 후에 실행한 결과에 근거하여 지속적으로 프로그램을 개선해 나가야 한다.

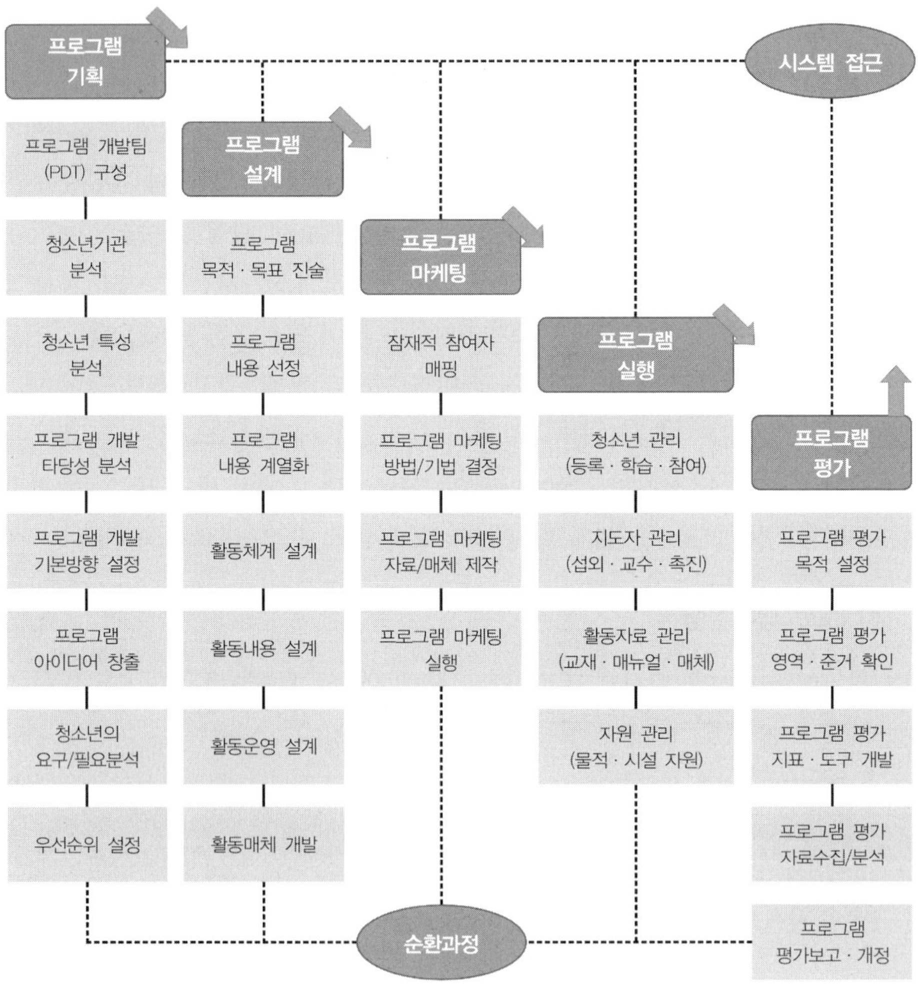

|그림 11-9| 프로그램 개발 통합모형

출처 : 한국청소년개발원 편(2009).

프로그램 평가 단계에는 프로그램 평가 목적 설정, 프로그램 평가 영역 및 준거 확인, 프로그램 평가 지표 및 도구 개발, 프로그램 평가자료 수집 및 분석, 프로그램 평가보고 및 개정 등이 포함된다.

4) ADDIE 모형

ADDIE 모형은 체제적 교수설계 이론에 기반을 두고 있으며 가장 널리 활용되고 있는 모형 중 하나이다. 대부분의 현존하는 교수설계 모형들은 ADDIE 모형에서 파생된 것이거나 이를 변형시킨 모형들이다. 일반적으로 교수설계는 교수-학습에서 기대되는 학습의 성과를 달성하기 위하여 최적의 학습과정을 처방하는 데 관심이 있는 학문 분야를 가리킨다. 또한 교수설계는 교수활동의 전개 과정을 최적의 조건으로 구성함으로써 교수효과를 증진시키기 위한 교수계획 수립 활동이다.

청소년들의 프로그램을 운영하는 것 역시 일정한 목표를 달성하기 위해 이에 대한 적절한 과정을 전개해 가는 것이므로 ADDIE 모형은 청소년 프로그램 개발에 적용하기 적절한 모형이라 할 수 있다. ADDIE 모형은 분석(Analysis), 설계(Design), 개발(Development), 실행(Implementation), 평가(Evaluation)의 단계를 따르는데 이 단계들은 모두 유기적으로 연관되어 있으며, 이 모형은 다섯 가지 특성을 가지고 있다(조규필 · 진은설 · 현안나 · 박현진 · 안은민 · 김수진, 2015). 첫째, 체계적(systemic)이다. 구조적으로 조직된 신뢰성 있는 체계로 각 구성요소들 간에 상호의존성이 높다. 둘째, 체제적(systematic)이다. 각 단계가 논리적인 순서로 구성되어 있으며, 입력-처리-출력-피드백을 갖춘 모형이다. 셋째, 순환적(interactive)이다. 각 단계를 반복하여 진행함으로써 각종 문제나 위험을 파악하여 순환적으로 분석하고 수정 · 보완할 수 있다. 넷째, 경험적(empirical)이다. 현장에서 수집된 실제적인 자료 중심으로 이루어진다. 다섯째, 신뢰할 수 있다(reliable). 각 단계들이 특정한 교수설계자나 장소 등에 상관없이 동일하게 수행될 수 있기 때문이다. 구체적으로 ADDIE 모형의 각 단계를 살펴보면 다음과 같다(강다연, 2019; 박진애, 2018; 조규필 외, 2015).

(1) 분석단계

분석단계는 교수설계의 가장 초기 단계로서 학습내용을 정의하고 조직적으로 계획을 결정하는 단계이며, 설계를 위한 임무와 비전, 내용과 가능성 등이 이 단계에서 결정된다. 이 단계에서 프로그램 개발자는 교수설계를 위한 요구분석을 수행해야 한다. 요구분석은 프로그램에 영향을 미치는 여러 가지 요인과 제약 요건을 규명하여 합리적으로 프로그램을 설계 및 개발하는 데 도움이 되는 요구사항을 관리 · 수행하는 활동이라고 할 수 있다. 요구분석이 중요한 이유는 프로그램의 타당성을 미리 검증하여 시간과 비용을 절약할 수 있기 때문이다. 이를 통하여 문제를 규명하고 해결할 수 있는 방안을 모색해야 한다.

명확한 요구분석을 실시하기 위해서는 목표를 설정하기 위한 특정 지식과 기능, 상황에 대한 '현재의 상태'와 현재의 상태를 극복하여 도달하고자 하는 '바람직한 상태'와의 차이 요구를 규명해야 하며, 이를 기반으로 분석을 실시해야 한다. 분석단계에서는 학습자 분석, 환경 분석, 직무 및 과제 분석이 추가적으로 이루어진다. 학습자 분석은 학습자의 특성을 파악하고, 학습자가 필요로 하는 것과 기대되는 것이 무엇인지를 파악하는 것으로 나이, 성별, 경험 등의 일반적 특성과 학습 능력 및 학습자들이 선호하는 학습양식을 분석하는 것이다. 환경 분석은 학습이나 교수에 영향을 미치는 교수 매체, 컴퓨터 기반 환경 등 교육에 실제 사용할 수 있는 물적 자원과 학습공간의 물리적 환경을 분석하는 것이다. 직무 및 과제 분석은 교수 및 학습자가 목표를 달성하기 위해 필요한 지식, 기능, 태도 등을 파악하고 분석하는 것이다.

(2) 설계단계

설계단계는 분석단계에서 파악한 문제점과 산출물을 종합하여 효과적이고 효율적인 교육 프로그램을 개발하기 위한 단계로서 교수방법을 보다 구체화하는 과정이다. 설계단계에서는 수행목표의 구체화, 평가도구 설계, 교수전략 수립 및 교수매체를 선정해야 한다. 수행목표의 구체화는 개발하고자 하는 프로그램의 효과가 학습자의 수행으로 연계될 수 있도록 하는 것을 의미한다. 평가도구의 선정은 학습자의 수행척도로서 수행목표로 구체화된 지식, 기능, 태도를 학습자가 얼마나 달성했는지 평가하는 수단으로 학습자의 수행을 확인하는 과정을 의미한다. 그리고 학습 내용과 활동의 제시, 경험순서의 배열 등을 통해 교수전략 및 매체 선정과 프로그램의 청사진 제시가 이루어진다.

(3) 개발단계

개발단계는 분석과 설계단계에서 도출한 내용을 기반으로 교수자료를 실제로 개발하고 제작하는 과정이다. 교수자료와 평가도구를 개발하기 위해서는 시청각 및 인쇄 매체 등 다양한 형태의 교수자료들이 교수설계의 효과를 높이기 위해 사용된다. 최종자료를 개발하기 위해서 초안을 제작하고 몇 차례의 검토를 거친 후 수정 및 보완하는 작업이 진행된다. 이때 전문가 및 다양한 학습자, 현장의 검토과정을 거쳐야 한다. 개발된 프로그램의 타당성을 위한 검토과정에서는 개발된 교수-학습 자료와 매체가 목표 달성에 적합한지, 개발된 평가도구가 목표와 일관성이 있는지, 개발된 자료가 학습자의 수준이나 특성에 적합한지를 예비조사 등을 통해 확인해야 한다. 이러한 과정을 거쳐 최종적으로 도출한 교수자료는 목표와 내용에 적합한지를 포함하여 프로그램의 개발 비용, 사용 기간, 활용성, 형성평가 결과가 반영되어 수정되었는지 등을 확인해야 한다.

(4) 실행단계

실행단계에는 설계·개발된 프로그램을 실제 현장에 적용하고 이를 교육과정에 설치하여 계속적으로 유지하고 변화·관리하는 활동이 포함된다. ADDIE 모형에서 실행은 두 가지 의미를 지닌다. 첫째, 개발 과정 중 평가단계 이전에 개발된 모듈의 초안을 실행해 보는 프로토타입 테스트(prototype test)를 의미한다. 둘째, 평가단계까지 종료된 후 설계 및 개발된 프로그램을 실제로 현장에 적용하고 이를 교육과정에 반영하여 계속 유지하고 변화·관리하기 위한 활동을 수행하는 단계이다.

(5) 평가단계

평가단계는 실행과정에서의 모든 결과를 평가하는 단계이다. 평가결과는 교수체제를 수정하는 순환적 절차를 위해서도 활용된다. 구체적으로 살펴보면 평가는 두 가지 유형으로 구분된다. 먼저, 형성평가는 분석 · 설계 · 개발 과정을 통하여 개발된 교수–학습 자료의 효과성 · 효율성과 매력성을 종합적으로 평가하여 점검하고, 문제점이 발견되면 수정하는 평가 과정으로 이를 통하여 프로그램의 질적 개선을 도모할 수 있다. 그다음으로 총괄평가는 프로그램이 개발되어 실행된 이후 프로그램의 가치를 판단하기 위해서 효과성 · 효율성 · 매력성을 종합평가하여 해당 프로그램의 계속적인 사용 여부, 프로그램의 문제점 파악 및 수정사항에 대해서 결정하는 평가이다.

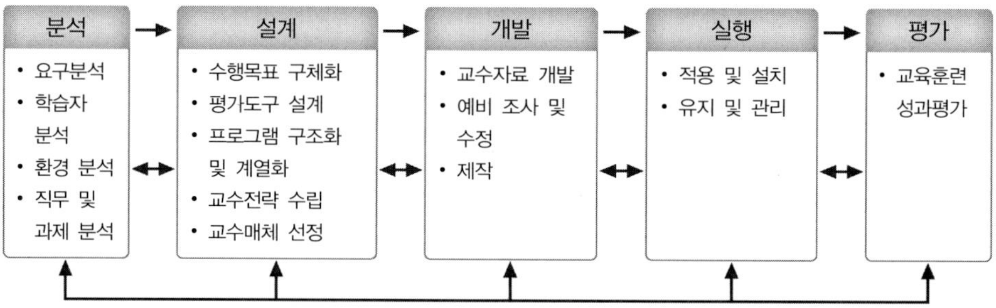

|그림 11–10| ADDIE 모형

출처 : 최영휴(2017).

(6) ADDIE 모형을 활용한 프로그램 개발모형

ADDIE 모형의 설계순서를 활용하여 프로그램 개발을 할 경우 참고할 만한 자료를 |그림 11–11|에 제시하였다. 이 자료는 조규필 등(2015)이 연구한 '학교 밖 청소년 자기계발 프로그램 운영모형 개발' 보고서에서 발췌하였다. 이 프로그램은 ADDIE 모형과 다음에 설명할 논리모형을 접목하여 개발한 프로그램으로서 2개 이상의 프로그램 개발모형을 적용하여 프로그램을 개발하는 데 참고할 만한 유용한 사례이다.

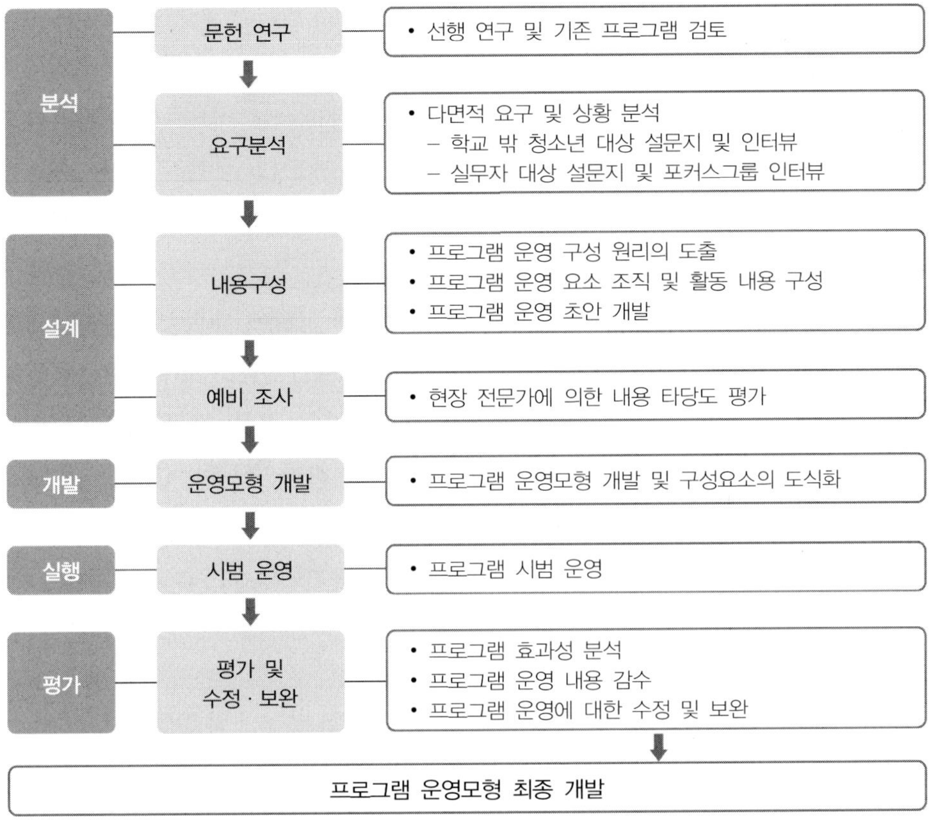

|그림 11-11| ADDIE 모형을 활용한 프로그램 운영모형 개발절차

출처 : 조규필 외(2015).

5) 논리모형

논리모형(logic model)은 프로그램 개발 및 평가 모형으로서 프로그램을 수행하는 이유, 즉 계획하는 프로그램의 수행하려는 목표, 해결하고자 하는 문제와 프로그램의 주요 요소들 간의 논리적 관계를 나타내는 도식과 설명을 의미한다(박지영, 2005). 이러한 논리모형은 프로그램의 개발 · 평가 시에 적용될 수 있는 준거틀로서 프로그램 평가를 위해 사용될 뿐만 아니라 기획, 설계, 관리, 소통의 중요한 수단이자 핵심이다(이석민, 2011).

논리모형은 프로그램의 로드맵(road map), 즉 프로그램 개발과 개입을 한눈에 볼 수 있게 해주는 지도라고 할 수 있다. 논리모형은 프로그램에 무엇이 투입되었는지, 어떤 활동을 했는지, 그 결과가 무엇인지에 대해 시각적으로 표현해 낼 수 있다. 따라서 프로그램 운영자들이 프로그램에 대해 가지고 있는 가정(논리)을 발견할 수 있게 도와줄 수 있고 프로그램 관계자들의 대화를 촉진하는 도구로서도 유용하다(유영덕, 2012).

논리모형에서 중요한 것은 개입을 요하는 문제나 상황에 대한 분석, 프로그램의 투입, 산출, 그에 따른 성과에 대한 논리적인 관계가 반드시 포함되어야 한다(김영종 · 권순애, 2003). 일반적으로 논리모형은 참여자의 특성, 프로그램의 구성요소, 관련된 활동, 의도한 결과 등을 논리적으로 나열하여 제시한다. 이 모형은 프로그램의 과정과 성과를 간결하게 표현할 수 있어서 많은 연구자들이 활용하고 있다(이봉주 · 김예성 · 임정임, 2009).

(1) 논리모형의 구성요소

논리모형은 보통 상황, 투입, 활동, 산출, 성과(결과) 총 5개의 요소로 구성된다. 여기에서는 이석민(2011)의 내용을 토대로 5개의 요소 외에 가정과 맥락 · 문화적 요인을 추가하여 총 7개의 요소에 대한 설명을 제시하였다.

① 상황

상황(situations)은 문제와 이슈가 무엇인지를 기술하는 단계로서 모든 것의 기초를 이룬다. 상황을 더 잘 이해하고 문제를 정확히 분석할수록 논리모형의 개발은 더 쉬워진다. 일단 이런 상황과 문제가 충분히 분석되면 우선순위가 설정될 수 있다. 이때 우선순위 설정은 요구사정(needs assessment)에 의해 이루어진다. 여기에 영향을 미치는 요인들로는 미션, 가치, 자원, 전문성, 경험, 역사, 상황지식, 이해관계자 개입 등이 있다.

② 투입

투입(inputs)은 프로그램 자원으로서 프로그램 운영자, 자원봉사자, 연구기반, 프로그램 운영 장비, 프로그램 운영 기술 등이 있다. 프로그램 실행은 투입, 즉 자원에 달려 있다.

③ 활동

활동(activities)은 프로그램의 활동요소들로서 기대되는 결과를 얻기 위한 변화의 과정이며, 주로 교육, 훈련, 워크숍 개최, 서비스 전달, 상담 제공, 미디어 홍보 등이 있다.

④ 산출

산출(outputs)은 프로그램 전달의 가시적인 성과로서 프로그램의 활동과 투입에 의해 결정된다. 주로 프로그램 참가 및 이수자 수, 개발된 생산물 또는 교재, 참여자 만족도 등을 들 수 있다.

⑤ 결과

프로그램 실행에 의해 예상되는 직접적인 결과(outcomes)나 이익으로서 단기결과, 중기결과, 장기결과로 나뉜다. 단기결과는 주로 학습에 의한 인식, 지식, 기술, 태도, 열망, 동기 등의 변화를 의미한다. 중기결과는 행동의 변화를 의미하며, 행위와 실행, 결정, 정책, 사회적 행동 등의 변화가 있다. 초기결과에서 지식과 기술 등을 학습하였다면 중기결과는 습득된 지식과 기술의 사용을 의미한다. 장기결과는 실제적 이익으로서 사회적 · 경제적 · 환경적 · 제도적 변화를 의미한다. 흔히 표출되는 영향은 장기결과를 의미하기도 하며 때로는 장기결과 이후의 궁극적인 변화를 의미하기도 한다.

⑥ 가정

가정(assumptions)은 개입된 사람들이나 프로그램에 관한 믿음, 프로그램이 어떻게 작동할 것이라고 예상하는 과정을 의미한다. 이 가정은 연구와 경험에 의해 검증되며, 프로그램 작성에 영향을 미친다. 모든 프로그램과 논리모형에는 이러한 가정들이 내재되어 있다.

⑦ 맥락 · 문화적 요인들

맥락 · 문화적 요인들(contextual cultural factors)은 프로그램 전달과 성공에 영향을 미치거나 간섭하는 요인들로 정의된다. 요인들로는 역사, 문화적 환경, 기후, 경제구조, 주거형태, 인구패턴, 정치환경, 참여자의 배경과 경험, 미디어의 영향, 변화되는 정책과 우선순위 등이 있으며 이들은 프로그램과 서로 영향을 주고받으며 상호작용을 한다.

(2) 논리모형의 유형

논리모형은 기획의 성격에 따라 세 가지 유형으로 분류할 수 있다(김영종 · 권순애, 2003).

첫째, 이론적 접근 유형이다. 이 유형은 프로그램의 아이디어를 탐구하고 개입이론을 설명해 준다. 프로그램의 존재이유를 설명할 수 있게 하는 문제나 이슈들을 다루고 해결전략을 선택하기 위한 근거를 제시한다. 이것은 기획자가 프로그램 효과성에 영향을 주는 요인들을 확인할 수 있도록 하며 이 프로그램이 왜 실행되어야 하며, 어떻게 실행되어야 할 것인가에 대한 큰 그림을 보여준다.

둘째, 성과접근 유형이다. 이 유형은 실행 가능한 프로그램 안에서 기대되는 결과에 대해 자원과 활동을 연결해 주는 것에 초점을 둔다. 또한 단기, 중기, 장기의 성과와 영향을 나타내며 프로그램의 모니터링과 평가를 위해 활용된다.

셋째, 활동접근 유형이다. 이 유형은 프로그램 수행 과정에서 다양하게 계획된 활동들을 연계해 준다. 프로그램의 모니터링과 관리의 목적을 위해 수행되어야 하는 것이 무엇인지 보여주며 프로그램 활동에 대한 주요한 정보를 제공한다.

이러한 유형들은 프로그램과 관련된 내 · 외부자들의 성격에 따라 다르게 활용된다. 프로그램 기획 과정에서 내부의 기획자나 프로그램 관리자들은 세 가지 유형을 복합적으로 사용한다. 하지만 외부의 자원제공자나 정책결정자들에게는 성과접근 유형이 중요하게 활용된다.

논리모형은 먼저 잠재적 프로그램 참여자의 문제와 요구가 포함된 상황에 대한 묘사를 한다. 그다음에 기대되는 성과를 추정한다. 이러한 과정은 다섯 단계를 거치면서 더욱 구체화된다.

① 1단계(최근 정보 수집) : 프로그램을 새로이 개발하거나 수정하기 위해서는 다양한 원천으로부터 정보를 수집하는 것이 필수적이다. 정보들은 서베이, 인터뷰, 주요 정보제공자들과의 만남, 문헌 검토 등 다양한 방법을 통해서 수집될 수 있다.

② 2단계(문제 규정) : 문제를 위해 요구를 명확히 규정하는 것은 모든 논리모형의 기본이다. 프로그램은 문제와 요구를 이해하는 데서 출발한다. 이해에 대한 기술은 문제를 직접 경험한 사람들과 문제를 야기하는 요인들을 포함해야 한다. 요인들은 프로그램이 목적을 달성하기 위해 무엇을 해야 할지를 제시해 준다. 또한 목표를 이루기 위해서 어떤 내·외부 자원들이 필요한지도 알려준다.

③ 3단계(논리모형의 요소 규정) : 논리모형의 구성요소인 투입, 산출, 단기성과, 중기성과, 장기성과의 논리적인 추정이 이루어지는 단계이다. 이 단계에서 구성 요소들이 분류되어 작성된다면 앞서 수집된 정보를 근거로 프로그램 실행 모형을 세울 수 있다. 즉, 프로그램의 핵심이 무엇인지 확인할 수 있다.

④ 4단계(논리모형 제작) : 논리모형은 수행과정에서 나타나는 논리적인 흐름과 연계를 나타낸다. 논리모형은 자원, 활동, 성과들이 모형 안에서 서로 논리적으로 연관되어야 한다. 논리모형은 일반적으로 상황, 투입, 활동, 산출, 성과 순으로 기술된다.

⑤ 5단계(검증하기) : 논리모형을 확인하기 위한 가장 좋은 방법은 가설로서 프로그램 논리를 기술하는 것이다. 즉, 'if-then'으로 프로그램의 요소들을 규정하는 것이다. 핵심적인 요인들은 '가설이 성공적일 것이다'라는 것을 전제로 제공된다. 가설은 예를 들어 다음과 같이 기술할 수 있다. '(if) 자원이 투입되면 (then) 프로그램 활동이 ~이루어질 것이다.' 혹은 '(if) 프로그램 활동이 되면 (then) 단기, 중기, 장기성과가 나타날 것이다.'

(3) 논리모형의 작성방법

논리모형의 작성방법으로 여러 방법이 제시되고 있다. 대표적으로는 장기결과에서 시작하여 역순으로 작성하는 방법, 투입(자원)에서 순방향으로 시작하는 방법, 혼합형 방법 등이 있다(이석민, 2011). 첫 번째 방법은 장기결과가 무엇인지, 최종 목적이 무엇인지, 프로그램 결과로 프로그램 대상이 어떻게 달라지는지 등을 우선 살펴야 한다. 두 번째 방법은 논리모형의 역순으로 중·단기결과–산출–활동–자원–가정–맥락·문화적 요인 등의 순서로 모형 작성을 진행한다. 또는 이와는 반대로 현재 가지고 있는 자원의 파악에서 시작하여 순방향으로 작성하는 방법이다. 이는 '만약(if) ~라면, 그러면(then) ~가 일어날 것이다'라는 가설을 통해 진행하거나 또는 왜(why)라는 질문을 던지며 순방향으로 작성을 하는 방법이다. 세 번째 방법은 혼합형 방법으로 문제/이슈 등의 상황 파악 및 우선순위 설정의 요구사정을 먼저 수행하고 그 이후에 결과, 산출, 활동, 투입 등의 역순으로 모형을 작성해 나가는 방법이다.

(4) 논리모형과 평가

논리모형을 이용한 평가에서 제일 중요한 것은 '평가 표준틀'로서 이는 실질적인 평가를 수행하기 위한 지침 기준이 된다. 기준내용으로는 정보사용자에게 필요한 정보를 제공하는 유용성, 현실적이고 분별 있어야 하는 실행 가능성, 법적·윤리적으로 행동해야 하는 적절성, 기술적으로 정확한 정보를 전달해야 하는 정확성 등이 있다. 논리모형을 이용한 평가 설계에서 주목할 점은 '평가 질문'과 그에 따른 '지표 작성'이다. 특히 주의할 부분은 참여자의 만족으로 이는 프로그램 평가에서 매우 필요한 부분이지만 평가를 위한 충분조건은 아니다. 참여자는 스태프의 전문성, 편의성, 시기적절함, 서비스의 적절성 등에 만족할 수는 있지만 이것이 학습을 통해 이익을 얻거나 조건이 개선되었다는 것을 의미하는 것은 아니다.

모든 프로그램에서 성과를 측정하는 가장 중요한 수단인 지표는 지표로서 갖추어야 할 기준이 있다. 첫째, 직접성이다. 예를 들어, 10대 흡연 감소가 목적이면 최적의 지표는 10대 흡연자 수나 비율로 측정해야지, 금연상담을 받은 흡연자 수나 비율이 되어서는 안 된다. 왜냐하면 이와 같은 산출은 결과를 직접적으로 보여주는 것이 아니기 때문이다. 그러나 시간과 자원의 제한이 있을 경우 대리 또는 간접적 측정 방법을 사용할 수는 있다. 둘째, 구체성이다. 지표는 프로그램 내용, 시기, 대상자 등을 모두가 이해할 수 있도록 구체적으로 제시되어야 한다. 셋째, 유용성이다. 지표는 프로그램을 이해하고 개선할 수 있도록 필요한 정보를 제공해야 한다. 넷째, 현실성이다. 지표를 위한 데이터 수집 비용이 정보의 유용성을 넘지 않게 합리적이어야 한다. 다섯째, 문화적 적합성이다. 어떤 문화에는 의미가 있는 지표가 다른 문화에서는 의미가 없을 수 있음을 고려해야 한다. 여섯째, 적절성이다. 지표의 수는 자료와 필요정보에 따라 달라지지만 보통은 1개 이상 5개 이하가 적합하다. 또한 긍정적 지표뿐만 아니라 부정적이고 위험한 지표들도 포함되어야 한다(이석민, 2011).

(5) 프로그램 개발 논리모형

논리모형을 활용하여 프로그램 개발을 할 경우 참고할 만한 모형을 제시하였다. 첫 번째로 제시한 모형은 이석민(2011)이 연구한 '프로그램 논리모형(logic models)의 적용과 사용에 관한 연구-간접흡연제로! 서울 평가지표 개발연구 사례를 중심으로' 보고서에서 인용하였다(그림 11-12 참조). 두 번째로 제시한 모형은 논리모형을 적용하여 실제로 개발한 모형으로서 이봉주 등(2009)이 연구한 '학교폭력예방 프로그램개발 및 효과성 평가 연구-논리모형에 기반하여' 보고서에서 인용하였다(그림 11-13 참조).

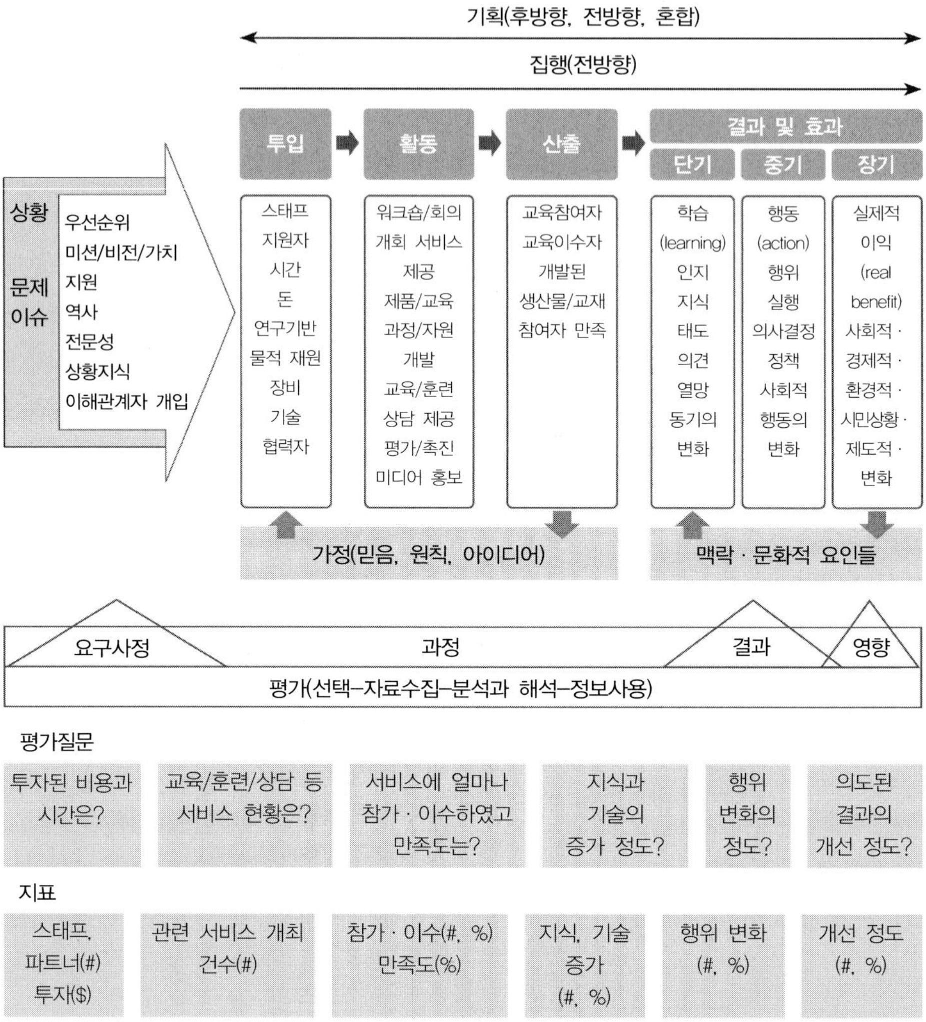

|그림 11-12| 프로그램 개발 논리모형

출처 : 이석민(2011).

클라이언트와 체계조건	프로그램 구성요소	활 동	즉각적 성과	중간적 성과	장기적 성과
학생, 교사, 부모, 지역사회가 폭력에 대한 민감성을 가져야 한다.	교육	폭력예방교육	학생 교육 참여	폭력에 대한 허용적 태도 감소	학교 폭력 발생률 감소
		교사연수	교직원 교육 참여		
		학부모 교육	학부모 교육이수 · 통신 교육 참여		
학생이 폭력행동을 억제하도록 도와야 한다.	규율	학급규칙	학교폭력 규칙 인지		
		학급회의	학급회의 실시		
		칭찬과 제재	학교폭력 제도 인지		
학생의 폭력 발생 시 개입이 필요하다.	개입	상달전화 개설	상담전화 이용 인지		
		가해–피해상담	의뢰사례 상담 참여		
		신고함	신고함 이용 인지		
학생, 교사, 부모, 지역사회는 폭력 예방을 위해 조직화된 체계를 갖추어야 한다.	모임/조직화	수호천사	수호천사 활동	폭력에 대한 대처능력 증가	학교 내 안전감 증가
		지역순찰대	지역순찰대 활동		
		폭력예방 협의회	분기별 위원회 모임		
		지역사회 네트워크	지역사회 기관 참여		
학생, 교사, 부모, 지역사회가 폭력문제에 대해 관심을 갖고 참여하도록 유도해야 한다.	관심/참여	실태조사	매월 실태 조사 실시		
		소식지	부모, 교직원 소식지 수령		
		게시판	학생들의 게시판 확인		
		홍보행사	전교생 행사 참여		

|그림 11-13| 학교폭력예방시범학교 운영프로그램의 논리모형

출처 : 이봉주 외(2009).

12 CHAPTER

공문서 작성 및 관리

1. 공문서의 작성 및 처리
2. 문서의 성립과 효력 발생
3. 문서작성의 일반원칙
4. 문서의 작성 기준
5. 문서의 구성 체계
6. 문서의 기안
7. 문서의 시행
8. 문서의 접수 및 처리

CHAPTER 12

공문서 작성 및 관리[1]

1. 공문서의 작성 및 처리

1) 공문서의 개념

(1) 공문서의 개념

① 문서는 일반적으로 사람의 의사나 사물의 형태, 관계 등을 문자, 기호, 숫자 등을 활용하여 종이 등 매체에 기록, 표기한 것을 말하는데, 기관의 의사도 문서의 형태로 표시한다.

②「행정업무의 운영 및 혁신에 관한 규정」 제3조에는 "공문서란 기관에서 공무상 작성하거나 시행하는 문서(도면 · 사진 · 디스크 · 테이프 · 필름 · 슬라이드 · 전자문서 등의 특수매체기록을 포함한다)와 기관이 접수한 모든 문서를 말한다"라고 규정하고 있으며, "전자문서란 컴퓨터 등 정보처리 능력을 가진 장치에 의하여 전자적인 형태로 작성되거나, 송신 · 수신 또는 저장된 문서"로 규정하고 있다.

2) 문서의 필요성

① 내용이 복잡하여 문서 없이는 업무처리가 곤란할 때

② 업무처리에 대한 의사소통이 대화로는 불충분하여 문서가 필요한 때

1 이 장은 행정자치부(2016)의 「행정업무편람」 및 지방행정연수원(2016)의 「행정업무운영실무」를 재편집하여 구성하였으며, 청소년 기관 운영 특성(직영, 위탁, 관련 조례 등)에 따라 기관의 사무관리 규정과 방식을 내부 규정으로 제정하여 활용하기를 바란다.

③ 기관의 의사표시 내용을 증거로 남겨야 할 때
④ 업무처리의 형식상 또는 절차상 문서가 필요한 때

3) 문서의 기능

(1) 의사의 기록 · 구체화

문서는 사람의 의사를 구체적으로 표현하는 기능을 가진다. 사람이 가지고 있는 주관적인 의사는 문자 · 숫자 · 기호 등을 활용하여 종이나 다른 매체를 표시하여 문서화함으로써 그 내용이 구체화된다. 이 기능은 문서의 기안에서부터 결재까지 문서가 성립하는 과정에서 나타나는 것이다.

(2) 의사의 결정

문서는 자기의 의사를 타인에게 전달하는 기능을 가진다. 문서에 의한 의사전달은 전화나 구두로 전달하는 것보다 좀 더 정확하고 변함없는 내용을 전달할 수 있다. 이것은 의사를 공간적으로 확산하는 기능으로서 문서의 발송 · 도달 등 유통과정에서 나타난다.

(3) 의사의 보존

문서는 의사를 오랫동안 보존하는 기능을 가진다. 문서로써 전달된 의사는 지속적으로 보존할 수 있고 역사 자료로서 가치를 갖기도 한다. 이는 의사표시를 시간적으로 확산시키는 역할을 한다.

(4) 자료 제공

보관 · 보존된 문서는 필요한 경우 언제든 참고자료 내지 증거자료로 제공되어 행정활동을 지원 · 촉진시킨다.

(5) 업무의 연결·조정

문서의 기안 · 결재 및 협조 과정 등을 통해 조직 내외의 업무처리 및 정보순환이 이루어져 업무의 연결 · 조정 기능을 수행하게 된다.

4) 문서의 종류

(1) 작성주체에 의한 구분

① 공문서 : 행정기관에서 공무상 작성하거나 시행하는 문서(도면, 사진, 디스크, 테이프, 필름, 슬라이드, 전자문서 등 특수매체기록 포함)와 행정기관이 접수한 모든 문서

② 사문서 : 개인이 사적(私的)인 목적을 위하여 작성한 문서

(2) 유통대상 여부에 의한 구분

① 유통되지 않는 문서 : 내부 결재문서

행정기관이 내부적으로 계획 수립, 처리 방침 결정, 업무보고, 소관 사항 검토 등을 하기 위하여 결재를 받는 문서이다. 내부적으로 결재를 받는 문서이므로 발신하지 않는다.

② 유통대상

- 대내문서 : 해당 기관 내부에서 보조기관 또는 보좌기관 또는 보좌기관 상호간 협조를 하거나 보고 또는 통지를 위하여 수신 · 발신하는 문서
- 대외문서 : 해당 기관 이외에 다른 행정기관(소속기관 포함)이나 국민, 단체 등에 수신 · 발신하는 문서

(3) 문서의 성질에 의한 분류

① 법규문서 : 법규 사항을 규정하는 문서로서 헌법 · 법률 · 대통령령 · 총리령 · 부령 · 조례 · 규칙 등에 관한 문서

② 지시문서 : 훈령 · 지시 · 예규 · 일일명령 등 행정기관이 그 하급기관이나 소속 공무원에 대하여 일정한 사항을 지시하는 문서로, 행정법에서는 행정규칙 또는 행정명령이라는 용어로 사용

③ 공고문서 : 고시 · 공고 등 행정기관이 일정한 사항을 일반에 알리는 문서

④ 비치문서 : 행정기관이 일정한 사항을 기록하여 행정기관 내부에 비치하면서 업무에 활용하는 대장, 카드 등의 문서

⑤ 민원문서 : 민원인이 행정기관에 허가, 인가, 그 밖의 처분 등 특정한 행위를 요구하는 문서와 그에 대한 처리문서

⑥ 일반문서 : 보고서를 포함한 위 각 문서에 속하지 아니하는 모든 문서

※ 사문서 : 개인이 사적(私的)인 목적을 위하여 작성한 문서를 말한다. 그러나 사문서도 각종 신청서 · 증명서 · 진정서 등과 같이 기관에 제출하여 접수가 된 것은 사문서가 아니고 공문서로 취급되며 그 문서를 제출한 사람도 접수된 문서를 임의로 회수할 수는 없다.

2. 문서의 성립과 효력 발생

1) 문서의 성립

(1) 성립요건

① 기관의 적법한 권한 범위 내에서 작성되어야 한다.

② 위법 · 부당하거나 시행 불가능한 내용이 아니어야 한다.

③ 법령에 규정된 절차 및 형식을 갖추어야 한다.

(2) 성립시기

문서는 결재권자[2]가 해당 문서에 대하여 서명(전자이미지서명 · 전자문자서명 및 행정전자서명 포함)의 방식으로 결재함으로써 성립한다(영 제6조 제1항).

※ 서명 : 기안자 · 검토자 · 협조자 · 결재권자 또는 발신명의인이 공문서(전자문서 제외)상에 자필로 자기의 성명을 다른 사람이 알아볼 수 있도록 한글로 표시하는 것

- 전자이미지서명 : 기안자 · 검토자 · 협조자 · 결재권자 또는 발신명의인이 전자문서상에 전자적인 이미지 형태로 된 자기의 성명을 표시하는 것
- 전자문자서명 : 기안자 · 검토자 · 협조자 · 결재권자 또는 발신명의인이 전자문

2 기관의 장, 법령에 따라 행정권한을 위임받거나 위탁받은 자, 위임전결 또는 대결하는 자를 말한다(영 제3조 제5호).

서상의 자동 생성된 자기의 성명을 전자적인 문자 형태로 표시하는 것

- 행정전자서명 : 기안자 · 검토자 · 협조자 · 결재권자 또는 발신명의인이 신원과 전자문서의 변경 여부를 확인할 수 있도록 그 전자문서에 첨부되거나 결합된 전자적 형태의 정보로서 「전자정부법 시행령」 제29조에 따른 인증기관으로부터 인증을 받은 것

2) 문서의 효력 발생

(1) 효력발생시기

① 문서가 수신자에게 도달됨으로써 그 효력이 발생하되 전자문서는 수신자가 관리하거나 지정된 전자적 시스템 등에 입력됨으로써 효력이 발생한다(영 제6조 제2항).

② 고시 공고 등 공고문서는 그 문서상에 효력발생 시기를 명시하고 있지 않으면 그 고시 또는 공고가 있는 날부터 5일이 경과한 때에 효력이 발생한다(영 제6조 제3항).

③ 다만, 「행정절차법」 제15조 제3항에서 "제14조 제4항의 경우 다른 법령 등에 특별한 규정이 없으면 공고일부터 14일이 경과한 때에 그 효력이 발생한다" 라고 규정하고 있는데, 여기서 14일의 경과기간은 처분, 신고, 행정상 입법예고, 행정예고 및 행정지도의 절차에 관하여 송달받을 자에게 공고를 통하여 송달하는 경우에 한하여 우선적으로 적용된다.

(2) 효력발생에 대한 입법 주의

① 표백주의(漂白主意)

문서가 성립한 때, 즉 결재로써 문자의 작성이 끝난 때에 효력이 발생한다는 견해이다. 이는 내부결재문서와 같이 상대방 없는 문서의 경우에는 합당하나, 상대방이 있는 경우에는 그 상대방이 해당 문서의 작성에 관해 전혀 알지 못하는데도 효력이 생기게 되어 문서발신 지연 등 발신자의 귀책사유로 인한 불이익을 상대방이 감수해야 하는 부당함이 발생한다.

② 발신주의(發信主意)

성립한 문서가 상대방에게 발신된 때 효력이 발생한다는 견해이다. 이는 신속한 거래에 적합하며, 특히 다수의 자에게 동일한 통지를 해야 할 경우에 획일적으로 효력이 발생하게 할 수 있다는 장점이 있지만, 문서의 효력발생 시기가 발신자의 의사에 좌우되고, 상대방이 아직 알지 못하는 상황에서 효력이 발생한다는 단점이 있다. 발신주의를 채택한 예로는 「민법」 제531조(격지자간의 계약성립시기)를 들 수 있다.

③ 도달주의(到達主意)

문서가 상대방에게 도달해야 효력이 생긴다는 견해이며 수신주의(修身主意)라고도 한다. 여기서 도달이라 함은 문서가 상대방의 지배범위 내에 들어가 사회통념상 그 문서의 내용을 알 수 있는 상태가 되었다고 인정되는 것을 의미하나, 이는 쌍방의 이익을 가장 잘 조화시키는 견해라고 볼 수 있다. 「민법」상의 의사표시와 「행정 효율과 협업 촉진에 관한 규정」상의 문서의 효력발생 시기는 도달주의를 원칙으로 하고 있다.

※ 「민법」 제111조(의사표시의 효력발생시기) ① 상대방 있는 의사표시는 그 통지가 상대방에 도달한 때로부터 그 효력이 생긴다.

④ 요지주의(了知主義)

상대방이 문서의 내용을 안 때에 효력이 발생한다는 견해이다. 이는 상대방의 부족이나 고의 등으로 인한 부지(不知)의 경우 발신자가 불이익을 감수해야 하는 폐단이 발생하고, 지나치게 상대방의 입장에 치우친 것으로 타당한 견해라고 보기 어렵다.

3. 문서작성의 일반원칙

1) 문서의 처리

문서의 기안 · 검토 · 협조 · 결재 · 등록 · 시행 · 분류 · 편철 · 보관 · 보존 · 이관 · 접수 · 배부 · 공람 · 검색 · 활용 등 모든 처리절차는 업무관리시스템 또는 전자문서시스템상에서 전자적으로 처리(영 제5조)되도록 하여야 하나, 청소년기관에서 전자적 시스템을 갖추고 있지 않은 경우, 용이성 · 정확성 · 신속성 및 경제성이 확보될 수 있도록 처리함을 원칙으로 한다.

2) 이행하기 쉽게 작성

문서는 어문규범을 준수하여 한글로 작성하되 특별한 사유가 없으면 이해하기 쉬운 용어를 사용하여야 한다.

(1) 어문규범의 준수

문서는 「국어기본법」 제3조 제3호에 따른 어문규범에 맞게 한글로 작성하되, 뜻을 정확하게 전달하기 위하여 필요한 경우에는 괄호 안에 한자나 그 밖의 외국어를 함께 적을 수 있으며, 가로로 쓴다(국어기본법 시행령 제7조 제1항).

※ 어문규범 : 한글 맞춤법, 표준어 규정, 표준 발음법, 외래어 표기법, 국어의 로마자 표기법 등 올바른 국어 사용법에 대해 문화체육관광부장관이 정하는 규범

(2) 이해하기 쉬운 용어 사용

문서의 내용은 간결하고 명확하게 표현하고 일반화되지 않은 약어와 전문용어 등의 사용을 피하여 이해하기 쉽게 작성하여야 한다(영 제7조 제2항). 특히 국립국어원 등에서 선정한 행정용어 순화어를 활용하여 쉬운 우리말을 사용할 수 있도록 노력하여야 한다.

※ 문화부 발굴 행정분야 전문용어 표준화 고시(문화체육관광부고시 제2013-9호, 2013. 3. 8., 제정) : 321개

※ 올바른 공문서 작성 및 바른 언어 사용을 위한 국립국어원 참고 자료

- 바르고 쉬운 공공언어 2016
- 한눈에 알아보는 공문서 바로쓰기
- 문장부호 이렇게 바뀌었습니다.
- 바른국어생활

4. 문서의 작성 기준

1) 숫자 등의 표시

(1) 숫자

아라비아 숫자로 쓴다(영 제7조 제4항).

(2) 날짜

숫자로 표기하되 연, 월, 일의 글자는 생략하고 그 자리에 온점을 찍어 표시한다(영 제7조 제5항).

> **예시** 2024.8.18., 2024.9.30.(월), 4.29~10.31.

(3) 시간

시 · 분은 24시각제에 따라 숫자로 표기하되, 시 · 분의 글자는 생략하고 그 사이에 쌍점(:)을 찍어 구분한다(영 제7조 제5항).

> **예시** 오후 3시 20분(×) → 15:20(○)

(4) 금액

금액을 표시할 때에는 아라비아 숫자로 쓰되, 숫자 다음에 괄호를 하고 한글로 기재한다(규칙 제2조 제2항).

> **예시** 금113,560(금일십일만삼천오백육십원)

2) 바코드 등 표시

문서에서 시각장애인 등의 편의 도모를 위해 음성 정보 또는 영상정보 또는 영상정보 등이 수록되거나 연계한 바코드 등을 표기할 수 있다(영 제7조 제3항). 이 경우 바코드는 문서 상단의 '기관명'을 표시한 줄의 오른쪽 끝에 2cm×2cm 범위 내에서 표기한다.

3) 문서의 쪽 번호 등 표시

(1) 쪽 번호 등의 개념

2장 이상으로 이루어진 중요 문서의 앞장과 뒷장의 순서를 명백히 하기 위하여 매기는 번호를 말한다.

(2) 쪽 번호 등의 표시 대상문서(영 제19조)

① 문서의 순서 또는 연결 관계를 명백히 할 필요가 있는 문서
② 사실관계나 법률관계의 증명에 관계되는 문서
③ 허가, 인가 및 등록 등에 관계되는 문서

(3) 표시방법

① 전자문서 : 쪽 번호 표시 또는 발급번호 기재(영 제19조/규칙 제18조)
- 쪽 번호 : 각 증명 발급 문서 외의 문서에 표시
  - 중앙 하단에 일련번호를 표시하되, 문서의 순서 또는 연결관계를 명백히 할 필요가 있는 중요 문서에는 해당 문서의 전체 쪽수와 그 쪽의 일련번호를 붙임표(−)로 이어 표시한다.

> **예시** 1, 2, 3, 4, 또는 4-1, 4-2, 4-3, 4-4로 표시
>
> **예시** 단말번호−출력연월일/시 · 분 · 초−발급일련번호−쪽번호

② 종이문서 : 관인으로 간인 또는 천공(영 제19조)
- 간인 : 관인 관리자가 관인으로 간인하되, 시행문은 간인하기 전에 기안문을 복사하여 간인한다.

- 전후관계를 명백히 할 필요가 있는 문서
- 사실 또는 법률관계의 증명에 관계되는 문서
- 기타 청소년기관의 장이 필요하다고 인정되는 주요 문서

• 천공 : 민원서류나 그 밖에 필요하다고 인정하는 문서에는 간인을 갈음하여 천공방식으로 표시할 수 있다.

<각종 계약서 및 업무협약서>

<사단법인 정관(변경)>

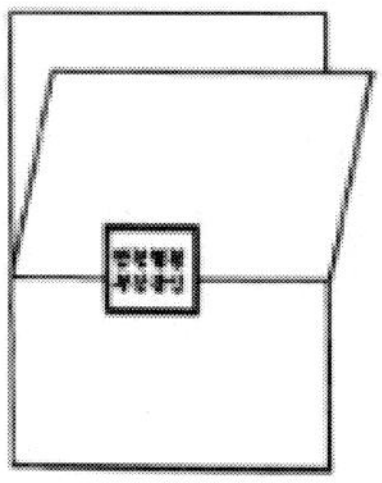

※ 각종 계약서 및 협약서의 경우 계약 또는 협약 당사자 쌍방이 같이 간인함

4) 발의자 및 보고자의 표시

(1) 발의자 및 보고자의 개념

발의자란 기안하도록 지시하거나 스스로 기안한 사람을 말하는데, 지시 여부는 기안 내용의 구체성 여부를 감안하여 판단한다. 또는 보고자란 결재권자에게 직접 보고하는 자를 말한다.

(2) 표시 기호 및 표시 방법(규칙 제6조 제1항)

① 발의자는 '★'로, 보고자는 '◉'로 표시하고, 발의자와 보고자가 동일인인 경우에는 '★', '◉'를 표시한다.
② 기호는 기안문의 해당 직위나 직급의 앞 또는 위에 표시한다.

(3) 보고자의 표시 생략

업무관리시스템 또는 전자문서시스템을 이용하여 보고하거나 결재권자에게 직접 보고하지 아니하는 경우에는 보고자 표시를 생략한다.

(4) 발의자 및 보고자의 표시 생략 문서(영 제8조 제4항)

① 검토나 결정이 필요하지 아니한 문서

② 각종 증명 발급, 회의록, 그 밖에 단순 사실을 기록한 문서

③ 일상적 · 반복적인 업무로서 경미한 사항에 관한 문서

5) 항목의 구분

(1) 항목의 표시

문서의 내용을 둘 이상의 항목으로 구분할 필요가 있으면 다음 구분에 따라 그 항목을 순서대로 표시하되, 필요한 경우에는 ㅁ, ㅇ, -, · 등과 같은 특수한 기호로 표시할 수 있다(규칙 제2조 제1항).

구 분	항목기호	비 고
첫째 항목	1., 2., 3., 4., …	둘째, 넷째, 여섯째, 여덟째 항목의 경우, 하., 하), (하), ㉻ 이상 계속되는 때에는 거., 거), (거), ㉠
둘째 항목	가., 나., 다., 라., …	
셋째 항목	1), 2), 3), 4), …	
넷째 항목	가), 나), 다), 라), …	
다섯째 항목	(1), (2), (3), (4), …	
여섯째 항목	(가), (나), (다), (라), …	
일곱째 항목	①, ②, ③, ④, …	
여덟째 항목	㉮, ㉯, ㉰, ㉱, …	

(2) 표시위치 및 띄우기

① 첫째 항목기호는 제목의 첫 글자와 같은 위치에서 시작한다.

② 둘째 항목부터는 상위항목 위치에서 오른쪽으로 2타씩 옮겨 시작한다.

③ 항목기호와 그 항목의 내용 사이에는 1타를 띄운다.

④ 하나의 항목만 있는 경우에는 항목기호를 부여하지 아니한다.

수신∨∨ㅇㅇㅇ장관(ㅇㅇㅇ장관)
(경유)
제목∨∨ㅇㅇㅇㅇㅇ
1.∨ㅇㅇㅇㅇㅇㅇㅇㅇㅇㅇㅇㅇ

※ 2타(∨∨표시)는 한글 1자, 영문 · 숫자 2자에 해당함

6) 규격 용지의 사용

(1) 규격 표준화의 필요성

용지의 표준화는 문서, 서식 등에 사용되는 용지의 크기를 통일한다는 것을 말한다. 규격을 표준화함으로써 문서의 작성 · 처리 · 편철 · 보관 · 보존 등뿐만 아니라 프린터, 복사기, 팩스 등 각종 사무자동화기기의 활용을 용이하게 할 수 있다.

(2) 용지의 기본규격

문서의 작성에 사용하는 용지는 210mm, 세로 297mm(A4용지)의 직사각형으로 한다(영 제7조 제6항), A4용지는 국제적으로 널리 통용되고 있을 뿐만 아니라 국내의 대다수 조직체에서 문서의 기본규격으로 하고 있다. 문서의 편철 및 관리상의 필요에 의하여 여백은 위로부터 30밀리미터, 왼쪽 및 오른쪽으로부터 20밀리미터, 아래로부터 15밀리미터의 여백을 두어야 한다. 다만, 문서 편철 위치나 용도에 따라 각 여백을 달리할 수 있다. 도면, 통계표, 증명서류 등 기본규격을 사용하기 어려운 특별한 경우에는 A열 또는 B열 용지를 사용할 수 있고, 컴퓨터에 의한 기록서식 등은 그에 적합한 규격용지를 사용할 수 있다.

A열(단위 : mm)		B열(단위 : mm)	
A0	841×1,189	B0	1,030×1,456
A1	594×841	B1	728×1,030
A2	420×594	B2	515×728
A3	297×420	B3	364×515
A4	210×297	B4	257×364
A5	148×210	B5	182×257
A6	105×148	B6	128×182
A7	74×105	B7	91×128
A8	52×74	B8	64×91
A9	37×52	B9	45×64
A10	26×37	B10	32×45

* A열은 국제표준규격(iso규격)을, B열은 일본공업규격(JIS)을 한국산업표준(KS)으로 채택
* A0의 면적은 1㎡, B0의 면적은 1.5㎡인데 각각 긴 변을 절반으로 절단하여 1~10까지 규격 설정

5. 문서의 구성 체계

1) 문서의 구성

(1) 일반기안문

일반적으로 사용하는 기안문 · 시행문은 두문 · 본문 · 결문으로 구성한다.

- 문서의 구성
  - 두 문
    - 기관명
    - 수신
    - (경유)
  - 본 문
    - 제목
    - 내용
    - 붙임
  - 결 문
    - 발신명의
    - 기안자 · 검토자 · 협조자 · 결재권자의 직위 또는 직급 및 서명
    - 생산등록번호와 시행일
    - 접수등록번호와 접수일
    - 기관의 우편번호 · 도로명주소 · 홈페이지 주소 · 전화번호 · 팩스번호
    - 담당자의 전자우편주소
    - 공개 구분

(2) 간이기안문(규칙 제3조 제1항, 별지 제2호서식)

왼쪽 상단에 문서등록 표시(생산등록번호, 등록일, 결재일 및 공개구분), 오른쪽 상단에 결재란(기안자, 검토자, 협조자, 결재권자)을 표시하고 그 아래에 제목 · 작성일 · 작성기관을 표시한다. 요약설명문이 필요한 경우에는 제목과 작성일 사이에 적는다.

생산등록번호	
등록일	
결재일	
공개 구분	

협조자			

(제목)

※ 필요한 경우 보고근거 및 보고내용을 요약하여 적을 수 있음

○○○○부(처 · 청 또는 위원회 등) ○○○○부(처 · 청 또는 위원회 등)

○○○○국 또는 ○○○○과

※ 이 서식은 보고서, 계획서, 검토서 등 발신할 필요가 없는 내부결재문서에만 사용하며, 시행문으로 변환하여 사용할 수 없음(규칙 제3조 제3항)

2) 두문

(1) 기관명의 표시

문서를 기인한 부서가 기관 명칭을 표시한다.

(2) 수신자의 표시

① 수신자가 없는 내부결재문서의 수신란에는 "내부결재"로 표시한다.

② 수신자에는 해당 기관의 장의 직위(수신명)를 쓰고, 그 다음에 이어 괄호( ) 안에 그 업무를 처리할 보조기관이나 보좌기관의 직위를 쓴다. 다만, 보조기관이나 보좌기관의 직위가 분명하지 아니한 경우에는 수신자의 직명을 쓰고 괄호 안에 업무를 처리할 보조기관명을 '○○업무담당과장' 등으로 표시할 수 있다.

예시 1	수신 여성가족부장관(청소년활동진흥과장)
예시 2	수신 국립중앙청소년수련원장(청소년안전업무담당과장)

③ 수신자가 많아 본문의 내용을 기재할 란이 줄어들어 본문의 내용을 첫 장에서 파악하기 곤란한 경우에는 두문의 수신란에 "수신자 참조"라고 쓰고, 결문의 발신명의 다음 줄의 왼쪽 한계선에 맞추어 수신자란을 따로 설치하여 수신자명을 표시한다.

예시	(두문) 수신 수신자 참조
결문	수신자 서울특별시청소년활동진흥센터장, 부산광역시청소년활동진흥센터장, 대구청소년지원재단 이사장, 재단법인 충청남도청소년진흥원장 ·········

(3) 경유의 표시

① 경유기관이 없는 경우 : 아무것도 적지 않고 빈칸으로 둠

② 경유기관이 하나인 경우 : (경유)란에 "이 문서의 경유기관은 장이 ○○○이고 최종 수신기관의 장은 ○○○입니다"로 표시한다.

③ 경유기관이 둘 이상인 경우 : (경유)란에 "이 문서의 제1차 경유기관의 장은 ○○○이고, 제2차 경유기관의 장은 ○○○, ………, 최종 수신기관의 장은 ○○○입니다"로 표시한다.

(4) 로고 · 상징 등 표시

① 기안문 및 시행문에는 가능하면 청소년 기관의 로고 · 상징 · 마크 · 홍보문구 등을 표시하여 청소년 기관의 이미지를 높일 수 있도록 하여야 한다.
② 로고(상징)는 문서 상단의 '청소년 기관명' 표시줄의 왼쪽 끝에 2cm×2cm 범위 내에서 표시하고, 홍보문구는 기관명 바로 위에 표시한다.

3) 본문

(1) 제목

그 문서의 내용을 쉽게 알 수 있도록 간단하고 명확하게 기재한다.

(2) 내용

① 기안의 근거를 밝히고 시작한다.
② 상대에게 전달하고자 하는 내용을 육하원칙에 따라 간단명료하게 작성한다.

> **예시** 1. 관련 : 활동사업부-2911(2016.11.1.)
> 2. 제3회 로엔뮤직캠프 홍보 및 참가 요청에 따라………
>
> **예시** '공공기록물 관리에 관한 법률' 제27조 및 같은 법 시행령 제43조에 따라…

※ 법률명은 띄어쓰기 기준에 따라 띄어 쓰고 작은따옴표로 묶는다.

(3) 첨부물의 표시

문서에 서식 · 유가증권 · 참고서류, 그 밖의 문서나 물품이 첨부되는 때에는 본문이 끝난 다음에 "붙임" 표시를 하고 첨부물의 명칭과 수량을 쓰되, 첨부물이 두 가지 이상인 때에는 항목을 구분하여 표시한다.

> **예시** (본문)………………주시기 바랍니다.
> 붙임∨∨1.∨ㅇㅇㅇ계획부 1부.
> 2.∨ㅇㅇㅇ서류 1부.∨∨끝.

※ 기안문에 첨부되는 계산서 · 통계표 · 도표 등 작성상의 책임을 밝힐 필요가 있다고 인정되는 첨부물에는 그 여백에 작성자를 표시하여야 함(규칙 제6조 제2항)

(4) 문서의 "끝" 표시(규칙 제4조 제5항)

① 본문 내용의 마지막 글자에서 한 글자(2타) 띄우고 "끝" 표시를 한다.

> **예시** ………주시기 바랍니다.∨∨끝.

② 첨부물이 있으면 붙임 표시문 다음에 한 글자(2타) 띄우고 표시한다.

> **예시** 붙임 1. 서식승인 목록 1부.
> 2. 승인서식 2부.∨∨끝.

③ 본문 또는 붙임 표시문이 오른쪽 한계선에서 끝났을 경우에는 그 다음 줄의 왼쪽 한계선에서 한 글자(2타) 띄우고 "끝" 표시를 한다.

> **예시** (본문내용)………………주시기 바랍니다.
> ∨∨끝.

④ 본문이 표로 끝나는 경우, 표의 마지막 칸까지 작성되는 경우 표 아래 왼쪽 한계선에서 한 글자 띄우고 "끝" 표시를 한다.

예시

응시번호	성명	생년월일	주 소
10	김ㅇㅇ	1980.3.8.	서울시 종로구 ㅇㅇ로 12
21	유ㅇㅇ	1982.5.1.	부산시 서구 ㅇㅇ로 5

∨∨끝.

※ 공문의 표를 그릴 때
- 배경 음영을 넣지 않는다.
- 문서의 본문 가로를 꽉 차게 그린다.
- 표 안의 글자 정렬은 통일성 있게 한다(가운데 정렬 혹은 왼쪽 정렬).
- 표의 가장자리 선을 생략하지 않는다.
- 기안문 본문의 글자 포인트보다 1포인트 작게 동일한 글씨체로 작성한다.

4) 결문(규칙 제4조 제6항)

(1) 발신명의의 표시

① 기관장의 권한인 경우에는 해당 기관의 장의 명의로 발신한다.

예시 ㅇㅇㅇㅇ부장관, ㅇㅇ시장, ㅇㅇ군수, ㅇㅇ위원회위원장, ㅇㅇ수련관장, ㅇㅇ문화센터장, ㅇㅇ문화의집 관장 등

② 법령에 의하여 행정권한이 위임·위탁된 경우에는 그 위임 또는 위탁을 받은 자(수임자 또는 수탁자)의 명의로 발신한다(영 제5조 및 제13조 제1항).

③ 기관 내의 보조기관 및 보좌기관 상호 간에 발신하는 문서(대내문서)는 해당 보조기관 또는 보좌기관 명의로 발신한다(영 제13조 제2항).

예시 ㅇㅇ과장, ㅇㅇ담당관, ㅇㅇ실장 등

④ 발신할 필요한 없는 내부결재문서에는 발신명의를 표시하지 아니한다(영 제13조 제3항).

(2) 권한대행 또는 직무대리의 표시

① 기관의 장의 권한을 대행하거나 직무를 대리하는 사람이 발신 명의와 함께 본인의 성명을 적는 경우에는 다음 예시와 같이 그 직위를 적고 "권한대행" 또는 "직무대리"의 표시를 하여야 한다(규칙 제10조).

예시	여성가족부장관 직무대리 차관 ○○○, 서울특별시장 권한대행 행정1부시장 ○○○

② 보조기관이나 보좌기관의 직무를 대리하는 사람이 발신명의에 서명(전자이미지서명, 전자문서서명 포함)을 하는 경우에는 서명 앞에 "직무대리"의 표시를 하여야 한다(규칙 제11조 제3항).

예시	공공서비스혁신과장 직무대리 ○○○

(3) 기안자, 검토자, 협조자, 결재권자의 직위 또는 직급과 서명

① 기안자는 기안문의 기안자란에, 검토 또는 협조자는 검토자 또는 협조자란에, 결재권자는 결재자란에 직위 또는 직급을 쓰고 서명란에 서명한다(규칙 제4조 제6항). 이 경우 기안자 및 검토자 및 결재권자의 용어는 표시하지 않는다.

② 직위가 있으면 그 직위를 온전하게 쓰되, 기관장과 부기관장의 직위는 간략하게 쓸 수 있다.

③ 직위가 없으면 직급을 온전하게 쓰되, 6급 이하 공무원의 직급은 각급 기관이 직급을 대신하여 대외적으로 사용하도록 정한 대외직명을 적을 수도 있다.

예시 1	공공서비스정책관 ○○○ 창조정부조직실장 ○○○ 차관 ○○○ 장관 ○○○
예시 2	주무관 ○○○ 행정사무관 ○○○ 공공서비스혁신과장 ○○○

④ 서명은 기안자, 검토자, 협조자, 결재권자가 자기의 성명을 다른 사람이 알아볼 수 있도록 한글로 쓰거나 전자이미지서명 또는 전자문자서명을 전자적으로 표시한다.

(4) 생산등록번호(시행일) 및 접수등록번호(접수일)

① 「공공기록물 관리에 관한 법률 시행규칙」 제20조에 따라 공공기관이 기록물을 생산 또는 접수한 때에는 그 기관의 전자기록 생산시스템에 의하여 전자적으로 표시하여야 하나 기관 혹은 기록물의 특성상 전자적 처리가 불가할 경우 등록번호는 고유한 식별번호를 부여하여 등록번호로 대체한다.

② 문서의 생산 또는 접수 등록번호를 표시하는 때에는 같은 법률 시행규칙 제5조 제3항에 따라 처리과명과 연도별 일련번호를 붙임표(-)로 이어 쓰되 처리과가 없는 청소년기관의 경우에는 처리과명을 대신하여 청소년기관명 또는 10자 이내의 청소년기관명 약칭을 쓴다.

③ 필요한 경우에는 시행일과 접수일란에 시 · 분까지 기재한다.

(5) 우편번호, 주소, 홈페이지 주소, 전화번호, 팩스번호, 기안자의 전자우편주소와 공개구분

① 우 도로명주소

우편번호를 기재한 다음, 기관이 위치한 도로명 및 건물번호 등을 기재하고 괄호 안에 건물명칭과 사무실이 위치한 층수와 호수를 기재한다.

예시	우 03752 서울특별시 서대문구 경기대로 47

② 기안자의 전자우편주소

기관 혹은 기안자의 전자우편주소를 쓴다.

③ 공개구분

공개, 부분공개, 비공개로 구분하여 표시하되, 부분공개 또는 비공개인 경우에는 「공공기록물 관리에 관한 법률 시행규칙」 제18조에 따라 '부분공개( )' 또는 '비공개( )'로 표시하고 「공공기관의 정보공개에 관한 법률」 제9조 제1항 각 호의 해당 호 수를 괄호 안에 표시한다.

6. 문서의 기안

1) 기안의 개요

(1) 기안의 개념

기안이라 함은 기관의 의사를 결정하기 위하여 문안을 작성하는 것을 말한다. 기안은 주로 상급자의 지시사항이나 접수한 문서를 처리하기 위하여 행하여지나 법령 · 훈령 · 예규 등을 근거로 하거나 또는 순수한 자기발안(自己發案)으로 이루어지기도 한다.

(2) 기안의 원칙

문서의 기안은 전자문서로 하는 것을 원칙으로 하나 전자문서를 갖추고 있지 않은 청소년 기관에서는 종이문서로 기안할 수 있다.

(3) 기안의 자격

① 기안자의 범위에 관하여는 아무런 제한이 없다. 누구든지 기안자가 된다.

② 영 제60조에 따라 분장받은 업무에 대하여 그 업무를 담당하는 자는 직급 등에 관계없이 기안할 수 있다.

③ 또한 결재권자는 영 제18조 제5항에 따라 접수문서를 공람할 때 처리담당자를 따로 지정할 수 있으므로 이 경우 지정된 자도 기안자가 된다.

2) 기안문 작성 시 고려 사항

(1) 작성 전 고려 사항

① 기안자는 안건에 관련된 문제를 파악하고 관계 규정 및 과거 행정선례를 숙지하고 있어야 한다.

② 또한 기안하는 목적과 필요성을 파악하고 자료를 수집 · 분석하며 필요한 경우에는 설문조사, 실태조사, 회의 등을 통하여 의견을 청취한다.

③ 복잡한 기안의 경우에는 초안을 작성하여 논리의 일관성을 해치는 내용이나 빠지는 사항이 없도록 검토한 다음 작성한다.

④ 기안자는 담당 업무에 대한 책임의식을 가져야 하며 해당 기관과 수신자와의 관계 및 입장 등을 고려하여 기안하여야 한다.

(2) 작성 시 유의 사항

올바른 문서 작성은 정확한 의사소통을 위하여 필요할 뿐만 아니라 문서 자체의 품격을 높이고, 그 기관의 대외적인 권위와 신뢰도를 높여준다. 문서의 올바른 작성을 위하여 다음과 같은 사항에 유의할 필요가 있다.

① **정확성**(바른 글)

가. 일반적으로 육하원칙에 따라 작성하고 오·탈자나 계수 착오가 없도록 한다.

나. 필요한 내용을 빠뜨리지 않고, 잘못된 표현이 없도록 문서를 작성한다.

다. 의미전달에 혼동을 일으키지 않도록 정확한 용어를 사용하고 문법에 맞게 문장을 구성한다.

라. 애매모호하거나 과장된 표현에 의하여 사실이 왜곡되지 않도록 한다.

사례 광복절기념행사에 직원 2명을 참석하도록 하시기 바랍니다.

→ 직원 2명의 성별 및 직급 불분명

→ 각 과에서 2명인지, 국 전체에서 2명인지 불분명

→ 직원 2명이 행사장 참석자인지, 행사지원 요원인지 불분명

② **용이성**(쉬운 글)

가. 상대방의 입장에서 이해하기 쉽게 작성한다.

나. 문장은 가급적 짧게 끊어서 항목별로 표현한다.

다. 복잡한 내용일 때는 먼저 결론을 내린 후 이유를 설명하는 것이 좋다.

라. 추상적이고 일반적인 용어보다는 구체적이고 개별적인 용어를 쓴다.

마. 읽기 쉽고 알기 쉬운 용어를 사용하고, 한자나 어려운 전문용어 또는 일반

화되지 않은 약어는 사용하지 않는다. 한자나 전문용어를 쓸 필요가 있을 때에는 ( )에 한자를 쓰거나 용어의 해설을 붙인다.

③ **성실성**(호감 가는 글)

가. 문서는 성의 있고 진실하게 작성한다.

나. 상대방에게 불쾌감을 주거나 상대를 무시하는 듯한 표현은 피하고 적절한 경어를 사용한다.

다. 감정적이고 위압적인 표현을 쓰지 않는다. 상급기관이 하급기관에 보내는 문서에 "……할 것", "……하기 바람" 등과 같이 위압감을 주는 문구를 쓰게 되면 조직 상하 간의 관계를 경직시켜 원활한 의사소통에 지장을 초래하기 쉽기 때문에 바람직하지 않다. 조직구조상 지휘·감독관계에 있다 하더라도 상호 간에 존중하는 의미에서 "……·하기 바랍니다."와 같은 표현을 사용하는 것이 좋다.

④ **경제성**(효율적으로 작성하는 글)

가. 일상 반복적인 업무는 표준 기안문을 활용한다.

나. 용지의 규격·지질을 표준화한다. 규격이나 지질이 다르면 표준화된 경우에 비하여 많은 시간과 노력을 요구한다.

다. 서식을 통일하여 규정된 서식을 사용하는 것이 경제적이다.

라. 한눈에 내용을 파악할 수 있고 다루기 쉽게 1건 1매주의로 하는 것이 효율적이다.

7. 문서의 시행

1) 문서 시행의 의의

(1) 문서 시행의 개념

문서 시행이란 내부적으로 성립한 기록의 의사를 외부로 표시하는 단계로서 문서의 효력을 발생하게 하는 절차를 말한다.

(2) 문서 시행의 절차

문서를 시행하기 위해서는 일반적으로 시행문의 작성, 관인 또는 서명, 문서발신 등의 절차를 거친다.

(3) 문서 시행의 방법

문서를 시행하는 방법으로는 발신, 홈페이지 게시, 관보 게재, 고시 · 공고, 교부 등이 있다.

2) 시행문의 작성

(1) 일반 사항

결재받은 문서 중 발신할 문서는 시행문을 작성하여야 하는데 2004년부터 기안문과 시행문이 하나로 통합됨에 따라 별도의 시행문 서식은 없다(영 제12조 제1항, 규칙 제9조 제1항). 따라서 결재가 끝난 일반기안문(별지 제1호서식)에 관인을 찍으면 시행문이 된다. 다만, 수신자의 개인정보보호 등을 위하여 필요할 때에는 수신자별로 시행문을 작성, 시행하여야 한다(영 제12조 제12항).

① 전자문서

업무관리시스템 또는 전자문서시스템에서 전자이미지관인을 찍으면 시행문이 된다.

② 종이문서

결재받은 기안문을 복사하여 관인을 찍으면 시행문이 된다.

(2) 예외 사항

① 전신 · 전신타자 · 전화 발신 문서

전신 · 전신타자 · 전화로 발신하는 문서는 시행문을 작성하지 아니하나, 시행문 형식으로 발신한다.

② 생산(접수)등록번호란 · 수신란 등이 설계된 서식으로 작성한 문서

서식 자체를 기안문 · 시행문으로 갈음할 수 있도록 설계된 서식으로 기안한 경우에는 별도의 시행문을 작성하지 아니하고 해당 문서의 발신명의란에 관인(전자이미지관인 포함)을 찍거나 기관의 장이 서명(전자이지서명 포함)하여 시행할 수 있다.

3) 관인 날인 또는 서명 등

(1) 관인을 날인하거나 서명하는 문서

① 기관의 장 또는 합의제기관의 명의로 발신하는 문서

시행문, 고시 · 공고 문서, 임용장 · 상장 및 각종 증명서에 속하는 문서에는 관인(전자이미지관인 포함)을 찍거나 기관의 장이 서명(전자이미지관인 포함)한다(영 제14조 제1항).

관인은 발신명의 표시의 마지막 글자가 인영의 가운데 오도록 찍는다. 다만, 등 · 초본 등 민원서류를 발급할 때 사용하는 직인은 발신명의 표시의 오른쪽에 찍을 수 있다(규칙 제11조 제1항).

→ 관인날인 대신 기관의 장이 직접 서명하여 시행하거나 발급할 수 있는 경우는 기관의 장이 직접 결재한 문서로 한정한다.

② 보조기관 또는 보좌기관의 명의로 발신하는 문서

발신명의 표시의 마지막 글자 위에 보조기관 또는 보좌기관의 서명(전자이미지 서명, 전자문자서명 및 행정전자서명)은 전자적으로 자동 생성되도록 하여야 한다. 다만, 보조기관이나 보좌기관의 직무를 대리하는 사람이 서명을 하는 경우에는 서명 앞에 "직무대리"의 표시를 하여야 한다(영 제14조 제2항, 규칙 제11조 제3항).

(2) 관인 날인 또는 서명을 생략하는 문서

① 생략 표시를 하지 않는 문서(영 제14조 제3항)

관보나 신문 등에 실리는 문서

② 생략 표시를 해야 하는 문서(영 제14조 제3항, 규칙 제11조 제4항)

가. 대상문서

- 일일명령 등 단순 업무처리에 관한 지시문서
- 기관 또는 보조(보좌)기간 간의 단순한 자료요구, 업무연락, 통보 등을 위한 문서

나. 표시위치 : 발신명의 표시의 오른쪽

- 관인날인 생략의 표시 : 기관장 및 합의제기관 명의의 발신문서
- 서명 생략의 표시 : 보조(보좌)기관 상호 간 발신문서

4) 문서의 발신

(1) 발신 원칙

① 문서는 직접 처리하여야 할 기관에 발신한다. 다만, 필요한 경우에는 행정조직상의 계통에 따라 발신한다(영 제15조 제1항).

② 하급기관이 바로 위 상급기관 외의 상급기관(바로 위 상급기관에 대한 지휘·감독권을 갖는 상급기관)에 발신하는 문서 중 필요하다고 인정되는 문서는 바로 위 상급기관을 거쳐 발신하여야 한다(영 제15조 제2항).

③ 상급기관이 바로 아래 하급기관 외의 하급기관(바로 아래 하급기관의 지휘 · 감독을 받는 하급기관)에 문서를 발신하는 경우에도 필요하다고 인정되는 문서는 그 바로 아래 하급기관을 경유하여 발신하여야 한다(영 제15조 제3항).

④ 문서는 처리과에서 발송한다(규칙 제12조 제1항). 다만, 인편 또는 우편으로 발송하는 경우에는 문서과의 지원을 받아 발송할 수 있다.

- 처리과 : 업무처리를 주관하는 과 · 담당관 등
- 문서과 : 기관 내의 공문서를 분류 · 배부 · 보존하거나 수신 · 발신하는 업무를 지원하는 등 문서에 관한 업무를 주관하는 과 · 담당관 등

⑤ 다음의 경우에는 문서를 생산한 처리과의 장의 승인을 받아 이미 발신할 문서의 수신자를 변경하거나 추가하여 다시 발신할 수 있다. 이 경우 승인날짜 등 관련 정보를 업무관리시스템이나 전자문서시스템으로 관리하여야 한다(영 제14조 제4항, 규칙 제12조 제2항).

가. 결재권자나 해당 문서를 생산한 처리과의 장의 지시가 있는 경우

나. 수신자의 명칭이 변경된 경우

다. 착오로 인하여 수신자를 누락하였거나 잘못 지정한 경우

라. 해당 업무와 관련된 기관의 요청이 있는 경우

(2) 발신 방법

① 일반 사항

가. 문서는 업무관리시스템이나 전자문서시스템 등의 정보통신망을 이용하여 발신한다. 이 경우 그 발신 또는 수신 기록을 전자적으로 관리하여야 한다(영 제16조 제1항, 규칙 제13조 제1항).

나. 업무의 성질상 정보통신망을 이용하여 발신하는 것이 적절하지 않거나 그 밖의 특별한 사정이 있으면 우편 · 팩스 등의 방법으로 문서를 발신할 수 있으며 이 경우 발신 기록을 증명할 수 있는 관계 서류 등을 기안문과 함께 보관하여야 한다(영 제16조 제2항, 규칙 제13조 제2항).

다. 우편 · 팩스 등의 방법으로 발신하는 경우 내용이 중요한 문서는 등기우편이나 그 밖에 발신 사실을 증명할 수 있는 특수한 방법으로 발신하여야 한다(영 제16조 제2항).

라. 기관이 아닌 자에게는 기관의 홈페이지나 기관에서 공무원에게 부여한 전자우편 주소를 이용하여 문서를 발신할 수 있다(영 제16조 제3항). 다만, 이 방법으로 문서를 발신하는 것은 수신자가 사전에 그 사실을 알고 있는 경우에만 가능하다.

마. 관인을 찍는 문서가 전자문서인 경우에는 기안자나 문서의 수신 · 발신 업무를 담당하는 사람이 전자이미지관인을 찍고, 종이문서인 경우에는 관인을 관리하는 사람이 관인을 찍은 후 처리과에서 발송한다(규칙 제12조 제1항).

바. 특수 사항 : 암호 또는 음어 송신

사. 시행할 문서의 내용이 비밀 사항이거나 비밀은 아니라도 누설되면 국가안전보장, 질서유지, 경제안정, 그 밖의 국가이익을 해칠 우려가 있는 내용의 문서를 결재할 때 결재권자는 그 문서 내용의 암호화 등 보안 유지가 가능한 발신방법을 지정하여야 한다. 이 경우 본문의 마지막에 "암호" 등으로 발신방법을 표시하여야 한다(영 제16조 제5항, 규칙 제13조 제3항).

아. 암호 등으로 발신할 문서 중 비밀로 분류된 문서는 송수신자 간에 서로 응답이 있는 경우에만 발신하여야 하며, 문서의 제목 다음이나 본문의 "끝" 또는 "이하 빈칸" 표시 다음에 따옴표("")를 하고 그 안에 비밀등급을 표시하여 발신하여야 한다(규칙 제13조 제4항).

② 문서의 게시(규칙 제9조 제2항)

단순한 업무 관련 지시 또는 자료요구, 업무연락, 통보, 공지사항, 일일명령 등의 문서는 업무관리시스템 또는 전자문서시스템의 전자게시판이나 기관의 홈페이지 등에 게시하여 시행할 수 있다.

③ 문서 등의 보안 유지

가. 기관의 장은 문서를 수신 · 발신하는 경우에 문서의 보안 유지와 위조, 변

조, 분실, 훼손 및 도난 방지를 위한 적절한 조치를 마련하여야 한다(영 제16조 제4항).

나. 청소년기관의 장은 보유하고 있는 컴퓨터에 대하여 비밀번호를 부여하여야 한다.

다. 컴퓨터 및 개인별 비밀번호는 문서의 보호 및 보안유지를 위하여 수시로 변경하여야 한다.

8. 문서의 접수 및 처리

1) 문서의 접수

(1) 일반 사항

① 처리과(영 제18조 제1항, 규칙 제15조 제1항)

가. 문서는 처리과에서 접수한다.

나. 접수한 문서는 접수일시와 「공공기록물 관리에 관한 법률 시행령」 제20조에 따른 접수등록번호를 접수란에 전자적으로 표시하여야 한다.

다. 접수란이 없거나 전자적으로 표시할 수 없는 문서인 경우에는 두문의 오른쪽 여백에 '접수인'(규칙 별표2)을 찍고 접수일시와 접수등록번호를 적는다.

〈접수인〉

접 수	– (. . . :)

※ 접수란의 크기는 기관에 따라 적절하게 조정하여 사용한다.

※ 접수란의 첫째 줄에는 접수등록번호를 적되, 처리과명과 연도별 일련번호를 붙임표(–)로 이어 적는다. 예 행정제도혁신과–23

※ 접수란의 둘째 줄 괄호 안에는 접수일을 적는다. 다만, 민원문서 등 필요한 경우에는 시 · 분까지 적는다. 예 2011.12.18. 또는 2011.12.18. 14:25

② 문서과(영 제18조 제2항 및 제5항)

가. 문서과에서 받은 문서는 문서과에서 접수일시를 전자적으로 표시하거나 적고 지체 없이 처리과에서 전자적으로 표시하거나 적는다.

※ 접수란이 없거나 종이문서인 경우에는 두문의 오른쪽 여백에 접수인을 찍어 기재함

나. 문서의 접수 및 배부 경로에 관한 정보는 「공공기록물 관리에 관한 법률 시행령」 제20조에 따른 등록정보로 관리하여야 한다.

(2) 기관 외의 자로부터 정보통신망으로 받은 문서(영 제18조 제6항)

① 일반적인 접수절차를 거쳐 업무관리시스템 또는 전자문서시스템상에서 처리하되, 발신자의 주소와 성명 등이 불분명하거나 담당 업무와 관련이 없는 사항인 경우에는 접수하지 아니할 수 있다.

② 또한 접수하려는 문서의 위조, 변조방지조치 등으로 인하여 그 문서에 접수일시와 접수등록번호를 전자적으로 표시할 수 없는 경우에는 이를 표시하지 아니할 수 있다.

(3) 둘 이상의 보조(보좌)기관 관련 문서(규칙 제15조 제2항 및 제3항)

① 관련성이 가장 높은 보조기관 또는 보좌기관에서 그 문서를 접수하여야 한다.

※ 문서과에서 해당 문서를 받게 되면 그 관련성이 가장 높다고 판단되는 보조기관 또는 보좌기관에 보내야 한다.

② 그 문서를 접수한 처리과에서는 관련이 있는 보조기관 또는 보좌기관에서 소관사항을 처리할 수 있도록 문서의 내용을 처리과의 장(처리과가 소속된 보조기관 또는 보좌기관 포함)의 명의로 통보하여야 한다.

(4) 당직근무자가 받은 문서(규칙 제15조 제5항)

일반적인 접수절차를 거쳐 문서를 접수할 수 있도록 다음 근무시간 시작 후 지체 없이 문서과에 인계하여야 한다.

> **예시** 금요일 19:00 수령 → 월요일 출근시간 직후 문서과에 인계

(5) 감열기록방식의 팩스로 수신한 문서(규칙 제15조 제6항)

감열기록방식의 팩스로 수신한 문서는 장기보존이 어렵기 때문에 보존기간이 3년 이상인 문서를 수신하였을 때에는 그 문서를 복사하여 접수하여야 한다. 이 경우 감열기록방식의 팩스로 수신한 문서는 폐기한다.

☞ 감열기록방식은 특수처리된 열감용 용지의 표면을 가열하면 변색되는 점을 활용하여 문자·도형을 기록하는 방법으로 일반적으로 롤형 용지를 사용함. 감열지에 기록된 내용은 용지에 따라 1~5년 정도밖에 보존되지 않기 때문에 감열지로 된 문서는 보존기간에 상관없이 백상지로 복사하여 접수한다.

2) 문서의 반송 및 이송

(1) 반송

발신한 기관으로 되돌려 보내는 것

① 기관 간의 반송(규칙 제16조 제1항)

접수한 문서에 형식상의 흠이 있으면 그 문서의 생산등록번호, 시행일, 제목 및 반송이유를 구체적으로 밝혀 발신한 기관의 장에게 반송할 수 있다.

② 보조기관 또는 보좌기관 간의 반송

처리과에서 그 소관에 속하지 아니하는 문서를 접수한 때에는 지체 없이 그 문서를 발신한 처리과에 반송하여야 하며, 문서과로부터 배부받은 문서인 경우에는 문서과에 재배부 요청을 하여야 한다.

(2) 이송

발신기관이 아니라 소관기관으로 송부하는 것

① 기관 간의 이송(규칙 제16조 제2항)

기관의 장은 접수한 문서가 다른 기관의 소관 사항인 경우에는 그 문서를 지체 없이 소관 기관의 장에게 이송하여야 한다.

② 보조기관 또는 보좌기관 간의 이송

처리과에서 접수한 문서가 다른 보조기관이나 보좌기관의 소관 사항인 경우에는 지체 없이 소관 보조기관 또는 보좌기관에 이송하여야 한다.

처리과에서 직접 받은 문서의 발신자가 기관 또는 기관 내의 보조기관 · 보좌기관이 아닌 경우(즉, 발신자가 기관 외의 자인 경우) – 소관 사항이면 일반적인 절차에 따라 접수 · 처리 – 소관 사항이 아닌 경우 소관 처리과로 배부될 수 있도록 지체 없이 문서과로 보내야 함(규칙 제16조 제3항)

3) 문서의 공람

처리과의 문서 수신 · 발신 업무 담당자는 접수한 문서를 처리담당자에게 인계하고 처리담당자는 해당 문서에 대한 공람을 거쳐 업무처리를 한다(영 제18조 제4항).

(1) 대상문서(규칙 제17조)

① 결재권자로부터 처리지침을 받아야 할 필요가 있는 문서
② 민원문서
③ 기관이나 보조기관 또는 보좌기관 간의 업무협조에 관한 문서
④ 접수된 문서를 처리하기 위하여 미리 검토할 필요가 있는 문서
⑤ 그 밖에 공무원의 신상, 교육 · 훈련 등과 관련하여 공무원이 알아야 할 필요가 있는 문서
※ 위 대상 외의 문서와 통계 · 설문조사 등을 위하여 각 기관으로부터 취합하는 문서는 공람하지 않는다.

(2) 공람순서

공람의 순서에 대하여는 특별한 규정을 두고 있지 않다. 따라서 상급자 또는 하급자부터 순서대로 공람하는 순차공람과 직위에 관계없이 동시에 공람하는 병렬공람이 모두 가능하다.

※ 선결 제도는 1970. 9. 18.「정부공문서규정」의 개정을 통해 처음 도입된 후, 「사무관리규정」 개정으로 1999. 9. 1. '선람'으로 바뀌었으나, 2004. 1. 1.부터 폐지되었음.

(3) 공람의 표시

① 전자문서

업무관리시스템 또는 전자문서시스템상에서 공람하였다는 기록(공람자의 직위 또는 직급, 성명 및 공람일시 등)이 자동으로 표시되도록 한다(영 제18조 제4항).

② 종이문서

접수문서의 적당한 여백에 공람자의 직위 또는 직급을 표시하고 서명을 한다.

(4) 결재권자의 지시(영 제18조 제5항)

공람을 하는 결재권자는 문서의 처리기한 및 처리방법을 지시할 수 있으며 필요하면 업무분장에 따른 담당자 외에 그 문서의 처리담당자를 따로 지정할 수 있다.

경유문서의 처리요령

1. **접수** : 일반문서의 접수절차와 동일
2. 결재 및 처리(규칙 제15조 제4항)
   가. 경유문서를 접수한 기관은 해당 기관장의 명의로 다음 경유기관의 장이나 최종 수신자에게 경유문서를 첨부하여 발신하여야 한다.
3. 반송 및 보완
   가. 경유기관의 장은 그 문서를 최종적으로 처리할 권한이 있는 자가 아니므로 검토과정에서 형식상, 내용상 흠이 있더라도 발신기관의 장에게 반송할 수 없다.
   나. 또한 경유문서에 대하여 수정 또는 보완요구를 할 수 없다. 위에서 설명한 바와 같이 경유기관의 장은 경유문서에 대한 검토를 하고, 이에 대한 의견이 있는 경우에는 이를 첨부하여 경유순서에 따라 보내야 한다.
4. 경유문서의 표시

기관명

수신 ○○○

(경유)이 문서의 경유기관의 장은 ○○○(또는 제1차 경유기관의 장은 ○○○, 제2차 경유기관의 장은 ○○○, ………………)이고, 최종 수신기관의 장은 ○○○입니다.

제목 경유문서의 이송

(본문 내용)

발신명의 [직인]

예시 최초로 발신한 기관

효 자 동

수신 종로구청장(○○과장)

(경유)이 문서의 제1차 경유기관의 장은 종로구청장이고, 제2차 경유기관의 장은 서울특별시장이며, 최종 수신기관의 장은 행정안전부장관입니다.

제목 ○○○○○

(본문 내용)

효 자 동 장 [직인]

예시 1차 경유기관

종 로 구

수신 서울특별시장(ㅇㅇ과장)
(경유)이 문서의 제1차 경유기관의 장은 종로구청장이고, 제2차 경유기관의 장은 서울특별시장이며, 최종 수신기관의 장은 행정안전부장관입니다.

제목 경유문서의 이송
(본문 내용)

붙임 1. 시행문(효자동 경유문서) 1부.
2. 의견서 1부(있는 경우에만 첨부). 끝.

종로구청장 [직인]

예시 2차 경유기관

서울특별시

수신 행정안전부장관(ㅇㅇ과장)
(경유)이 문서의 제1차 경유기관의 장은 종로구청장이고, 제2차 경유기관의 장은 서울특별시장이며, 최종 수신기관의 장은 행정안전부장관입니다.

제목 경유문서의 이송
(본문 내용)

붙임 1. 시행문(효자동 경유문서) 1부.
2. 시행문(종로구 경유문서) 1부.
3. 의견서 1부(있는 경우에만 첨부). 끝.

서울특별시장 [직인]

13 CHAPTER

업무관리시스템의 구축 · 운영

1. 업무관리시스템의 구축
2. 개인정보 관리

CHAPTER 13

업무관리시스템의 구축 · 운영

1. 업무관리시스템의 구축

1) 업무관리시스템의 의의

(1) 업무관리시스템의 개념

업무관리시스템이란 행정기관이 업무처리의 전 과정을 과제관리카드 및 문서관리 카드 등을 이용하여 전자적으로 관리하는 시스템을 말한다. 기관의 업무처리 절차를 통합 · 표준화하여 업무처리 과정에서 생산된 각종 업무관련 자료를 과제에 따라 일정, 메모보고, 문서관리카드, 지시 사항, 회의관리 등으로 체계적인 처리를 할 수 있도록 구축한 온라인 시스템이다.

- 정책에 대한 모든 의사결정을 온라인으로 처리하고, 그 결과를 기록으로 유지, 관리
- 단위과제별 추진실적 관리 및 주요 정책의 추진상황 분석 · 피드백을 위한 틀 제공
- 업무추진 과정에서 생성되는 각종 보고서, 활동실적 등의 축적, 기록관리

⬇

- 정책결정 과정에서 제시된 다양한 의견의 기록관리로 정책의 투명성 · 책임성 제고
- 업무수행과 전자적 문서관리, 과제관리, 정책품질관리 등 연계, 정책품질 제고

(2) 업무관리시스템의 기대효과

일하는 방식의 표준화 · 시스템화로 신속한 업무처리가 가능하고 업무과정이 표준화되어 시스템에서 관리되고, 관련 업무담당자 사이에 업무처리내용이 긴밀하게 공유된다. 또한 업무내용은 과제별로 체계적으로 분류 · 등록되며 추진내용이나 과제수행에 대한 정확한 상황을 실시간으로 확인할 수 있고 추진실적은 자동으로 기록 · 관리되어 행정의 효율성을 크게 향상시킬 수 있다.

2) 업무관리시스템의 구축 · 운영

(1) 운영 주체

기관의 장은 업무처리의 전 과정을 효율적으로 관리하기 위하여 업무관리시스템을 구축 · 운영하여야 한다. 하지만 시스템을 도입하기 위해서는 기본적으로 행정기관의 기능분류가 전제되어야 하기 때문에 기능분류시스템이 구축되지 않았거나, 업무의 성격이나 그 밖의 특별한 사유로 시스템 도입이 어려운 경우에는 기관의 행정업무처리에 관한 규정에 따라 운영한다.

(2) 시스템의 구성

업무관리시스템에는 과제관리카드 및 문서관리카드 등이 포함되어야 한다(영 제22조 제1항).

① 과제관리카드

과제관리카드는 행정기관 업무의 기능별 단위과제의 담당자 내용 및 추진실적 등을 기록 · 관리할 수 있도록 구성되어야 한다(영 제22조 제1항).

과제관리카드에는 표제 · 실직관리 · 계획관리 · 품질관리 · 홍보관리 · 고객관리 그 밖에 필요한 사항이 포함되어야 한다. 다만, 행정기관이 장이 특별한 사유가 있다고 인정하는 경우에는 일부 사항을 제외할 수 있다(규칙 제20조 제1항 및 제3항).

② 문서관리카드

문서관리카드는 문서의 작성 · 검토 · 결재 · 등록 · 공개 등 문서처리의 모든 과정을 기록 · 관리할 수 있도록 기안의 내용, 의사결정 과정에서 제기된 의견, 수정한 내용 및 지시 사항, 의사결정 내용을 포함해 구성하여야 한다(영 제22조 제1항).

문서관리카드는 문서정보, 보고경로, 시행정보, 관리정보 그 밖에 필요한 사항이 포함되어야 한다. 다만, 행정기관의 장이 특별한 사유가 있다고 인정하는 경우에는 일부 사항을 제외할 수 있다(규칙 제20조 제3항).

문서의 기안은 업무관리시스템의 문서관리카드로 할 수 있다. 이 경우 검토자 · 협조자 및 결재권자는 보고경로의 의견 · 지시란에 의견을 표시할 수 있고 전결 · 대결 및 끝 표시를 생략할 수 있다(규칙 제21조).

3) 업무관리시스템의 연계

행정기관의 장은 효율적인 업무운영을 위하여 업무관리시스템 또는 전자문서시스템을 기능분류시스템 등 행정정보시스템과 연계 · 운영하여야 한다. 다만, 업무의 성격이 연계 · 운영에 적합하지 아니하거나 그 밖의 특별한 사유가 있는 경우에는 그러하지 아니하다(영 제23조 제1항).

4) 업무관리시스템의 보안

기관의 장은 업무관리시스템에 따라 관리되는 전자문서 및 데이터베이스의 위조 · 변조 · 훼손 · 누출 · 멸실 등을 방지하기 위하여 적절한 조치를 하여야 한다.

5) 관인의 종류

(1) 관인

일반적으로 합의제 기관은 청인을, 독임제 기관은 직인을 비치하여 사용한다. 관인의 종류와 비치기관은 다음과 같다(영 제33조 제1항 및 제2항).

종 류	비치기관
청 인	• 합의제 기관(자문에 응하기 위해 설립된 합의제 기관은 필요한 경우에만 청인을 가질 수 있음).
직 인	• 위 합의제 기관 외의 각급 기관의 장(독임제 기관) • 법령에 따라 합의제 기관의 장으로서 사무를 처리하는 경우의 합의제 기관의 장 • 「정부조직법」 제6조 제2항에 따라 위임받는 사무를 기관으로서 처리하는 보조기관 → 직인은 그 직인의 서리(署理)도 사용할 수 있다(규칙 제27조).

① 의결기관

행정의 관한 의사를 결정할 수 있는 권한을 가지는 기관으로서 내부적으로 기관의 의사를 결정할 수 있을 뿐, 그것으로써 외부에 대하여 당해 기관을 대표할 수 없다. 행정심판위원회, 도시계획위원회 등이 있다.

② 자문기관

기관의 자문에 응하거나 의견을 진술하는 기관으로서 의결권이 없고, 기관은 그 의결에 법적으로 구속되지 아니한다. 심의회·협의회·조사회·위임회·회의 등의 명칭을 붙인다.

③ 서리(署理)

기관의 장이 사망·해임 등의 사유로 궐위된 경우 새로운 기관장이 정식으로 임명되기 전에 일시 대리자를 지정하여 권한을 행사하게 하는 사람을 말한다. 서리는 자기책임하에 자기의 이름으로 해당 기관의 전 권한을 행사한다.

(2) 전자이미지관인

각급 행정기관은 전자문서에 사용하기 위하여 관인의 인영을 컴퓨터 등 정보처리 능력을 가진 장치에 전자적인 이미지 형태로 입력하여 사용하는 전자이미지관인을 가진다(영 제33조 제3항).

6) 관인의 규격

(1) 관인의 모양

관인의 모양은 기관의 장이 정한다. 정사각형, 직사각형, 마름모, 원형, 타원형, 다각형 등 다양한 모양으로 새겨져 사용할 수 있다.

→ 관인의 모양은 1999. 8. 31.까지 정사각형으로 하였으나, 「사무관리규정」을 개정하여 1999. 9. 1.부터 다양한 모양을 가질 수 있도록 하였음

(2) 관인의 크기

관인의 크기는 다음의 규격을 초과할 수 없다(영 제35조, 별표).

구 분		길 이
청 인	• 국무회의 • 그 밖의 합의제 기관	5.4cm 3.6cm
직 인	• 대통령 • 국무총리 • 그 밖의 기관의 장	4.5cm 3.6cm 3cm

※ 위 길이는 사각형인 경우 한 변의 최대 길이, 원 또는 다각형인 경우에는 최대 지름 또는 대각선으로 함. 청소년기관의 직인은 한 변 최대 3cm를 초과할 수 없음

(3) 관인생략이나 서명생략 표시

기관의 관보나 신문 등에 실리는 문서에는 관인을 찍거나 서명하지 아니하며, 경미한 내용의 문서에는 관인날인 또는 서명을 생략할 수 있다.

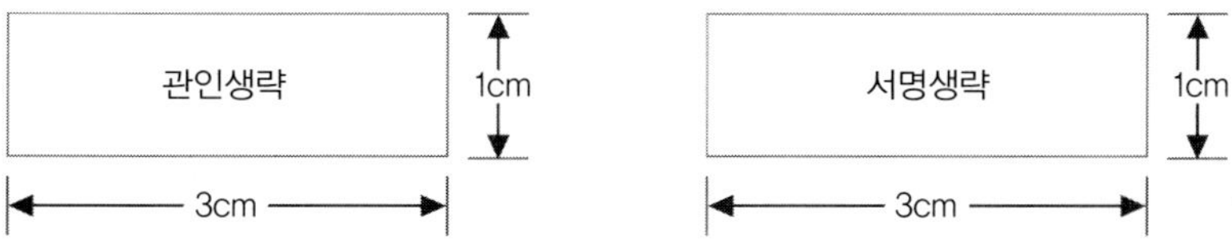

|그림 13-1| 관인생략이나 서명생략 표시(제11조 제4항 관련)

2. 개인정보 관리[1]

1) 개인정보 관리 및 처리

(1) 개인정보

'개인정보'란 살아 있는 개인에 관한 정보로서 성명, 주민등록번호 및 영상 등을 통하여 개인을 알아볼 수 있는 정보(해당 정보만으로는 특정 개인을 알아볼 수 없더라도 다른 정보와 쉽게 결합하여 알아볼 수 있는 것을 포함한다)를 말한다(개인정보 보호법 제2조).

(2) 개인정보 처리

'처리'란 개인정보의 수집, 생성, 연계, 연동, 기록, 저장, 보유, 가공, 편집, 검색, 출력 · 정정(訂正), 복구, 이용, 제공, 공개, 파기(破棄), 그 밖에 이와 유사한 행위를 말한다(법 제2조).

(3) 개인정보 보호 원칙(법 제3조)

① 개인정보처리자는 개인정보의 처리 목적을 명확하게 하여야 하고 그 목적에 필요한 범위에서 최소한의 개인정보만을 적법하고 정당하게 수집하여야 한다.

② 개인정보처리자는 개인정보의 처리 목적에 필요한 범위에서 적합하게 개인정보를 처리하여야 하며, 그 목적 외의 용도로 활용하여서는 아니 된다.

③ 개인정보처리자는 개인정보의 처리 목적에 필요한 범위에서 개인정보의 정확성, 완전성 및 최신성이 보장되도록 하여야 한다.

④ 개인정보처리자는 개인정보의 처리 방법 및 종류 등에 따라 정보주체의 권리가 침해받을 가능성과 그 위험 정도를 고려하여 개인정보를 안전하게 관리하여야 한다.

---

1 청소년기관에서는 사업 운영을 위하여 청소년, 지도자 등 프로그램 참가자, 강사 관리 등을 위하여 개인정보를 요구할 수 있으며, 「개인정보 보호법」 제30조에 따라 정보주체의 개인정보를 보호하고 개인정보 파일에 대하여 암호화 등 안정성 확보에 필요한 조치 등을 포함한 기관별 "개인정보 처리방침"을 수립하여 운영해야 한다.

⑤ 개인정보처리자는 개인정보 처리방침 등 개인정보의 처리에 관한 사항을 공개하여야 하며, 열람청구권 등 정보주체의 권리를 보장하여야 한다.

⑥ 개인정보처리자는 개인정보의 사생활 침해를 최소화하는 방법으로 개인정보를 처리하여야 한다.

⑦ 개인정보처리자는 개인정보의 익명처리가 가능한 경우에는 익명에 의하여 처리될 수 있도록 하여야 한다.

⑧ 개인정보처리자는 이 법 및 관계 법령에서 규정하고 있는 책임과 의무를 준수하고 실천함으로써 정보주체의 신뢰를 얻기 위하여 노력하여야 한다.

※ 정보주체의 권리(법 제42조)

- 개인정보의 처리에 관한 정보를 제공받을 권리
- 개인정보의 처리에 관한 동의 여부, 동의 범위 등을 선택하고 결정할 권리
- 개인정보의 처리 여부를 확인하고 개인정보에 대하여 열람을 요구할 권리
- 개인정보의 처리정지, 정정 · 삭제 및 파기를 요구할 권리
- 개인정보의 처리로 인하여 발생한 피해를 신속하고 공정한 절차에 따라 구제받을 권리

2) 개인정보의 수집, 이용, 제공 등

(1) 개인정보의 수집 · 이용

① 개인정보처리자는 다음 각 호의 어느 하나에 해당하는 경우에는 개인정보를 수집할 수 있으며 그 수집 목적의 범위에서 이용할 수 있다(법 제15조).

- 정보주체의 동의를 받은 경우
- 법률에 특별한 규정이 있거나 법령상 의무를 준수하기 위하여 불가피한 경우
- 공공기관이 법령 등에서 정하는 소관 업무의 수행을 위하여 불가피한 경우
- 정보주체 또는 그 법정대리인이 의사표시를 할 수 없는 상태에 있거나 주소불명 등으로 사전 동의를 받을 수 없는 경우로서 명백히 정보 주체 또는 제3자의 급박한 생명, 신체, 재산의 이익을 위하여 필요하다고 인정되는 경우

- 개인정보처리자의 정당한 이익을 달성하기 위하여 필요한 경우로서, 명백하게 정보 주체의 권리보다 우선하는 경우, 이 경우 개인정보처리자의 정당한 이익과 상당한 관련이 있고 합리적인 범위를 초과하지 아니하는 경우에 한한다.

② 개인정보처리자는 정보주체의 동의를 받을 때에는 다음 각 호의 사항을 정보주체에게 알려야 한다. 다음 각 호의 어느 하나의 사항을 변경하는 경우에도 이를 알리고 동의를 받아야 한다.

- 개인정보의 수집 · 이용 목적
- 수집하려는 개인정보의 항목
- 개인정보의 보유 및 이용 기간
- 동의를 거부할 권리가 있다는 사실 및 동의 거부에 따른 불이익이 있는 경우에는 그 불이익의 내용

(2) 개인정보의 수집 제한(법 제16조)

개인정보처리자는 개인정보를 수집하는 경우 그 목적에 필요한 최소한의 개인정보를 수집하여야 한다.

(3) 개인정보의 제공(법 제17조)

개인정보처리자는 정보주체의 개인정보를 제3자에게 제공할 수 있다.

① 정보주체의 동의를 받은 경우

② 개인정보를 수집한 목적 범위에서 개인정보를 제공하는 경우

(4) 개인정보의 파기(법 제21조)

① 개인정보처리자는 보유기간의 경과, 개인정보의 처리 목적 달성 등 그 개인정보가 불필요하게 되었을 때에는 지체 없이 그 개인정보를 파기하여야 한다. 다만, 다른 법령에 따라 보존하여야 하는 경우에는 그러하지 아니한다.

② 개인정보처리자가 개인정보를 파기할 때에는 복구 또는 재생되지 아니하도록 조치하여야 한다.

③ 개인정보를 파기하지 아니하고 보존하여야 하는 경우에는 해당 개인정보 또는 개인정보파일을 다른 개인정보와 분리하여서 저장 · 관리하여야 한다.

(5) 개인정보의 파기방법(영 제16조)

① 전자적 파일 형태인 경우 : 복원이 불가능한 방법으로 영구 삭제
② 기록물, 인쇄물, 서명 그 밖의 기록매체인 경우 : 파쇄 또는 소각

(6) 동의를 받는 방법(법 제22조)

개인정보처리자는 개인정보의 처리에 대하여 정보주체(법정대리인 포함)의 동의를 받을 때에는 각각의 동의 사항을 구분하여 정보주체가 이를 명확하게 인지할 수 있도록 알리고 각각의 동의를 받아야 한다.

※ 개인정보처리자는 만 14세 미만 아동의 개인정보를 처리하기 위하여 이 법에 따른 동의를 받아야 할 때는 그 법정대리인의 동의를 받아야 한다. 이 경우 법정대리인의 동의를 받기 위하여 필요한 최소한의 정보는 법정대리인의 동의 없이 해당 아동으로부터 직접 수집할 수 있다.

① 동의 내용이 적힌 서면을 정보주체에게 직접 발급하거나 우편 또는 팩스 등의 방법으로 전달하고, 정보주체가 서명하거나 날인한 동의서를 받는 방법
② 전화를 통하여 동의 내용을 정보주체에게 알리고 동의의 의사표시를 확인하는 방법
③ 전화를 통하여 동의 내용을 정보주체에게 알리고 정보주체에게 인터넷주소 등을 통하여 동의 사항을 확인하도록 한 후 다시 전화를 통하여 그 동의 사항에 대한 동의의 의사표시를 확인하는 방법
④ 인터넷 홈페이지 등에 동의 내용을 게재하고 정보주체가 동의 여부를 표시하도록 하는 방법
⑤ 동의 내용이 적힌 전자우편을 발송하여 정보주체로부터 동의의 의사표시가 적힌 전자우편을 받는 방법
⑥ 그 밖에 ①~⑤에 따른 방법에 준하는 방법으로 동의 내용을 알리고 동의의 의사표시를 확인하는 방법

3) 개인정보의 처리 제한

(1) 민감정보의 처리 제한(법 제23조)

개인정보처리자는 사상·신념, 노동조합·정당의 가입·탈퇴, 정치적 견해, 건강, 성생활 등에 관한 정보, 그 밖에 정보주체의 사생활을 현저히 침해할 우려가 있는 개인정보로서 대통령령으로 정하는 정보를 처리하여서는 아니 된다.

(2) 주민등록번호 처리의 제한

개인정보처리자는 다음 각 호의 어느 하나에 해당하는 경우를 제외하고는 주민등록번호를 처리할 수 없다.

① 법률·대통령령·국회규칙·대법원규칙·헌법재판소규칙·중앙선거관리위원회규칙 및 감사원규칙에서 구체적으로 주민등록번호의 처리를 요구하거나 허용한 경우

② 정보주체 또는 제3자의 급박한 생명, 신체, 재산의 이익을 위하여 명백히 필요하다고 인정되는 경우

③ 제1호 및 제2호에 준하여 주민등록번호 처리가 불가피한 경우로서 행정안전부령으로 정하는 경우

4) 개인정보의 안전한 관리

개인정보를 처리하는 기관에서는 처리에 관한 업무를 총괄해서 책임질 개인정보보호책임자를 지정하여 개인정보 보호 계획을 수립하고 기관 내 처리 실태와 관행의 정기적 조사, 개인정보 유출 및 오용·남용 방지를 위한 내부통제시스템을 구축하고 기관 직원 대상 개인정보 보호 교육 등 개인정보파일의 보호 및 관리·감독을 철저히 하여야 한다.

(1) 개인정보 처리방침의 수립 및 공개

개인정보를 처리하는 기관에서는 개인정보의 처리방침을 정하여 운용하여야 한다.

① 개인정보의 처리 목적

② 개인정보의 처리 및 보유 기간
③ 개인정보의 제3자 제공에 관한 사항(해당되는 경우에만 정한다)
④ 개인정보처리의 위탁에 관한 사항(해당되는 경우에만 정한다)
⑤ 정보주체와 법정대리인의 권리 · 의무 및 그 행사방법에 관한 사항
⑥ 제31조에 따른 개인정보 보호책임자의 성명 또는 개인정보 보호업무 및 관련 고충 사항을 처리하는 부서의 명칭과 전화번호 등 연락처
⑦ 인터넷 접속 정보 파일 등 개인정보를 자동으로 수집하는 장치의 설치 · 운영 및 그 거부에 관한 사항(해당하는 경우에만 정한다)
⑧ 그 밖에 개인정보의 처리에 관하여 대통령령으로 정한 사항

(2) 개인정보 유출 통지(법 제34조)

기관에서 처리하는 개인정보가 유출되었음을 알게 되었을 때에는 지체 없이 해당 정보주체에게 다음 각 호의 사실을 알려야 한다.

① 유출된 개인정보의 항목
② 유출된 시점과 그 경위
③ 유출로 인하여 발생할 수 있는 피해를 최소화하기 위하여 정보주체가 할 수 있는 방법 등에 관한 정보
④ 개인정보처리자의 대응조치 및 피해 구제절차
⑤ 정보주체에게 피해가 발생한 경우 신고 등을 접수할 수 있는 담당부서 및 연락처

14 CHAPTER

청소년기관 관리자의 자세와 지식 및 기술

1. 청소년기관 관리자의 자세
2. 청소년기관 관리자의 지식
3. 청소년기관 관리자의 계층별 요구기술

CHAPTER 14

청소년기관 관리자의 자세와 지식 및 기술

청소년기관에 종사하는 관리자의 역할은 매우 중요하다. 그 이유는 이들이 가지고 있는 내부고객(종사자) 및 외부고객(청소년)에 대한 태도와 자세가 조직의 효율성을 좌우하기 때문이다. 이처럼 청소년기관의 산출과 성과는 이들 관리자에게 달려 있다고 해도 과언이 아니다. 따라서 청소년기관의 성공과 실패를 좌우하는 요인은 관리자의 역할이다(신복기 외, 2011; Skidmore, 1995). 청소년기관은 경영적 속성보다는 행정적 속성이 필요하기 때문에 일반행정에 관한 지식과 기술을 가진 관리자가 청소년기관을 잘 관리하고 운영할 수 있을 것이라 기대되어 왔다.

그러나 오늘날 청소년기관 운영에서는 청소년기관 행정의 특수성이 존재한다는 공감대가 형성되어 청소년기관은 전문관리자에 의해 관리될 때 조직성과를 높인다는 인식이 공감을 얻고 있다. 따라서 이 장에서는 청소년기관 관리자의 자세, 이들에게 요구되는 지식과 기술에 대해 살펴본다.

1. 청소년기관 관리자의 자세

청소년기관 관리자는 현상에 대한 실무적 지식과 함께 내부 종사자에 대한 동기부여, 외부 고객인 청소년에 대한 서비스 마인드, 지역사회 유관기관과의 네트워킹 능력 등이 요구된다. 통상 자세는 행동의 선행요인이 되므로 조직 관리자의 자세 함양은 매우 중요하다. 청소년기관 관리자에게 요구되는 자세는 규범적인 측면이 강하기 때문에 다음과 같은 것을 열거해 볼 수 있다(신복기 외, 2011; Skidmore, 1995).

1) 수용적 측면과 보호(Accepting & Caring)

청소년기관 관리자의 인적관리대상은 내 · 외부 고객이다. 내부 고객의 관리뿐만 아니라 특히 외부 고객에게 서비스를 제공함에 있어 특별한 주의를 요한다. 외부 고객은 핸디캡을 가진 사회적 약자인 청소년이기 때문에 이들의 약점을 있는 그대로 수용해야 한다. 그리고 이들 고객들은 대개 신체적, 정신적으로 성숙해 가는 단계에 있는 사람들이 대부분으로서 특별한 보호와 관심 또한 필요하다.

2) 창조성과 민주성(Creating & Democratizing)

청소년기관 관리자에게는 창조성과 민주성이 요구된다. 여기서 창조성이란 조직 개선을 위해 기존의 관행을 타파하고 새로운 아이디어와 업무처리 철차와 방법 등을 창안해 내는 열정과 능력을 말한다.

그리고 민주성이란 조직운영에 있어 이해관계자의 광범위한 참여를 말한다. 이러한 참여는 장점도 많지만, 의사결정 과정의 지체, 비용의 소요 등 부정적 측면도 함께 가지고 있기 때문에 이에 대한 고려도 필요하다.

3) 신뢰와 인정(Trusting & Approving)

청소년기관 관리자에게는 신뢰와 인정이 요구된다. 신뢰란 '상대방이 나의 기대에 부응하리라는 믿음'을 말한다(국어대사전, 2024). 신뢰는 조직 내외를 불문하고 사회 및 대인관계의 기초가 되는 항목이다. 이러한 신뢰는 질서의식, 규범, 연결망 등과 함께 자본(capital)으로 지칭되기도 한다. 신뢰는 무형의 자산이지만 인간 상호 간의 관계형성을 통해 무한히 확장해 갈 수 있는 기본이 되기 때문에 중요성을 가진다.

또한 청소년기관 관리는 내 · 외부 고객들을 인정하는 데서 출발해야 한다. 특히 이들 내 · 외부 고객들은 인정과 보상을 갈망한다는 점을 인식하고 조직관리에 적극적으로 고려해야 한다. 인정과 칭찬에 인색하기보다 인정과 칭찬이 이들의 동기를 부여하여 조직성과를 높이고 서비스 만족도를 높인다는 사실을 인식할 필요가 있다.

4) 내 · 외부 고객의 존중(Respecting)

조직에서 중요한 것은 내 · 외부 고객이며 이들의 반응과 역할이 조직의 발전을 도모할 수도, 퇴보시킬 수도 있다는 점을 인식하고 이들의 의견을 청취하고 존중하는 자세가 필요하다. 또한 특히 내부 고객인 직원들이 가진 역량의 우열을 바탕으로 적재적소에 배치하고, 부적합 업무나 적응력이 떨어지는 경우 고충 청취 및 적절한 반영이 필요하다.

5) 인간의 불완전성 인정(Uncomprehensiveness of Human Being)

신이 아닌 이상 인간은 누구나 실수를 할 수 있으며 이를 통해 성장한다는 사실을 깊이 통찰할 필요가 있다. 조직 내외부 고객들이 업무처리 과정이나 서비스 제공과 수혜과정에서 실수를 할 경우 엄한 질책이나 모욕적 언사를 하기보다는 실수의 원인이 무엇인지를 스스로 자각하게 하여 재발 방지에 주안점을 두어야 한다.

6) 최적의 업무환경과 분위기를 제공하려는 자세(Optimal Job Conditions)

어느 조직이나 인적 · 물적 자원의 한계를 알고 있다. 이를 해결하기 위한 현실적 방법이 자원의 적정 배분을 위한 우선순위 설정이다. 청소년기관 관리자는 내부 고객들이 업무에 전념할 수 있도록 조직의 여력 범위 내에서 쾌적한 물리적 업무환경을 제공하고 인사권의 행사를 통해 협조적인 조직 분위기 형성에 주력하여야 한다.

7) 개인의 가치와 조직의 가치의 조화 모색(Harmony of Individual Value VS. Organizational Value)

고전적 조직관에서는 조직의 가치를 강조하며, 현대적 조직관에서는 개인의 가치와 조직의 가치의 조화를 강조하고 있다. 청소년기관 관리자는 구성원, 서비스 이용자, 조직의 가치에 대해 조화와 균형적 가치에 입각한 태도가 필요하다. 다시 말해, 이들의 일방적 가치를 강요해서는 바람직하지 않으며, 이들의 개별 가치를 존중해야 한다. 나아가 조직의 업무추진과 관련하여 구성원들에게 조직이 지향하는 가치를 강요하기보다는 조직가치에 대한 이해와 동의를 구하는 것이 필요하다.

8) 변화에 대한 긍정적인 자세(Planned Change)

청소년기관을 포함한 조직환경은 늘 가변적이다. 이러한 변화에 대한 조직의 대응은, 특히 기업조직의 경우 조직의 생사를 결정하기도 한다. 그래서 일찍이 발전 행정론자 아이젠슈타트(S. N. Eisenstadt), 디아맘(A, Diamant) 등은 발전을 '변화대응 능력의 증진'이라고 정의하였다. 청소년기관도 조직이기 때문에 환경으로부터의 변화 압력에 직면하기는 마찬가지이다. 이때 변화에 대한 적극적 대응은 물론이고, 나아가 필요시 의도된 변화(intended change), 계획된 변화(planned change)가 요구된다.

9) 조직의 성장과 발전을 우선시하는 자세(Prioriting Organizational Growth)

청소년기관 관리자는 전체 조직의 관리자이기 때문에 구성원 개인의 성장 · 발전보다는 조직의 성장과 발전을 강조한다. 조직 전체의 성장과 발전을 위해서 특정 개인의 부서 이동 내지 교체가 필요하다고 판단되면 단호한 결단도 필요하다. 업무역량이 부족해서 보충의 기회를 주었음에도 불구하고 이를 보충하지 못해 조직 전체의 성과에 장애가 되는 경우 할 수 없이 인사이동, 권고사직 등의 조치가 필요하다.

2. 청소년기관 관리자의 지식

청소년기관 관리자는 조직 운영에 요구되는 적절한 관리지식을 가져야 한다. 이는 조직의 효율적 운영 및 형평성 있는 서비스의 제공을 통해 조직성과를 극대화하는 데 목적이 있다. 이에 청소년기관 관리자가 겸비해야 할 지식을 다음과 같이 제시할 수 있다(신복기 외, 2011; Skidmore, 1983).

1) 기획 및 조직화(Planning & Organizing)

기획이란 보다 나은 미래를 성취하기 위한 일련의 행동 노선이다. 효과적인 기획은 바람직한 미래를 위한 결과를 가져오기 위한 준비과정으로, 기획이라는 수단을 거치지 않는다면 부적절한 서비스가 제공되거나 조직의 기능이 쇠퇴할 수 있다. 따라서 청소년기관 관리자에게 기획은 기초적이고 핵심적인 활동이다. 또한 청소년기관 관리자는 서비스의 효과적 생산과 배분을 위한 조직구조의 설계와 구성원의 동기부여를 위한 행동양식에 관한 지식이 필요하다.

2) 자원의 우선순위 설정 및 권한 위임(Prioritizing & Delegating)

청소년기관 관리자는 희소한 자원의 적정 배분을 위한 자원의 우선순위 배열 방법을 알고 있어야 한다. 이를 통해 목표에 비추어 각 대안들의 장·단점을 비교하여 우선순위를 매기게 된다. 그 결과 우선순위가 높은 사업은 우선적으로 예산을 배정하고 낮은 우선순위 사업은 예산배정에서 배제됨으로써 자원의 효율적 배분이 가능해진다.

또 조직 상층부로 올라갈수록 중요 업무를 취급하고 그렇지 않은 업무는 계층에 따라 하향적으로 위임함으로써 최고관리자의 전체 조직관리가 가능해진다. 그리고 권한을 위임받은 하급자는 권한을 행사해 봄으로써 관리자로서의 역량을 키울 수 있는 훈련 기회를 얻게 된다.

3) 의사결정 및 의사소통(Decision Making & Communicating)

의사결정은 조직관리 자체라고 해도 과언이 아니다. 사이몬(H. A. Simon)은 '조직은 의사결정의 연속체'라고 말했다. 의사결정의 예로는 각종 결재, 보고, 지시, 승인, 회의 등이 해당된다. 청소년기관 관리자는 조직에 유리한 결정을 하고 이를 효과적으로 집행하기 위해 의사결정의 과정과 모형을 알고 있어야 한다.

또한 관리자는 의사소통에 관한 지식도 겸비해야 한다. 조직에서 의사소통은 인체의 혈액과 같이 막힘없이 원활하게 이루어져야 한다. 이를 위해서는 수평적·수직적 양 측면에서 자유로운 흐름이 보장되어야 한다.

4) 동기부여와 촉진(Motivating & Facilitating)

청소년기관에 있어 동기부여는 구성원들로 하여금 목표지향적 행동을 하도록 유인하는 심적 기제이다. 관리자는 이를 잘 숙지하여 구성원들의 능력을 최대한 발휘하도록 하여야 한다. 동기부여가 된 조직은 사기가 높고 조직성과가 높은 것은 당연하다.

또한 고전적 관리에서는 직접적 급부를 강조하였지만, 현대적 관리에서는 간접적으로 촉진하고 후원하는 활동이 강조되고 있다. 이를 통해서 주인의식과 문제해결 능력을 향상시키는 기여를 하게 된다.

5) 조직 목표, 정책, 서비스 및 자원(Goal, Policy, Services and Resource)

청소년기관 관리자는 조직의 목표를 명백히 이해하고 목표-수단의 관계 목표와 수단의 전도, 목표의 변동에 관한 지식을 가져야 한다. 또한 관리자는 정책 서비스의 구체화 과정을 인식하고 이에 대한 적절한 지식을 가져야 한다. 나아가 현재 제공되고 있는 서비스는 물론 향후 확대 제공될 서비스를 판단할 수 있는 지식과 능력도 필요하다.

6) 인간행동의 역동성(Dynamics of Human Behavior)

조직 속의 개인은 복잡한 존재이다. 경제적 유인, 사회심리적 유인 등 다양한 동기부여 수단을 통해 그때그때 조직이 처한 상황에 적합한 관리전략을 구사해야 한다. 특히 청소년을 심층적으로 이해할 수 있게 하는 지식 또한 요구된다.

7) 지역사회 연계 자원(Linking Resource)

특정 청소년기관이 청소년의 요구에 대응하는 자원을 온전히 갖기는 쉽지 않다. 이때 이러한 부족 자원은 지역사회의 자원 연계를 통해 보충함으로써 서비스의 완전성을 지향할 수 있다. 이러한 것을 가능하게 하기 위해서는 평소 지역사회의 주요 유관기관의 지도자 및 실무자들과 신뢰를 쌓아두는 것이 중요하다.

청소년기관 관리자는 이러한 관계를 원만하게 유지할 수 있도록 지역사회 유관기관 간 폭넓은 인적 · 물적 · 조직적 자원에 대한 네트워킹 능력과 지식이 필요하다. 이러한 자원에 해당하는 조직으로는 전국청소년지도사협회, 한국청소년수련시설협회, 청소년유관기관협의회, 학회 등이 대표적이며, 기타 교육학, 심리학, 상담학, 보건학, 정신의학, 간호학, 법학, 의학 등 해당 전문직 단체와도 네트워킹 노력을 기울여야 한다.

8) 청소년지도방법론(Methodology)

청소년기관 관리자는 조직 관리 및 고객들에게 적절한 서비스를 제공하기 위해서 특히 개별지도, 집단지도, 조직이론, 청소년지도방법 등 청소년지도방법론에 대한 지식을 가지고 있어야 한다. 한편 양적 · 질적 연구방법에 관한 이해와 분석능력도 요구된다. 이러한 지식은 고객들이 안고 있는 문제에 대한 정확한 진단과 처방을 제시하는 데 중요 수단이 되며 나아가 조직의 문제해결 능력을 증진시키는 데 핵심 수단이 된다.

9) 관리 원칙, 과정, 기술(Principles)

청소년기관 관리자는 전통적 조직관리론에서 강조되어 온 POSDCoRB, 즉 기획(Planning), 조직화(Organizing), 인사관리(Staffing), 통제(Directing), 조정(Co-ordinating), 보고(Reporting), 예산(Budgeting)에 관한 지식을 가지고 있어야 한다. 또한 관리원칙을 숙지하여 조직의 합리적 관리가 가능하도록 해야 한다.

10) 조직 이론(Organizational Theory)

청소년기관 관리자는 조직에 관한 지식을 연마하여 조직구조를 설계하고(조직구조론), 구성원들의 행동양식을 잘 관찰하여(조직행동론) 동기부여를 통해 역기능을 최소화하고 순기능은 극대화하여 조직성과를 높이기 위해 노력해야 한다.

11) 평가과정 및 기법(Measurement)

청소년기관은 평가기능이 강조되고 있다. 이는 신자유주의 사조와 더불어 강조되고 있으며, 조직에서 제공하고 있는 특정 프로그램의 평가, 구성원들의 업적 평가, 조직 자체의 성과 평가 등이 강조되고 있다. 평가는 과정평가(형성평가)와 결과평가(총괄평가)가 있으며 둘 다 중요성을 가진다. 왜냐하면 과정이 역기능적이면 결과를 담보할 수 없기 때문이다.

3. 청소년기관 관리자의 계층별 요구기술

청소년기관 관리자는 청소년지도사로서 가져야 할 기술뿐만 아니라 관리자로서 관리기술을 갖추어야 한다. 미린고프(Miringoff, 1980)는 청소년기관의 효과적인 운영은 조직이 사용하는 전체 기술목록 가운데 특정 기술을 조직 구성원이 어느 정도 보유하고 있느냐에 따라 좌우된다고 하면서 조직 구성원의 구사기술의 중요성을 강조하고 있다.

특히 카츠 등(Katz, et al., 1978)은 청소년기관에 있어서 계층제의 수준에 따라 구사기술이 달라져야 한다고 하면서 조직기술의 종류로 개념적 기술(conceptual skills), 인간관계 기술(human relations skills), 기능적 기술(technical skills)의 세 가지를 들고 있다.

첫 번째, 개념적 기술이란 조직 내외의 정보를 종합 분석, 판단하여 조직의 나아갈 방향을 설정하고, 조직구조의 설계, 정책 및 의사결정, 리더십, 동기부여 등 조직 전체적 관점에서 판단하는 기술을 의미한다.

두 번째, 인간관계 기술이란 조직 구성원들이 조직 내의 수직 · 수평적 관계, 고객과의 관계에서 원활한 대인관계가 형성되어 조직 내 협동적 행동이 이루어지는 상태를 의미한다.

세 번째, 기능적 기술이란 청소년기관의 구체적 지도방법, 과정, 절차, 기법 등을 정확히 이해하면서 업무를 처리하는 실무적 능력을 의미한다. 이는 다음과 같이 〈표 14-1〉로 제시할 수 있다.

이를 보면 상위관리층은 개념적 기술과 인간관계 기술, 중간관리층은 개념적 기술, 인간관계 기술, 기능적 기술 모두가, 하위관리층은 인간관계 기술과 기능적 기술이 요구된다.

〈표 14-1〉 청소년기관의 관리 계층별 요구기술

계층수준 / 요구기술	상위관리층	중간관리층	하위관리층
개념적 기술			
인간관계 기술			
기능적 기술			

출처 : R. L. Katz, et al.(1978), 신복기 외(2011) 재구성.

참고문헌

강다연(2019). ADDIE 교수설계모형의 적용을 통한 저작권 교육 프로그램 개발 및 효과분석 : 중등예비교사를 대상으로. 숙명여자대학교 대학원 석사학위논문.

강문규(1991). 한국의 청소년과 청소년단체. 청소년학연구 제5호 1991 여름. 한국청소년정책연구원.

강영미(2016). **청소년복지와 정책**. 서울 : 학지사.

강유진 · 김지연(2019). 비영리 청소년 단체의 마케팅 전략에 대한 연구 : 이용자 만족도를 중심으로. **비영리학회보**, 14(3), 125-150.

강 훈 · 민세홍 · 김미영(2013). **창의와 소통의 리더십**. 경기 : 교육과학사.

권일남 · 전명순 · 김태균 · 김정율(2016). **청소년 프로그램 개발과 평가**. 서울 : 창지사.

권정호 · 김동원 · 이윤식 · 이윤희 · 이재석 · 이지연(2014). **인간관계와 리더십**. 경기 : 양서원.

김경문(2005). **겸손의 리더십**. 서울 : 랜덤하우스중앙.

김규영(1997). **소년을 위한 스카우트 활동**. 서울 : 한국스카우트연맹.

김기창(2017). **비영리기관 재무관리와 회계**. 서울 : 박영사.

김상곤 · 최승희 · 안정선(2012). **사회복지 프로그램 개발과 평가**. 서울 : 학지사.

김세범 · 김병석(2004). 해외여행상품의 서비스품질척도의 비교 및 만족 · 재구매 의도에 관한 연구. **마케팅과학연구**, 14(1), 39-58.

김수신 · 조홍식(2006). **사회복지행정론**. 서울 : 한국방송통신대학교출판부.

김승희(2018). **청소년 복지시설 재정 관리와 법적 규정**. 서울 : 서울대학교 출판문화원.

김연성 · 손명희 · 임호순(2021). 고객화가 서비스품질 및 사용의도에 미치는 영향에 관한 연구. **서비스경영학회지**, 22(2), 128-148.

김영종(2010). **사회복지행정론**. 서울 : 학지사

______(2015). **사회복지행정론**. 서울 : 학지사.

김영종 · 권순애(2003). 논리모델(Logic model) : 사회복지 프로그램 기획에의 적용가능성. **사회과학연구**, 209-226.

김정열(2015). **청소년지도방법론**. 경기 : 공동체.

김제원(2018). 청소년수련관장 역량 강화 모델 개발. 평택대학교 대학원 박사학위논문.

김종명 · 구재관 · 김성철 · 김명근 · 김재원 · 신기원 · 이순호 · 현영렬(2014). **사회복지 프로그램 개발과 평가**. 경기 : 양서원.

김지현 · 박수정(2018). **기관 정보관리 체계와 보안**. 경기 : 한울.

김진화(2001). **평생교육 프로그램 개발론**. 서울 : 교육과학사.

김진화 · 이혜영(2018). **청소년지도방법론**. 경기 : 교육과학사.
김진화 · 정지웅(2000). **사회교육프로그램 개발의 이론과 실제**. 서울 : 교육과학사.
김형식 · 이명철 · 신준섭(2007). **사회복지행정론**. 경기 : 양서원.
김희연(2017). 청소년복지기관의 행정적 역할과 공문서 관리 방안. **한국청소년복지연구**, 12(2), 78-95.
남일재 · 임 혁 · 심나래(2011). 포괄적 아동복지서비스로서 드림스타트사업의 서비스 질과 만족도에 관한 조사 연구. **한국시민윤리학회보**, 24(1), 19-46.
박경효(2016). **재미있는 행정학**. 서울 : 윌비스.
박계영 · 김종술(2013). **변화와 혁신을 위한 리더십**. 경기 : 학현사.
박미선(2016). **비영리단체 행정과 운영**. 경기 : 나남출판.
박성현(2019). 청소년지도자의 직무 역량과 리더십이 청소년 활동 프로그램의 효과성에 미치는 영향. **청소년학연구**, 27(2), 31-50.
박영규(2017). **비영리 조직 정보시스템 구축과 운영 전략**. 서울 : 학지사.
박일희(2018). 청소년상담복지센터 종사자의 위기청소년 지원 관리 수행 경험. 동양대학교 정보대학원 석사학위논문.
박정선 · 이현주(2017). **청소년 기관에서의 데이터 기반 의사결정**. 경기 : 양서원.
박지영(2005). 한-미 국가 R&D 프로그램 평가의 이론적 배경 및 평가철학 비교분석. 충북 : 한국과학기술기획평가원.
박진애(2018). 프로그램 에세이 교수법과 평가 시스템 개발 및 그 효과분석 : ADDIE 교수설계 모형을 적용하여. 창원대학교 대학원 박사학위논문.
배용수(2009). **공공기관론**. 충남 : 공주대학교 출판부.
서성철 · 최성남(2017). **행정학 : 이론과 실제**. 경기 : 대영문화사.
성규탁(1993). **사회복지행정론**. 서울 : 법문사.
성승제 · 고재종 · 권재열(2008). 공공기관의 운영에 관한 법률 비교법적 연구. 한국법제연구원.
손주영(2013). **조직과 리더십**. 서울 : 도서출판 두남.
송선희 외(2018). **청소년 교육론**. 경기 : 양서원.
신경수(2015). **사회복지행정론 : 조직운영과 리더십**. 경기 : 공동체.
신복기 · 김정근(2015). 지역사회서비스 투자사업의 서비스 재이용 의향에 영향을 미치는 요인. **사회복지정책**, 42(4), 101-125.
신용주(2017). **평생교육 프로그램 개발론**. 서울 : 학지사.
______(2018). **스마트 행정과 정보시스템**. 경기 : 나남출판.
심정수(2013). 청소년자원봉사활동의 효과성 연구 : 지역자원봉사센터를 중심으로. 한세대학교 사회복지대학원 석사학위논문.
안상준 · 박경록 · 서규훈(2013). **리더십 핵심이론과 실무**. 서울 : 도서출판 동방의 빛.
안준언(2010). 초등학교 내 청소년단체에 대한 교사의 인식 분석. 경인교육대학교 대학원 석사학위논문.

여성가족부(2018). 청소년백서.

_________(2020). 청소년 기관 운영 가이드라인.

_________(2020). 청소년 기관 운영 재정관리 가이드라인.

_________(2023). 청소년백서.

오창택 · 유해운(1997). 서비스의 특성에 따른 관리상의 문제점과 극복전략에 관한 연구. **한국행정논집**, 9(3), 427-446.

오창택 · 정은주(2015). 개인-조직부합과 개인-직무부합이 고객지향성과 서비스지향적 조직시민행동에 미치는 영향. **한국사회복지행정학**, 17(2), 127-152.

유영덕(2012). 2012 태화복지재단 핵심사업 평가연구. 서울 : 감리회 태화복지재단 태화사회복지연구소.

윤경자(2014). **비영리단체의 리더십과 조직관리**. 경기 : 나남출판.

윤옥한(2017). **평생교육 프로그램 개발 : 이론과 실제**. 경기 : 양서원.

윤용석(2015). **공공기관 정보화 전략과 관리**. 경기 : 대영문화사.

이경미 · 최정윤(2020). 청소년 기관 관리자의 리더십이 조직 성과에 미치는 영향에 관한 연구. **한국청소년정책연구**, 26(3), 55-78.

이경호(2013). **사회복지기관의 홍보 전략**. 경기 : 나남출판.

이경훈(2017). 자원봉사센터종사자의 만족도에 미치는 영향요인 연구 : 경기도 31개 시 · 군 자원봉사자센터를 중심으로. 수원대학교 대학원 박사학위논문.

이남우(2011). **사단 · 재단법인 설립허가신청 실무**. 서울 : 백영사.

이동수 · 김희진(2018). 청소년기관 관리자의 역할과 역량에 대한 연구. **한국청소년연구**, 15(1), 43-64.

이명신 · 이병준(2020). 청소년 기관의 홍보 전략에 관한 연구 : 소셜 미디어 활용을 중심으로. **청소년학연구**, 27(1), 45-68.

이목훈(1998). 노동 행정학의 체계 정립에 관한 연구. **한국사회와행정연구**, 9(2), 97-122.

이봉주 · 김예성 · 임정임(2009). 학교폭력예방프로그램 개발 및 효과성 평가 연구논리모델에 기반하여. **한국청소년연구**, 20(2), 257-281.

이석민(2011). 프로그램 논리모형(Logic Models)의 적용과 사용에 관한 연구-간접흡연제로! 서울평가지표 개발연구 사례를 중심으로. **한국거버넌스학회보**, 18(1), 211-242.

이영수(2016). 청소년수련시설 관리자 역량의 상대적 중요도 및 역량개발요구도 분석. 중앙대학교 대학원 박사학위논문.

이용교(1996). 한국청소년단체협의회의 변화과정에 관한 연구. **청소년학연구**, 3(1), 153-172.

이유재 · 박현아(2020). 고객만족, 서비스품질, 고객참여행동에 대한 종합적 고찰. **소비자학연구**, 31(5), 49-90.

이은지(2017). 청소년 활동 프로그램 관리를 위한 전산 시스템 개발 및 활용 방안. **한국청소년활동진흥원 보고서**, 14(1), 91-110.

이종선(2010). **청소년 활동기관의 운영과 관리**. 서울 : 신정.

이준영 · 김성민(2019). 청소년 기관의 업무관리시스템 구축과 운영에 대한 사례 연구. **한국청소년정책연구**, 15(3), 33-56.

이중호(2019). **비영리단체 재무회계의 이해**. 서울 : 신정.

이해주 · 최운실 · 권두승(2002). **평생교육 프로그램 개발**. 서울 : 한국방송통신대학교 출판문화원.

이현주(2017). 대안학교 교장의 변혁적 리더십이 신뢰와 의사소통을 매개로 교사의 조직몰입에 미치는 영향. 성균관대학교 대학원 박사학위논문.

이홍재 · 차용진(2013). 공공서비스 품질과 성과에 관한 실증연구. **한국행정논집**, 25(1), 21-40.

______________(2016). 공공부문 기관유형별 개인정보보호 효율성 평가. **정책분석평가학회보**, 26(4), 163-188.

이화정 · 양병찬 · 변종임(2003). **평생교육 프로그램 개발의 실제**. 서울 : 학지사.

장윤희 · 박성현(2018). 청소년 수련시설의 정보화 시스템 구축 현황 및 운영 방안. **청소년학연구**, 25(4), 45-70.

장호현(2011). 청소년문화의집의 문화예술교육 프로그램에 관한 연구. 한세대학교 대학원 박사학위논문.

전영훈(2012). 청소년단체의 효율적인 운영방안에 대한 교사, 학부모의 인식비교. 경인교육대학교 대학원 석사학위논문.

정민석 · 최순영(2015). **청소년 기관 경영과 관리**. 서울 : 학지사.

정은주 · 이혜진(2019). 청소년 수련시설의 공문서 작성 효율성에 대한 연구. **한국청소년정책학회지**, 10(1), 55-70.

정은희(2017). 청소년 수련관 관리자의 행정관리 역량이 조직 성과에 미치는 영향. **비영리조직학회보**, 14(4), 93-115.

정인석 · 박준영(2015). **청소년 활동기관의 재무와 예산관리 실무**. 서울 : 학지사.

정인희(2014). **청소년 기관 운영과 회계 관리**. 경기 : 나남출판.

조규필 · 진은설 · 현안나 · 박현진 · 안은민 · 김수진(2015). 2015 학교 밖 청소년 자기계발 프로그램 운영모형 개발. 부산 : 한국청소년상담복지개발원.

조미영 · 권일남(2011). 경험학습 모형에 따른 청소년활동의 경로분석. **한국청소년연구**, 22(4), 91-114.

조은정(2014). **청소년 기관에서의 정보 보호와 윤리**. 서울 : 중앙대학교 출판부.

천정웅 · 김경준 · 김세광 · 김윤나(2015). **청소년 프로그램개발과 평가**. 서울 : 신정.

청소년정책연구원(2020). 청소년 기관의 운영과 관리 역량 강화 방안. 한국청소년정책연구원.

청소년활동진흥원(2017). 청소년기관 운영 매뉴얼.

_______________(2017). 청소년지도자 역량 개발 가이드라인.

_______________(2019). 청소년 기관 전산 시스템 운영 매뉴얼.

최성재 · 남기민(2008). **사회복지 행정론**. 서울 : 나남출판.

최순영 · 김기원(2016). **청소년 기관 경영과 재무관리**. 서울 : 학지사.

최영휴(2017). ADDIE모형을 이용한 일개 의과대학 성과중심 교육과정 분석 연구. 서울대학교 대학원 석사학위논문.

최윤정 · 김혜경(2015). **비영리 조직의 마케팅 전략**. 서울 : 학지사.

최재성(2022). 디지털 물류 서비스 현황과 추진 방향. 국토연구원.

한국보이스카우트연맹(1984). 한국스카우트 60년사.

한국청소년개발원 편(1994). **청소년활동론**. 서울 : 인간과 복지.

________________(2009). **청소년 프로그램 개발 및 평가론**. 경기 : 교육과학사.

한국청소년정책연구원(2018). 청소년 기관 정보화 현황 및 발전 방안. 한국청소년정책연구원.

________________(2018). 청소년지도자의 역량 기준과 평가. 한국청소년정책연구원.

________________(2019). 청소년 기관의 정보화 전략 및 관리 방안 연구.

________________(2020). 제31회 청소년정책포럼-청소년정책관련 법제도 개선방향. 포럼자료집 20-S10. 한국청소년정책연구원.

________________(2021). 청소년 기관 재정관리 및 예산 운영 현황.

한국청소년활동진흥원(2012). **제5회 활동프로그램 공모전 우수사례집**. 서울 : 한국청소년활동진흥원.

________________(2016). **청소년기관 행정업무편람**. 충남 : 국립중앙청소년수련원.

한동일 · 김희섭 · 권오륜(2018). **스포츠윤리의 실천적 원리로서의 유학**. 서울 : 한국체육철학회.

한상진(2020). 청소년복지기관의 정보관리 시스템 도입에 따른 행정 효율성 연구. **한국사회복지학회지, 12**(2), 22-45.

한승재 · 김민수(2018). 청소년 기관의 행정관리와 문서 작성에 관한 연구. **청소년행정학연구, 15**(3), 101-125.

행정안전부(2019). 전자문서 및 기록물 관리 가이드라인.

________(2020). 공공기관 정보화 관리 지침.

________(2023). 2023 행정업무 운영편람.

황성철(2005). **사회복지 프로그램 개발과 평가**. 경기 : 공동체.

황정하 · 김태원(2011). **청소년 활동과 프로그램 개발**. 경기 : 교육과학사.

Andreasen, A. R., & Kotler, P.(2008). *Strategic Marketing for Nonprofit Organizations*. Pearson.

Ausubel, D. P.(1960). The use of advance organizers in the learning and retention of meaningful verbal material. *Journal of Educational Psychology, 51*, 267-272.

Baker, R. L.(1995). *The Social Work Dictionary*(3rd ed.). Washington, DC : NASW Press.

Bruner, J. S.(1961). The act of discovery. *Havard Educational Review, 31*, 21-32.

Frisby, W., & Millar, S.(2002). Marketing Sport and Leisure Programs to At-risk Youth : The Challenge of Retaining Participants. *Journal of Nonprofit & Public Sector Marketing, 10*(1), 17-34.

Houghton, J. D., & Neek, C. P.(2002). The Revised Self-leadership Questionnaire : Testing a Hierarchical Factor Structure for Self-leadership. *Journal of Managerial Psychology, 17*(8), 672-691.

House, R. J.(1977). *A 1976 theory of charisma leadership*. Southem Illinois University Press.

Keller, J. M.(1983) Motivational design of instruction. In C. M. Reigeluth(Ed.), *Instructional design theories and models*(pp. 386-433). Hillsdale, New Jersey : Erlbaum.

Kolb, D. A.(1984). *Experiential learning : Experience as the source of learning and development*(Vol. 1). Englewood Cliffs, NJ : Prentice-Hall.

Kotler, P., & Lee, N.(2007). *Marketing in the Public Sector : A Roadmap for Improved Performance*. Pearson Prentice Hall.

Kowalski, T. J.(1988). *The organization and planning of adult education*. State University of New York Press.

Manz, C. C., & Sims, H. P.(1989). *Super-Leadership : Leading other to lead themselves*. Englewood, HJ : Prentice Hall.

Niemi, J. A., & Nagle, J. M.(1977). Learners, agencies, and program development in adult and continuing education. In P. D. Langerman & D. H. Smith(Eds.), *Managing adult and continuing education programs and staffs*. Washington DC : National Association for Public Continuing and Adult Education.

Skidmore, R. A.(1990). *Social Work Administration : Dynamic Management and Human Relationships*(3rd ed.). Needham Heights, MA : Allyn & Bacon.

Voss, K. E., & Cova, B.(2006). How Nonprofit Organizations Use Marketing in Youth Programs. *Nonprofit and Voluntary Sector Quarterly, 35*(2), 145-161.

Wever, M.(1968). *The theory of social and economic organization*. Talcott Parsons(Ed.), A. M. Henderson & Talcott Parsons(trans.). New York : Free Press.

Wymer, W. W., Knowles, P. A., & Gomes, R.(2006). *Nonprofit Marketing : Marketing Management for Charitable and Nongovernmental Organizations*. SAGE Publications.

법령

건축법(법률 20424호)

공공기관의 운영에 관한 법률(법률 제20400호)

과학관의 설립·운영 및 육성에 관한 법률(법률 제20353호)

국민기초생활 보장법(법률 제19646호)

근로기준법(법률 제18176호)

다문화가족지원법(법률 제17281호)

문화예술진흥법(법률 제19480호)

민법(법률 제19409호)

보조금 관리에 관한 법률(법률 제20409호)

부가가치세법(법률 제19931호)
사회복지사업법(법률 제20098호)
산림 문화 · 휴양에 관한 법률(법률 제20194호)
소년법(법률 제17505호)
수목원 · 정원의 조성 및 진흥에 관한 법률(법률 제19882호)
시설물의 안전 및 유지관리에 관한 특별법(법률 제20044호)
식품위생법(법률 제20246호)
아동 · 청소년 성보호에 관한 법률(법률 제20416호)
아동복지법(법률 제20218호)
예산회계에 관한 특례법(법률 제8852호)
지방자치단체 예산편성 운용에 관한 규칙(행정안전부령 제1호)
청소년 기본법(법률 제20420호)
청소년 보호법(법률 제18550호)
청소년복지 지원법(법률 제19761호)
청소년활동 진흥법(법률 제20423호)
체육시설의 설치 · 이용에 관한 법률(법률 제20360호)
초 · 중등교육법(법률 제19740호)
평생교육법(법률 제19588호)
학교 밖 청소년 지원에 관한 법률(법률 제17974호)
학교폭력예방 및 대책에 관한 법률(법률 제19942호)

홈페이지

농어촌청소년육성재단
대한적십자사 청소년적십자(RCY)
여성가족부
전자정부프레임워크
청소년수련시설정보시스템(YISS)
한국걸스카우트연맹
한국민족문화대백과사전
한국사회복지협의회(KSWC)
한국스카우트연맹
한국청소년상담복지개발원
한국청소년수련시설협회
한국청소년활동진흥원

저/자/약/력

■ **김제원**

〈학력〉
교육학 학사
행정학(정책) 석사
교육학(청소년) 박사

〈경력〉
전 대구수성구청소년수련관장
대구청소년수련시설협회장
구미대학교 사회복지학과 교수
현 구미시강동청소년문화의집 관장(구미대학교 수탁 운영)

청소년기관운영론

|**저자**| 김제원

|**1판 1쇄**| 발행 2024년 12월 6일

|**발행인**| 김동훈

|**발행처**| 공 동 체

|**주소**| 경기도 고양시 일산동구 호수로 358-39, 동문타워Ⅰ 905호(백석동)
|**전화**| 031) 814-3000(대표)
|**팩스**| 031) 814-3100
|**홈페이지**| www.compub.co.kr
|**전자우편**| compub@naver.com
|**출판등록**| 2005년 10월 6일
|**등록번호**| 제396-2005-36호

|**ISBN**| 979-11-6725-825-0
정가 23,000원

저자와 협의하여 인지를 생략합니다.
무단전재와 복제를 금합니다.